U0932541

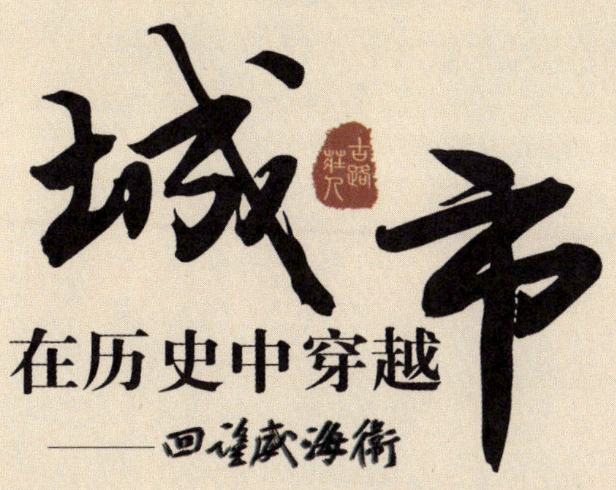

城市
在历史中穿越
——回望威海卫

江西人民出版社
Jiangxi People's Publishing House
全国百佳出版社

王忠强　编著

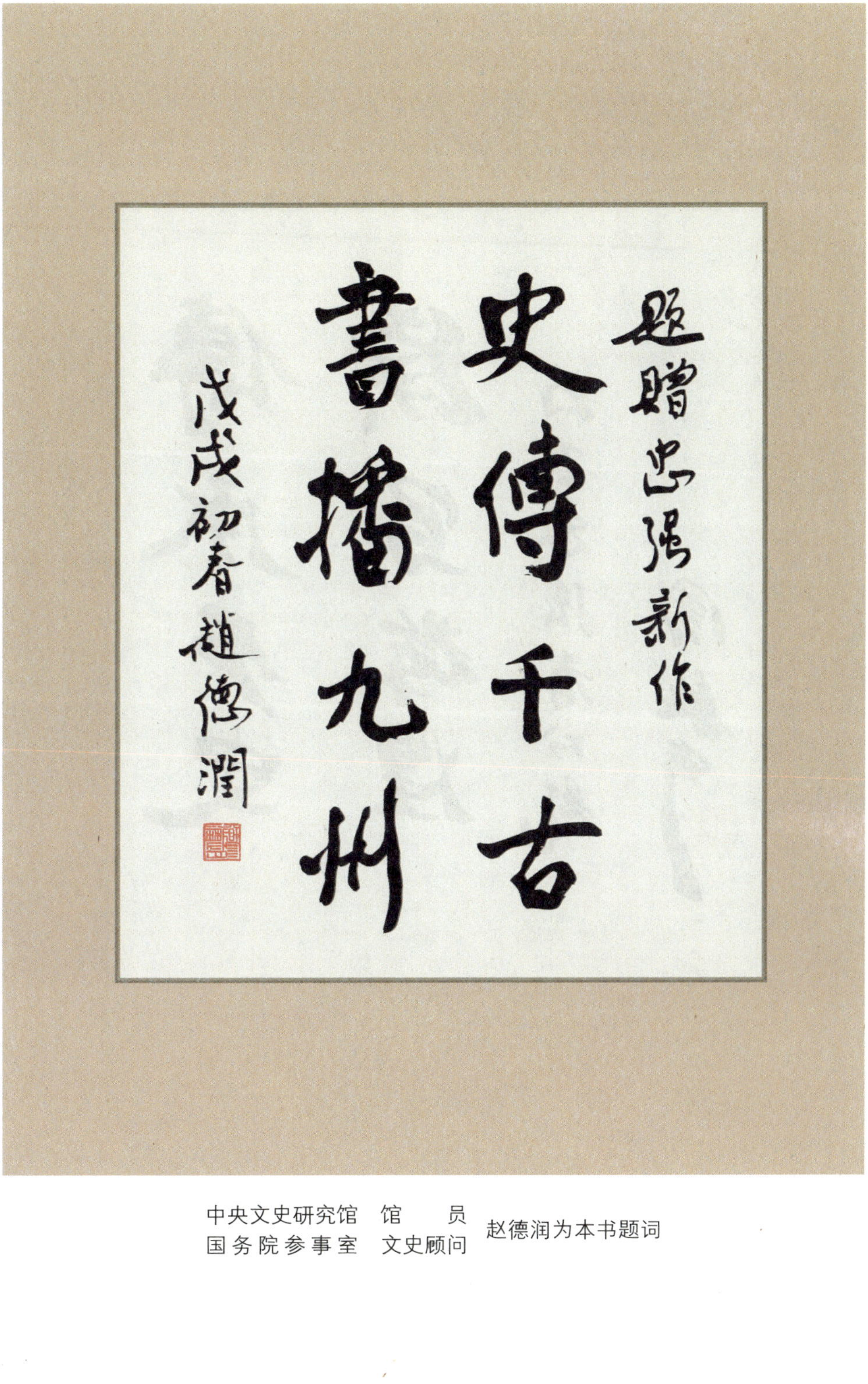

題贈忠陽新作

史傳千古

書播九州

戊戌初春趙德潤

中央文史研究馆 馆　　员
国 务 院 参 事 室 文史顾问
赵德润为本书题词

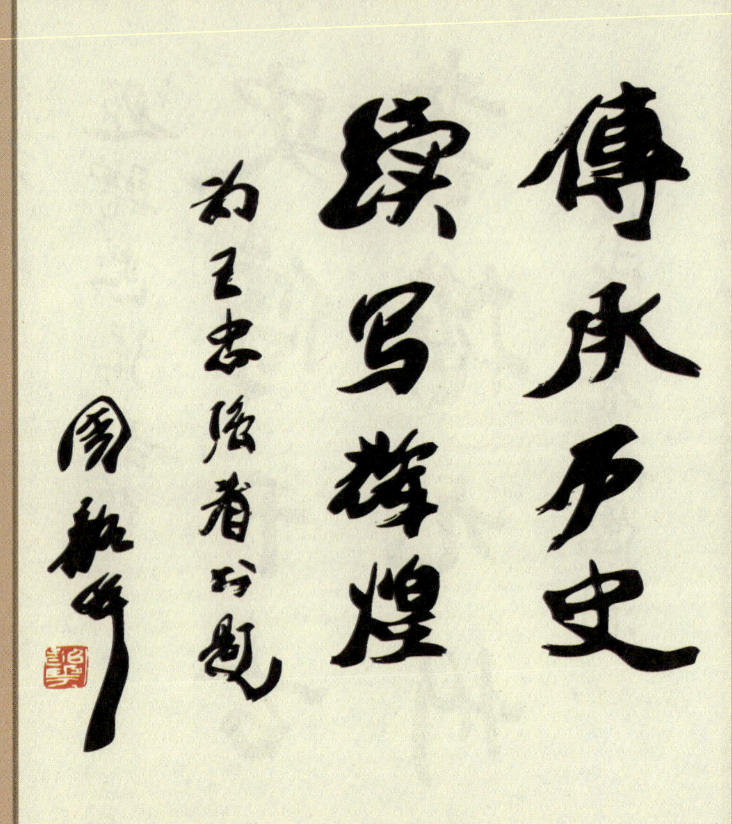

著名书画家周韶华为本书题词

卷首语

城市承载历史，历史凝聚文化。

城市历史与文化，是城市精神和人文精神的具体体现，代表着一个地区乃至一个民族和国家的精髓与灵魂。

城市是历史与文化的载体，是发展进程中的活化石。一座城市的发展与崛起，大都纷纭繁复、饱经风霜。城市历史上的每一个段落节点，都是一座座浑厚凝重的丰碑，它镌刻着印记、彰显着品格、传承着人文，不容轻易涂改或试图重塑。这关乎记忆、关乎尊重、关乎文明、关乎未来！

让我们品读城市，敬畏城市，呵护城市。让城市以曲折深厚的历史积淀，闪耀出灿烂的文化光辉！

「威海，从防倭卫城，到生态化海滨宜居城市。」

20世纪初威海卫古城

引子

本书源于我一直对探寻历史的兴趣。

一块老砖，一片老瓦，一棵老树，一条老街，这些相对有限的物质，皆会勾起我无限的探知欲望。

我也自认为是一个特别有画面感的人。所以，常常眼望着当下的河山吐纳、白云卷舒，会漫无边际地畅想古人以前是怎样的生活。书中很多的历史章节和片段，在我的脑海中曾有过无数次的穿越，并肆意想象和加工，算是我思绪和情怀的一种呈现和徜徉。

几十年来，作于斯，爱于斯，寄托我情感的载体，恰是脚下这片承载威海历史进程的土地，让我纵情随想的正是：秦皇金根车碾起驰道的黄尘、汉武巡海时的边关烽燧、军民共筑威震海疆城的汗水、丁公汝昌悲辱一饮而尽的鸩酒……一派“雄关驿道，沧海硝烟”，这一切时常历历在目；我也常暗自思忖，历史作为另一种安放，纵然已逝，但灵魂尚在。当一个灵魂愿意或有欲望与另一个灵魂沟通交流时，便与彼此的真相愈加接近，画面也愈加鲜活起来：东夷人开拓蛮荒的号角、中原王朝使者宣旨时的凝重、倭寇肆意妄为时的暴行、母亲召唤七子回家的呜咽……这样的场景和感受在幻觉当下是真实的。

在本书和前人的历史记载面前，我秉承客观史事，没有特别的见解，更不敢妄议前人之述。因为对于历史事件和某些问题的理解，我的思想并不怎么深刻，更没有受过学院式的专业指导和训练，所用的许多字句和逻辑或许太过俗浅，很多问题也只是凭自己的直觉判断。如此，在传承历史文化的大任面前，着实有些诚恐诚惶。但对待历史，我愿意遵循着前人的足迹，以自己的方式去思索、去探究，愿意穿过厚重的历史文化隧道，与历史畅聊，无问才学和情智的高低。

当您翻阅这本书时，若能对了解一个城市有一点点作用和帮助的话，应归功于不朽的历史。对本书中一些不当和错误之处，请不吝赐教，我将努力改正，为传承历史尽一份微薄之力。

目录 CONTENTS

第三篇　英租时期

第四篇　民国过往

第五篇　旧城轶事

第六篇　卫城变迁

第七篇　人物传记

第八篇 卫城文化

第九篇　城市随想

第一篇

历史回廊

地宇物象　渔耕东夷

自开启人类文明史以来，威海这方土地上，早就有先人存居。作为古东夷之地，千百年来，渔猎耕织，拾海打柴，日出而作，日落而息，是先民们的基本生活节律。

商周时，在境内荣成筑不夜城，今已无古迹遗存，但“不夜”这个地名仍然留存至今。汉初，威海卫是一个偏僻的渔村，因附近的一条“石落河”得名“石落村”。元代时，改名为“清泉夼”。“清泉”是清清泉水的意思，“夼”是洼地的意思，或因三山环绕，并有山水长流之缘故。

明洪武三十一年（1398），为防倭寇侵扰，设立威海卫，取威震海疆之意，威海由此得名。

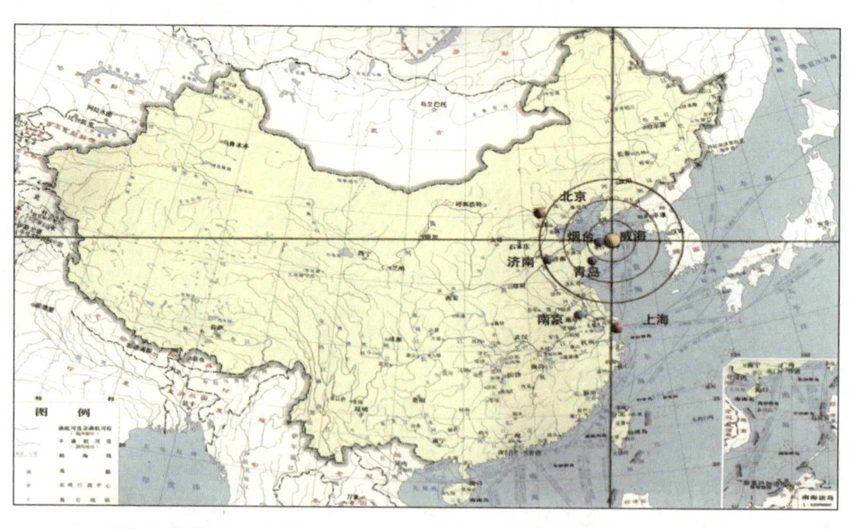

威海地理位置：东经 121°11′～ 122°42′，北纬 36°41′～ 37°35′

"渔"与"耕"

威海，位于山东半岛的最东端，总面积5797平方公里，北、东、南三面为黄海环绕，海岸线西起双岛港，向北、向东绕过市区，至成山角向南沿荣成市区东侧至石岛，向西过文登南海至乳山市的乳山口，总长约985公里，占山东全省海岸线总长的三分之一。东及东南与朝鲜半岛和日本列岛隔海相望，北与辽东半岛相对，西与烟台市接壤；东西最大横距135公里，南北最大纵距81公里。中心城区三面环山，一面临海，刘公岛横列于前，形成天然屏障。城区两翼狭长，沿西、东海岸带呈扇形扩展，地理位置独特。

威海地形呈断块丘陵状，属起伏和缓、谷宽坡缓的波状丘陵区。区内山丘海拔不高，除昆嵛山主峰泰礴顶海拔923米外，其他山地丘陵都在700米以下，大部分为200米左右的波状丘陵。地势起伏较小，坡度在20°以下。山体多岩石裸露，土层覆盖较薄，山丘中谷地较开阔，多干谷；河网密布，河流通畅，地表排水良好。全市地貌类型依据形态特征划分为山地、丘陵、平原地貌类型。

威海原始地形地貌对传统农耕时代来说，是个不肥之地，甚至是荒芜。另外，虽然地处沿海，但那个时期的捕鱼工具及手段极不发达，海产对农作的补充极其有限。周朝时期生活才逐渐有些好转，尤其是姜子牙封齐后，强齐兼并了东夷，中原文化和莱夷文化相互交融，人们的生活条件和居住条件也逐渐发生了变化，人口逐渐增多起来，至明朝前，这里除遗存莱夷痕迹外，更多是受到中原文化与习俗的影响。

历史脉络

东夷源

威海古属东夷。

何谓“东夷”？夏商时期，东夷作为中原人对黄河流域下游居民的总称。东夷文化发源于鲁中泰沂山区，自新石器时代开始一直到西周中期结束。这个称谓，在周朝时则变为古汉族对东方非汉民族的泛称。秦汉以后多指居住于中国东方的朝鲜半岛、日本列岛及琉球群岛等地的外族或中国东北的少数民族。

史料记载，商周时期，胶东地区的夷人初步掌握农业、手工业、捕鱼以及青铜冶炼等工艺和技术。到秦始皇建立大一统封建王朝，统一文字、法律、度量衡等，威海出土过当时象征秦权的“砝码”，见证了大秦王朝之文明发展。

沿着威海的历史脉络，让我们一起看看威海在历史上走过的“春夏秋冬”。

春秋战国

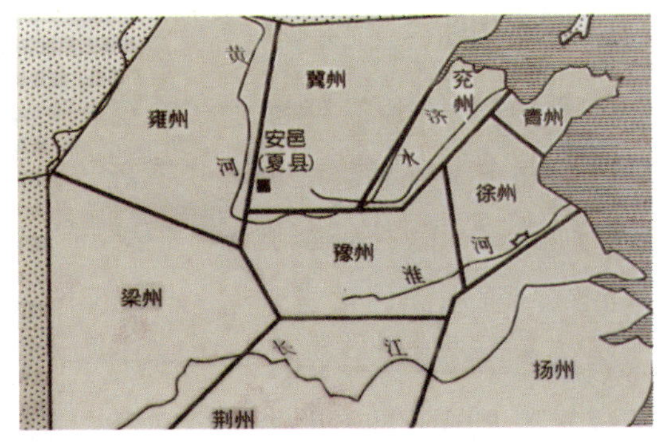

境内先后为莱子国地、齐国东莱地。莱子国为姜姓东方夷国。清宣统《山东通志卷二十·封建》云："春秋襄公七年，齐晏弱围莱，莱共公浮柔奔棠。棠，莱邑，晏弱围棠灭之，迁莱于郳。"齐灭莱后，因莱地位于齐国之东，始称东莱。《汉书·地理志》不夜县注曰："《齐地记》云：古有莱地。"

战国时，胶东全境归"九州"之青州属之。

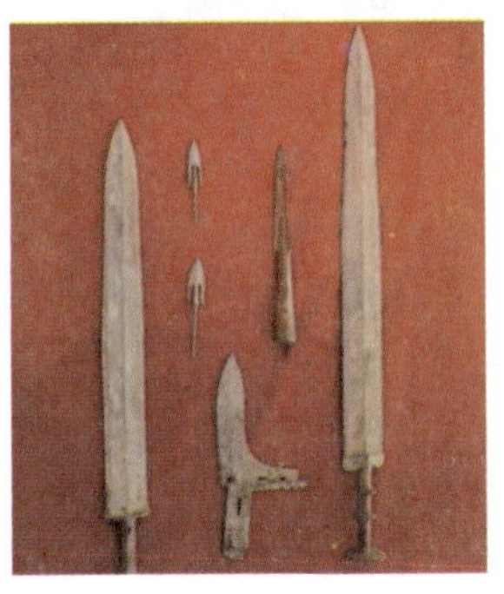

战国铜兵器　王镇抚崖出土（现威海市区建设街一带）

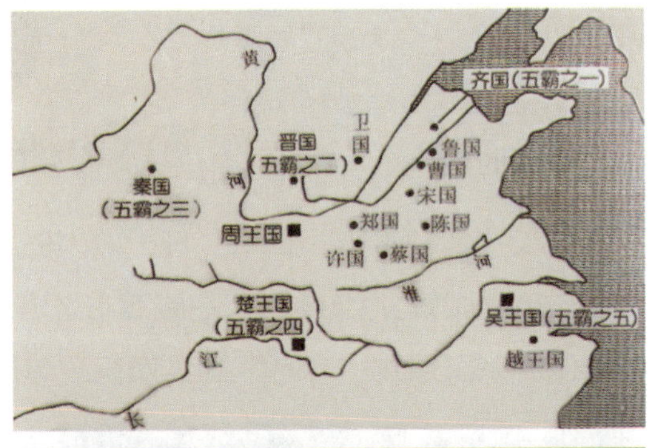

秦代

公元前221年，秦始皇统一六国，实行郡县制，今市境先属齐郡，后属胶东郡，为腄县地。《史记·秦始皇本纪》载："二十八年，始皇东行郡县"，"并勃海以东，过黄、腄，穷成山、芝罘，立石颂秦德焉。"秦之腄县，设于今烟台市福山区境内，以东别无他县。

1973年文登葛山镇武林水库出土的秦代象征权力的秦权

西汉时期

姜南庄出土的汉代陶器

威海出土的西汉钱币

境内属青州东莱郡地。《汉书·地理志》东莱郡注谓："高帝置。师古曰：故莱子国也。"东莱郡治在今莱州市，领县十七，今市境内置有不夜县（设治于今荣成市不夜村）、昌阳县（设治于今文登区宋村东的昌山）、育犁县（设治于今乳山市城阴村南），为境内有县级政区建置之始。

东汉时期

东汉初省并不夜、育犁二县，境内仍属青州东莱郡。郡治由今莱州市迁至今龙口市黄城集。1986 年，在威海市区塔山北麓出土"长贵亭侯"龟钮铜印，其形制为东汉遗物。"亭"是县属行政单位。可知，东汉时，今市区一带曾是昌阳县长贵亭侯的封地。

2003 年环翠区温泉镇河西村出土的汉代铺首衔环壶

三国时期

境内属魏东莱郡地，设昌阳县。

昌阳，是古代胶东地区重要的地名之一。历史上昌阳城先后搬迁过 3 次，有 4 个城址。西汉初年，初置昌阳县，因在文登西南 15 公里处的昌山（今回龙山）前而得名；西汉末期，昌阳城西迁至现在海阳南部的庶村南，在此设立盐官署，王莽时改称夙敬亭；西晋元康八年（298），昌阳城又北迁到了现在莱阳照旺庄镇发坊村一带，因此地靠近富水河下游，屡遭洪水，曾反复增修。唐永徽元年（650）昌阳城被河水彻底毁坏，向北搬迁 12 公里到了亭山下，即现在的莱阳老城处，仍称昌阳。

西晋时期

晋初，省昌阳县并入长广县，属长广郡，今市境南部属之，郡治在今海阳市发城。同时改东莱郡为东莱国（都掖县，今莱州），市境北部属之，为牟平县地，县治在今烟台市福山区古现。惠帝元康八年（298），又析长广县复置昌阳县，设治于今莱阳市照旺庄，仍属长广郡。自晋至北齐间，昆嵛山以东不再有县治。

东晋时期

后赵在牟平县析置东牟郡东牟县，今市境北部属之，郡治、县治均在今烟台市牟平区。境南部仍属长广郡，为昌阳县地。前燕、前秦、后燕、南燕四代相沿未改。

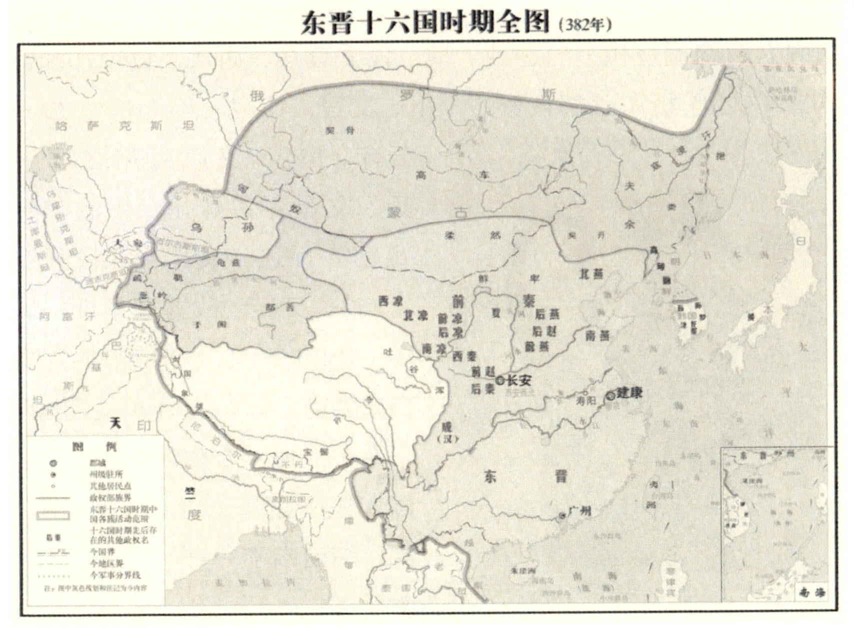

南北朝

刘宋省东牟郡并入东莱郡，省东牟县并入牟平县，今市境北部属之。南部仍属长广郡，为昌阳县地。北魏皇兴四年（470）分青州置光州（治掖县，今莱州），领东莱、东牟、长广三郡，今市境北部属东牟郡，为牟平县地；南部属长广郡，为昌阳县地。东魏兴和元年（539），析昌阳县地置观阳县，属长广郡，境南部属之，县治在今海阳市发城。北部仍属东牟郡，为牟平县地。北齐天保七年（556）省东牟郡并入长广郡，仍属光州；天统四年（568）由牟平县、观阳县析置文登县，今市境属之。

隋代

境内为青州东莱郡（治掖县，今莱州）地，设文登县。《隋书·地理志》青州部东莱郡注谓："旧置光州，开皇五年（585）改曰莱州，统县九。"在隋代，郡与州相继存续。开皇初废长广郡入莱州，至大业初又废莱州，置东莱郡。

唐代

境内为河南道登州（治蓬莱）地，设文登县。唐代，登州几经置废。武德四年（621）析东莱郡置登州，州治文登，贞观元年（627）废。如意元年（692）又以莱州之牟平、黄县、文登复置登州，州治牟平。神龙三年（707）徙治蓬莱。天宝元年（742）又废，改置东牟郡。乾元元年（758），又改称东牟郡为登州。自唐麟德二年（665）析文登县西境，于东牟故城（今牟平）置牟平县，至清雍正十三年（1735）的1000余年间，境西南部一直属牟平县，其余属文登县。

威海出土的唐代长沙窑执壶

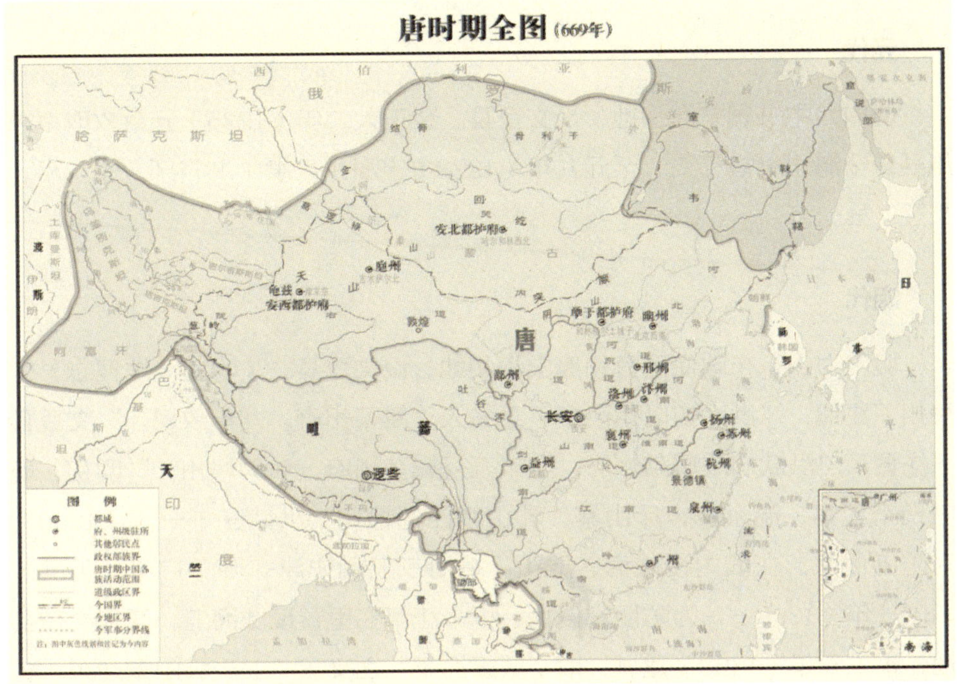

五代时期

境内建置与唐代同，先后属后梁、后唐、后晋、后汉、后周。

北宋

境内为京东东路登州地，设文登县。宋延唐制，在境内置登州，初属京东路。熙宁七年（1074）改属京东东路。境内置乳山寨，时属牟平县，即今乳山市乳山寨村。

金代

境内为山东东路宁海州地，设文登县。天会六年（1128）金人攻取京东东路州郡，九年（1131）以登州之牟平、文登两县立宁海军。大定二十二年（1182）升为宁海州，领牟平、文登二县，州治今牟平。境内置温水镇（时属文登县，在今环翠区温泉汤村）、汤泉镇（时属牟平县，在今乳山市汤上村）。

元代

境内为中书省宁海州地，设文登县。金正大二年（1225）元兵攻取京东州县，宁海州隶益都路。至元九年（1272）宁海州直隶中书省部，领牟平、文登二县。

明代

境内为山东布政使司登州府宁海州地，设文登县。《明史·地理志》宁海州下注谓：“洪武初以州治牟平县省入，属莱州府，九年改属。”文登县下注谓：“洪武初改属莱州府，九年五月属登州府，后仍属州。”明初，境内设辛汪寨、温泉寨、斥山寨、乳山寨四巡检司。洪武三十一年（1398）为防御倭寇，在境内设威海、成山、靖海三卫和宁津守御千户所。明洪武三十一年（1398），为防倭寇侵扰，析辛汪都三里置设威海卫，原为文登县地，永乐元年（1403）建城，取“威震海疆”之义。“卫治极山东之东，三

面环海，一城负山，形胜险要甲于天下，盖海防一重地也”（明谷景旸《重请威海卫印记》）。威海之名从此始兴。宣德二年（1427）设文登营。成化年间（1465—1487）又设百尺崖、寻山、海阳三守御千户所。营、卫、所皆隶属山东都指挥使司。

清代

境内为山东布政使司登州府地，设文登、荣成二县。明崇祯十六年（1643）清兵由辽东海道攻入，破宁海州。雍正十三年（1735）裁成山卫置荣成县，县治在今荣成市成山卫，属登州府。同时裁威海、靖海二卫并入文登县，设威海、靖海二巡检司。境内还设有石岛、盐滩二巡检司。光绪二十四年（1898）英国强租威海卫。1900 年在租界内设威海卫行政长官署，属英国殖民部。威海卫城里仍属文登县。

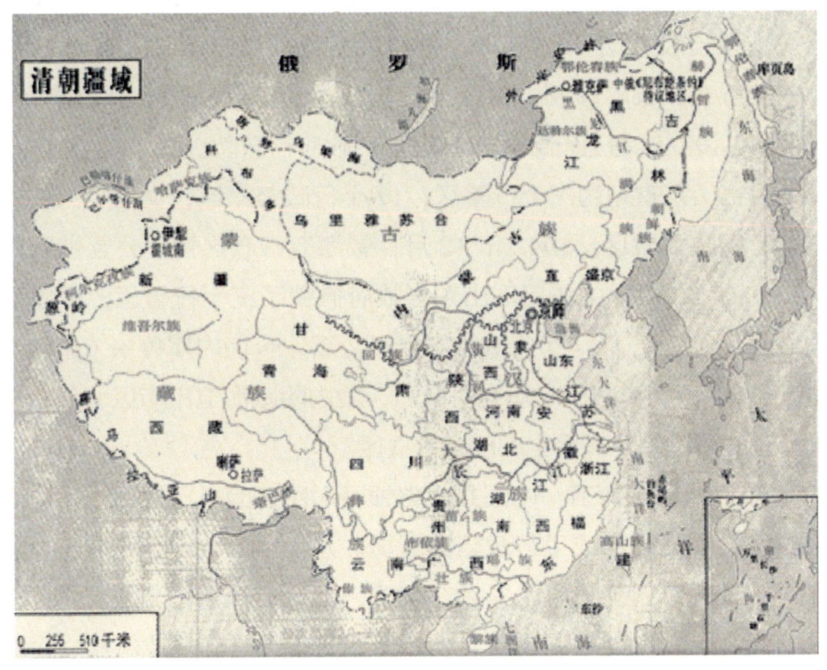

中华民国（含抗日战争和解放战争）

境内大部分地区先后为山东省胶东道、东海道和胶东区地。民国二年

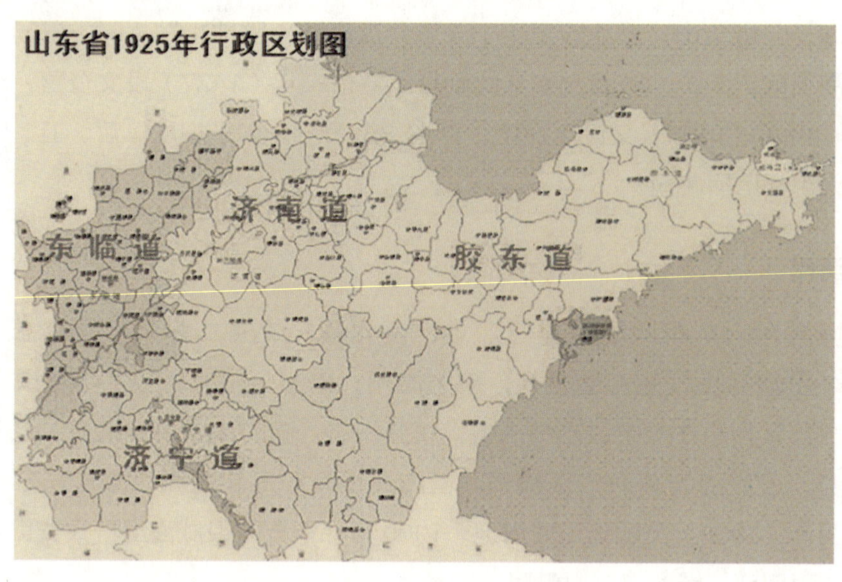

（1913）裁并府、州，实行省、道、县三级制，境内除租界区外，文登、荣成二县属山东省胶东道。1925 年，分胶东道置东海道，境内属之。1928 年废道制，实行省、县二级制，文登、荣成二县直属山东省。1930 年 10 月，威海卫收回，设立威海卫行政区，直隶国民政府行政院。1938—1942 年，国民政府先后将山东省划为三个行署区，17 个行政督察区，文登、荣成属胶东行署区第七行政督察区。1942 年 12 月，威海卫行政区管理公署被国民政府撤销。1945 年 10 月，中华民国山东省政府撤销了三个行署区，设立六个省政府办事处，分别领辖 17 个行政督察专员公署，今境内属鲁东（第六）办事处第七行政督察区。自 1945 年 8 月以后，境内除威海卫市市区北部曾被国民党军队暂时占领过外，其余全部已是解放区。

1938 年，日侵威海卫。中国共产党领导人民开辟抗日根据地，建立抗日民主政权，逐步发展形成了行政管辖区域。从 1940 年 4 月开始，中国共产党领导的县级抗日民主政府，先后在荣成、文登和威海卫建立；9 月，东海专区成立，威海卫行政办事处和荣成县、文登县抗日民主政府属之。其后，境内先后又成立文西、文东（文登）、牟海行政公署等县级抗日民主政府，属东海专区。1942 年 7 月，胶东区行政主任公署成立，东海专区属之。1945 年 8 月，威海卫解放，奉山东省政府命令，成立威海卫市，与东海专区皆隶属胶东行政区。1948 年 3 月，威海卫市改属东海专区，专员公署驻文登。

中华人民共和国

1949 年 10 月至 1987 年 6 月，境内先后属东海专区、文登专区、莱阳专区、烟台专区和烟台地区、烟台市。1950 年 5 月 9 日，经政务院批准，撤销胶东行政区和东海专区，组建文登专区，专员公署驻文登。其时，境内有威海、荣成、文登、昆嵛、乳山五县。1954 年 10 月，威海市由专区辖市改为省辖市（县级），由文登专区督导。1956 年 2 月 24 日，经国务院批准，撤销文登专区，所属县市并入莱阳专区，专员公署驻莱阳。其时，境内设有文登县、荣成县、乳山县和威海市。1958 年 10 月 18 日，经国务院批准，莱阳专区更名为烟台专区，专员公署迁烟台市。同年，威海市由省辖市（县级）改为专区辖市，属烟台专区。1967 年 2 月，经山东省革命委员会批准，烟台专区改称烟台地区，今境内属之。1983 年 8 月 30 日，经国务院批准，撤销烟台地区，烟台市升为省辖市，威海市仍为省辖县级市，由烟台市代管。1987 年 6 月 15 日，经国务院批准，威海市升为地级市，原县级威海市行政区域改设为环翠区；同时，将烟台市所辖荣成、文登、乳山三县划归威海市

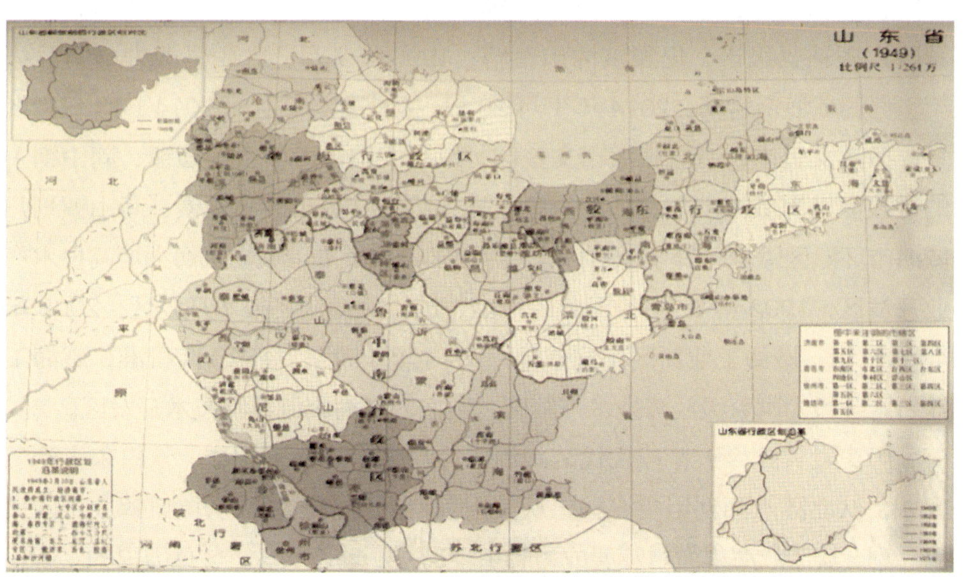

1949 年山东省地图

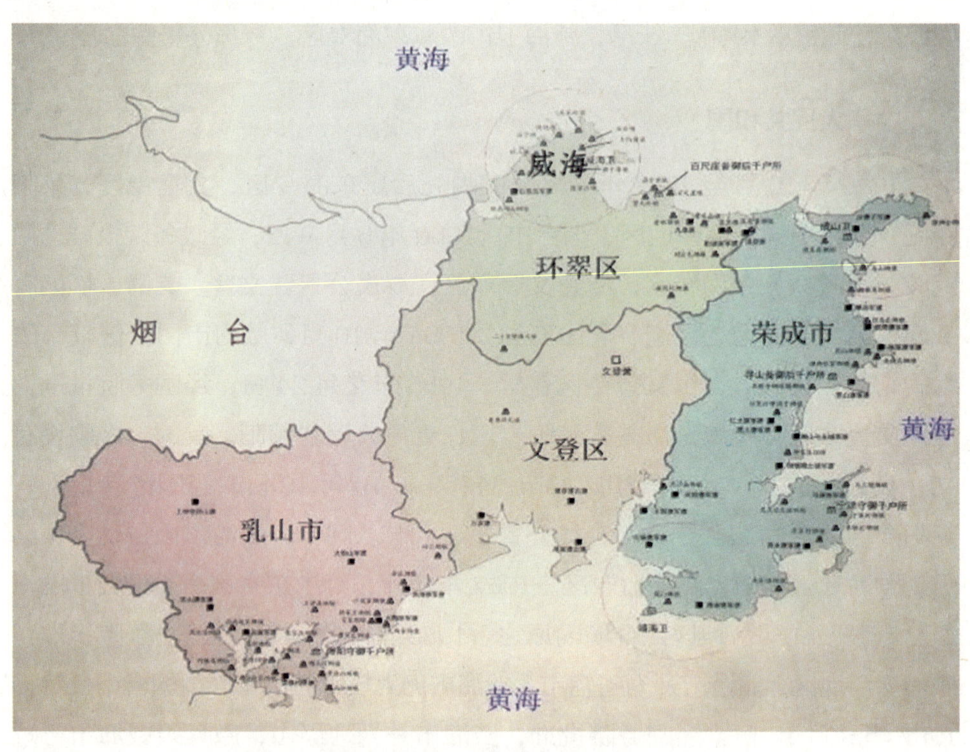

现威海行政区划与明、清时期海岸线海防设施分布

管辖。1988 年 10 月，文登县改为省辖县级市，由威海市代管；11 月，荣成县改为省辖县级市，仍属威海市管辖；1993 年 7 月，乳山县改为省辖县级市，仍属威海市管辖。2014 年 1 月 25 日，国务院以国函〔2014〕13 号文批复，撤销文登市，设立威海市文登区，以原文登市（不含汪疃镇、苘山镇）的行政区域为威海市文登区的行政区域，将原文登市的汪疃镇、苘山镇划归威海市环翠区管辖。并于 1991 年 3 月经国务院批准，成立威海火炬高技术产业开发区；1992 年 10 月经国务院批准，成立威海经济技术开发区；2008 年 4 月 29 日，威海工业新区正式成立，2013 年 11 月，经国务院批准，威海工业新区升级为国家级经济技术开发区，更名为威海临港经济技术开发区。

历史发展到今天，一代代的威海人生息繁衍、薪火相传。从古东夷到明卫城，从北洋水师到甲午海战，从英人强租到日本占领，从抗日解放走向最后胜利，从茫茫海边渔村发展成为胶东半岛一颗璀璨明珠，这是历史的变革，更是从蛮荒走向现代文明的伟大见证。

历史事件

威海历史事件的发生大多具有代表性和相对特殊性，承载了许多民族变革和国际风云的史实历程。

我来威海三十几年，对威海历史的了解，是一个慢慢关注和积累的过程，不免存在误差。在此，诚与各位读者一起探讨与交流。

春秋战国（*海象万盛*）

威海至石岛沿海一带开辟通往朝鲜、日本的海上航线，形成一条民族交往的海上走廊。这个时期，逐步成为通往朝鲜半岛、日本列岛的港口。这里有过新罗人居住区，当时日本及朝鲜半岛的许多使船、留学生、商人、僧俗，在此中转，成为当时的中转站。

秦汉时代（*华彩胶东*）

秦始皇于公元前 219 年和公元前 210 年两次东巡威海，留史“天尽头”绝笔。并在路过文登时，召集当地文人登山建立“召文台”，文登由此得名。

胶东半岛是秦始皇最后纳入秦帝国版图的地区，为查看当地民风民俗、扩大政治影响，当然最主要的是受当时的道教玄学影响，来东方海外求取长生不老仙丹。秦始皇东巡齐地时，也膜拜土地爷和祭祀八神。

汉武帝曾七次巡海，并从海路巡查胶东半岛和辽东半岛海防情况，除了在泰山数次封禅，稳定山东局势外，也是为了考察对朝鲜的用兵线路。公元前 109 年，汉武帝兵分两路，从辽东陆路和山东水路进攻朝鲜半岛，于同年冬，攻下朝鲜半岛北部，并在那里设立四郡，由汉朝直接管理。 在威海出土了很多汉代时期的青铜器、陶器。自汉代设立的东莱郡，并持续了很长时间。

唐宋（道教圣地）

张保皋在石岛建立赤山法华院，日本慈觉大师圆仁入唐求法，均在威海一带停留。这个时期，黄老学派慕名来到昆嵛山传真布道，开启教化，不久就在胶东沿海一带兴起了道教早期的“方仙道”。

张保皋（790-846），新罗（今韩国）人。807年入唐加入武宁军，擢迁至武宁小将。824年，在赤山（今石岛湾）建立赤山法华院。归国后为平定海盗自任清海大使，控制中韩日三国海上贸易。

1167年，年已55岁的王重阳，自陕西终南山来到昆嵛山，创立“全真教”。全真教融佛道儒为一家，提出三教合一主张，以修真养性为正道，在中国道教史上占有重要地位。

王重阳（1112—1170），道号“重阳子”，有七个著名弟子：马钰、谭处端、刘处玄、丘处机、王处一、郝大通、孙不二，合称“全真七子”。

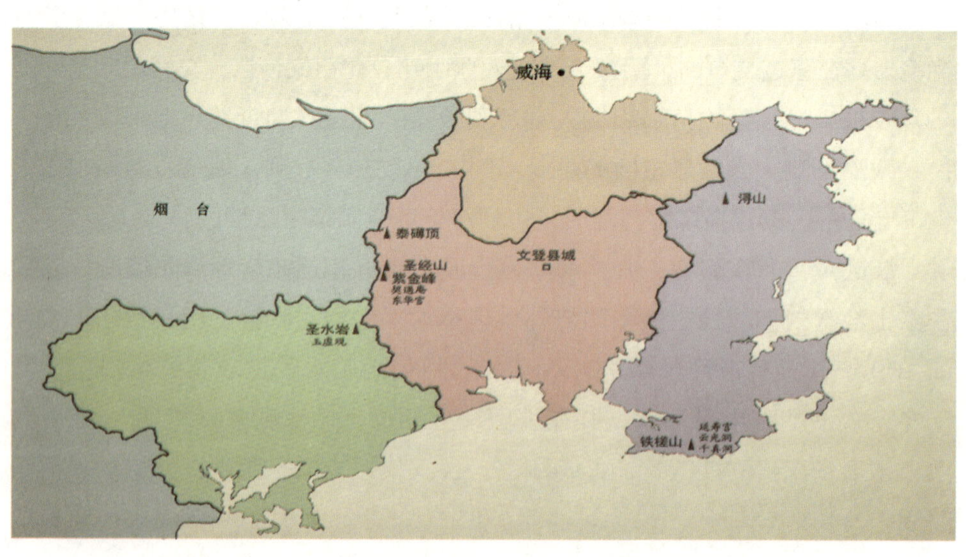

威海地区全真教遗址分布图

元代（海上南粮北运）

由于南粮北运的需要，成山头沿海一带成为海运的必经之路，石岛千步港和刘公岛成为运输港口。石岛古代又称“赤山浦”，是中、日、韩交往的枢纽。

明朝（威震海疆）

明朱棣帝于洪武三十一年（1398）设立威海卫，取“威震海疆”之意。永乐元年（1403），安徽凤阳人陶钺调任威海卫，奉命征集军民数万人建设卫城，威海卫逐步从有防无城发展为海防重镇。自1698年开始，威海卫、成山卫、靖海卫和“宁津守御千户所”，以及“文登营”和百尺崖、寻山、海阳（今乳山海阳所镇）三个守御千户所相继成立。它们和辛汪寨（今威海寨子，后移防长峰）、赤山寨、温泉寨、乳山寨四个巡检司及大大小小的寨所，一起构成了严密的海防体系，为维护明朝政府的稳固发挥了重要作用。

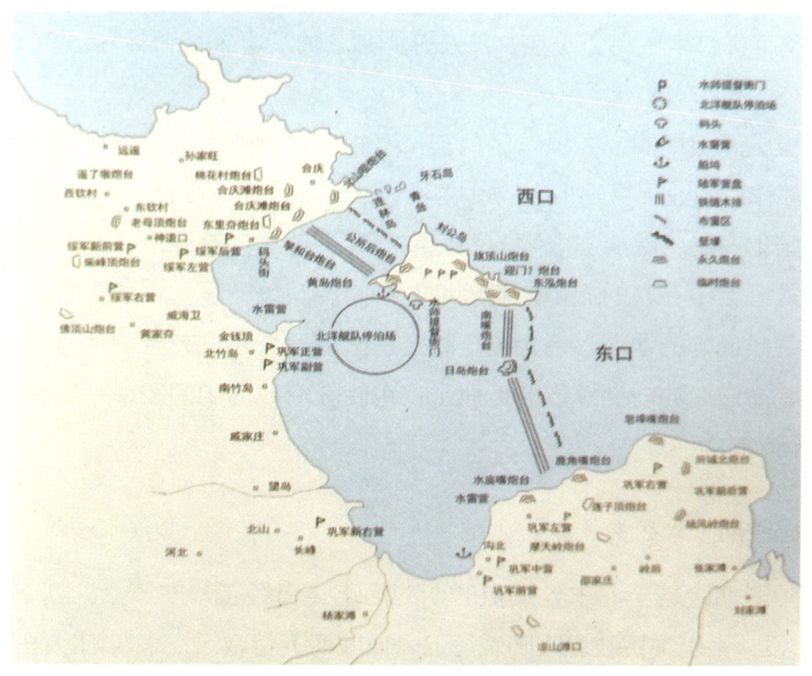

威海明代海防设施遗址分布示意图

清朝（甲午海战与英国租借）

清中后期，当朝政府逐渐撤销了明代的卫、所建置，代之而起的是成山水师（荣成水师）。1881 年选址旅顺和威海卫修建海军基地，1888 年 12 月 17 日，中国第一支海军在刘公岛建立。它的建设规模，不管是在防御体系上，还是在火力配置上都达到了当时军事科技的先进水平。

当时推行洋务运动的李鸿章，在组建北洋水师之前，一方面从德国大量订购国际先进的军舰、鱼雷艇、运兵船、洋枪、火炮，另一方面送出大量留学生前往德国、英国、日本学习军事知识。

1894 年，甲午海战爆发，北洋海军全军覆没。日本逼迫清政府签订了《马关条约》，侵占了威海卫，获得了 2.315 亿两白银的战争赔款，并掀起了西方列强瓜分中国的狂潮。

光绪二十四年（1898），俄国租借大连湾，英国以均衡实力为由，租借威海卫，此举与清政府联英制俄的想法不谋而合。同年 5 月 7 日，由英政府垫付的对日甲午战争赔款在伦敦全部付清，日军撤离威海卫。7 月 1 日，中英正式签订《订租威海卫专条》，强占威海卫城以外 700 余平方公里 32 年之久（刘公岛又 10 年）。

英租威海卫期间，在租借区内实行了相对开明的统治，威海卫的社会、经济、法律、商业都得到相应的发展。

英国租占后，威海卫成为英国皇家海军训练和疗养胜地，逐渐成为“在华欧洲人心目中有名的旅游度假胜地”。殖民政府的报告中曾称威海卫“是世界上气候最好的地区，是大英全联合王国最适合建疗养院的地方”。这个时期，威海最早的一批洋行应运而生，也使威海成为中国较早开展高尔夫球和足球运动的地区。

民国时期（红色岁月）

民国时期跨越了清末到英租时期的沿革，历经了辛亥革命。到 1930 年 10 月 1 日，南京国民政府收回威海卫，设威海卫特政区，隶属南京国民政府行政院管理。

1937 年 12 月 24 日，天福山起义，成为胶东地区抗战起点和根据地。

1937 年，日本侵华，并于 1938 年占领威海卫。1940 年，收回刘公岛。1945 年 8 月，日本战败，我国收复后成立威海卫市，隶属胶东公署。

1945 年 10 月，美军第七舰队要挟我人民军队撤离烟台和威海，并欲强行登陆占领。最终在我军的严正抗议和多轮谈判后，迫使美军舰队撤出烟台和威海，粉碎了美国企图“乘乱而入”的阴谋。

1945 年 10 月 14 日，威海卫市长于洲会见在威海登陆的美军第七舰队赛特尔少将一行（左三与美军握手者为于洲）

于洲：威海卫首任市长。1904 年生于乳山市乳山寨镇李家兴村，1931 年加入中国共产党。1945 年任威海卫市市长，1947 年底离威后，长期供职于铁道系统，1979 年病逝。

中华人民共和国成立

1951 年 5 月 5 日，威海卫去掉“卫”字，改为威海市，以“卫”为名的威海卫历史前后经历了 553 年（1398—1951）。

解放后的威海，历经了同全国一样的各种运动与改革事业。几十年来的努力与拼搏，由一个半殖民、半封建社会属性的边疆卫城，脱胎换骨成一个集产学与科技、工业与现代、生态与宜居的卓越海滨城市。

大明帝国下的海权卫城

追溯威海卫城的历史，唯明朝设卫开始。明朝以前，曾无州、县之治。明朝的建立，开创了中国历史上海防周密防御的战略，沿海一带从北往南万余公里的防线得到了安宁。

元末，各地相继爆发了抗元的农民起义。朱元璋领导的红巾军在夺取了江南大部后，拟定了“先取山东，撤其屏蔽”“驱逐胡虏，恢复中华”的大略。1367 年 10 月，以徐达为征虏大将军，常遇春为征虏副将军，率兵 20 万，于 11 月攻入山东，12 月进入山东东部，登州一带顺势尽降。傅友德率部占领文登，包括文登辖境的沿海一带。

洪武元年（1368）正月，朱元璋在应天府（今南京）即皇帝位，定国号大明。

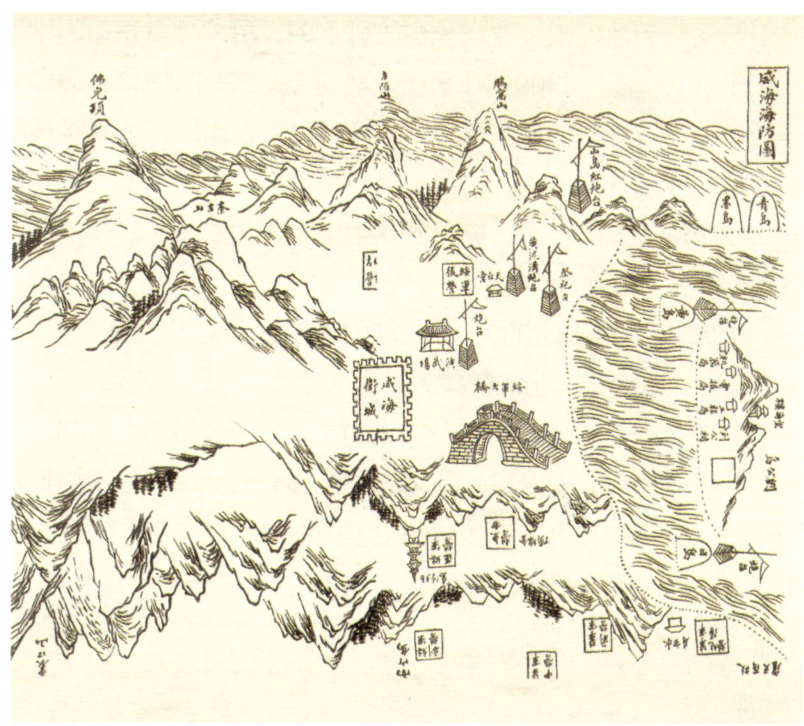

卫城布防图

威海卫古城城墙

明朝统一后，重点考虑军事防御上的设置，尤其是沿海地区。在山东，首先于洪武二年（1369）在辛汪设寨（今寨子村）防倭，称“宁海州文登县辛汪巡检司”，首任巡检孙谅被授为“进义校尉”，领有弓兵100名。同时在赤山（今荣成境内）、温泉（今温泉汤村）亦设军寨。设寨驻军后，确实起到了防御倭寇的作用，据当时文字记载，倭寇虽然经常继续在沿海一带窥探，但许多年不敢上岸登陆。

洪武二十三年（1390）后，境内还设立了若干小寨，有双岛、长峰、海埠等土寨，加强了海防的密集防御。

洪武二十六年（1393）设定全国都司卫所，设山东都司，在胶东地区设登州卫、莱州卫、安东卫，并陆续在全国沿海地区自北向南设置了防海卫与防运卫十九处。“金山卫、镇海卫、威海卫、天津卫”被称为明朝“四大名卫”；“天津卫、威海卫、灵山卫、安东卫”被誉为明朝北方四大名卫。

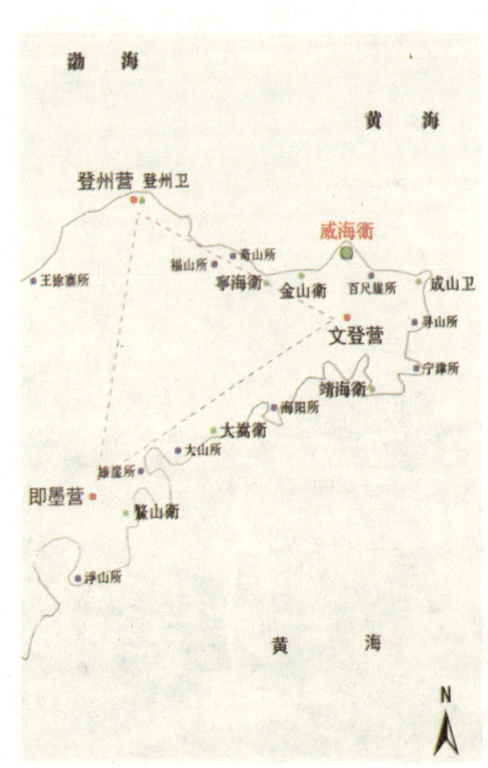

胶东营、卫、所布防

明朝渤海、黄海、东海岸线防御分布

洪武三十一年（1398）正月，特命魏国公徐辉祖和都督朱某，垛集本处之民置立沿海卫所，于文登县辛汪都三里之地域设威海卫，卫辖地界，南至接官亭（今戚家庄南山），西至初村。按明朝之原规定，数县间设一卫，而今胶东半岛还设有宁海卫、成山卫、靖海卫、大嵩卫（今海阳凤城）。关于威海卫之命名，虽未留下文史依据，但根据朱元璋有关军事总方针，威武其海防，即威震海疆，符合其精神要求。卫下设所，威海卫辖有左所、右所；成化元年（1465），设百尺崖后所。

按明代军事编制，5600 人为卫，1120 人为千户所，112 人为百户所，所下设总旗 2 名、小旗 10 名。其部辖 5000 人为指挥，千人为千户，百人为百户，50 人为总旗，10 人为小旗。卫城最高指挥官为指挥使，正三品，其次为指挥同知，从三品，指挥佥事为正四品。正千户为正五品，副千户为从五品，百户为正六品。在卫衙内还设有镇抚，镇抚为从五品，经历为从七品。

永乐元年（1403）二月，朱都督再度被授命到威海一带练兵，其兵员实行“垛集”制，即征调平民充军，按户三丁以上家庭抽一年壮者为军，称为军户，亦称军牙，实行世袭制，不得脱籍。正丁若年老病亡，则由次丁、余丁依次递补。当时威海卫至安东卫 7 个卫和宁津等 4 个所，共计征兵 4 万余人。威海队伍组成后，名“威海卫捕倭屯田军”，即：既练武抗倭，又自力垦田种地，似亦军亦农之谓。次年，由文登教谕胡士文撰文并刻碑志其主旨：“议耕、议守、议战……百谷既成则荷戈于较艺之场，三农将兴，则负耒于陇亩之地。名虽曰兵，而实非兵，似不专乎兵而兼乎农矣。”

在捕倭屯田军成军的当年（永乐元年），开始修筑威海卫城，乃砖、石相间之结构。城高 3 丈、阔 2 丈，周长 6 里 18 步（每步 5 尺），按军 3 民 7 的比例，调动宁海（今牟平）、文登数万人及驻军，用了 3 年的时间将卫城修成。城设 4 门，各附设瓮城，东、西瓮城门均面南，南、北瓮城门均面东。东城门名不详，上建有文昌阁；西门曰迎宣门，门上建筑不详；南曰德胜门，上建有南海大士殿；北曰玄武门，上建有真武庙。城东南角建有魁星楼。在城东街街北近十字路口处建有指挥衙署，内设大堂、武库、牢役房、宾馆等，外围墙周长 80 丈，设有大门、仪门、角门。修卫城的当年，调任指挥佥事陶钺来威海主持军务，陶钺对威海卫算是最早的建设者和保卫者。作为海防之城，威海卫城建设为矩形，南北长 870 米，东西平均宽 632 米，面积 0.55 平方公里。四周围墙坚固，城楼耸立。城内主要道路为南北直街和东西横街，并以此划为 4 个坊隅。卫城修成不久（永乐四年），便同来犯的倭寇展开了一场激战，最终将倭寇击败，算是一次对卫城防御能力的检验。

驻军练兵、屯种各按其时。在城东门外荒滩地上设教场，场内筑有堂房、将台、壁垒等。练兵较艺包括进攻和防守：进攻主要是操练各种刀枪、射箭；防守主要是演习甲胄、藤牌的使用。屯军分赴卫辖 18 处军屯种地，分别是：文登境内之白露、板桥、赤沟、陡埠、崮山；宁海境内（今乳山、海阳）之千金、冶头、瓦屋、武计、孤山、夏村、安子口、乳山、柳行、康家埠、孙英庄、杨村、浪暖口。实行自种自食，供卫官军所需。据清初统计，上述屯田计有 92 顷 31 亩多。

在防务通信上，选海边高地布设烽火墩台，使邻台可相互望见，有敌情时，依次燃发狼烟，以速作戒备。威海卫管辖墩台 9 座：遥遥、麻子、斜山、磨儿山、樵子埠、陈家庄（现戚家庄）、古陌顶、庙后、朱家岭；另有堡 4 座：曹家庄、豹虎、峰山、天都。百尺崖所管辖墩台 6 座：望天岭、蒲台顶、百尺崖、蒿里、老姑顶、曹家岛；另有堡 3 座：芝麻岭、窦家崖、转山。在防御战备上设炮台 3 座：长嘴（今金线顶）、教场头（今旅游码头处）、祭祀台（今东山宾馆处）。

设卫后不久，威海卫建立卫学，学址设在卫城西南隅，“学占卫城艮（西南）隅”，并同卫官一样颁发“儒学印”一方。

威海卫建立后，设指挥使及其属下职位，到威海卫任职的指挥官员，从永乐元年至弘治二年的 80 余年间，共计 20 余名，多数在威海落户 。

这些受封者基本上来自随朱元璋起兵打天下的和拥朱棣南下的立军功者。有记载授予指挥使的有：刘得、周贵、王信、徐升、刘平等；授予指挥同知的有：毕文敬、毕高、阮成、刘贵等；授予指挥佥事的有：陶钺、苗成、李忠、董旺、董逊、董逢时、董遇时、董柞丰、李荣、王某、汪山、张彪、陈福、蔡俊、扈宁、刘缙、刘逢时、王恺等。

刘得，是首任指挥使，故其家庙题联写着：开国勋臣府，立卫第一家。

按明朝的官制规定，官员死后，由其长子自然接替称世袭，享受俸禄待遇，其他儿子只能称指挥舍人，无衔无禄。但世袭者不能接任官职，必须在5年进行一次的“军政选贤能”中选中，才能掌印视事。

至于到威海卫任千户职，旧志载名的有十几人，但只有戚林（江苏兴化）世系有记载。他于洪熙元年调到威海，今境内凡冠以戚姓村名者均为其后代。另百尺所谢姓，系谢鸿儒（安徽宣城）副千户之后代。任百户职旧志载名的有29名。其中，夏暹在弘治二年来威，为随父南征北战世袭家族，来自“云南”。

抽丁从军之军户到威者，虽为数不少，但几乎没留下文字依据，仅个别户有家谱可查，如城里黄姓系来自福山县墨塘，宣德四年“奉旨三丁抽一，移居威海百尺崖后所，宅居城里西北隅”，自来此后再未回家，“思归例有明禁，每望西山而悲号”，可见其思乡情怀。

土木之变，英宗朱祁镇被蒙古军也先俘虏，景泰元年（1450）八月十五日被送回北京，随行护送的蒙古瓦剌部属9人被留下，赐以镇抚衔，派到威海卫落户。

设卫之初，在里口山以北俱为辛汪都三里所属地，人口不过百余户。洪武、永乐年间，朝廷实行扶助农业和大量移民政策，数次从山西等地迁民于山东省西部，后来他们又逐渐转迁至东部地区。故今日威海的大部村庄均为明代所建。官军的后代和移民的后代，经过长期融合，构成了威海卫居民的基本特征和民俗风情。时至今日，人们还可查验到安徽、江苏、河北三省地的一些遗风和俚语。由于官军的优越地位，相互不易相处，其间往往形成一种不和谐的音调。故当时卫人王悦评说其为“风气不同，五方杂处，争功利，喜夸诩”的典型社会群体。在集市贸场上，本地人欺侮外地人，强买强卖，时有所闻。

明初，由于朱元璋拒绝同日本使节往来，沿海设防严禁，洪武年间威海未受到倭害。到永乐年间，朱棣允日本“朝贡”，倭患随之频起。永乐四年（1406），一批倭寇乘船占领刘公岛，佯攻百尺崖，实攻入卫城下，所经之地居民均被杀戮。掌印指挥扈宁率守城官兵死力抵抗，3日后援军到达，才将倭寇击退。这一年倭寇还攻入宁海卫，抢掠成山卫的白峰头、罗山寨，又窜至大嵩卫（海阳）草岛嘴抢劫。两年后，明廷在登州设备倭都司，以连接沿海诸军。其时，倭寇再未犯山东。至嘉靖年间，兵备逐渐废弛，威海卫守军只有1952人，导致山东倭患又起。嘉靖三十六年（1557），一批倭寇从胶州乘船至威海栲栳岛（褚岛）海面，因大风靠岸，几天后被我官兵擒获。

此后，倭寇重点转向江南。早在嘉靖三十一年（1552），时任威海卫指挥佥事的李逢时，就被明廷授以参将职，派往江南征倭，在嘉定县新泾桥一战便斩倭寇 80 余名。嘉靖三十九年（1560），时任威海卫指挥同知的毕高，升任淮阳营参将，到江苏组建操练抗倭军，屡败倭寇，功绩卓著，后升任都指挥佥事。嘉靖四十一年（1562）调福建兴化等地御倭，与总兵戚继光有“刎颈之交”。次年四月，在与倭寇作战中阵亡，朝廷赐祭葬于威海卫钦村狮子园。

明朝中后期，政治上腐败，土地兼并愈来愈严重，大批失地农民被迫变成流民，加之自然灾害频繁，民不聊生。据卫志记载，自弘治十四年（1501）至正德四年（1509）的 9 年间，威海卫先后有 6 年接连发生“雨雹杀禾”“大旱”“大水”的惨景。为了活命而反抗朝廷，农民领袖邓心可于正德年间聚众数千人，在里口山举义旗，后被官军镇压。其地名邓家寨、撒马沟、上马台、下马崖、自刎道等至今仍存。正德七年（1512），转战山东各地的起义军刘宠（刘六）、刘宸（刘七）在攻入牟平、文登后，又进攻威海卫，指挥使刘平率军戒严守城，并鸣放火炮助威。明廷动用 10 万兵力自西向东截击，义军突围西去。10 年后的嘉靖年间，又有王宪五率海上义军占领刘公岛，并在岛上建房准备久驻，后被官军逐走。到了万历年间，皇廷国库更显空虚，于是派出大批官员到全国各地开矿征税。万历二十四年（1596），派太监陈增督理山东矿务，在威海卫正棋山和里口山火岚顶开山挖洞掏金，征工纳税，各项差役繁重，威海百姓不堪其苦。

到崇祯十六年（1643），清兵已攻入山东半岛，不久明朝灭亡，明代在威海卫的军事防御史终结。

大明帝国下的威海卫，在 200 多年的历史进程中，除了防卫，就是为防卫官兵做差役和种植口粮等营生。对于卫城建设和经济发展以及民生等各方面并无太大作为，唯卫学是设卫后一大功绩。明朝中后期，连年自然灾害和差役税赋等，致使百姓民不聊生，饥饿、干旱、水祸等，导致卫城内外人口大量减少。

重请威海卫印记

明正德十六年　邑贡生　谷景旸

威海卫，古禹贡青州之域。唐虞时，为隅夷之区。而卫治极山东之东，三面环海，一城负山，形胜险要，甲于天下。盖海防一重地也。且卫之设，肇于太祖龙飞之后。救兆民于汤火，深虑倭丑肆毒，元元受害，乃于洪武戊寅岁，命征讨大将军魏国公徐，集数万众而筑斯城焉。防御策应，均于是乎永赖矣。原设指挥使司印一，经历司印一，镇抚司印一，千户所印三，百户所印三十，儒学印一。是印虽多，悉为卫所统缀，周详精密，罔有遗漏。百余年来，卫印用繁，棱磨篆平，文理莫辨。其间奸巧之徒，乘机作弊，真伪难分，因循日久，鲜不受其颠倒而中其侮玩者。本卫掌印李公殷鉴前辙，奋然兴起，谋诸僚佐曰：“卫印模糊，伪诈者蜂起，积弊何可久乎？愿捐俸求更置焉”。于是遣千户胡玺奏请于朝。适圣天子嗣祚之元年也，特命礼部循例换给。百年之疾，一疗而戮；丛奸之薮，一旦以除；欺公无忌者，迹屏而形逋；非李公之精明强固，公而忘私，亦安能捐资往请，舍其旧而新是图哉！是有以允合祖宗立法之初心，不负今上付与之新命，始不废一卫军机文移之重务也。何其岸然自异，振拔流俗，胜任而愉快乎。公讳兰字得馨，凤阳灵璧人，祖任金吾上将军，父改选卫指挥使司事，洎公二世矣。时新印初下，僚佐众征予文以记之，余受征而记之。曰：“李公真印之主也，蒙受五推，凡三十年，从政之善，深如医之用药。”孟子曰：“若药不瞑眩，厥疾不瘳。”孟子岂欺我哉？今李公除弊之易，不烦于财而勇于任，非胸有成竹者不能也。余因诵公之政，表公之德，并僚佐有事斯举者，附之石阴。

大清王朝下的威海卫

从元灭到大明帝国近300年的时间里，明军在沿海倭寇防御上，可谓“瑕不掩瑜”。然而，当清军进入山东，继而攻克胶东，明廷下的威海卫指挥使机构，不摧自“亡”。

明崇祯十七年、清顺治元年（1644）三月十九日，明朝最后一位皇帝思宗上吊自杀。中午，起义军李自成便乘马进入承天门，登上皇极殿。至五月，清军在摄政王多尔衮的率领下进驻北京，六月，派兵平定山东，十月便拿下登莱的明军残部，控制了山东全镜。同时清世祖顺治由盛京（沈阳）迁至北京，成为入关后的第一位皇帝。

清朝定都北京后，采取了“进剿”和“招抚”并用的方针，收效很大。在招抚中，对一些曾写下“归降表文”的明朝官吏，酌量予以录用，特别是对有城无官地，多有委任。当时威海卫最后一任卫城指挥是陈万言。清顺治二年（1645），清廷决定对原卫城设守备一员，正五品，成立威海卫守备署，管理庶政兼理屯务，与州县平行。并选原威海卫指挥佥事陈万言为威海卫首任署理守备。同时，选原左所千户、曾供职京操军的陈复新任千总；原百尺崖后所百户方成矩任千总（均为正六品）。还拣选原指挥同知、曾替兄供职边操军的刘鸿嗣任百总；原前所百户陈夢麟任百总。由于清廷开始就重视钱粮征收，故陈万言上任后，便亲历原威海卫所属后逐渐荒废之18军屯，广招佃农复垦，按熟地数量征银充饷，名曰屯粮。这是设卫后，军屯第一次征收粮银。顺治四年，清廷选派了顺天府（北京）武进士于有光任威海卫守备，代替只干了一年多的陈万言。于有光上任后，亲赴文登县争辩威海卫军民差役应照旧例施行，即军不当民差。直至顺治八年才得到省按院批准，“准照旧各差，军民永无缠绕”。

至此，清廷对威海卫的文人也予以选用，顺治五年，戚崇进以拔贡任陕西郜阳县知县（后升任淮安府知府）；阮述芳以副贡任扬州府通判。

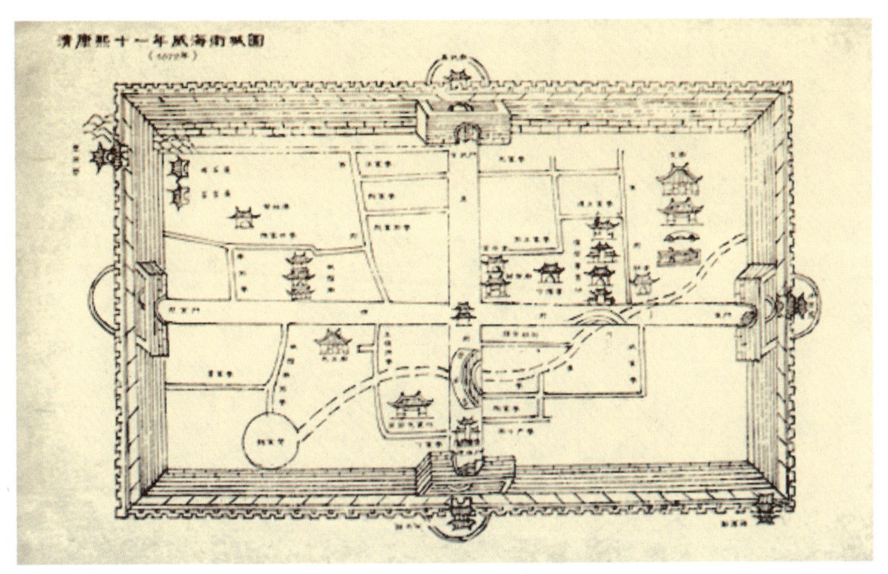

卫城示意图（此图，包括图中“清康熙十一年威海卫城图 1672”的年代文字，在威海的各类书刊、展览和许多介绍中，一直被认为是清康熙年间绘制的卫城图，这是一个错误。这幅图是 20 世纪 80 年代编撰《威海地名志》时，根据康熙《威海卫志》所记载当时卫城街巷的位置和名称编绘出的一幅卫城街巷示意图，并非康熙时期所绘）

顺治十一年，保定武进士郭文秀接任威海卫守备，他重视威海儒学建设，始终不渝其志。他在位的顺治十六年（1659），文登县将部分行政事务交由威海卫守备办理，自此，县、卫开始分治，这也是威海卫历史上的一个重要节点。

清廷在“招抚”的同时，对明代的遗老遗少仍存有抗清之意识者，则严加防范，并派军队“进剿山东土寇”。因而更加激发了各地抗清斗争的声浪。顺治七年，栖霞于七在锯齿牙山举行起义，不久攻入宁海州（牟平），清军进剿不力改为招抚。顺治十八年十月，于七部属受到朝廷疑诬，再度在牙山举义旗，其声势波及到威海。到任不久的威海卫守备徐洪谟（绍兴人，武进士）便招集乡勇 800 余人到威，按时加以操练，日夜在城头上巡防。第二年三月，于七义军被清军镇压失败，威海驻威乡勇在城头上一直严守了 6 个月才被遣散。事后清廷严查“于七案”。

清初，为了巩固政权，清政府采取了恢复发展农业生产的各项政策。一是鼓励垦荒，延缓征缴田赋；二是遇有灾年，可免除当年田赋；三是奖励滋

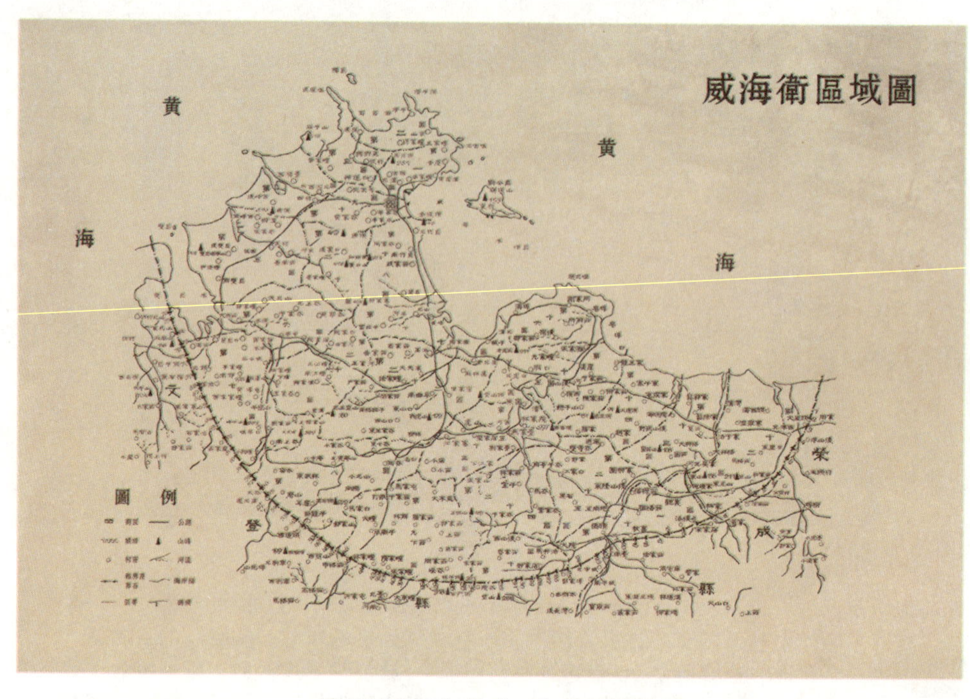

清朝威海卫与荣成、文登界线图

生人口，永不加赋。但威海卫人的生活并未相应得到改善，首先是丁徭银（人头税）高于邻县。文登县每丁征银 1 钱 8 分 7 厘，而威海中则人丁每丁征银 8 钱 9 分 5 厘，下则人丁每丁征银 6 钱 9 分 5 厘，下下则人丁每丁征银 4 钱 9 分 5 厘。再加上康熙七年守备朱孚吉派人赴省解送丁银 50 余两在路上丢失，这在当时威海卫算是大钱了，这些亏空又分摊在人丁头上，每丁“暂派银七分”。后“因循日久，未经开除，遂将加赋变为正额”。至雍正五年，丁银摊入地亩征收，即所称“摊丁入亩”。人头税宣告废除后，“贫者始庆更生”。另威海人军买民地，为了不当民差，每亩地加收“寄庄”银 4 厘，计加银 119 两 9 钱 2 厘，合计当时土地 2998 亩。但乡下人仍“佥报卫人替当民差，阖卫哀鸣”，以至“逃亡日多，寥寥边卫十室九空”。卫人几经多次上告，才得以免除民差之扰。

康熙十三年，浙江山阴（今绍兴）人武进士李标任威海卫守备，他到任后的 9 年间，招募逃散饥民垦荒种地，发给耕牛和种子；办社仓，赈济灾民；颁发乡约，使社会秩序好转；征调军民修补城墙；办义学、设药局。另外将城南河水改入城内东北流，从而形成一道风景（嫌原河水直流入海无回环之势，实际迷信风水）。当他离任时，威海士绅立“去思碑”并集著《同声吟》3 册，以歌颂其功德。

康熙年间，由于社会逐渐稳定，农业生产得到恢复，一些丰裕的家庭开始重视幼童的读书教育，加之顺治四年（1647）威海开始实施科考制（康熙元年后停了 7 年），更激发了士子的参与热情。但直至康熙十七年（1678）前，威海学子无一人取得乡科（省级）举人资格，更谈不上甲科进士的门坎了。“三百余年，科举从未发轫，出仕者俱由贡出身”。因此一些迷信风水的人，一致归咎卫城北门透了气，于是率众将北城门堵死，“以捂风气”。但此举却阻碍了进出城内外百姓的通道，反引起众怒，秀才阮接芳具控到登州府，太守下了命令才将其拆除。康熙十七年，卫人吕自岳首次考中举人（第 33 名），三年后其弟吕从岳相继考中举人（第 10 名）；康熙三十五年，吕自岳的儿子吕曰正也考中举人（第 53 名），四年后又考中进士。从此威海卫科第不绝，至乾隆十八年（1753）的 75 年间，共考中举人 20 人，其中有 5 人后又考中进士，吕曰正（康熙三十九年，第 23 名）、王士任（雍正元年，第 23 名）、从洞（与王士任同榜，第 110 名）、董可成（乾隆元年）、吕士（乾隆十九年，第 160 名）；另外还有武进士谷生琰（乾隆二十二年）。其次自顺治五年（1648）至乾隆四十二年（1777）的 129 年，考取贡生 73 人，例贡（捐）3 人。裁卫后因无卫学，科举几乎无人，只在清中期后王者政和其子王泽于道光九年、王熙政（者政弟）于道光二十三年中进士。

清初，使威海卫人不安的是“屡议裁卫”的坊间传说。其原委系朝政几次欲裁军屯，归并附近州县，若屯裁并，卫因无屯亦可裁撤。康熙二十年（1681）威海卫人首次上呈《阖卫绅士留卫条议》，其主要理由是：第一，原设卫是为防海备倭，不能因屯亡而裁卫弛防；第二，原设卫即设儒学，若撤卫学亦散，诸生子弟便要去外地求学，威海自然成了空虚安全难测之地。其间，文登县知县也上呈留成山卫、靖海卫详文；登州府也呈报了留卫详文。至雍正三年（1725），威海贡生吕曰卓再次写了《阖卫绅士留卫公呈》，除再提海防重地外，特别指出孔庙“圣像在焉，先帝御制匾额巍巍悬竖，作何安植？”2 年后，山东巡抚陈世倌亦送达《奏留山东边海七卫》呈文，然而

奈古山远眺刘公岛

均未能奏效。雍正十三年（1735），河东总督（亦称东河总督）王士俊东巡到登州府，正式提出“裁并边卫，整顿封疆”。对这事“登莱青道董自超，登州府于斐及该管各州县四卫守备，望风承旨不敢异词”。但“各卫士民纷纭具呈，牢不可破”，特别是靖海卫抗争者尤为激烈，终送宁海州监禁，以奸匪论罪。而山东巡抚岳浚洞“知情节，碍难掣肘”。总督王士俊终于呈报批准，将成山卫改为荣成县，大嵩卫改为海阳县，威海、靖海疆域绅民俱归文登县；威海卫学生童附于荣成县，靖海卫附于海阳县学额，乾隆二年（1737）又“因人户以籍为定”，将威、靖生童改属文登学额。此后，因裁卫和学额问题多次议论欲加变通，均未见效果。乾隆六年冬，“奉上宪明文查裁卫便否？本卫士民不得与闻”，成为定论。第二年，威海卫廪生王庭槐直笔写下《裁卫记略》，记述颠末，希望“后世有所考”。自顺治十六年至雍正十三年，威海卫独自为政计 76 年。历任守备 14 人，其中进士 7 人，武举 4 人。

威海归并文登后，成立文登县威海卫巡检司，设巡检一员，从九品，掌握捕捉盗贼，维护地方治安。首任巡检杨奇彦（浙江山阴人）。此后一直到光绪年间历任巡检知名者计 34 人。

清乾隆以前，威海在这一时期总的来说还算是较平稳的时期。城厢内外之城垣、衙署、儒学、庙宇、楼台等，不断得到修葺或改建。康熙十一年至

这样的交通方式，古朴中见自然，只是效率太低

乾隆七年的 70 年间，两次编修《威海卫志》。民风亦相染相沿，向善从流，一改 200 年前之不良评价。卫人岁贡生毕懋第称道："人多株守而无功利夸诈之习……古昔相沿，无终讼之弊，无溺女之弊，无索财聘之弊，无不嫁使女之弊，无奸霸侵夺之弊，无把持衙门讦告官吏之弊，无欺压流寓、阻挠负贩之弊。"

在卫城道路交通方面，到清朝中后期也基本没有交通工具的改进和公路发展，即是通往文登县的“官道”，经塔山、竹岛村西，向南再经草庙子进文登县城。百姓心目中的“大官道”，最宽处也只有一丈（3.3 米）。向西的官道，是清末时期绥军修筑的至牟平上庄的大道，宽度也像南去文登的道路一样，载运工具多为牲口（骡、马、驴）。威海卫城里的街道大都沟坎不平，进城赶集，多靠牲畜驮运，或木架或驮篓，独轮车和用木板做的推车居多。

1903 年，山东巡抚周馥与骆克哈特合影

进入嘉庆年代后，威海逐渐内受义军、海盗的交替扰境，外受西方资本主义海船的入侵，加之天灾频仍，野狼不时为害，匪徒结伙作乱，百姓不得安宁。

嘉庆二十一年七月（1816 年 8 月 27 日），英国东印度公司派船“阿里斯特号”和小艇“里拉号”，在船长包尔兹·霍尔的带领下，闯进威海湾窥察，不过他们还惧于清政府的禁令，没敢携带鸦片。

道光十二年（1832 年 7 月 14 日），东印度公司间谍船“阿美斯德号”驶入威海湾，进行测量海况，普鲁士人郭士立等还登岸“传教”。威海人对其所问则“守口如瓶”，对其散发的宣传品则“掷地以还”。3 年后，又有

1903 年骆克哈特（前左四）与山东巡抚周馥（右）、按察使尚其亨（左）等合影

1905 年 7 月 11 日，山东巡抚杨士骧在英租殖民政府行政长官骆克哈特陪同下，感受威海卫温泉浴

1905 年山东巡抚杨士骧到访威海卫

双桅夹板洋船一只驶进威海海口，3 日后西去烟台崆峒岛。

道光二十年（1840），鸦片战争爆发，英军舰不时地在山东半岛外游弋。1843 年，洋船又前来要求与商民贸易，清廷则严加禁止。同年，广东海盗船也成批北驶，参与劫掠。1850 年 7 月，在荣成、威海卫海面上，军民与海匪展开了一次大规模的海战。据官府统计，此战役生擒匪犯 344 名，打死其若干名，而威海军民也多有牺牲。

咸丰九年（1859），英舰在威海海面以及渤海各港口游泊测绘。第二年 6 月 30 日，英法军舰在威海抢走沙船 13 只，去烟台转天津。

咸丰十一年（1861）九月，捻军李成、张闵刑率部进入宁海州、文登一带。官府一方面办团练，一方面征调民众修筑一条北自宁海州北山村西丰山，向南经上庄口、昆嵛山直达南海边的石墙，由各团分守山口。这时回威的王者政，协同威海卫巡检陈绍群组织军民“反长毛子”，动员修石墙、筑土圩子。传说阮家寺东山土圩子就是那时修的。后来陈巡检流露出“大清江山不能久长”的言论，遭王者政怒斥，此事竟被告到山东抚院，结果陈败诉被撤职。当时捻军见东部有备，未能进犯。

同治六年（1867），捻军任柱率部10万余众再次东进，李鸿章欲堵其在登莱境内歼之，文威团练再守各石墙口。捻军知其谋，未入境。

随着帝国主义的不断入侵，民族矛盾日益激化，清王朝逐渐重视海防建设和办海军。威海卫在地理位置上自然便成了保卫京津的南大门。光绪元年（1875），山东巡抚丁宝桢受命派人到威海考察。1881年，威海刘公岛便成为北洋舰队停泊之地。1885年10月，海军衙门成立，醇亲王奕譞总理海军事务，李鸿章等为会办，实际是由李鸿章“专司其事”。威海及刘公岛开始建机械厂、铁码头、鱼雷营、炮台、海军公所（即北洋海军提督署）等。同时，又调进绥、巩军驻守南北岸，调护军驻守刘公岛，并在刘公岛、日岛及威海湾南北两侧建筑炮台。1888年10月，北洋舰队正式成军，至甲午战争前，北洋舰队已拥有大小舰艇及运船40余艘，5万余吨位。陆岸炮台25座、地阱炮和平射炮70余门。

光绪二十年（1894），日本军国主义挑起了中日战争，因这年是甲午年，故史称甲午战争。甲午海战失败，北洋舰队全军覆没。

1908年，山东巡抚袁树勋抵达爱德华码头

据史料记载，由于战争的破坏，境内人口锐减，这个时期的威海卫城内仅有人口约 1500 人，也就相当于一个村庄的人口。

不久，清政府与日本签订了《马关条约》。日本人在中国赚得“盆满钵满”后，于 1898 年 5 月 23 日撤离威海卫。次日，英国海军便占领了刘公岛，强逼清政府答应租借威海卫，这一借就是 32 年（刘公岛续租 10 年）。其间，1911 年辛亥革命爆发，威海卫城里衙门宣布与革命党联合，清王朝政府对威海卫城 267 年的统治“寿终正寝”。英租借地一直到 1930 年才回归当时的南京国民政府。

清朝下的威海卫，在某种意义上比明朝进步了一些。争取了科举制度下的正式名分，加强和倡导了百姓教育事业的发展，稳定了社会秩序，引导了农业生产。清朝下的威海卫，中早期主要以开垦复农为主，却忽略了海防。中后期到鸦片战争爆发，清廷又意识到海疆防卫的重要性，开始建立沿海防卫与海军建设。这种“顾此失彼”的治国大政，反映了其“坐井观天”与“闭门自守”的落后意识。威海卫在社会生活及其他方面，或许是由于清初就开始传闻裁卫的说法，极大影响了这个时期各项事业的建设发展进程。

阖卫绅士留卫公呈

清雍正三年　邑贡生　吕曰卓

为存留要地，以重海防，以安边鄙事。窃威海一卫，踞登郡极东，东接高丽，南通日本、琉球，北达奉天、天津，岛屿联络，刘公最险，为江浙七省通商要路。货船停泊，海寇劫掠，每从此发。诚宁、文之屏蔽，登郡之门户，而帝都之咽喉也。西去宁海州一百二十里，南去文登县九十里，与在内卫所附近州县者，迥乎不同。是以前朝于军屯而外，复设备倭等员驻防并守，夫有所用之也。我朝定鼎以来，圣德普照，海外宾服，一切卫所概奉裁革。独于威海，屡欲裁而仍留，盖知有所不便也。近奉部文，遵旨议并，着督抚分别详细，区处具奏。思威海卫据东海要冲，州、县鞭长不及，宁福、水师两营皆有防海之责者，然宁兵不满三百，汛兵墩堡三百余里；水师战舰，登郡、胶州分防，止有十只，更番巡哨，南北奔驰二千余里，而海寇窥伺，来如风影。如康熙四十二年及五十一年，卒然乘虚所至，风鹤向非，卫守督率兵丁，昼夜巡护，比及兵将合聚，东郡之忧恐未有艾。是威之为卫，东海第一要地，正宜整顿以备中外，安可议并？况我朝重道崇儒，加意培植圣脉，威虽蕞尔，圣像在焉，先帝御制匾额巍巍悬竖，作何安植？更当斟酌。卓等世居海滨，就中利害敢不直陈，倘蒙采择疏请存留，不惟万年之金汤巩固，亦边海贫民所赖以为保障者也。冒昧渎陈，伏候宪裁。

裁卫记略

清乾隆七年　邑廪生　王庭槐

雍正十三年，河东总督王士俊行部至登，谕意属员，欲裁并边卫，整顿封疆。登莱青道董自超、登州府于斐，及该管各该州县、四卫守备，望风承旨，不敢异词。各卫士民，纷纭具呈，牢不可破，靖海触怒尤甚，拿送宁海州监禁，以奸匪论罪。巡抚岳浚洞知情节，碍难掣肘。总督王遂题请将成山改为荣成县，大嵩改为海阳县，威海、靖海疆域、绅民俱归文登。而学校生童，威海则附荣成，靖海则附海阳。学额合新县原额，文武各十六名。威、靖现廪，俱改为候廪。除贡，则荣、威两学各较食廪年分二年一贡。学宫，令巡检扃固封守。祭祀，改为朔望行香。乾隆二年，因人户以籍为定，又将威、靖学校生童，俱改属文登。学额照文登之旧，只十五名。本学王兆圣、戚儆澍、吕浚、王兆兴、李昂在荣成续补，现廪又改为候廪。出贡，则文、威、靖三学较年分二年一贡。三年秋，学院李光墺、知府陈法，特赐垂怜行牌，饬莱、宁、文、荣、海五州县详查，欲仿灵山、鳌山二卫之例，另立字号，入学帮补、除贡，而相继离任，遂成画饼。五年夏，学院徐铎深为惋惜，慨许事竣具题，后亦不果。六年冬，奉上宪明文，查裁卫便否，本卫士民不得与闻。而历年呈详各案，当事一概不录，遂寝。谨记颠末如此，俾后世有所考云。

第二篇

甲午风云

甲午战争背景

前面《历史回廊》篇中提到，自元明两朝起，倭寇就屡屡袭扰和侵略我国沿海一带，在浙江、福建一带甚至流窜到内陆进行袭扰。由于明朝逐渐加强了沿海抗击倭寇的防御体系，日倭有所畏惧和收敛，但仍然不断地从各个角落进行窥视渗透，窃取了许多海防布防和地形地势资料。到清朝，朝廷渐渐放松了对倭寇的防御，中后期，日本人终于等到了机遇，找到了突破口。其蓄谋已久的侵略和扩张野心计划也逐渐得到实施。而早在 1867 年，明治天皇睦仁登基伊始，即在《天皇御笔信》中宣称“开拓万里波涛，布国威于四方”，蓄意向海外扩张。

1871 年，近代中日两国签订了第一个条约《中日修好条规》，第一款就说：“嗣后大清国、大日本国倍敦和谊，与天壤无穷。即两国所属邦土，亦各以礼相待，不可稍有侵越，俾获永久安全。”从“条规”字面上看，这是一个平等的条约，但对日本来说，这仅仅是掩人耳目而已。

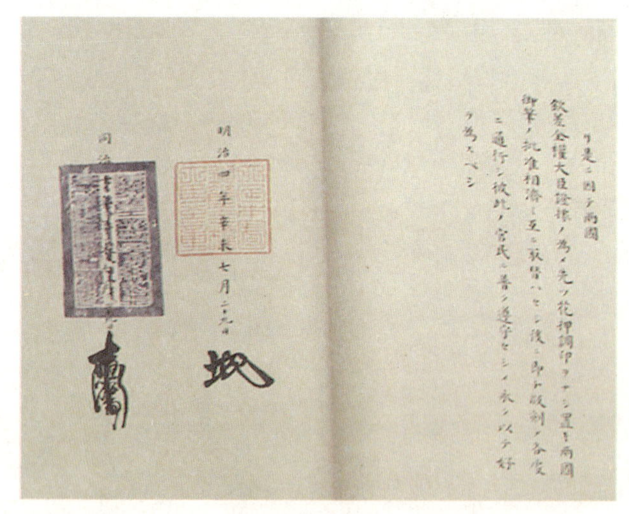
右是ニ因テ両國
欽差全權大臣證據ノ為メ先ツ花押調印ヲナシ置キ両國
御筆ノ批准相濟ミ互ニ交換セシ後ニ即チ頒布ノ各處
ニ通行シ彼此ノ官民ニ普ク遵守セシメ永ク以テ好
ヲ為スベシ
明治四年辛未七月二十九日

中日修好条约

实际上，日本并没有遵守这一条约，而是暗中开始积极向中国扩张。1872 年，日本开始侵略中国附属国琉球，准备以琉球为跳板进攻中国台湾。1874 年，发生了琉球漂民被台湾高

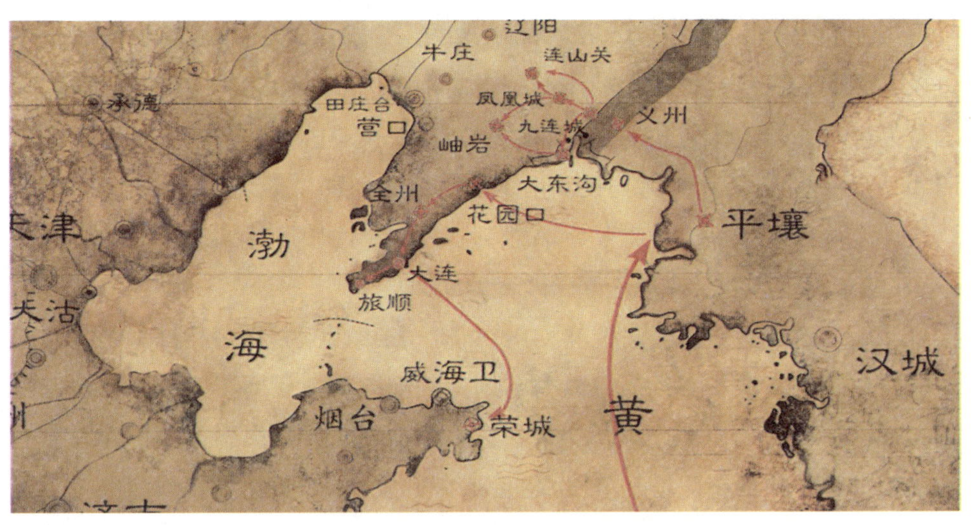

甲午战争渤海海峡、黄海和朝鲜半岛格局图

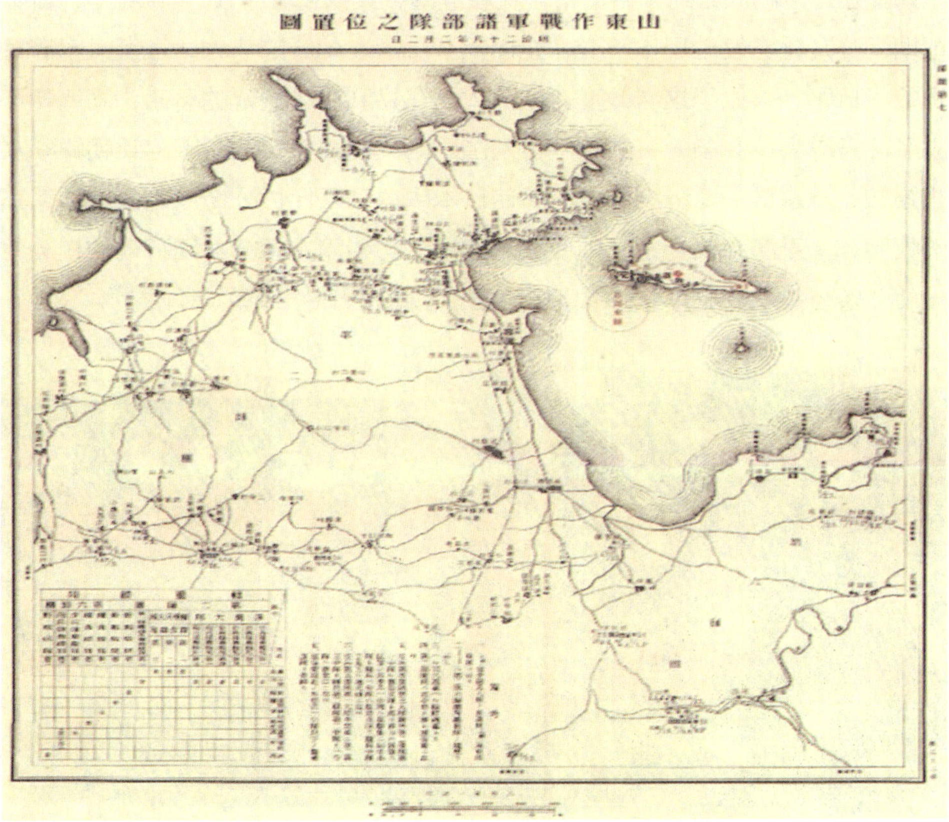

山東作戰軍諸部隊之位置圖

明治二十八年二月二日

1895 年日军第二师团和第六师团在威海卫的作战位置图

山族杀死的事件，日本利用清朝官员的糊涂，以琉球是日本属邦为借口大举进攻台湾岛，这是近代史上日本第一次对中国的武装侵略。但当时日本和中国实力悬殊，加上水土不服，日军失利。在美英等国的“调停”下，日本向清朝勒索白银50万两，并迫使清廷承认日军侵台是“保民义举”（即间接承认琉球人是日本属民），才从台湾撤军。后来，由于清廷的软弱无能，日本于1879年完全并吞了琉球王国，改设为冲绳县。

随后，日本又开始侵略朝鲜。1876年，日本以武力打开朝鲜国门，强迫朝鲜政府签订《江华条约》，取得了领事裁判权等一系列特权。该条约第一条即宣称“朝鲜为自主之邦，保有与日本国平等之权”，公然把朝鲜的宗主国清朝排斥在外，充分暴露了日本独占朝鲜的野心。1882年朝鲜发生壬午兵变，中日两国同时出兵朝鲜，清军虽然在这次事件中压制住日军，但日本还是如愿在《济物浦条约》中取得了在朝鲜的派兵权和驻军权。1884年，日本帮助朝鲜开化党发动甲申政变，企图驱逐中国在朝鲜的势力。袁世凯率清军击败了日军，镇压了这次政变。但日本人还是利用了清廷的昏庸，同清朝订立了《天津会议专条》，规定中日两国同时从朝鲜撤兵，两国出兵朝鲜须互相通知。就这样，《济物浦条约》使日本取得了以保护公使馆为由出兵朝鲜的权利，《天津会议专条》则使日本取得了与中国在朝鲜共同行动的权利，这两个条约就为后来的甲午中日战争埋下了隐患。

日本海军吉野战舰官兵

日本海军旗舰“松岛号”

日本海军战舰“吉野号”

上述可见，19 世纪七八十年代的中日冲突中，中方在硬实力上一直占有优势，但朝鲜甲申政变之后的 10 年时间，情况就悄然发生了变化。这段时间，日本一直关注着中国，日本军界要人山县有朋指出“邻邦之兵备愈强，则本邦之兵备亦更不可懈”。所以，自 1890 年后，日本以国家财政收入的 60% 来发展海军、陆军，1893 年起，明治天皇又决定每年从自己的宫廷经费中拨出 30 万元，再从文武百官的薪金中抽出十分之一，补充造船费用。举国上下士气高昂，以赶超中国为奋斗目标，准备进行一场以“国运相赌”的战争。1890 年，北洋海军 2000 吨位以上的战舰有 7 艘，总吨位 2.7 万多吨；

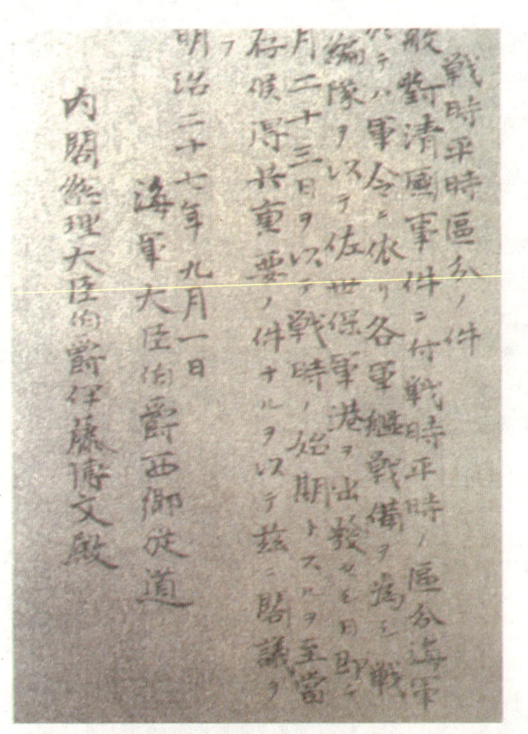

戦時平時區分ノ件
般對清國事件ニ付戦時平時ノ區分海軍
於テハ軍令ニ依リ各軍艦戦備ヲ爲シ戦
編隊ヲ以テ佐世保軍港ヲ出發セシ日即チ
月二十三日ヲ以テ戦時ノ始期トスルヲ至當
存候得共重要ノ件ナルヲ以テ茲ニ閣議ヲ
ヲ
明治二十七年九月一日
海軍大臣伯爵西郷從道
内閣總理大臣伯爵伊藤博文殿

日本海军大臣西乡从道 1894 年 9 月 1 日向首相伊藤博文提请海军进入战时状态的函件

而日本海军 2000 吨位以上的战舰仅有 5 艘，总吨位约 1.7 万多吨。1892 年，日本提前完成了自 1885 年起的 10 年扩军计划，到了甲午战争前夕，日本已经建立了一支拥有 6.3 万名常备兵和 23 万名预备兵的陆军，包括 6 个野战师和 1 个近卫师。战前日本海军拥有军舰 32 艘、鱼雷艇 24 艘，总排水量 7.2 万吨，超过了北洋海军。日本还出动乐善堂、玄洋社等间谍组织和人员潜入中国，加紧对中国各方面的情报搜集和渗透。

而此间的中国，经过数十年的洋务运动，初见成效，开始得意轻敌。又在与西方各国打交道的过程中，认为列强并不会真正入侵中国，只是想在贸易上占些便宜而已，于是就更加放松了军备意识。北洋海军自 1888 年 12 月正式成军后，就再没有增添任何舰只，舰龄渐渐老化，与日本新添的战舰相比之下，火力弱、射速慢、航速迟缓。当时北洋水师有舰艇 25 艘，官兵 4000 人。到甲午战争前，北洋舰队的大沽口、威海卫和旅顺三大基地建成。但清朝军事变革基本停留在改良武器装备的低级阶段，陆海军总兵力虽多有 80 余万人，但编制落后，管理混乱，训练废弛，战斗力低下。1891 年以后，北洋水师甚至连枪炮弹药都停止购买了。这是因为清朝最高统治者慈禧太后为了准备她在 1894 年的六十寿诞，将这些费用来修建颐和园，供自己“颐养天年”了。纵观中日两国的最高统治者的治国策略和理国方针（慈禧太后与明治天皇），在某种程度上也预示了中国失败的命运。

甲午开战时，清军一线战场实际参战部队主要以淮军为主，有 10 余万人，日军参战兵力有 17 万人。

朝鲜问题是日本发动侵略中国大陆本土战争的突破口。1890 年，日本爆

发经济危机，国内各种矛盾加剧，以天皇为首的日本统治集团急于从对外扩张中寻求出路。就在这一年，时任日本首相山县有朋在第一次帝国议会的“施政演说”中，抛出了所谓“主权线”和“利益线”的理论，将日本本土作为主权线，将中国和朝鲜半岛视为日本的“利益线”，声称日本“人口不足”，必须武力“保卫”利益线，加紧扩军备战。

战争的导火索终于来了。1894 年，朝鲜爆发东学党起义，朝鲜政府军节节败退，被迫向清朝乞援。日本认为发动战争的时机已至，诱使清朝出兵朝鲜。清朝没有识破这是日本的阴谋，于是派直隶提督叶志超和太原镇总兵聂士成率淮军精锐 2000 人于 6 月 6 日后分两批在朝鲜牙山登陆，在此安营扎寨，准备镇压起义，同时根据 1885 年《中日天津条约》通知日本。6 月 10 日，朝鲜政府和起义军达成了全州和议，清军未经战斗，起义就平息下去。6 月 25 日，原订计划的第三批清军在牙山登陆，驻朝清军总数达到 2465 人。

在朝鲜向清朝乞援的同时，日本通过其驻朝公使馆探知清廷将要出兵朝鲜的消息后，欣喜若狂。当时的伊藤博文内阁正面临议会的不信任案弹劾，得到此消息后，便如同抓住救命稻草，全力着手挑起战争。1894 年 6 月 2 日，伊藤内阁决议出兵朝鲜。6 月 5 日，日本立即设立有参谋总长、参谋次长、陆军大臣、海军军令部长等参加的“大本营”，作为指挥侵略战争的最高领导机关。6 月 9 日，日本派先遣队 400 多人，在驻朝公使大鸟圭介的率领下，以《济物浦条约》规定之日本有权保护使馆和侨民为借口进入朝鲜首都汉城（今韩国首尔），同时又根据《中日天津条约》知照中方，其后又在 6 月 12 日派兵 800 人进驻汉城。在日军先遣队出发前，日本外务大臣陆奥宗光训令驻朝公使大鸟圭介“得施行认为适当之临机处分”，授权大鸟挑起衅端，找寻借口发动侵略战争。

全州和议达成以后，朝鲜政府要求中日两国撤兵，于是大鸟圭介开始和清廷驻朝大臣袁世凯进行撤兵谈判。大鸟虽然口头上答应袁世凯撤兵，甚至就要达成书面协议，但是日本发动战争的决心已定，无意撤兵。所以日本政府一方面电令大鸟拒绝达成共同撤兵协议，另一方面则在 6 月 15 日抛出了“中日两国共同协助朝鲜改革内政”的方案，从而使共同撤兵协议一笔勾销。此后，日本开始不断增兵，6 月 16 日，大岛义昌少将率领混成旅团第一批部

在刘公岛上操练的北洋海军

队在仁川登陆，到6月28日，混成旅团第二批部队登陆，侵朝日军有8000余人，比起驻朝清军已占绝对优势；而清廷决策者直隶总督兼北洋大臣李鸿章则一直希望中日共同撤兵，既未向朝鲜增援军队，又没有按袁世凯、聂士成等人的建议，由清军先撤兵，最终给日本人以可乘之机。

日本之所以提出“共同改革朝鲜案”，其目的是一面使自己的军队以“协助朝鲜改革内政”为名赖在朝鲜不走，一面又拖住了驻朝清军，完全是为发动战争而采取的挑衅手段。清政府拒绝了“共同改革朝鲜案”，并强调日本必须撤兵，于是日本在6月22日向清政府发出了“第一次绝交书”。此后，李鸿章一味寄希望于美、英、俄等欧美列强调停，让日本撤兵。由于前述的各国利害关系，美、英、俄只是对日本表示“谴责”而已，并未采取强硬措施，加之日本灵活的外交策略，列强最后都采取了观望态度，于是调停均告失败。7月14日，日本向清政府发出了“第二次绝交书”，拒不撤兵，并反诬中国“有意滋事”，扬言“将来如果发生意外事件，日本政府不负其责”。至此中日谈判破裂。

日本向清廷发出“第一次绝交书”以后，便着手开始单独改革朝鲜内政的策略。与朝鲜交涉期间，大鸟圭介一方面逼问朝鲜否认自己是中国属国，另一方面提出5项27条改革方案，强迫朝鲜限期接受。但朝鲜政府当时是亲华的，据当时日本驻朝公使馆一等书记官杉村濬所说：“当时的情况是，趁朝鲜变乱之机出兵的清国，暗中有所图谋，本应予以反对，但朝鲜政府不仅无丝毫憎恶之感，反而予以同情。”因此朝鲜十分反感于日本的蛮横，敷衍日本的要求，并一再督促日本撤军。到 7 月 17 日，日朝谈判也宣告破裂。其间，日本发动战争的阴谋愈发明显，中国国内舆论和清军驻朝将领纷纷请求清廷增兵备战，朝廷里也形成了以光绪帝载湉、户部尚书翁同龢（光绪帝老师）为首的主战派，然而慈禧太后并不愿意其六十大寿被战争干扰，李鸿章也为了保存自己嫡系的淮军和北洋水师的实力，企图和解，这些人形成了清廷中的主和派。到 7 月中旬中日谈判破裂以后，一直按兵不动的李鸿章才应光绪帝的要求，开始派兵增援朝鲜。而随着中日、日朝谈判相继破裂，列强调停均告失败，日本终于可以放手大干了。1894 年 7 月 17 日，日本大本营作出开战决定。7 月 20 日，日本编成了以伊东祐亨为司令的联合舰队，随时准备寻衅。同日，日本驻朝公使大鸟圭介向朝鲜政府发出最后通牒，要其“废华约、逐华兵”，要求 48 小时内答复，朝鲜继续敷衍日本，于

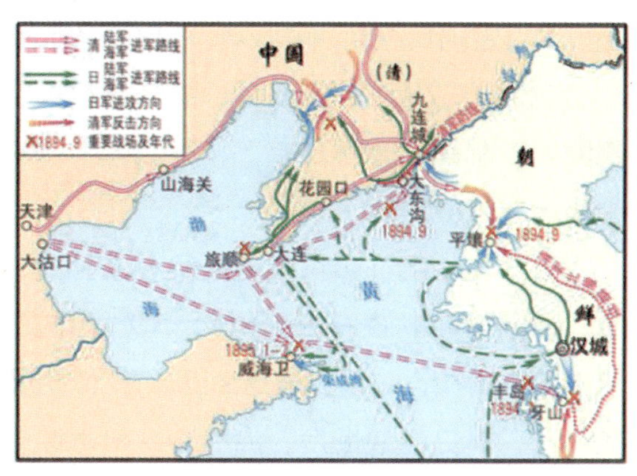

甲午战场示意图

远眺刘公岛和铁码头

是日本决定出兵控制朝鲜政府，以找到与驻朝清军开战的托词。

1894 年 7 月 23 日凌晨，侵朝日军突袭汉城王宫，击溃朝鲜守军，挟持朝鲜国王李熙（朝鲜高宗），解散朝鲜亲华政府，扶植国王生父兴宣大院君李昰应上台摄政。

日本唆使朝鲜亲日政府断绝与清朝的关系，并“委托”日军驱逐驻朝清军。控制了朝鲜政府后，1894 年 7 月 25 日（农历甲午年六月二十三日），日本不宣而战，在朝鲜丰岛海面袭击了增援朝鲜的清军运兵船“济远号”“广乙号”，丰岛海战爆发。海战中，日本联合舰队第一游击队的“浪速”舰悍然击沉了清军借来运兵的英国商轮“高升号”，制造了“高升号事件”。

至此，日本终于引爆了中日甲午战争，随后战争蔓延到旅顺口和威海湾。

威海卫之战

甲午战争爆发的背后，是日本向外扩张的疯狂野心。日本在“明治维新”后，国力大大增强，开始了侵略海外计划。

1894 年 9 月 17 日，即平壤陷落的第三天，日本联合舰队在鸭绿江口大

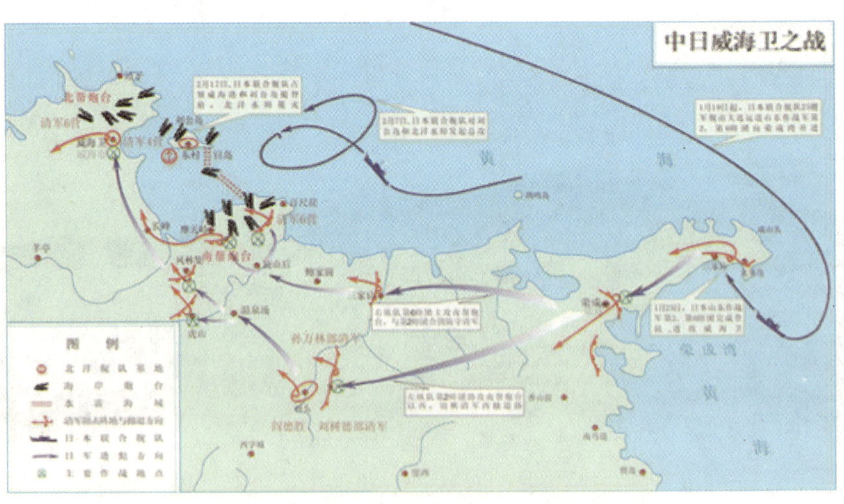

威海卫之战形势图

东沟（今辽宁省东港市）附近的黄海海面挑起一场激烈的海战，也是中日双方海军一次主力决战。9 月 15 日上午，北洋舰队护送 4000 余名入朝援军到朝鲜。返航时，在大东沟遭遇日军阻截，战斗由此爆发。日本海军在大同江外海面投入战斗军舰有 12 艘，包括其全部精锐部队，几乎是倾巢出动。海战历时 5 个多小时，结果是，北洋舰队损失“致远”“经远”“超勇”“扬威”“广甲”5 艘军舰，死伤官兵千余人；日本舰队“松岛”“吉野”“比叡”“赤诚”“西京丸”5 舰受重创，死伤官兵 600 余人。李鸿章为保存实力，命北洋舰队退守威海卫，丧失了黄海控制权。

平壤、黄海战后，日本方面广造舆论，大肆渲染，更加刺激了其扩大侵略战争的野心。

1894 年年底，清廷在东北战场及黄海海战遭遇了一连串失利，主和派逐渐占据了上风。就在这年的 11 月，清政府甚至不知羞耻地派出一名德国人为代表，与日本政府议和。日本人当然不会同意与外国人和谈。为了能在将来的谈判中对清政府进行更大的勒索，日本决定发动新一轮的军事进攻。

日本进攻山东半岛蓄谋已久。早在 1888 年，时任日本海军大尉关炳文，以中国商人的身份在胶东半岛进行谍报工作，写成《关于威海卫及荣成湾之意见书》，建议进攻威海卫须以荣成湾为前进之地，登陆地点应在龙须沟附近，采取海陆夹攻战术。大量的日本间谍获取了翔实的情报。清军曾缴获日军的一张地图，上面疃（村）路、炮台、营房、山河、沟、井、树，样样都有，画得清清楚楚。作战计划获得明治政府批准后，日军大本营将原有军队改编，组成“山东作战军”，以陆军大将大山岩为司令官，下辖第二师团（包括第三旅团和第四旅团）、第六师团（包括第十一旅团）和混成旅第十二旅团，再加上军兵站部等，总兵力达到 2.5 万人，其装备和军人素养优于清兵。1895 年（光绪二十一年）1 月 20 日，以大山岩为司令官的日军在联合舰队 25 艘军舰、16 艘鱼雷艇的掩护下，进攻威海卫东南的荣成。

此时，清军在烟台以东的部队有 43 个营，2.1 万多人，但清军陆军缺乏训练、装备落后，而且驻扎分散，战斗力弱。而荣成县并无军队驻守，知县杨承泽因海防吃紧，下令县内士绅筹办民团，称荣成县海防总团，但是队伍没有枪支，每人手持一根长矛，操练时各随鼓点舞动，如同演戏一般。由此，

威海卫之战，在荣成登岸的日本海军舰队

温泉汤方向，日军第六师团一部雪中向威海卫虎山行进

日军基本兵不血刃地占领了荣成县城。日军在荣成的电信局里接到威海的一封电报，询问日军登陆情况，日本技师回电："没有一个日本人。"随即切断了通信电线。溃败下来的清军逃至荣成县城外，见大门紧闭，便继续蜂拥西去。守城士兵见状已经吓破了胆，也打开城门西逃。眼见大势已去，杨承泽跑到城里躲了起来，几天后逃往济南。

威海卫通向荣成的道路，可分为从崮山 – 河东村 – 鲍家村 – 三官庙 – 温泉寨－龙家村一线靠近海边的北路，称威海大道；从羊亭集－虎山－温泉汤－桥头集－埠柳集一线的南路，称为芝罘大道，至今这两条路仍然是威海至荣成的交通要道。

1895 年 1 月 25 日（农历大年初一），日军全部登陆，沿着芝罘大道的方向向威海挺进，沿途仅遇到微弱抵抗。1 月 30 日，日军对威海卫的南帮炮台发起了总攻。在中国军队一片溃败的情形下，唯有守御南帮摩天岭炮台的营官周家恩"抗敌意识顽强"值得一书。周家恩外号"周三麻子"，是个硬骨头，在日军左翼队司令官大寺安纯驱使侵略兵以密集的队形向山顶上爬的时候，周家恩率军死力抵抗，士兵们枪击炮轰，个个斗志昂扬。然而毕竟守御在摩天岭的中国军队仅仅一个营，敌我寡众悬殊，最终士兵牺牲殆尽，营

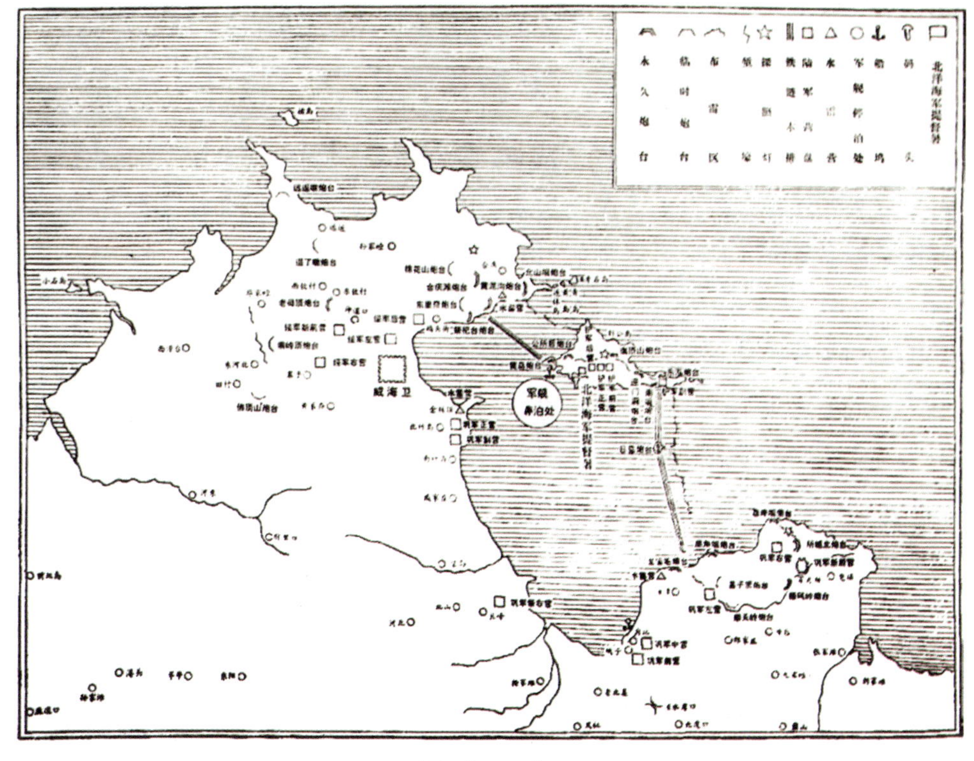

威海清军兵备图

旗顶山炮台

官周家恩身中数弹致重伤。即使在这种情形下，炮台上的仅存者也决没有丝毫退缩。周家恩以极大的毅力忍住伤痛，带领仅存的几十名士兵奋勇抗击爬上炮台的敌人。敌人三次爬上炮台，中国守军又三次从敌人手里把炮台夺回来。据目击这次战斗的部景泰老人回忆："日本兵人数很多，密得像蚂蚁，直往炮台上爬；中国兵打得真顽强，日本兵攻上来三次，守兵又夺了回来；那时候，从附近山头可以看见炮台上的清军大旗倒了三回，又竖起来三回。"在敌军猛烈炮火的轰击下，在同敌人的肉搏战中，炮台上的中国士兵全部英勇牺牲了。最后，炮台上只剩下周家恩一个人还活着，但是他的腿部和腹部又中了弹片，一腿残废，仆地不起，肠子突出腹外。为了不做敌人的俘虏，他便从西坡爬下炮台，并以难以想象的坚强毅力往西南爬行了十余里，等爬到壁子村西北的山沟里时，终因流血过多而牺牲。

不到一天的时间，南帮的陆路炮台和海岸炮台陆续失守。其中，陆路摩天岭炮台被日军占领后，日军用俘获的大炮调头轰击我方阵地。日军陆军少将大寺安纯在攻下摩天岭炮台后，让随军记者拍照时，被北洋水师军舰的精准一炮送上了西天，这算是北洋舰队的最大成绩。

日军占领威海南帮之后，本想从海边大道直捣威海卫城，但受北洋舰队的炮火封锁，绕道西路进攻威海卫。清守军在极为有利的情况下，却又主动撤退，日军随即变劣势为优势。清军撤退军官虽被正法，但此时的威海卫城内已无清军守城。

在威海卫的东北方向，还有北帮炮台，由于守将戴宗骞御兵无方，防守士兵几乎逃散殆尽，实际上也已无兵可守。北帮炮台随即被日军攻占，此时威海卫陆地全失，刘公岛成为孤岛，北洋舰队处于日本海陆两军的合围夹击之中。

1895 年 2 月 3 日，日本舰队出动 11 艘战舰，排成单列纵阵，在威海港口外进行挑衅。上午 10 时，日本舰队驶往港湾南口，首先对刘公岛上的东泓炮台发炮轰击。这时，南帮炮台上被清军破坏的 7 门大炮已被日军修好，并被日军用来向刘公岛上的东泓炮台进行轰炮击。海岸炮台与日本舰队一起，对刘公岛形成了夹击之势。虽然战局对北洋海军极其不利，但北洋海军提督丁汝昌及广大将士并无惧意，拼死而战。双方炮战一天，日本军舰始终无法接近威海卫港口，最后不得已而退。

日军海陆夹击刘公岛没有奏效，便决定用鱼雷偷袭。但鱼雷偷袭北洋舰队并非轻而易举之事。2 月 3 日，日军鱼雷艇偷袭未能得逞，只得败退而逃。

2 月 5 日凌晨，日艇再次偷袭，击中了定远舰的尾部，舰体受到严重破坏，定远舰驶到刘公岛南岸海滩处搁浅。2 月 6 日，日艇发射鱼雷，击中来远舰，舰内 30 余人全部遇难。同时，练船“威远号”和差船“定筏号”也中雷沉没。当天下午，日本联合舰队又对刘公岛发动海上进攻，经过激战，日本舰队再次被击退。2 月 7 日，伊东祐亨又下令不惜代价，再次倾巢出动，全力对

这张照片是日军攻下摩天岭炮台后，陆军少将大寺安纯让随军记者拍照时，被北洋水师的精准一炮送上了西天的瞬间，也是日军历史上有规模入侵中国的第一个毙命的将级军官

威远舰官兵

被日军水雷艇攻击后的定远舰

刘公岛发动了最猛烈的进攻。北洋舰队与刘公岛、日岛炮台相互配合，开炮奋勇抗击，日舰“扶桑号”等 13 艘轮番向日岛轰击。威海南岸皂埠嘴、鹿角嘴、龙庙嘴、所前岭 4 座炮台，也向日岛猛烈轰击。奉命驻守日岛的萨镇冰率领全体官兵誓死拼战，在刘公岛炮台和港内军舰的火力支持下，日岛炮台虽打退了日舰的进攻，但损失也很严重。军官的住所也因炮弹的轰炸而焚毁，岛上的弹药库也爆炸了。丁汝昌只好决定放弃这座已经失去作用的炮台，命萨镇冰同水手们撤回刘公岛。同时，日军的旗舰“松岛号”“桥立号”“秋津洲号”“浪速号”都中弹受伤，日本联合舰队遭此损伤，气焰一度受挫。

与此同时，丁汝昌决定使用鱼雷艇对日舰进行袭击，命令左一鱼雷艇管

远处正在沉没的是被北洋海军炮击的日军水雷艇

1895 年，日军占领刘公岛后拍摄的刘公岛建筑和海面上的舰船

1895 年被俘后的镇远舰在旅顺港维修

已经悬挂日本国旗的原济远舰

带王平率鱼雷艇队向敌出击，尽可能击沉敌舰。但是，王平不但没有袭击敌人，反而率鱼雷艇集体出逃。王平一伙民族败类所制造的逃跑和叛变事件，不仅削弱了北洋舰队的实力，更影响了清军的士气，对刘公岛战斗造成了极为严重的恶果，犯下了不可饶恕的罪行。

此时，北洋海军的外国顾问英国人马格禄、美国人浩威等，勾结部分贪生怕死的清军将领，公开威胁海军提督丁汝昌投降。丁汝昌在得到陆路增援无望密报后，令各舰同时沉船，以免资敌。遭到抵制后，旋又令剩余舰船拼死突围，也无人执行。丁汝昌无奈，炸沉了靖远舰，并在定远舰的中央要部装上棉火药，将其炸毁。2 月 10 日，誓与军舰共存亡的右翼总兵、定远舰管带刘步蟾在极度悲愤中与战舰同亡，年仅 43 岁。

2 月 11 日当夜，丁汝昌召集部下，提出冒险突围，多数将领表示反对，纷纷散去。丁汝昌见大势已去，决心以身殉国，与刘公岛北洋护军统领张文宣、镇远管带杨用霖先后自杀殉国，丁汝昌时年 59 岁。

2 月 12 日，洋员浩威勾结威海卫水陆营务处候选道牛昶昞等人，假借丁汝昌的名义至日舰投降。2 月 14 日下午 3 时半，牛昶昞、程壁光再至日舰，交出中国将弁、洋员名册及陆军编制表，并告知担任武器、炮台、舰船委员姓名等。牛昶昞并代表清军在投降条约上签字，至此，刘公岛沦陷。北洋海军残余舰船“镇远”“济远”等 4 舰和 6 艘炮艇及全部军用物资全部被日军掠夺。

2 月 17 日上午，日本联合舰队占领威海港及刘公岛。日本联合舰队以松岛舰为首，其余舰只紧随其后，从百尺崖起航，列成单纵阵形，各舰高悬军旗，自北口鱼贯而进，徐徐驶入威海港，10 时 30 分，北洋海军 10 艘舰船都降下中国国旗，换上日本旗，刘公岛炮台也升起了日本旗。曾经一度威震远东的清朝北洋舰队，就这样全军覆没。

随着战争的失利，清政府进一步加紧了乞降活动。1895 年 4 月，清政府和日本签订了丧权辱国的《马关条约》。条约的签订，进一步加速了列强瓜分中国狂潮的进程。

自此，威海卫、刘公岛成为中国历史上清朝北洋海军的终结地，成为影响深远的甲午之殇！

水师之殇　举国之耻

大清北洋水师，曾经以舰队实力东亚第一、世界第九的声名，显赫屹立于世界东方。而中日甲午战争中，北洋水师的全军覆没，其中与大清的国政方针、军事政策、经费保障、党派争斗、军队管理、内部矛盾等有着直接的关系。但很多专家在总结曾经的亚洲第一水师惨败的原因时，把援军始终不发，作为导致北洋水师覆灭的主要原因之一。

当时的山东巡抚李秉衡认为，日军确有攻击烟台的迹象，为确保威海卫以西的守备安全，发令称："各路防军，严禁私自发往威海，违抗军令者，虽胜亦斩。"即使在朝廷李鸿章的变相"哀求"下，李秉衡始终坚持待兵不发。现在试想，这是一个什么样的国政与军体？哀哉！

虽然李鸿章与李秉衡在朝廷内部有帮派之争，但在国难当头、外寇侵略面前，还能这般任性，国之殇哉！

1895 年 2 月 17 日，这一天是中国农历正月二十三，按照北方传统习俗，此时的春节喜庆还没有结束。

当年威武的靖远舰，后桅杆上高高飘扬的五色提督旗

当年“定远”“镇远”铁甲舰，从德国订造。1885 年到华，北洋海军主力舰，号称“亚洲第一巨舰”

但是，威海卫刘公岛上却是另一番景象：失去作战能力的北洋海军，已经在 2 月 14 日与日本签订了“降约”；59 岁的北洋海军提督丁汝昌也在几天前服毒自杀身亡。在自杀的前几天，丁汝昌曾亲率北洋海军几艘仍然具有作战能力的军舰，依托刘公岛进行了抗击作战，但苦战多日，却盼不到援军，绝望的丁汝昌最终选择了自杀殉国。丁汝昌自杀后，刘公岛上的一些官员和洋员，假借丁汝昌的名义起草了投降书，北洋舰队就这样全军覆没。

李鸿章，直隶总督兼北洋大臣，会办海军大臣

2 月 17 日这一天，刘公岛上空阴云低布、冷雨潇潇。不算开阔的威海湾海面上两种截然不同的场面反差极为鲜明：一边是日舰编队从威海北口徐徐驶入，日本海军联合舰队司令长官伊东祐亨下令旗舰“松岛号”奏起了日本国歌《君之代》，舰上的日本水兵欢呼雀跃；另一边，北洋的官兵们站在被降下黄龙军旗、拆去武器的军舰甲板上，看着日本人在自己的舰上升起了“膏药旗”。

下午 3 点，在凄风冷雨中，丁汝昌等 6 人的灵柩被抬上已经拆下武器的

被日军俘虏的清军士兵

“康济号”军舰。此前一天，当伊东祐亨听说，丁汝昌等人的灵柩将用民船运回大陆时，这名日本军人十分惊讶，他说：“丁提督力战身败，如果用民船运送他的灵柩未免荒唐。”于是，他提出用康济舰载送北洋海军的将领遗体。此刻，停泊在港内的日本军舰停止了奏乐，伊东祐亨命令各舰官兵甲板集合。所有在场的日本军人在寂静和肃穆中静静地目送这位中国将领的遗体被抬上军舰。

下午 4 点，康济舰拉响了汽笛，起航驶离刘公岛。日本联合舰队各舰鸣炮，向北洋海军阵亡将领致哀。这是来自敌人的敬礼！曾经樯橹如云、旌旗当空的北洋海军，至此不再存复。

与日本侵略者的敬礼截然不同的是，清朝政府对自杀殉国的丁汝昌，不仅剥夺了他的职籍，没收家产，还将其灵柩加 3 道铜箍捆锁，涂黑漆以示谢罪，并不准其下葬，直至 17 年后才得以入土为安。

这两个对比强烈的细节，值得我们深思。

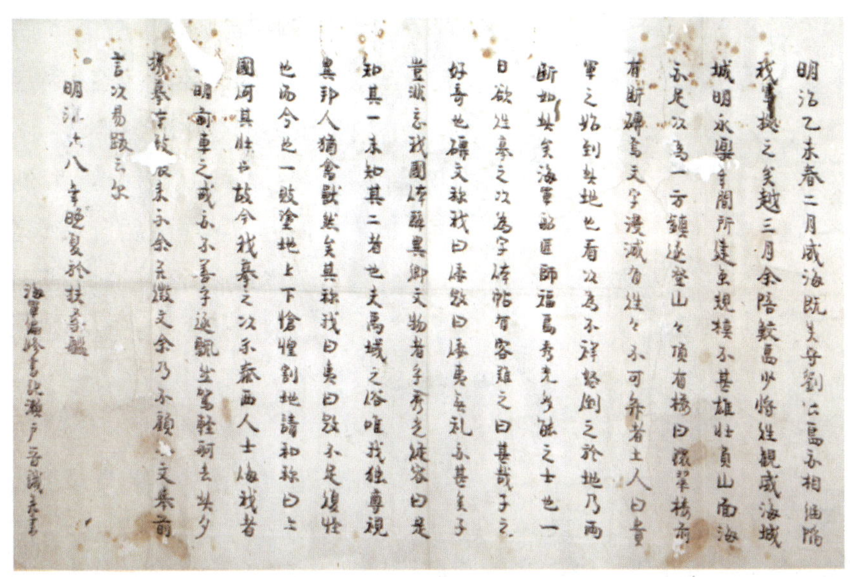

明治乙未春二月威海既失守刘公岛亦相继陷我军据之矣越三月余陪鞍马少将往观威海城城明永乐中所建也规模不甚雄壮负山面海亦足以为一方镇也登山々顶有楼曰徵翠楼前有断碑焉文字漫灭多难々不可弁者土人曰贵军之始到此地也看以为不祥殆倒之于地乃两断如此矣海军编匪师福岛秀光乡赋之士也一日欲选摹之以为字帖帖有容难之曰甚哉子之好奇也碑文称我曰倭奴曰倭夷无礼亦甚矣子岂欲示我国倖辱异邦文物者乎秀光徒容曰是知其一未知其二者也夫马城之役唯我独尊视异邦人犹禽兽然矣其称我曰夷曰奴不足复怪也而今也一败涂地上下恇惧割地请和称曰上国何其壮也故今我摹之以示泰西人士使我者明前车之戒不亦善乎遂飘然驾轻舸去头夕携摹本故以来示余且徵文余乃不顾[illegible]文来前言以易跋云尔

明治廿八年晚夏于扶桑舰

海军编修书记濑户晋识并书

日军夺取威海卫后，濑户晋撰写的日本海军编修书记跋文

威海卫之战中的愤与悲

威海卫之战中，位于刘公岛东南侧的清军日岛炮台弹药库是日本舰炮打击的重点之一。弹药库被炮击爆炸后，守军被迫撤至刘公岛。日军继而攻克威海湾北侧陆地炮台后，从根本上断了来自陆地上的火力威胁，从而可以孤注一掷与北洋水师决战。

正当战斗激烈进行时，北洋水师的鱼雷艇管带王平贪生怕死，率 10 余艘鱼雷艇和两艘汽船趁机逃跑，被日舰追击，大部分鱼雷艇被击沉。北洋海军损失惨重，极大削弱了战斗力和官兵士气。

此为愤！

2 月 7 日夜，日舰又破坏了封锁威海港东口的铁链，打开了港口门户。清军极其盼望援军赶来，但希望渺茫，士气开始低落。这时，在北洋舰队服务的外国船员英人泰莱、克尔克、德人瑞乃尔等散布失败情绪，威逼丁汝昌

沉没中的战舰“威远号”

向日军投降，遭到丁严辞拒绝。为避免战舰落入敌手，丁汝昌下令炸沉各船。

2月10日，管带刘步蟾在定远被炸沉后自杀殉国，其余各舰将领害怕以徒手降敌“取怒倭人”，竟拒绝执行命令。

2月11日，北洋守军弹药将尽，势不能支。当夜，丁汝昌召集部下，提出冒险突围，多数将领表示反对，纷纷散去。丁汝昌见大势已去，决心以身殉国，与刘公岛北洋护军统领张文宣、镇远管带杨用

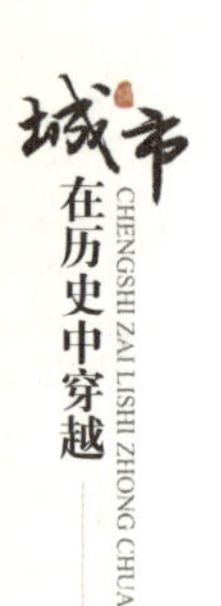

照片中白色大小不一的方块处是镇远舰的中弹部位

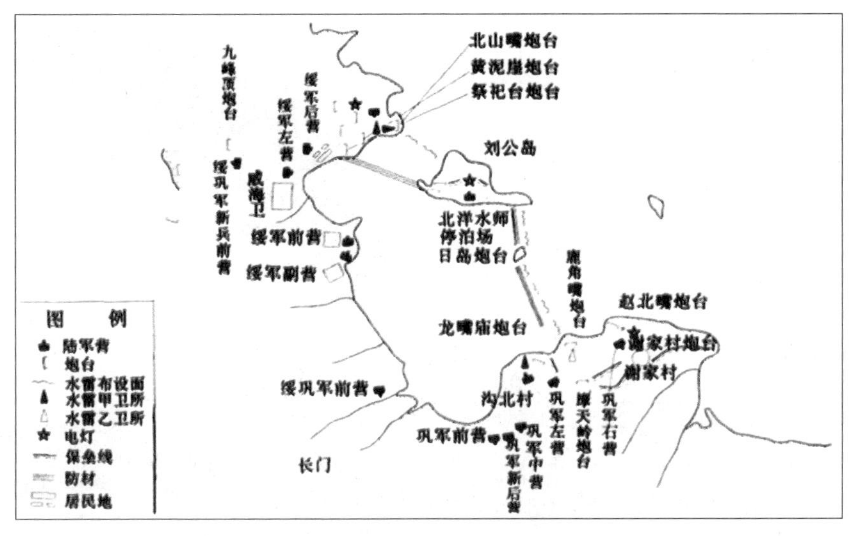

威海卫军港示意图

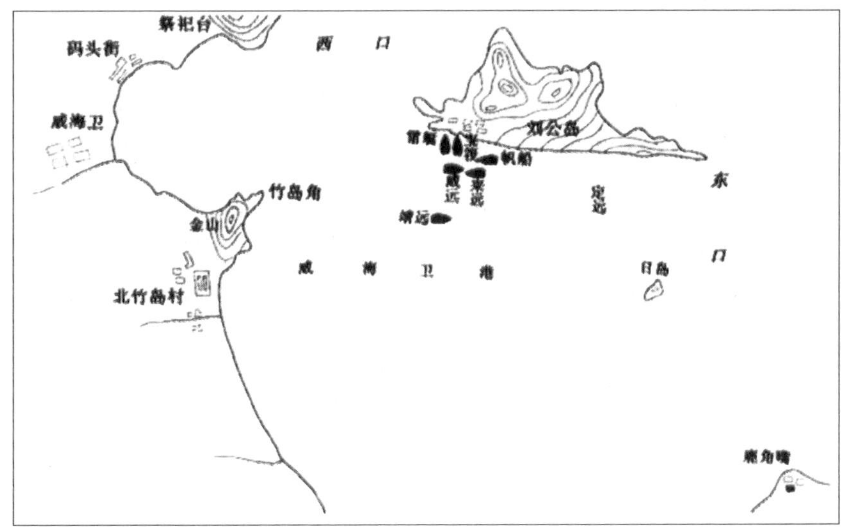

中国舰艇沉没位置图

“镇远号”战舰落入敌手后，被整修并接替了“吉野号”日舰

霖先后自杀。第二天，洋员浩威勾结威海卫水陆营务处候选道牛昶昞等人投降。2 月 14 日，牛昶昞代表清军在投降条约上签字，刘公岛沦陷。

17 日 10 时 30 分，日本联合舰队占领了威海港，举行捕获仪式。北洋海军镇远、济远、平远、广丙、镇东、镇西、镇南、镇北、镇中、镇边等 10 艘舰船全部作为日军战利品，被插上日本国旗。北洋练习舰“康济号”被解除武装，交还中国。下午 4 时，康济舰载运着丁汝昌、戴宗骞、刘步蟾、杨用霖、张文宣的灵柩，在潇潇细雨中凄然离港，驶向烟台，汽笛哀鸣，威海卫之战至此结束。

此为悲！

《威海卫甲午海军蹉跌记》碑文

威海衛甲午海軍蹉跌記

徐祖善

環翠樓之重建丁鄧二公之增祀余既為文以記之矣顧念威海衛之所以佔於日者三年租於英者又三十有二年痛定思痛胥由甲午一役我海陸軍失利之結果當時丁鄧二公暨林泰曾劉步蟾張文宣諸先烈應敵海上出生入死雖敗軍之將不可以言勇然或殉身以明大節或降志以全生靈及今思之猶覺凜凜然有生氣今威海衛收回矣東望劉公島外白雲悠悠滄波淼淼我鎮遠定遠諸艦或沉或奪均隨鴨綠江水東逝以盡惟餘此陰慘恥辱之陳迹長點污奈古山頭之雲色而不可湔祓以此思哀哀其曷極昔陸賈作新語意在推論秦之所以亡以為漢戒竊附斯義次錄威海衛海軍蹉跌記以告我邦人君子暨海軍諸同仁試一內省我現今海防上之設備其得不蹈甲午之覆轍乎如其然也我威海衛得終歸我所有乎海桑泡幻往事成塵豈僅斯樓之興廢云乎哉

清季失政光緒二十年春中日啓釁我陸軍既在平壤挫敗海軍亦在大東溝被夷全役殉難者無數而以致遠管帶鄧公世昌死事為最烈一時旅順大連相繼不保威海衛遂陷孤危守將失和互相詆諆日兵由成山龍鬚島登岸犯我榮城文登一面以軍艦堵截劉公島口藉圖夾攻時海軍新敗無鬥志陸軍統將戴宗騫駐守北幫炮台分統劉朝佩駐守南幫炮台日軍奪楓林攻南幫後路朝佩敗奔北台海軍提督丁汝昌慮南幫三台不守炮資敵為軍艦患欲將龍廟嘴炮台毀去宗騫持不可迨日兵逼南岸汝昌恐趙北嘴炮台有失全衛不守亟遣魚雷艇管帶王登雲毀之顧台未毀而日兵已躡後山就台炮擊趙北嘴台後分兵襲沿岸三台俄而鹿角台陷日兵蔽山而下旋南台又陷宗騫自盡於劉公島日兵更以台之巨炮轟擊澳內軍艦別用魚雷艇入口襲擊中定遠威遠來遠沉之於是全軍大震師律盡失兵民環請罷戰汝昌與護軍統領張文宣力主人船同盡卒不可綱日艦猛攻東北口闖入鹿角嘴抗吭疾進全局不支我鎮遠等諸艦大小凡二十三艘或沉或降遂致無一倖免者汝昌遂孫島仰藥以殉時光緒二十一年正月十八日也自此以往劉公島灣內幾不復有中國軍艦之旗影輪聲者三十有五年悲夫

中華民國二十年九月　穀旦

1898 年 3 月，日军占领下的北洋海军提督衙门

《威海卫甲午海军蹉跌记》系民国时期威海卫管理公署首任专员徐祖善于1931 年 9 月撰写，徐祖善时年 41 岁，上图为其亲笔书写的纸本原文。

书文原碑最早放置于环翠楼内，因早年战乱和环翠楼屡次拆建而损遗。从其原纸文看，楷体书写工整，行笔流畅严谨，书法造诣可见一斑。

从徐祖善当时的年龄、从军经历、留学经历以及履职经历等，可以想象作为军人出身的他，来到北洋海军大殇之地后的壮怀与悲愤之情，也体现了他文武兼备的良好素养。

此作品算是出自民国威海卫时期的一幅书法名作，更具有重要的历史意义和价值。

李鸿章气绝于甲午战败和辱国条约

甲午战争前夕，日本经历了明治维新之后，其军事实力尚没那么强大。在整个甲午战争中，日本天皇几乎是孤注一掷，投入了全部的日本军队，本土仅剩下天皇的近卫军。

从甲午海战之后，日本从清廷手里缴获了大量战舰和装备，并且获得了几亿两白银赔偿，这个数字是日本几年的国民生产总值。所以说，大清甲午战争的失败，养肥了整个日本。

归结甲午海战失败原因，有很多的专家说法和历史评论，但纵观这段战败史，我想主要是大清体制的腐朽和廷内权臣尔虞我诈的人为因素造成的。

慈禧

翁同龢

翁同龢，清朝晚期的实权派人物，光绪皇帝的老师，军机大臣，但他和北洋大臣李鸿章却是死对头。翁同龢是一个让人非常讨厌的人，据说连慈禧都不喜欢他，只是利用他来制衡李鸿章。毕竟李鸿章手里掌控着淮军，且北洋海军实力在大清国是强大的。

同时，翁同龢负责供给李鸿章北洋海军的弹药、装备等，但质量低劣、性能差；并且翁同龢掌管户部，曾多次奏请慈禧停止发展北洋海军。

李鸿章，清廷直隶总督兼北洋大臣，朝廷越是不给李鸿章资金，李鸿章就越不敢与日本作战，并下意识地保存所谓的实力。由此看，李鸿章确实有点胆小了，完全没有左宗棠和林则徐般的气魄。但他对日本的分析是非常全面的。从历史上的战斗情况来看，清军是有实力与日本作战的。但李鸿章一味地避战保船，被围困的北洋舰队没人救援，便下令给丁汝昌，突围会合南洋舰队，可那个时候的北洋舰队已经被日本联合舰队重重围困，而且战舰损失惨重。最终，李鸿章的这个战略决策是导致北洋海军覆没的重要因素之一。

再说慈禧，为修建颐和园挪用了部分军费，从而制约了军队的发展，这是事实。

李鸿章

且不论李鸿章是为壮大自己管辖的势力，还是贪图自己安逸，但慈禧的做法是真正把北洋海军的实力大大削弱了，甚至甲午海战前，北洋海军居然已经多年没有增加相关的军事装备。

总的看来，归根结底是清廷当朝腐朽制度的症结。比如李鸿章保存自己的实力，因为这是他在朝廷的政治资本。而慈禧在内心里忌惮李鸿章，必须让翁同龢来制约李鸿章，同时限制北洋海军发展。当然也是由于大清上下对战争局势认识上的局限性等原因造成。失败之后，梁启超说：“我支那四万万余人大梦唤醒，是自甲午战败，割中国台湾，偿 200 兆之后始也。”那个时候国内是自称支那的，只是后来由于日本的污蔑，渐渐地改成了中华。

其实，李鸿章看出了战争必然失败的命运，而这不是李鸿章避战的理由，而有些时候明知不敌，也是要亮剑的。

光绪帝有原因么？当然有！山东的巡抚就是光绪帝的人，李鸿章的北洋海军是慈禧的人，所以北洋海军被消灭，山东巡抚只管坐视借口不理，帝后两党的内斗也决定了这场战争的必然失败。

另外，东北是满清发源地，为了保护大清的老家，清廷在东北屯集了大量军队，从而威海卫之战需要援军时，全国无兵可调，加之山东巡抚的视而不见。

这一系列的因素，导致了大清在中日甲午战争中的惨败。

再看，1895 年耻辱的《马关条约》，深深刺痛了李鸿章。他遭到了国人前所未有的谩骂：“卖国者秦桧，误国者李鸿章！”他痛定思痛，发誓再也不踏上日本一步。

民愤四起，所有的矛头都指向了李鸿章，他被清廷解除了位居 25 年之久的直隶总督兼北洋大臣职务。

随后李鸿章出使欧美，归来时途经日本，需要换轮船，用小船接应，他一看小船是日本船，怎么也不肯上。无奈之下，手下只能在两艘船之间搭了一块木板，75 岁的李鸿章晃晃悠悠地从上面挪了过去。已是年迈的老人，心中的仇恨难以抚平。

如果说《马关条约》让李鸿章从此一蹶不振，那么 1901 年的《辛丑条约》对他而言，打击是致命的。

1900 年 5 月，八国联军侵华，清廷宣布进入战斗状态。李鸿章得知后，老泪纵横，打颤击杖：内战如何得止？

各地不断沦陷，清军节节败退，战败的消息如同一盆盆凉水般泼向早已支离破碎的清廷。悲哀的是，朝中竟没有一个人能站出来。关键时刻，慈禧从两广召回李鸿章，让他速速归京，官复原职，全权负责与各国协商议和，而慈禧却带着贵族官员们出逃西安。

李鸿章接旨后，从广州登船北上进京。一路上，他一句话也没说，像一条濒死的鱼，只是大口大口地吸气。

两个月后，李鸿章到达天津，他第一时间去了直隶衙门。看到昔日的办公地变得破旧不堪，满目疮痍，所经之地皆是废墟，他再也承受不住压力，一下子

李鸿章在《辛丑条约》签字现场

《辛丑条约》中李鸿章的“肃”字签名

病倒了。

李鸿章忍着病痛，与和硕庆亲王奕劻在《议和大纲》上签了字。他看着那些触目惊心的不平等条例，悲痛万分。签完后，他止不住地干咳，大口吐血。

民间却又起骂声：卖国者秦桧，误国者李鸿章！

但他已经不在乎这些风言风语，他知道自己大限将至，唯一能做的就是尽可能地为国家和民族争取利益、降低损失。

谈判赔款数额时，李鸿章已卧床不起，但他坚持指挥下级官员，硬是把一开始的 10 亿两白银降到了 4.5 亿两，分 39 年还清。当时中国人口是 4.5 亿，列强的用意是“人均一两，以示耻辱”。

这份条约上，李鸿章将自己的名字签成了“肃”字的模样，因为他想用自己在朝廷受封的身份“肃毅伯”来签下这个耻辱的字。

9 月 7 日，条约签完，李鸿章回到住处，伤心欲绝，再一次大口吐血，医生诊断为胃血管破裂。

1901 年 11 月 7 日，李鸿章在众人的痛哭下含泪气绝，终年 78 岁。慈禧得知后，感叹：大局未定，倘有不测，再也没有人分担了。

的确，再也没有人能主持大局了。

《辛丑条约》签订不久后，慈禧发布“罪己诏”，不是对人民表示愧疚，而是对列强表达感激：“今兹合约，不侵我主权，不割我土地，念列邦之见谅，疾愚暴之无知，事后追思，惭愤交集。”并称，今后要“量中华之物力，结与国之欢心”。只要保她尊贵无损，她什么都愿意给。

悲哀至极！国之殇，民之殇！

但真正悲哀的，不是失败、不是清军的不堪一击，而是清廷烂到骨子里的腐朽和软弱。这腐朽与软弱，埋下了西方列强入侵中国的祸根，写下了中华民族历史上最耻辱的一页。

第三篇

英租时期

英租威海卫背景

甲午战争的失败，加速了帝国主义侵华的进程。西方列强在加强对华经济侵略的同时，也加快了侵占中国沿海重要港口、抢占租借地、划分势力范围的步伐。

1898 年，德国在沙俄的支持下租占胶州湾，而沙俄随即以抵制德国为借口租占旅顺大连。同年，法国在华南强租广州湾（现湛江港）。英国是最早侵华的资本主义国家，在华拥有的政治经济权益最多。在列强瓜分中国的狂潮中，英国为维护其在华的政治、经济垄断地位，修改其对华的既有政策，决定租占威海卫和香港新界，以便北与沙俄对峙，南与德法抗衡。

1898 年 3 月 7 日，英国外交大臣巴尔福即要求其驻华公使想尽一切办法取得租借威海卫的优先权。3 月 25 日，英国政府正式训令其驻华公使窦纳乐不惜一切手段租占威海卫。由于山东已被划为德国的势力范围，而根据《马关条约》的规定，威海卫又由日本占领，以监督清政府偿付战争赔款。因此，英国在决定租占威海卫的同时，积极设法收买德、日两国。对德国，于 3 月

26日表示租占威海卫乃出于无奈，决不侵犯德国利益。此后又于4月20日正式声明不修筑威海卫至山东内地各处的铁路，以此承认山东为德国的势力范围，因而得到了德对其侵略计划的默认。日本则由于在东北的争夺上与沙俄存在激烈的矛盾，因而也希望借助英国的势力牵制沙俄。并在分赃的基础上，与德、日两国达成谅解后，英国便更加肆无忌惮地推行其侵威计划。

在与德、日等国加紧勾结的同时，英国于1898年3月15日从香港调遣军舰10余艘前往烟台，图谋在日军撤离后抢先占领威海卫，以武力为后盾逼迫

以“禽兽”比喻当年吞噬中国的侵略者

20世纪初远眺威海湾（由刘公岛南坡拍摄）

英国水兵在刘公岛上为米字旗升起而举帽欢呼

参加占领交接仪式的“水仙花号”英舰水兵。1898年5月19日，英舰“水仙花号”率先进占威海卫。后来，威海卫湾就被英国人称作“水仙花湾”

清政府就范，以达到其租借的目的。5月7日，清政府对日赔款在伦敦全部付清。5月9日，驻威日军主力开始撤出威海卫。5月21日，清政府派员接收威海卫和刘公岛。英国则于5月19日和22日委派接收大员率“水仙花号”和“敏捷号”战舰侵入威海卫，并在日军的协助下强行占领日军退出的营房、炮台、基地及所租用的土地。5月23日，中日交接事宜完毕，日军撤出威海卫和刘公岛。5月24日是英国维多利亚女王的生日，英军选择该日在黄岛举行了占领仪式。当天下午1时30分，“水仙花号”指挥官耐皮尔率领海军陆战队士兵登上刘公岛并进占黄岛。英方接收专员金霍尔和驻芝罘港领事霍普金斯在英国驻华公使馆武官布朗、“敏捷号”舰长史密斯·多伦的陪同下来到设于黄岛炮台下的仪式现场。清政府委派的办理威海卫事宜委员山东侯补道严道洪、“复济号”管带林颖启也随同前往。金霍尔宣读占领宣言后，英国国旗开始冉冉升起，当旗帜飘

英国租借威海卫仪式上，列队的复济舰水兵

扬到桅顶时，乐队奏起了英国国歌，英军举枪致敬。随后，仪式在一片“女王万岁”的狂呼中收场。至此，英军完成了对威海卫和刘公岛的军事占领。

1898 年 7 月 1 日，中英《订租威海卫专条》在北京签字。中方签字代表是大清国管理总理各国事务衙门和硕庆亲王奕劻和总理各国事务衙门刑部尚书廖寿恒，英方签字代表是窦纳乐。

由此，英国在华东夺得了一个具有战略意义的港口，而清政府的防御能力则遭到进一步削弱。

瓜分狂潮下的“租界”与“租借地”

从中国历史上看，汉代到北魏，无论是长安的“蛮夷邸”，还是洛阳的“慕义里”，到大唐时的“万国衣冠拜冕旒”，长安城里的外国人居住区增加到“西市”“醴泉坊”“义宁坊”“崇化坊”等好几处，并且扩展到京外的大都市，广州有了“蕃坊”。宋代时，对外贸易高度发达，在各个城市聚居的外国商民更是不可胜数。元代建立了专事招待外国人的“会同馆”，这个做法一直延续到明清。这是中外交往的正常状态，并始终处于中国官府的

租界和租借地研究著作

控制之下，从无独立王国的端倪。

到了 18 世纪中叶，清乾隆帝颁旨闭关锁国，限定广州“一口通商”，实行“防夷”制度，外商只能住在指定的“夷馆”中，形成了著名的“广州商馆十三行”。一直到鸦片战争前，外人在华都处于被严加约束的状态。

1840 年的第一次鸦片战争，英国人用坚船利炮轰开了大清朝的关锁。1842 年 8 月 29 日，清廷被迫签订《南京条约》，“准英国人民带同所属家眷，寄居大清沿海之广州、福州、厦门、宁波、上海等五处港口，贸易通商无碍”。仅从字面上看，这段话似无大碍，好像是按国际惯例开展经贸活动。但其实质，是英帝国以武力逼迫战败的清帝国“纠正”自己的封闭政策，是用强权欺压和侮辱一个主权国家。同时，在实际操作中更是玩弄手段，把“寄居”变成霸占，反客为主地搞出了“国中之国”般的“租界”。

英国人早就看中了上海这块风水宝地，《南京条约》签订后一个月，英国签约代表、侵华英军总头目璞鼎查就迫不及待地赴沪考察。这位有着男爵头衔，屡次参加过侵略印度、阿富汗等地的战争，后被封为首任港督的英国将军，凭借他对外侵略的经验，认为从扩大侵华的角度看，黄浦江与苏州河交汇处虽然荒凉，但交通便利，有着广阔的发展前景。这个地段就在今天上海最繁华的南京路和外滩一带。第二年，他的部下、英驻上海领事巴富尔上尉，找到清政府的地方官——上海道台宫慕久，要求买地建房以“寄居”英人。道台衙门驻在上海县的县城里（今上海人民路、中华路环绕的区域），道台老爷沉溺于关起门来作威作福的日子，当然不愿看到卧榻之侧有洋人酣睡。可没想到，城里有个姓顾的商户巴结洋人，主动提出把自己在东门姚家巷的52间老宅郭春堂租给巴富尔。巴富尔以此安设领事馆，宣布上海正式开埠。

继英租界之后，美国、法国也如法炮制，在上海搞出了美、法租界。1856年的第二次鸦片战争后，租界从上海蔓延到了广州、天津、镇江、汉口、九江、厦门，上海的英美租界合并成了“公共租界”。1894年甲午战争后，开设租界的国家增加了德、俄、日，开设的城市扩展到杭州、苏州。到了1900年“庚子事变”，八国联军打进北京，原来有租界的列强借机增加新的租界，原无租界的比利时、意大利、奥地利三国趁火打劫，逼着清政府让他们也开了租界。前后60来年，共有英、美、法、德、俄、日、比、意、奥9个国家，在中国的上海、天津、镇江、厦门、汉口、九江、广州、杭州、苏州、重庆10个城市，开设了27处租界。

另外，在福州、营口、宁波等一些城市，他们费尽心机，也想搞出租界，却没有成功，其中就有威海的近邻烟台。第二次鸦片战争后，烟台也被开埠，英、法、美、德等十几个国家在烟台设立领事馆，就想在烟台山下搞出一块

20世纪初上海公共租界区景象

公共租界，但始终未能得逞。

租界的形成，是中国沦为半殖民地的主要特征之一。在租界内，中国政府丧失了行政权、课税权、驻兵权等国家主权，“实行了完全独立于中国的行政系统和司法制度以外的另外一套统治制度”。一块块租界，不仅是中华大地上的一个个疮疤，更是中华民族脸上的屈辱。推翻清朝后，中国政府和中国人民一直不屈不挠地开展收回租界的斗争，这一历史使命直到“二战”之后才终于完成。到1945年抗日战争胜利，国民政府宣布收回所有租界和租借地，自此租界租借的历史在中国宣告结束。

如果说租界最早是由狡诈的英国官员挟胜战之威连蒙带骗地“忽悠”出来的，那么，租借地就完全是列强政府仗着铁甲舰队威逼强占的。

《马关条约》签订现场

甲午战争后，日本占据威海卫和辽东，逼着清政府签订《马关条约》，不仅获赔白银2亿多两，并割取台湾，还要再割辽东半岛，成了宰割中国的大赢家。尽管打败了北洋水师，但日本海军也大伤元气，旗舰松岛等军舰被打残，难以再战。面对德俄法“黑吃黑”，日本自知不是对手，确定“对三国完全让步，对中国一步不让”，敲诈大清国再拿出3000万两白银后，表示“日本帝国政府根据俄、德、法三国政府之友谊的忠告，决定放弃辽东半岛之永久占领”。这就是史称“三国干涉还辽”的闹剧。

三国涉辽表面上说得冠冕堂皇，似乎是帮着中国收回辽东，其实内心各怀鬼胎，趁机捡便宜、敲竹杠，向清政府索取高额报偿。这时划几百亩地作为租界已不能喂饱他们的胃口，他们更想在中国沿海建立海军基地，以作为扩大对华侵略，增强争霸实力的根据地。大清国这时正处于被小日本打翻在地的窘境，根本无力拒斥列强的强夺豪取。于是，租借地出现了。

德国早就想获取中国港口，作为“海军停泊或屯煤之所”，几十年间不断派人来华考察。有个叫李希霍芬的地理学家先后来过 7 次，最先提出占据港湾的想法。“铁血首相”俾斯麦按这个想法，训令驻华公使设法在中国获取一个港湾。德皇威廉二世曾看中威海卫，甲午战火还未熄灭，他就指示德国舰队“必要时在威海卫附近或海上巡行，以便在接获电报命令后立即将舰队开至该处”。三国涉辽后，清政府想在汉口、天津再开两个租界给德国作“酬报”，可人家不满足，“德国坚定地认为，至少应是一个合适的港口才会被看作它参与干涉的充分补偿，它绝不会把两小块外国租界看做足够的报答”。在从南到北反复考察中国海岸，权衡各种因素后，德皇放弃威海卫和其他港口，采纳其远东舰队司令的意见，选中胶州湾，并通过外交途径向中国提出要求。起初，不管德国人怎么软磨硬泡，管外交的李鸿章和总理衙门都没敢答应。忌惮于其他列强的虎视眈眈，德国人也不敢贸然动武，认为“我们唯一可循的途径是等待华人先给我们一个报复的理由”，“我们无需等待很久就能找到口实”。

1897 年 11 月，山东巨野饱受教会欺压的大刀会会众杀死两个德国神甫。威廉二世得讯后狂喜不已，“终究给我们提供了……期待已久的理由与事件，我决定立刻动手”。三艘德国军舰立即开到青岛，还诡称“来此游历”以蒙骗中国驻军。14 日晨，趁清军不备，大批德军迅速登陆，“分驻要隘，挖沟架炮”，在海上舰炮的掩护下，兵不血刃地抢占了青岛。青岛驻军最高首长、统带胶州海防营登州镇总兵章高元，“性耽曲糵，日在醉乡”，除了喝酒就只知克扣兵饷，哪懂什么“夷情”？傻乎乎地以为是友邦来访，还想摆宴接待。德军来到总兵衙门时，哨兵持枪行礼，章总兵忙上前套近乎。看到命其限时撤走的照会后才大吃一惊，连忙上报。清政府接报后方寸大乱，无计可施，只能回复“敌情虽横，朝廷绝不动兵”，令章高元把部队开出青岛，不准妄动。清军不战而退，反遭德军炮轰，一死四伤，章

图片建筑为德国租占青岛后，于 1902 年开始建设的胶澳总督官署办公室（也称总督府）

总兵还被扣押在军舰上十来天。三个月后，1898 年 3 月 6 日，清廷被迫签订《胶澳租借条约》，青岛成为德国租借地，租期 99 年。17 年后，日本趁“一战”正酣，德国无力东顾之机，伙同英国人打败德国人，把青岛变成日本租借地。

德占青岛一个月后，1897 年 12 月 15 日，俄舰开进旅顺口，声称是“保护中国”。清政府还蒙在鼓里，不仅信以为真，还给俄国军舰供煤。次年，中德谈判已进尾声，俄舰驻泊旅顺的理由不再成立，清政府也有点醒神，敦请俄人撤舰。俄国这时露出真面目，不仅不撤，反要租借，明确表明“俄必须租得不冻海口作为水师屯地”，并限清政府 5 天答复。还从海参崴调遣几十艘军舰的庞大舰队，浩浩荡荡来华示威。1898 年 3 月 27 日，清廷被迫签订《旅大租地条约》，租期 25 年。7 年后，又是日本人打败俄国人，把旅顺、大连变成日本租借地。

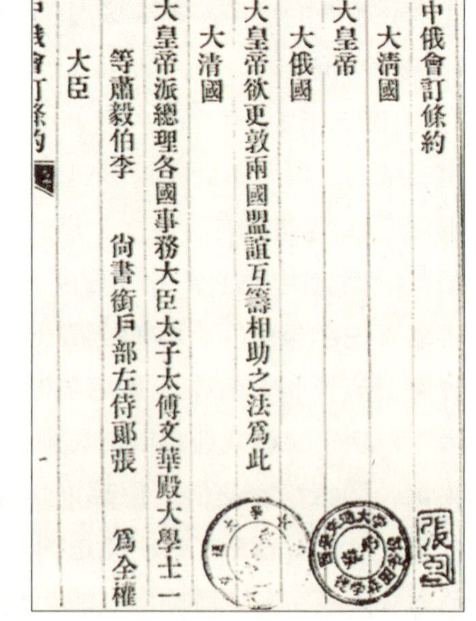

中俄會訂條約
大清國
大皇帝
大俄國
大皇帝欲更敦兩國盟誼互籌相助之法爲此
大清國
大皇帝派總理各國事務大臣太子太傅文華殿大學士一
等肅毅伯李　尚書銜戶部左侍郎張　爲全權
大臣

中俄会订条约

当时，英国侵华势力主要在长江中下游和港粤等南方地区，但他们觊觎威海卫已久，想在此建立海军基地，作为插足华北、抗衡俄国的立脚点。懵懂愚昧的清廷又想着“以英制俄”，“如果中国政府认为其要求能够得到充分考虑，他们就把威海卫租给英国政府”。但在谈谈判中，只同意作为商港而非海军基地。英方态度强硬，明确表示就是“想让它成为海军基地，和旅顺口保持均衡”。参加谈判的翁同龢在日记里记载，英国公使蛮横要求清政府两天内答应，“若不定，水师提督带兵到烟台，事且不测”。实际上，“英国舰队已从香港出发，开往渤海湾”。这时的威海卫还在日本手里，日人因三国涉辽也与俄结怨，表示拿到赔款就把威海卫让给英国人。近在青岛的德国人，在英国保证“不想妨碍德国在该地区的利益”后，也表示理解。摆平了周边的列强后，还没等签约，英国人就逼着清政府把威海卫交给它，派海军登上刘公岛。1898 年 7 月 1 日，清廷被迫签订中英《订租威海卫专条》，“租期应按照俄国驻守旅顺至之期相同”。

从 1897 年 11 月德国占青岛起，到 1898 年 11 月中法签约，短短一年时间，德、俄、英、法就在中国沿海强占了 5 块租借地，这 5 个地方全是当时公认的优良军港，均被列强占为海军基地，掀起瓜分狂潮。

1919 年，中国作为“一战”的战胜国，在巴黎和会和华盛顿会议上，要求各国归还在中国的租界和租借地。英国人自知这是大势所趋，勉强同意

青岛德国占领军军官（前排蓄胡子的军官为海因里希，即亨利王子）

这张照片在威海流传很广，“租界”字样的上面还有“大英”二字。它是英租威海卫殖民管理划界时所用的界碑，用以表明租借地的边界

交还威海卫，却附加种种苛刻条件。北洋政府派外交官员与英国人商谈交接问题，谈了几十个回合，历经多次周折，在妥协让步后总算于1924年谈成草案，提交双方政府签字。不料，北京爆发政变，导致收回威海卫一拖再拖。

鸦片战争给中国人民带来了巨大灾难。列强的进入，租界和租借地不断瓜分，使中国走向半殖民地状态。租界与租借地相比，租借地的受害程度远比租界更深，其根本就在于租借地被用作军事基地。

八国联军打天津时，英军用威海卫“中国军团”当先锋，攻陷天津城。20

1900年李鸿章在香港会见港督卜力（前排右一）

世纪 80 年代中英谈判收回香港时，传闻有人说收回后可以不驻军，邓小平听后雷霆大怒，直斥其胡说八道，个中原因就是他深知驻军的厉害。

中华民族曾以上下五千年的自治历史而荣耀。当年余日章作为民国政府代表，前往华盛顿参加国际会议，由于当时中日争端日益激烈，外国人多不明真相。有外国人问：“你们中国人真的有自治能力吗？”余日章反问：“你读过世界历史吗？”对方回答：“读过。”余日章又问：“在世界各国中，试问有哪一个国家有不受外族支配的民族自治政府，能像中国这么长久的历史的？如果有，请告诉我。”

是的，这曾经是我们中华古国的骄傲。但历史总是千变万化，能坚持长治久安，民族强盛，是一个国家、一个民族永恒的主题。

英租威海卫概况

威海卫，从 1398 年筑城到 1895 年沦陷于日本，又三年，被英国强租，清政府不但没有“威震海疆”，相反，在这片海岸军事重地，被列强和日倭寇统治了许多年。1898 年 7 月，英人强租威海卫，威海卫沦为英国殖民地。

中英《订租威海卫专约》载：“所租之地，系刘公岛并在威海湾之群岛及威海全湾沿岸以内之十英里地方。”

专条签订后，中英双方派员于 1900 年 4 月 25 日至 5 月 17 日将东起大岚头村东北海滨、西至马山嘴、南至草庙子以内，除威海卫城以外的 738.15 平方公里的区域划为租借区，区域内总人口约为 12 万。由此开启了英国对威海卫长达 32 年（刘公岛又续租 10）的殖民统治。英人统治期间，将辖区划为 25 个总董区和刘公岛特坊进行管理。

英租威海卫的旗帜与香港殖民地旗非常相似，旗帜的主体是英国国旗，它的右下角黄色圆形里面是一条龙，寓意英国在威海卫行使主权，把中国国旗图案贴在英国国旗的右下角，这实在是对中国皇帝的侮辱。

威海卫在英国殖民者占据之后，其管理权限几经周转。首先，威海卫被

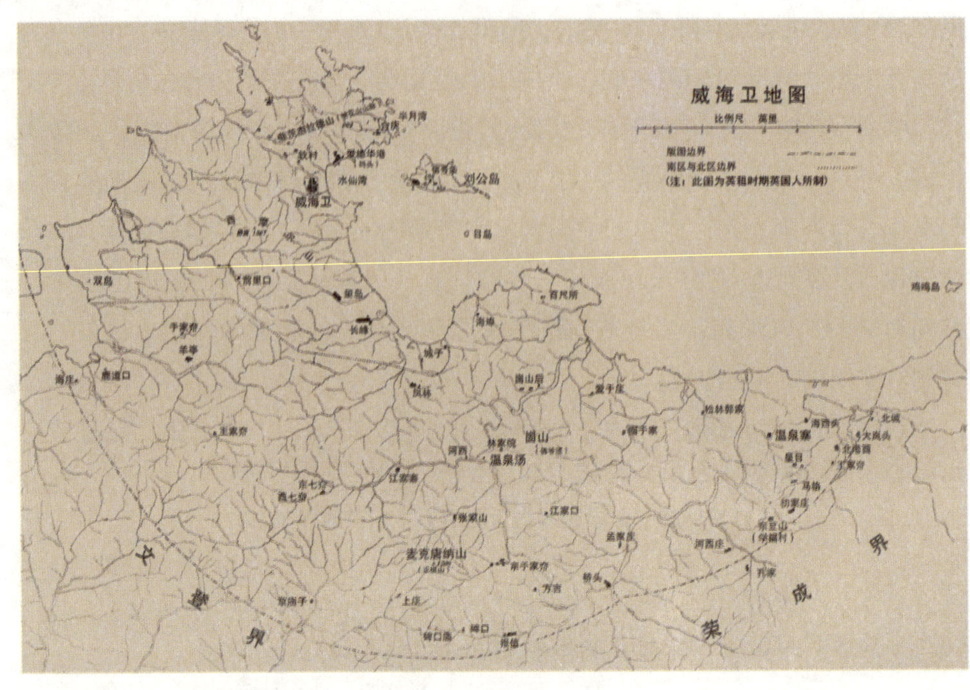

英租威海卫范围示意图

交由英国海军部负责管辖，1899年后又划归陆军部管辖，并由陆军上校道华德任行政长官，官衔为“政军专员”。1900年，威海卫属地改为文官制，1901年1月1日，正式由英国殖民部接管，并颁布了《威海卫地方政府组织法》。同年7月24日颁发了《1901年枢密院威海卫法令》。

英国强租威海卫期间，行政长官署设工务专管商埠区内港务、道路、桥梁、房屋等官办建筑工程的设计建设。制订公用设施管理制度，设立卫生管理队伍。刘公岛和海湾内的建设管理一派西化，欧陆之风盛行。英人治威其间，治理目的三度转换，由此城市建设也随之转换。先期是实行军事霸权，与日本、俄国、德国等殖民者争夺在远东地区的利益。其间主要是建设军港、炮台、营区等军事设施。

中期为设立远东商埠，建设为港口、码头、商行、洋埠等。后期为建设英国皇家和海军避暑地，建设方向为豪华酒店、避暑楼，高尔夫、网球、棒球等文化体育娱乐设施，卫生康复疗养设施，文化教育和慈善抚育设施等。

威海被殖民32年间，威海非但成为英人的乐园，更有许多法国、意大

1938 年，英国海军中国舰队司令诺布尔上将夫妇在刘公岛度假

利、美国人在此经商、疗养并建有别墅。

威海卫城外整个威海湾已形成一座小规模的海湾城市，沿海筑堤修路，城区道路 14 条，平均宽 5 米。主要道路为东山至金线顶大街。路灯、绿化、公园，一应俱全。城市建筑和规划布局，呈现一派西方风格、欧陆风情。建设区域为刘公岛和其对应的海湾地带。海湾沿岸北至合庆湾，南到金线顶，最为集中的区域是现在海滨北路到东山路一带。1902 年开始兴建爱德华商埠区，后逐步延伸，形成南起芦石台（今观海小区北侧），东至黄泥沟的带状商埠区。行政机构建于今公安环翠分局处；商业区布置于今海港路两侧，以鲸园为中心；生活区布置在戚家夼一带，别墅区则安排在今东山宾馆处；芦石台和鲸园为宗教活动区。城市建成区占地约 1.3 平方公里，居民约 2 万人。

威海卫殖民地旗帜后作了修改，将黄龙改为海鸟

1904 年威海卫商埠建筑，呈现的是一派英伦风格

英租建筑（西摩尔街）

英租建筑（1938 年刘公岛西摩尔街）

1921 年拍摄的威海卫行政长官官邸

第三篇　英租时期

图中烟囱右侧的两层楼房是英租殖民政府在刘公岛上建设的海水淡化处理用房

芦石台别墅

从现在的视角去看，英人强租威海卫，给这座城市注入的是现代元素，汽车、路灯、电话、医疗、市政设施等，逐渐使这座捕鱼农耕形成的军事堡垒，蜕变成以海上商贸往来为主的商埠闹市，并以其山川秀美的特色，迥异于同类海滨城市，让这座城市更具现代清秀玲珑之美。

中英《订租威海卫专条》

1898年7月1日，由和硕庆亲王奕劻和总理衙门大臣、刑部尚书廖寿恒代表清政府，与英国公使窦纳乐在北京签订了《订租威海卫专条》。

专条原文：

一八九八年七月一日，光绪二十四年五月十三日，北京。

今议定中国政府将山东省之威海卫及附近之海面租与英国政府，以为英国在华北得有水师合宜之处，并为多能保护英商在北洋之贸易；租期应按照俄国驻守旅顺之期相同。所租之地系刘公岛，并在威海湾之群岛，及威海全湾沿岸以内之十英里地方。以上所租之地，专归英国管辖。以外，在格林尼址东经一百二十一度四十分之东沿海暨附近沿海地方，均可择地建筑炮台、驻扎兵丁，或另设应行防护之法；又在该界内，均可以公平价值择用地段，凿井开泉、修筑道路、建设医院，以期适用。以上界内，所有中国管辖治理此地，英国并不干预，惟除中、英两国兵丁之外，不准他国兵丁擅入。又议定，现在威海城内驻扎之中国官员，仍可在城内各司其事，惟不得与保卫租地之武备有所妨碍。又议定，所租与英国之水面，中国兵船无论在局内局外，仍可享用。又议定，在以上所提地方内，不可将居民迫令迁移、产业入官，若应修建衙署、筑造炮台等，官工须用地段，皆应从公给价。此约应由画押之日起开办施行。其批准文据，应在英国京城速行互换。为此，两国大臣将此专条画押盖印，以昭信守。

此专条在中国京城，缮立汉文四份、英文四份，共八份。

大清国管理总理各国事务衙门和硕庆亲王、总理各国事务衙门刑部尚书廖

大英国钦差驻扎中华便宜行事大臣窦

光绪二十四年五月十三日

西历一千八百九十八年七月初一日

英租威海卫管理体制概要

1898 年威海卫在英国殖民者强占之后，其管理权限几经周转。首先威海卫被交由英国海军部负责管辖，1899 年后又划归陆军部管辖，并由陆军上校道华德任“政军专员”。

1900 年，英租威海卫属地改为文官制，1901 年 1 月 1 日，正式由英国殖民部接管，并颁布了《威海卫地方政府组织法》。同年 7 月 24 日颁发了《1901 年枢密院威海卫法令》。威海卫殖民政府设立行政长官，以及正、副华务司署和医官司长署。

1902 年，殖民政府设司法管理、征税、登记部和综合部等 4 个职能部门。

1906 年，卫生事项从综合部独立出来，设立医官司长，主管卫生、医疗及船舶检疫。

1906 年，殖民政府又将租借地划分为南北两大行政区，分设长官公署管理。至此，形成了“行政公署 – 南北区行政公署 – 小区 – 村”的自上而下一

殖民行政长官官邸远眺

套完整的殖民统治体系。

1901 年，英国设立的威海行政公署，作为租借地最高管理机构威海卫行政公署设行政长官一人，由英皇直接任命，地位等同于英属殖民地副总督，但不同的是他总揽行政、立法、司法大权于一身，其专制又远远超过了其他殖民地。

1902 年 5 月 3 日，首任行政长官斯图亚特·骆克哈特，印章为“大英钦命威海卫办事大臣”，威海卫人都称他为“骆大臣”。行政公署下设正、副华务司和医官长等僚属。

英租时期，英国先后向威海派驻了 7 任行政长官，分别为哥恩特、道华德、库温、骆克哈特、波兰特、布朗、庄士敦（前三人为设行政长官之前的管理者）。其中骆克哈特是任职时间最长的一位，庄士敦是最后一位。

在基层，殖民当局采用了中国原有之村董制，他们认为这种传统制度，仍能为群众所接受，因不少村董还是本村大姓人户的长辈，且多是富裕之户，较有威望。为了便于层级管理，1906 年由华务司制订了分区制和总董制，全境划为南、北两大区片分 26 个小区。南区片 17 个小区，其行政长官驻温泉汤村；北区片 9 个小区，由政府秘书兼管，每小区选总董一人，多者管辖 32 个村，少者只有 6 个村。其区划为：北门外、竹岛、孙家疃、钦村、王家庄、田村、张村、里口、孙家滩、羊亭、西王家夼、长峰、凤林、海埠、孟家庄、桥头、报信、于家夼、冶口、栾家店、崮山、草庙子、刘官屯、港西、盐滩。

在警务方面，由副华务司统管，设总巡捕房，码头区域内设有东山、南大桥、北竹岛 3 个卡子（类似派出所），乡间设 15 个分卡。巡捕（警察）分为 3 级：巡官、巡长、巡捕（多为华人），总计 200 余人。

在司法方面，根据其法令规定，案件均归上海英租界的高等法院审理，但该法官不常到威海，故各种案件均由威海地方行政长官审理，正华务司管民事，副华务司管刑事。在办案中，英国人发觉中国人的传统办案法仍可采用，“只要不与法律相矛盾，不违背公正和道德准则，法庭就要以中国或当地的法律和习俗习惯为依据”。南区行政长官庄士敦在办案中，常仿效中国“父母官”身份审理案件全过程，并时而走访民间知情人，还开创设置了“检举箱”，渐渐得到了殖民辖区的认可。

军事上，在兵源方面，由于殖民地面积广阔而本国兵源不足，所以组建殖民军是英国加强对殖民地的控制和对外侵略的主要手段。英国占领威海卫后，即计划将其建成在华组建殖民军的大本营，一方面用于威海卫租借地的防卫，另一方面为英国对华及其他国家和地区进行军事侵略提供兵源。

英租威海卫的 32 年间（刘公岛延租 10 年），社会各项事业有了不同程度的进展变化，但由于英租期限的不确定性，外商投资犹豫消极，本地人有了钱多是投在土地房屋上，对工商业缺乏热情。再有交通不便的问题，西邻烟台早已开埠对外，南邻青岛建有铁路贯通省内，威海虽有海运，但多被英国人、日本人控制，因而威海卫的经济、社会建设事业没有长足的发展。这也是长久以来，地理位置上的劣势一直影响威海发展的根本原因。

英租军事

驻军，是一个国家领土和捍卫领土的象征，是英租威海卫殖民时期最重要的构成。

1898 年，英国驻华海军司令、海军中将西摩尔（后任八国联军司令）和皇家工兵部队上校刘易斯相继来威进行军事勘察，并向英国政府提交了威海卫防御设施建设规划。在其计划当中，刘公岛海军基地的建设是重中之重，所有防御设施和军用储备库都建在刘公岛，舰队停泊地点也全部安排在刘公岛海面，并以能够抵挡来自海上和陆地上的任何进攻为目标进行火力和兵力配备。其中岛上军营计划容纳 1 个步兵营、1 个炮兵连和 1 个机械师以及重机枪部队。随后，英军在接收日军在金线顶、竹岛、王家庄、寨子及威海卫城左右原清军的营房、马场、医院及南北帮、刘公岛各炮台等军事设施的基础上，又在岛上开始了大规模的炮台、兵营、码头、战壕、掩体等军事防御设施建设。驻华英军则受命在香港集结准备调驻刘公岛。但是，由于 20 世纪初德国海军的崛起和俄法联盟的形成威胁到英国的海上霸权，英国海军发展重点随之迅速转移到造舰业。因此，英国于 1902 年修改了其原有计划，

1923 年英国驻华舰队司令检阅驻威英军

停泊在威海湾内的英国军舰

刘公岛上的英国舰队。该舰队是英国在远东海军力量的代表，自 1898 年起，直接掌控刘公岛 42 年之久

将威海卫划为英国海军军事训练基地，并加强了各种训练设施建设。为把刘公岛建成英军专属军事控制区，殖民当局将岛上百姓 4811 亩土地和所有房屋全部征用，并发布禁止华人入岛条例，严禁中国人随意上岛。此后，英国常年在威海卫派驻军队。海军方面，每年常驻军舰 3 艘，夏天则增至二三十艘，刘公岛上则常驻海军陆战队四五十人。陆军方面，每年夏天派驻 1 个团，一千四五百人，冬季驻守一个营，一百七八十人。威海卫被辟为英军训练基地后，英国远东舰队每年都要来威举行大规模的实弹军事演习。至今，英国舰队来威演习时失事的潜艇仍然躺在威海海底。

英租殖民政府于 1899 年开始，从香港选调军官并从山东内地和天津招募流民组建殖民军。该殖民军属雇佣军性质，称中国军团，又叫华勇营，驻守北大营、南、北竹岛和寨子等处，起初有 600 多人，1902 年高峰时期曾达到 1300 多人。该军团各级军官全由驻华英国军官担任，主要采取英国治军方式加以训练。由于军纪涣散，逃跑率特别高，到 1903 年就有 800 多名士兵开小差。1906 年中国军团被迫解散，部分士兵被编入租借地内巡捕房充当巡捕。中国军团存续其间一直是英国维护其早期在威海卫殖民统治的重要支柱力量。曾于 1900 年，中英勘划威海卫界址时，该军团曾作为主力充当了镇压威海人民抗英斗争的刽子手。同年 9 月份，八国联军侵华期间，威海卫行政长官道华德被提升为陆军准将指挥在华北地区登陆的英军，该军团被作为主力编入八国联军中英军序列，前往天津镇压义和团。

1939 年刘公岛海面上由战列舰改装而成的英军“鹰号”航空母舰

英租巡捕制度

英租威海卫早期，社会治安由驻防的英国海军及陆军印度兵负责。后来殖民当局根据情势需要，决定由在华雇佣军担负威海卫的防务及治安。

据档案史料记载：1898 年 11 月，英国陆军部派员到香港和上海招募议员、号手等专业军士，然后在威海卫招募士兵，组件雇佣军团。经过筹划，一支由300多中国流民组成的雇佣军于1899年在威海卫正式成立。英当局为部队命名为“中国军团”，本地人称之为“华勇营”。该军团尉级以上的军官均从英国的正规部队调任，士兵则在中国招募。在军团内部，除了乐队、议员、卫生队之外，还设置了长枪连、机枪连、炮队和骑兵队。经过正规的英式训练后，这支部队分别驻扎在威海卫租借各个区域，担负租借地内部治安和对外防务。

1901年7月24日，《1901年枢密院威海卫法令》的颁布，确立了威海卫殖民统治的基本体制。巡捕是殖民政府中重要的组成部分。1903年10月3日，殖民当局颁布了《巡捕法令》，对巡捕组织的构成、巡捕的任命、辞职、管理及奖惩均作了原则性规定。1903年由于经费制约，训部组织的发展进展不大，仅有15人。巡捕队伍中有3个巡查，1个当地巡官，6个当地警士和5个侦探。并对每个人的职责和职责范围做了具体分工。1904年，巡捕队伍增加到19人，由3个欧洲巡查、1个当地巡官、9个当地警士和6个侦探组成。

1906年中国军团解散后，殖民当局随即从解散的官兵中选拔人员扩建巡捕队伍，并对租借地巡查制度具体分派如下：第一部分巡捕骑马，分成两组，每组3人，每日巡查经羊亭至范家埠的路线，由爱德华港总部算起，其距离为25公里。第二部分9人，分成3支巡逻小队，夜间自爱德华港沿主干道行6公里，巡查沿线附近之村庄。第三部分8人，哨兵随地区长官驻守范家埠，

1920年英租威海卫警督魏德凯（左图中）、詹宁士（右图中）

准备出发的威海卫巡捕

其中 4 人每隔三个月换一次班。剩余警力在爱德华港行使对政府办公室、军械库、弹药库的必要职责。

至 1907 年，巡捕力量的设置由 1906 年的 21 名警士和 2 名欧洲巡查增加到 57 名警士和 3 名巡查。这样一支小型巡捕队伍，对于约 12 万人口的租借地来说已经足够了，当地人遵纪守法的天性很好地说明了这一点。原本英人为节约开支，竭力控制巡捕队伍的膨胀，然而随着中国境内爆发的辛亥革命以及后来的军阀混战，不太稳定的局势使他们不得不扩充警力，1915 年达到 95 人，1923 年为 122 人，至 1930 年增至 201 人。

当时的巡捕的职责范围，上到社会重大治安事件，下到百姓日常事务都做了明确的规定和具体的分工安排。如："一旦有谋杀和死亡事件发生，巡捕应立刻控制现场，扣留所有相关人员，阻止所有陌生人和非公务人员进入，并立即通知主管官员到场，此前不可搬动尸体和物品；如果在逃罪犯进入屋内避难，巡捕在正当要求被拒绝时可以破门而入；巡捕应仔细搜查所使用凶器和作案工具；巡查应对犯罪情况的报告、对嫌疑人的描述以及失窃财产引起特别注意，而且应将此情况传递给在岗的巡捕"等细节。

规定巡捕不仅具有侦查犯罪的职能，而且还具有在法庭上指控罪犯的职责。公平与正义在很大程度上依赖巡捕提供证据的可靠性。只要巡捕客观如

1923 年 11 月，巡捕列队接受新任行政长官拉萨尔·布朗的检阅

实地陈述所知道的情况，他提供的证据就具有很大的证明力，他必须尽最大注意不支持或者不敌意任何一方。

凡奉拘票所捉之人，必须押于黑屋，除非有华务司之批准，不得取保开释。凡站堂之巡捕所照管之烦人，非经堂论开释，该巡捕必须留心看管，直至烦人已入黑屋或已认纳罚款为止。巡捕若无巡查之指令，不得自行送人入黑屋、不可搜查平常犯人之身，若遇命案及重要案件之真凶或嫌疑人，虽无巡查之吩咐亦可展开搜查，唯搜后必须立刻禀明巡查。

凡有舟船破沉等事，巡捕须立时报知巡查，由伊督率巡捕人等，施以力所能及的帮助。无论日间夜间，上货卸货之际，若有格外的喧嚷，巡捕必须阻止。凡风船或轮船尚未停稳时，巡捕不可准人上下。

巡捕若遇有迷路之中国癫狂人，须送到公立医院，也要禀报医官；凡在界内遇有贫苦之西国人及私逃之西国军人，巡捕应当禀报。若有妇女或女孩屈留于娼寮或相类场所者，巡捕若有可信之理由，就当立时禀报。巡捕应当拘捉其所管之岗区内一切乞丐，若有乞丐出现于区内，即拿该区巡捕试问。巡捕若见疯狗必须打死，别种牲畜若患疯癫亦须打死，若有狗等牲畜被疯狗或别种疯畜咬伤亦须打死。不论何人，若为恶犬所咬，巡捕必须立刻禀报，遇见无牌之狗，巡捕也当扣留。凡有霍乱、天花或别种传染病，巡捕必须立刻报知医官。各种渣滓、废物，无论岸上人等或海员渔人，若往海中抛弃，巡捕必须阻止。所有人粪尿，小天限早六点钟以前、冬天限早七点以前必须处理。凡有倒脏物在通行之街巷及海崖者，在脏堆上捡物者、售卖有碍于卫生之物以及它种不合宜之物者，巡捕当制止。

无论何人，凡故意毁坏国家所栽植之树木，无论在道旁山坡以及其他场所者，巡捕当捉。无论何人凡虐待牲畜，如倒抬猪羊与倒提鹅鸭者，或使用有病及瘸腿牲口者，巡捕当捉。

……若在大路上有大石头等阻碍物，巡捕应当挪开；侵占大路小道或街巷者，巡捕当禀；若大路桥梁沟渠有损坏之处，有碍交通者，巡捕亦须禀报。凡牲口在大路或街巷内乱走而无人照管者，巡捕应当扣留。凡未经官方准许而入在大街上搭天棚及茶棚者，巡捕必当禁止。巡捕应禁止夜晚在大街上有诸如吹口哨，唱歌等噪音，每晚九点钟以后直到次日早八点钟以前，巡捕当禁止打锣、放鞭炮等事。无论何人，凡未经准许而贴告示于树上、墙上者，或有毁坏涂污房屋者，或撕裂国家告示者，巡捕当捉。无论何处路灯若有毛病，巡捕必须禀报。无论何人凡在本滩随意便溺或者打仗及吵闹等事，巡捕当捉。无论何人若在井边洗衣，巡捕必当禁止。巡捕若遇见吱吱作响的独轮车，应从附近取适量河水以阻止车轮的响声。

无论何人若无执照而携带军火，巡捕必须禀报。巡捕站岗时，若见什么惊险事或者什么重要事，应该详细禀报巡查。凡有行迹可疑之人，所带之筐篓包袱等物，巡捕必须仔细查验。巡捕应对妨害公共道路、打架以及妨害治安的人予以拘捕。

押送犯人的巡捕

巡捕的待遇根据级别有所不同，巡查的雇佣期限为5年，在雇佣期限内，巡查享有薪金的待遇，每年的薪金为250英镑；在雇佣期限内享有免费提供宿舍的待遇，雇佣期满后未重新签订合同的，由殖民政府免费提供旅行住处（如果巡查已婚，则免费提供给妻子和其家庭）等；巡捕制服也由殖民政府提供，巡查每年所领之制服为：夏日卡其布军装三套，军皮靴两双；冬季厚手套一副，檐帽一顶，防护帽三顶，冬季蓝色斜纹军装两套。冬季普通大衣每四年领一次，冬季水鞋一双。

凡是生人与革职之巡捕，除经准许者，不得随意进入国防重地及巡捕房等处，巡捕若引进匪人，必定受罚。巡捕应该讲巡捕房收拾洁净，保持通风，其床铺每礼拜至少必须扫晒一次。巡捕每逢离营必须留话，要知道其大概所在，每晚十点钟，凡无岗之巡捕，必须在巡捕房，不可晚归。凡巡捕在岗上，必须带自己所佩枪械，而不得将其一部分托他人看管。巡捕所有之军器及军装，必须亲自修擦，不可依靠仆人帮助，凡在岗之时，强制不得带枪帽子。巡捕出营巡更时，所持之枪械，若无巡查之指令不得擅自装子弹。来福枪与六轮子以及别种枪械在巡捕房时，皆不可装子弹。对于枪支弹药等，巡捕亦不得买卖、抵押、典当、丢失、损坏。巡捕在使用枪支时必须奉行高度警惕和克制，除非是在伴有暴力抢劫和谋杀以及其他危险犯罪且没有其他方法抓住罪犯时，方可射击。任何案件中都尽量不要使被抓捕的人死亡，巡捕的目标是实际抓捕罪犯，正确的方法是仅仅使其丧失反抗能力。

……巡官应参加所有的军事训练和职责范围内的列队行进，确保其属下衣帽整齐、兵营整洁并报告期属下的不合法行为，根据巡查的指令执行其他职责。夏季应举行游泳训练，不在岗的巡捕均应参加。巡捕在射击训练中得金枪手者，每日给洋三分，以为善射之奖励。巡捕在巡逻时应对群众的生命和财产负责，并维护辖区的和平，保持良好的秩序。因此其在履行职务过程中，对遇到的人要严密注意，不要对他们进行不必要的干涉，要忍耐克制，不要报复，不能发脾气，不能使用不文明语言，不能有不文明行为。此外在日常生活中也必须始终讲文明礼貌，对公众表示尊重。巡捕每见各官长以及川军装之水陆军官，必须施礼。

巡捕之间不许相互借贷。巡官和巡捕不准收受任何人的钱物等贿赂。巡官和巡捕未经付款，不得从商贩货摊上或商店里拿走货品。未经华务司的许可，巡捕队的任何成员不得从任何人处收取奖赏和礼物。

巡捕必须严格遵守上级命令，不允许殴打虐待罪犯，遇到暴力抵抗，应鸣哨请求同事救援，并对当事人以抗拒执行公务罪进行指控。巡捕决不能对正在被拘捕的罪犯搜身，如果从罪犯处取得任何武器或财产，应尽快交给巡查。巡捕站岗时，除关系巡捕之公事外，不可与人说话。巡捕站岗不可擅离岗位，除非因捉拿犯人或有失火与吵架等事，方可暂且离岗，一得脱身，必须从速归位。

这一系列的大小规定，无不体现了管理中的缜密与规范。

英殖民当局非常重视对租借地内巡捕的约束，制度内容包罗万象。其目的就是为了更好地维护殖民利益，这些规章对于建立一支近现代化的警察队伍有着重要的促进意义，而且从客观上也维护了威海本地的社会治安，为百姓的生活提供了相对稳定的社会环境。巡捕组织具有异域色彩，但从历史的角度来看，英租时期威海卫的巡捕制度，无论在管理制度还是在社会角色上，都有着积极的现实意义。

英租乡村治理

英租威海卫时期，设立行政长官负责制，下设正华务司署、副华务司署、医官司长署三个部门。行政长官总揽各项权责，其他机构根据需要和分工辅

骆克哈特与总董大会合影

助行政长官工作，权责界定既相对分开，又综合交叉管理运行。

同时，租借地700多平方公里的土地上，大部分是乡村，在租借地乡村实行村董及总董制，在租借管理中发挥了重要的作用。

英国租占威海卫之前，本地乡村基本上处于封闭的家族式管理中，由地方乡绅或宗族大户维持秩序，推行教化。各村依靠族规村约自行管理，偶尔也有几个村庄联合起来共同管理域内事务的。乡绅阶层在乡村管理中发挥着主导作用。

威海卫的村董制，最早产生于明代，清朝建立后对乡村原有的制度并未实行大的干预，因此直到清朝末年，村董治理仍然是威海卫乡村运转的主要机制。在中国传统社会中，村董一直都不属于国家正式官员，既不是官方指定或委任，也非民众选举产生，大致是由村里较大的家族推举出一个有名望的人物来实行乡村自治。

由于威海卫90%以上的人口生活在乡村，因此殖民政府极为重视加强对乡村的控制。据档案史料记载，1902年5月，首任威海卫最高行政长官骆克哈特在其上任后的第五天便接见了威海卫全体村董。可见殖民当局对村治的重视。与此同时，殖民当局还对村董登记造册并颁发委任状，承认他们在农村中的权利和地位。这样一来，殖民当局便在短时间内实现了对威海卫乡村地区的有效控制。

英租时期，村董身份的获取主要由两种途径：承袭和选举。承袭，是英国租占之前已经是村董、在农村的治理和运转中已经发挥着重要作用，这些村董只需经过殖民当局的认可便是；选举，是殖民当局引入和施行的一种新型的、具有现代民主色彩的模式。根据规定，通过选举产生的村董，必须获得百分之六十以上的选票，而且选举人在一定条件下有权要求更换村董，另行选举。无论通过哪种途径产生的村董，一律须经殖民当局认可并颁发委任状。

为了实现对广大乡村的有效管理，殖民当局非常重视从法律上完善和规范村董制度，为此专门颁行了《选举村董简明章程》，对村董的选举加以规范。特别强调了村董个人须拥有10亩以上的土地，以防无业游民之类充任。

这个章程对参选资格、程序、获选条件、主管部门以及委任状的颁发等相关事项都有明确规定，而且还体现了殖民政府对农村治理的有限干预，非

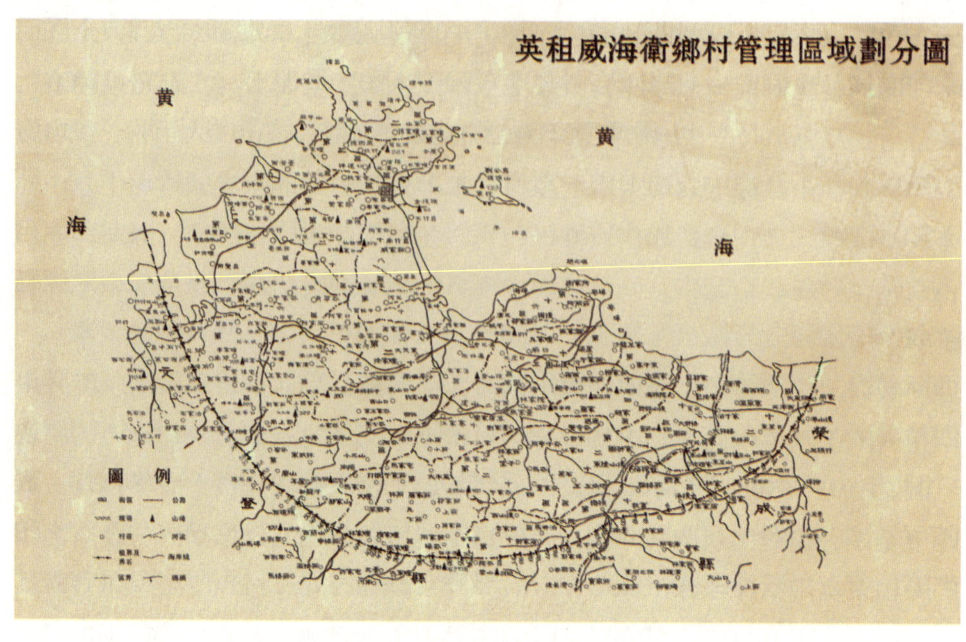

英租威海卫乡村管理区域划分图

常类似一部自治性的章程，并且散发着较为浓厚的现代民主气息。

绝大多数被委任的村董，皆能较好履行职责，维护所辖村域的稳定。但由于殖民当局对乡村管理奉行的是一种不干涉政策，也导致官方与民间沟通不畅，行政管理效率不高，从而弱化了当局对乡村的控制。尤其是殖民当局推行的司法制度，在刺激民众热衷诉讼的同时，也削弱了村董对乡村的控制。此举引起了村董们的不满。为了克服这一弊病，殖民当局开始寻求新的治理措施。于是，总董制度便应运而生。

史料记载，1905 年，庄士敦提出一个总董改革计划：全区 200 多个村庄被划分成 26 个小区，每个小区设总董 1 名；同时还将 26 个小区分成南北两个行政区，各设行政长官管理。1906 年庄士敦的总董制全面推行，其中南区管辖 17 个小区，区长官公署设在温泉汤；北区管辖 9 个小区，外加刘公岛，由华务司兼任地区行政长官。

总董由华务司从小区内的村董中选拔，并由行政长官委任，后期改由小区村董集体投票选举产生。村董的特殊身份决定了其职责的特殊性。在乡村社会中，村董职责范围非常广泛，涉及村里的治安、税收、土地交易和民事调解等诸多事务。

大体来说，村董的职责主要包括对外和对内两个方面内容。对外类似于本村的首领，并负责与殖民政府沟通或交涉，而且在某些方面要听命于殖民政府的安排，其中一项典型的职责内容便是赋税的催缴；对内主要负责维持本村治安，尤其要调节好各种家庭矛盾和村民之间的纠纷，以维持本村良好的秩序。

对于村董在殖民统治中的重要性，殖民当局有着深刻的认识。那些起诉

1905 年，海西头村的村董与洛克哈特合影

1908 年受奖的总董

到法官面前的案件往往是那些村董未能解决、而同时他又想帮一方胜诉，所以把这些案子再转交给他只能是意味着在原地打转。但在其他方面，村董对政府是有很大帮助的，如征收土地税、对村民解释政府的公告，他们没有从政府或村民中得到任何报酬，但他们被认为是一个小总督，处理土地税的征集和一些小的纠纷，他也主持那些处理起诉人之间庭外和解的宴会。另外一种批评就是村董制不是由英国政府建立的，村董们的职责也没有任何的改变。村董只是中国农村的一个自然的变革，如果它改变了，中国农村的稳定就会被动摇，那时局面将不受控制，离心力逐渐加强，共同责任感将退化，危害巨大的个人主义将会增长，那将不得不建立一支耗资巨大的警备力量。

由此不难看出，殖民当局已经非常敏锐地抓住了问题的本质，即村董制的保留与运作，有利于维护英方的殖民统治，能使殖民当局以较小成本实现对广大乡村的有效管理。

与村董的职责相类似，总董也主要是负责传达政令、收缴捐税、发放契约状纸、维持各区治安并调解民事纠纷，同时就乡村管理问题向殖民当局提

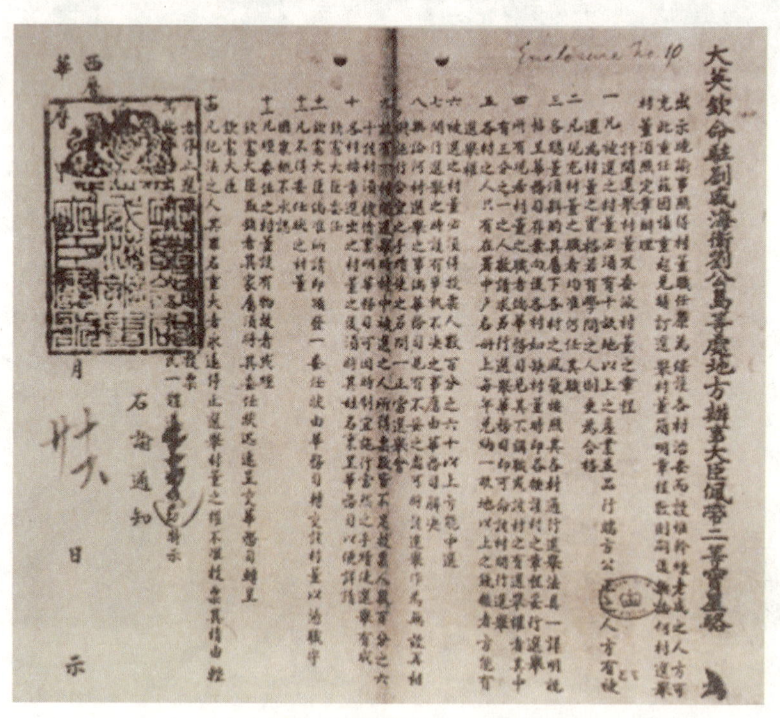
大英欽命駐劄威海衛劉公島等處地方辦事大臣佩帶二等寶星駱 為

1914 年颁布的村董选举章程

出政策上的建议和意见，从而辅助当局决策，执行行政事务，起到上情下达、下情上呈的作用。

虽然担任村董的大多是村中威望较高并有一定号召力的人，但有的村董在任期内的角色较为尴尬，取得的成绩也乏善可陈。此外，还有极少数村董不仅没有以身作则，反而为非作歹、危害百姓。

在对村董和总董的管理上，殖民当局采取了少干预多嘉奖的方针，体现灵活性和自主性。为了有效吸引乡绅参与社会管理，殖民政府还极力提高总董在乡村中的社会地位。总董每月可以得到 5 美元的津贴和销售契纸的部分收入，并享有政府学校奖学金的提名权。自 1902 年开始，每年召开一次村董大会，1906 年以后，每季度开一次总董会议，谈论时情，激励村董和总董们的工作。

1923 年后，殖民政府当局又于每年新年和英国国王生日举行两次宴会招待总董。通过行政长官及殖民政府同总董的不断沟通和互动，彼此间在社会管理、解决纠纷等诸多方面的联系和配合越来越紧密，从而大大维护了威海卫乡村的社会管理和治安秩序。

与此同时，殖民政府还通过不断的精神奖励，增强村董、总董们的责任感、荣誉感和回报意识。在 1904 年的特别加冕仪式上，当局在政府官邸召集全体村董大会，向“工作最勤奋”的村董授予匾额与奖章，并特准他们参观英国舰队。会后又为其举行盛大宴会、合影留念，类似活动经常举行。1914 年骆克哈特又设立一系列名目繁多的荣誉奖项，舍己救人的、捐资修路办学的、救济灾民的等都可获得匾额、奖章等不同奖励。对此，艾特威尔评论道：“英国人似乎了解中国善于维护社会秩序及鼓励良好道德的技巧。每当发生在威海卫沿岸营救船员、打捞沉船货物等事情时，英国人就把奖章或牌匾赠予村董。骆克哈特对每一件事都很细心，认识到这些奖励的重要性……”

这些奖励对村董和总董们无疑是一种巨大鼓励和鞭策，既有助于进一步树立他们在村民心中的威望，又有利于殖民当局对威海卫乡村地区的更好控制，由此也使得那些担任村董或总董的人们不自觉地充当了强化殖民统治的工具。

村董制度保持了乡村的稳定，有力维护了英国殖民当局在威海卫统治，使英国殖民者的统治力量借助村董和总董直接抵达社会最底层。

尤其是总董的设立，是英国殖民者在中国原有的村董制基础上根据需要创设出来的，这也反映出殖民当局灵活的“借力”统治策略。

英租医疗卫生

英租之前，威海卫地区谈不上近现代的医疗与公共卫生，境内百姓就医主要依靠私人开设的中药铺或江湖游医，缺医少药是当时国内的普遍现象，农村及边远地区更是严重。但中国人有着自己的土办法和世代流传的医学成就，《皇帝内经》《难经》《伤寒杂谈论》《神农本草经》等，是我国传统医学瑰宝，中医理论和实践是中华民族几千年的积淀。只是当时的威海相对闭塞，属偏远地区，根本谈不上医疗水平，医疗机构更远远满足不了就医的需要。英租威海卫后，西方人通过科学技术发展起来的近代医学，随着“夷狄”的坚船利炮传入殖民地，也冲击着百姓的传统医疗思维。

英租之后，在他们看来，西方的现代医疗与公共卫生才是更富有“人

爱德华大街上拉运粪便的人力车

性”，需要对租借地加以改造。1903 年，威海人抗英斗争平息不久，英租威海卫行政长官洛克哈特就颁布了《公共卫生和建筑法令》。据相关史料记载，租借地的公共卫生领域都成了“改造”的对象。这种改造涉及私人房区、工厂、作坊、戏院、面包房、牛奶加工、水厂、市场、屠宰场、传染病人安置，甚至猪圈、公厕、公墓和太平间等你所能想象的几乎所有领域。比如私人房区，需要定期检查私人家庭排水系统的合理修建、存水湾的设置，通风条件和维护情况；私宅内厕所的合理修建、使用材料和固定装置；在规定时间内清扫、运送家庭住房内的垃圾等所有废物；所有的房屋应进行清扫和粉刷，以便保持干净卫生。比如屠宰厂，当局规定所有供食用的家畜在屠宰前 24 小时内必须通知医官前往检查；屠宰结束后 3 个小时内必须清理所有垃圾，场内不得留有血迹；未经医官长或卫生检查官检验，所有肉类不得出售或对外展示，屠宰间及附属建筑每天都要用海水冲洗一次，每年至少要用石灰粉刷 4 次；卫生检查官对屠宰厂每天必须检查一次。除午夜至清晨 6 时外，禁止在公路上运送粪便；车辆运送的粪便必须用密封式木桶盛装。鉴于当时的露天厕所极不卫生，自 1903 年起制订了一系列厕所管理规范，要求按照标准规格改造或新建厕所：厕所的墙壁应用石或砖，并用 2:1 的水泥和沙粘合砌成，墙应高于地面 3 英尺，应设置顶盖，地面应用水泥混凝土制成，厚度至少要达到 4 英寸；便器的容积不得小于 2 立方英尺，不得邻近住所、食物储藏间及工作间。加强对私人行医的管理，必须经检验合格后，才能凭照行医，否则予以取缔。

与理念的输入相配套的就是医疗卫生机构的设立。1902 年，卫生工作由殖民政府综合部兼管。1906 年始从综合部分离出来，设医官长，专管全区的公共卫生与船舶检验检疫事宜。医官长地位很高，与正华务司、副华务司并列成为行政长官的三大属僚之一。1902 年当局在商埠区和刘公岛各设了一处华人临时医院。开办初期，其条件十分简陋，治疗多以门诊为主。其中，商埠区医院由一名学过西医的中国人管理，雇员仅有两名，配有支架床 15 张。刘公岛临时医院位于东村，称为大英施医局，由一名英国医生管理。为了吸引华人就诊，这两处医院均为免费性质。

英人在植入现代医疗与公共卫生理念方面的主动性，显见因素是对威海

英租殖民政府施医局

发展成香港那样工商业港口所带来的利益憧憬以及对爆发流行病和传染病的恐惧。英国强租威海卫，辟为自由贸易港，外国船舶竞相来威。一方面，传统的医疗和卫生状况难以适应现代工商业发展的需要，另一方面，开放的自由贸易引发的人流、物流，使传统上封闭的威海在应对流行病和传染病方面的免疫力变得十分脆弱。光绪二十年（1894）香港的鼠疫爆发就属于这种情况。为了避免同属英殖民地的威海卫发生类似的疫病，积极地植入现代医疗与公共卫生理念不失为一种应对手段。

虽然英租殖民政府在植入西方医疗与公共卫生理念，总要有一定的经济条件和物质基础，要有新式的医院、医生、药品以及医疗设施作支撑。租占威海卫时期的英国，恰逢"一战"前后，国力趋弱，为了节省开支，对发展租借地内的医疗和公共卫生并不积极。1900 年史威顿汉姆来威考察时，他就提出主要依靠当地华人药铺承担医疗任务。因为威海卫穷人太多，如果由殖民政府出资建医院，则很有可能演变为贫民医院，这将给英国带来太大的财政负担。而且，关于租期问题也使殖民者瞻前顾后，毕竟耗时费力花重金为别国发展医疗卫生事业总会使人感到心里不是滋味。至收回威海卫前，共有1902 年建的商埠区医院和刘公岛医院，1916 年建的温泉汤医院。其中，商埠区医院于 1908 年扩建为大英民医院；1929 年，商埠商会李翼之捐资在大英民医院设立两个高等病房，并向西方人士提供医疗服务。

尽管有这种保守姿态，但在具体操作中，英殖民者还是展现了一种严谨的管理风格。《公共卫生和建筑法令》中对卫生督察的要求就是严格的。比如，“对于操作不力、疏忽职守或违背职责的任何官员，行政长官每次将处以不超过 10 元的罚款，这些罚金将从他们每年不超过 2000 元或 200 英镑的薪金中扣除。每次这样的罚款都被记录在登记簿中，该登记簿被称为‘渎职簿’”；“除非这些官员认为，如果延缓检查可能会有害于公共卫生，否则如果房屋居住者提出合理的反对理由，则他们在进入检查之前，应提前两小时书面通知居住者进入检查的打算，该书面通知可交给居住者或放在他们打算进入检查的房屋内。如果居住者为中国人，则该通知应用中文书写。”再比如，“如果接到通知者不满意，可以在通知规定时间内，说明申请理由，向卫生官员申请重新复核该通知，卫生官员则应对此事进行调查，以便确认、修正、暂停执行或延缓执行上述通知。”诸如此类的规定很多。虽然在法令

1921 年大英民医院

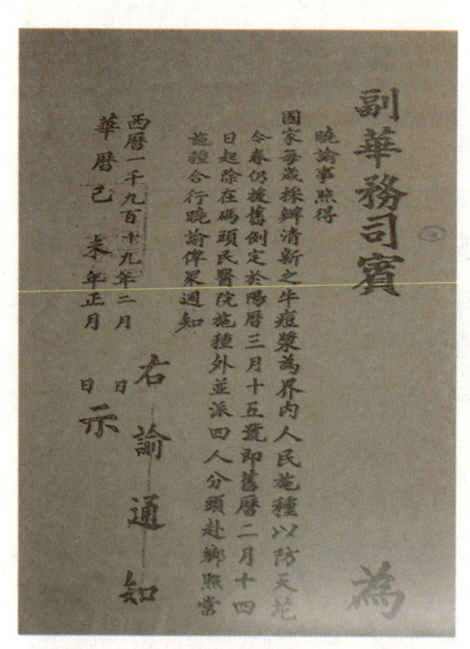
副華務司賓 為
曉諭事照得
國家每歲採辦清新之牛痘漿為界內人民施種以防天花
今春仍援舊例定於陽曆三月十五號即舊曆二月十四
日起除在碼頭民醫院施種外並派四人分頭赴鄉照常
施種合行曉諭俾衆週知
右諭通知
西曆一千九百十九年二月 日
華曆己未年正月 日
示

英租殖民管理当局下发预防天花的通知

中有不少可供卫生官员施展自由裁量的条文，但渎职的现象很少发生。1911 年东北爆发鼠疫，尔后扩散到烟台，并迅速蔓延开来。威海卫殖民当局接报后，立即在边界增设了巡捕和村董组成的防卫岗哨，禁止内外人士的出入。凡烟台来威的，都强制到大英民医院进行防疫注射。这些都表现了英国作为当时的发达国家，在医疗文明上严肃严谨的风格。

殖民当局将医疗和公共卫生的重点放在西方人聚居的商埠区和刘公岛，广大农村地区医疗卫生基础较为薄弱的状况并未有多大改变，伤寒、白喉、猩红热等各种严重的传染病症时有发生。1918 年 10 月到 11 月全区爆发的流感就造成了至少 900 人死亡，有一户 8 口之家竟病死 6 人。1919 年农村地区爆发的霍乱造成的后果则更为严重。据殖民政府的人口普查报告，全区死于该场霍乱的约为 5000 人，有的村庄死亡人员占到全村总人口的一半。面对这种状况，要防止疫情的扩散，积极寻求居民的配合就显得异常重要。

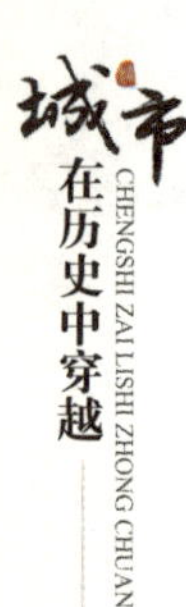

殖民政府在推行医疗与公共卫生政策时采取奖励性策略，有效推进政策实施，而且带动了居民参与政策实施的积极性。比如，为加强公众卫生意识，1909 年医疗部门印制了一批卫生宣传手册发放到农村、学校。1910 年又向农村免费发放了 400 本预防霍乱的操作指南。1915 年开始在学校开设卫生课程，并经常举办卫生单科考试，对成绩优良者发给一定的奖金以资鼓励。1911 年发生鼠疫，当局在界内设立捕鼠会，免费向居民提供捕鼠工具，还根据捕获的鼠尾数量给予相应的奖励。

英租初期，威海卫天花病时常流行，死亡率较高。为预防天花病的发生，殖民政府开始在租借地内布种牛痘。然而，百姓受迷信影响，认为种痘不吉利，也有不少人对种痘能免生天花表示怀疑，对洋人的排斥心理也阻碍着他们接受种痘。对此，当局通过散发传单等形式进行宣传种痘知识。1905 年开始全面推行一年一度的免费种痘计划。为了方便居民，医疗部门在当地人中培训了一批种痘员，每年春季由医官长带队分赴农村各地挨家挨户布种。种痘工作由此而逐步得到推广，1929 年就有 13209 人接受了种痘。

惩罚措施方面，法令中规定：“任何人违反了该法令条款或违反了据此制定的地方法规或条例条款，除了

1930 年，国民政府收回威海卫，“大英民医院”更名为“威海卫公立医院”

1931 年威海卫公立医院全体职员合影

20 世纪 60 年代威海市立医院

20 世纪 80 年代威海市立医院

在本法令、地方法规或条例中有相应的罚金规定外，均应由区地方法官进行定罪，处以不超过 100 元的罚款。”

殖民者的奖罚策略得到了租借地绅商阶层的认可。1916 年温泉汤的村民捐献场地，协助当局建成一处乡间医院。虽然规模比较小，条件也较差，但却在一定程度上改善了医疗状况。

英租时期，西方医疗与公共卫生理念的植入是东西方文明的碰撞，是社会

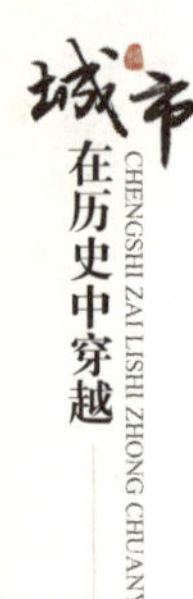

进步的产物，也是医疗技术逐步优化的过程。

应当说，英国殖民者在租借时期所采取的具体政策与措施，极大地促进了租借地医疗与卫生理念的进步。在医疗卫生的具体管理细节和相关制度上，惠及了百姓，减少了病灾，其积极意义影响深远。

英租公路建设与交通工具

有句俗语：要想富，先修路。我想英国人也有着一样的理念。

英人强租威海卫时期，在市政建设方面，首推公路方面的建设。因为它不仅关系到经济、文化等各种社会活动的便捷开展，更是在租借地内实行工业现代化统治权的具体需要和体现。

据记载，曾任驻威行政长官的庄士敦来威的第一印象是："晴天尘土飞扬，雨天泥泞不堪，任何时间，任何地点，路面都坑坑洼洼、崎岖不平，没有一条像样的道路。"

1901 年，当局开始道路修建工程。第二年设立了道路工程师一职，专门执掌道路的修建和维护。从行政长官给英国殖民部的年度工作报告中可知，

殖民政府运来的第一批汽车

道路建设是殖民政府工作的重要职责，修与不修、修多修少，都是每年必报的项目。从殖民当局所在的爱德华港区通往境内西面和南面的干路，使用碎石铺筑，在河上架设了桥梁。到 1930 年中国收回时，干路长度达到了 50 英里。干路可通行马车，尽管常被雨季的洪水冲坏，但还是大大改善了本地的交通状况。这些道路的走向，至今还是威海地区公路网架的基础。

威海卫民间早年使用的手推独轮车，因制作简单、推行便捷、不择路况而被广泛使用，“一战”时期曾被华工带到法国，“远征”欧洲战场。英租

20 世纪初威海卫修路的情景

英租中期的威海卫道路已经有了很好的改善，这些照片是 1914 年左右拍摄的，从中可看出当时马路的情况，但交通工具相比西方发达国家是落后的

1996 年的葡萄河（现在的世昌大道与统一路交叉口）

2015 年葡萄河被改造后的世昌大道东段

2015 年的海滨路会展中心路段

后，人力车、畜力车和自行车开始进入威海卫。

自行车进入威海卫的最早记录是 1902 年。在威的西方人组织了自行车俱乐部，从德国、英国进口自行车，开展自行车运动。此时的自行车还仅仅是一种洋时尚，骑行者大都是洋人，远没有成为大众交通，到 1924 年，威海卫有自行车约 360 辆。

畜力车主要是马车和驴车，马车分两轮大车和四轮马车，车轮笨重。到 1909 年，开始有了充气轮胎的轻便马车，而且增加得很快，到 1930 年收回威海卫前，已经发展到了 3000 多辆。

四轮马车是英国人传进来的，以这种轿式马车为交通工具的客运业，在 20 世纪 20 年代后渐趋兴盛，1921 年达到 61 辆，威海卫收回前达到 200 多辆，30 年代前后成为爱德华港区重要的客运工具。

史料记载，机动车辆进入威海卫已是在英租后期。此前因“道路狭窄、路基很差、桥梁造价很低，不适宜繁忙交通。政府认识到公路设施的缺陷，禁止一切机动车辆在威海卫通行”。1927 年，由于英国军队的机动卡车和救护车需要通行，原先的禁令被废除，正式准许引进和乘用机动车。很快，汽车、摩托车就奔驰在租借地的道路上。爱德华港区的警署最先装备了警用三轮摩托车。眼光敏锐的华商开始设立车行，开通境内各村镇的短途客运和通往文登、荣成、牟平等地的长途客运。1928 年，车行达到了 27 家，机动车数量达到近 50 辆，逐渐形成规模。

殖民当局对道路交通和车辆管理是较为严格的。各种车辆，包括人力车，都要领取牌照，在指定的部位标注车辆号码。天黑时，必须点亮车灯。客运车辆行驶的道路、时间以及乘车价格，都要按规定执行，不得拒载，严禁运送货物、牲畜和传染病人。司机必须领牌从业、穿戴得体、保持车辆清洁。当局经常检查车况，不符合标准的要吊销牌照，问题严重的要予以重罚，甚至没收和拆毁车辆。

道路改善后，交通工具也随之改善，为威海卫的经济繁荣发挥了作用。庄士敦在 1927 年的年度报告中，向英国政府汇报：“曾是骡马走的羊肠小道也修成了马路，工业和商业也得到了培育。通往爱德华港的道路上如今车马成行，载着该领地及邻近中国地区的产品出口，同时又驮回进口商品进行分售，一片繁荣景象。”当时的道路交通照搬英国法律，行人、车辆一律靠左通行，汽车方向盘多为右置。

英租后，道路交通的改善，极大方便了广大卫城百姓，也带动了卫城内的经济与发展。

英租码头建设与海运

英租之前，威海码头建设发展缓慢。除去隋唐时期海运通商兴起，清晚期北洋水师的建立，是码头建设的一个高潮。英租后，由于租借地的对外交通和大宗货运主要是依靠海运，所以码头建设也是英租时期的重点之一。从20世纪30年代英国人拍摄的威海湾全景照片中，便可以见到当年威海卫帆樯林立的繁荣景象。

爱德华码头，又称东码头，位于现在的育华路海军营区内。英国人在陆上的重要房屋设施，都建在该码头附近，码头区成为其政治、经济的中心区域。

胜德码头，又称西码头，位于现在昆明路东首的客运码头（目前已经搬迁）。这是当局通过税收和商户集资4万元，荷兰人设计，于1918年底建成。建成时正逢“一战”结束，协约国打败了德国，故取名“胜德码头”。

东大楼码头，在靠近今东山路海军营区的海滨，由当年的康来洋行于1909年建造，主要用于宾客搭船和少量货物装卸，现已废除。

刘公岛上的铁码头，原是北洋海军1891年建成的，1915年英国人对码头上部做了改建。这是当年威海卫港湾内最大的码头，满潮时可停泊万吨轮船，至今仍在使用。

刘公岛上的石码头，是康来洋行1903年修建的，又称康来码头，曾多年用作游船停靠的旅游码头。

这些码头，除铁码头之外，规模都比较小，长不过几十到百来米，宽不过五六米，水深三四米，只能停靠几十吨的小船、帆船和驳船。

早年间的木帆船，吨位小、速度慢、跑不远。英租之后，在中国航运市

爱德华码头

1918 年德胜码头施工现场

1901 年建威海卫东码头，现为海军码头

场争夺垄断份额的太古洋行与怡和洋行，便将触角伸进威海卫，开通了航行近代轮船的定期海运航班。

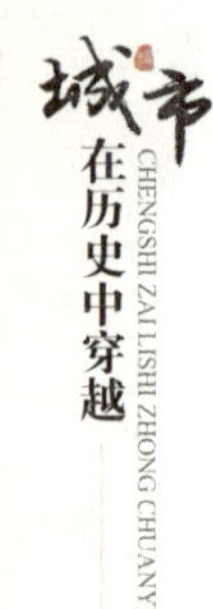

太古洋行是一家总部设在伦敦的老牌英资洋行，1867 年起就代理远洋运输，1872 年起在中国经营船运业，很快占据了中国船运市场的垄断地位。19 世纪末，太古在青岛设立了分行，开通了威海卫航线。这条航线配有 4 条海轮，吨位都在 2200 吨以上。

怡和洋行也是老牌英国洋行，早期叫渣甸洋行，1832 年在广州成立，主要从事鸦片及茶叶贸易，1881 年成立了怡和轮船公司。甲午战争时被日本舰队击沉的运送清军的商船“高升号”，就是清政府向该公司租用的。其开通的香港至天津的航线，定期往返于香港、青岛、威海、天津之间，配有 4 艘轮船，总吨位 7925 吨。

除英商的轮船公司外，还有日本轮船公司的威海卫航线。日本岩城商会 6 艘共同丸轮船，总吨位 5118 吨，不定期往返于青岛、威海、烟台、大连之间；阿波共同汽船会社的威海至烟台航班，每月 5 次，配船 2 艘，总吨位 2857 吨。

航运业民族资本实力较弱，多数为木帆船的近海船运，少数商户拥有的轮船吨位小、数量少。烟台政记轮船公司自1911年起，用1850吨的“纯利号”开通威海、青岛、上海航线，每年20航次；1380吨的广利号开通青岛、威海、丹东航线，每年50航次，这在当时海运业的民族资本中算是实力较强的。另外，还有青岛的华商船行开通的威海卫航班，如青岛福昌行的青岛、威海、烟台航线，青岛英记行的青岛、威海、丹东航线。

除定期航班的轮船外，还有自由港吸引来的大量外洋轮船，有英、美、德、意、丹麦、挪威和日本、朝鲜等二十几个国家的，其中英国轮船将近一半。1929年进出威海港超过300吨的各国轮船达到1122艘。在港湾里进进出出的，还有耀武扬威的英国海军舰船。

英租照明与发电

照明与发电，是工业时代进化的标志，意味着工业和电气化产业的科技进步与提高。

英租时期，威海卫的照明，基本上仍处于“烛光摇曳、油灯昏黄”的状态。庄士敦在南区任职时，每晚孜孜不倦地写作，也只能靠烛光或油灯照明。

当时刘公岛上英伦风格的路灯

1906 年，英国人用上了新式的勒克斯灯（煤油罩灯），骆克哈特欣喜地向殖民部报告，这种良好的照明设施既不昂贵又便于工作，大大改善了岛上和爱德华港的照明情况。20 世纪 20 年代初，在爱德华港区和刘公岛的街道上分别树立了十来根灯杆，挂上了燃油白炽灯（煤油汽灯），部分道路照明状况得到了改善。而在其他街区，入夜则仍是一片黑暗。

当时只有个别大饭店自备发电机，安装电灯照明。1928 年 7 月，威海卫多家华商发起成立了“光明电气股份有限公司”，募集股金银洋 6 万余元，报经当局备案后，在商埠区纪念路（今威海电业公司大楼的位置），装置了两台 100 马力的柴油机和两台 65 千瓦的交流发电机，架设了 500 多根木线杆和 7.5 万米供电线路，以 220V 和 380V 的电压向用户送电。线路分东南两路，东面送到爱德华港区，南面送到金线顶。公司筹建一年后，开始发电送电，主要是供住户照明，并向两家电影院和一家轧花作坊供应动力电，同时装设了一些街道路灯。此前，卫城内的华商于 1927 年在吕家巷（今市立医院东侧）开办了“不夜电气股份有限公司”，但规模很小。只有 15 马力柴油机和 7 千瓦的发电机各一台，供电线杆一二十根，仅向卫城里少量住户供应照明电。

由于技术条件的限制，当时只能实行限时供电。每年的 1—4 月和 10—12 月，供电时间为下午 5 时到次日凌晨 2 时；5—9 月，供电时间为下午 6 时到次日凌晨 5 时。

爱迪生 1879 年发明了电灯，50 年后大部分发达欧洲国家都用上电力照明，而我们在 100 年后依然油灯摇曳。这就是差距，科技发展与进步永远在路上。

印花税票与英租威海

印花税是一个比较古老的税种，是国家税的一种。印花税征收是由政府出售印花税票实现的。印花税最早起源于荷兰，1624 年，当时荷兰政府发生财政危机，统治者准备通过增加税收来解决财政收入不足的问题，但又怕人民反对。于是，在政府未能制订出有效政策的情况下，采取公开招标、“问计于民”的办法，以重赏来寻求新税种的设计方案，最终印花税方案取得成功。

殖民时期威海卫 1 分税票

我国的印花税是在 1889 年清代末期光绪十五年，由总理海军事务衙门会办大臣奕劻启请政府开征，直到 1908 年才获批在直隶试点。但由于遭到商业和民众反对，一直拖到 1911 年清朝灭亡，也没能正式开征。清政府也曾于 1896 年请英国印制了印花税票，由于没能实施印花税征收而被加盖为邮票使用，史称“红印花”。辛亥革命后，北洋政府于 1912 年 10 月颁布了《印花税法》，并于翌年正式实施，这是中国征收印花税的开端。1913—1949 年，国民政府先后印制了 9 套印花税票。在此期间，中国共产党领导的革命根据地、解放区也先后印制了多种印花税票。新中国成立后，中央政府于 1950 年 12 月公布了《印花税暂行条例》。1958 年全国实行税改后，印花税并入工商统一税不再单独征收。1988 年 8 月 6 日，中华人民共和国以国务院 11 号令发布了《中华人民共和国印花税暂行条例》，规定重新在全国统一开征印花税，当年 10 月 1 日，印花税再次作为单独税种正式恢复征收。

英国租借威海卫后，殖民政府为加强对经济活动管理和增加地方税收，曾向伦敦方面提出征收印花税。1920 年 8 月伦敦方面批准威海卫邮局发行税票。1921 年 5 月殖民政府定制了《印花税征收条列》，并在租借地开征印花税。据殖民政府 1921 年《年度报告》称，当年计划收入 5000 元，而实际收入只有 2696 元。进一步分析原因称：“这是因为华人大量逃税，已经成了一种不可避免的惯例，而要避免这种情况，只有让他们感到法令并非一纸空文才行。”

据史料记载，当时的殖民当局为便于管理，将印花税票委托威海卫邮局发行，而威海卫邮局考虑到税票使用量较少，不值得重新设计印刷，便将英国当时正在流行使用的 1 元红色税票、2 元绿色税票和 3 元紫色税票加上分别加盖了英文的“1 分、2 分、10 分”、并加盖“威海卫”字样，在租界内作为印花税票流通使用。但威海卫邮局提出的独立发行邮票的申请却一直没有得到英国当局的批准。

另据记载，英租威海卫时期唯一发行过的一套三枚印花税票，在其发现的一枚贴在当时的一个老账本上，写有“贰号北乡账、民国拾五年正月吉日立”字样，紧挨着这排竖体字粘贴有两张英国 2 元面值的绿色印花税票，税票上用英文加盖了威海卫印章，并且在两张税票中间的部分，又盖有商家堂号“小邓格·文采堂”印章。小邓格村，即今天威海市经济技术开发区泊于镇小邓格村，当年正位于英租威海卫区域内。通过账本可以发现这是一家在当时颇具规模的油坊，主营花生榨油，其业务遍布周边乡里。这本“北乡账”记载了小邓格村以北的个人或商号与“文采堂”的经济往来账目。另一份英租威海卫时期使用印花税票的订婚书，长约 50 公分，宽约 20 公分，分里外两册。婚书为红纸墨书，自右向左采用楷体竖列誊写，字体书写认真，工整大方，给人以郑重其事的感觉。婚书内册书写有算命先生为双方择取的嫁娶良辰吉日，详细标明了男女双方在婚礼时应注意的时辰、方位、禁忌等内容。内册的两端还写有福寿双全、咸恒庆云、金玉满堂、长命富贵等喜庆用语。此份婚书外册的正上方贴有两张加盖了威海卫专用的英国紫色印花税票，原

税票面值为 3 元，票面上用英文加盖了“威海卫”的字样，同时税票上又盖有钢印。

由于英租威海卫时期的财政、税务等管理职能由正、副华务司承担。迄今发现的当年各类相关文书、地契上多为加盖红色华务司印章，加盖钢印的文书则极为少见。同时由于这种印花税票只是在 1921 年 5 月以后才开始流通使用，至 1930 年国民政府收回威海卫，其间只在英租区域使用了短短的 10 年，能流传至今的非常少。

“华勇营”始末

华勇营是英租威海卫时期，英国政府雇佣华人作为其兵力补充的别称，其真正的角色是雇佣军。

雇佣军，在英文（Mercenary）中，与“唯利是图者”是同义词。中国古语“重赏之下必有勇夫”，也正是对雇佣军的生动描述。从古希腊时代开始，雇佣军就作为一个特殊群体，以“战争”和“冒险”为职业，忠诚并服务于雇主，开始出现在世界舞台上。

到了 19 世纪初期，英国向外扩张时，使用了大量的雇佣军。他们打仗

1901 年华勇营及英租殖民政府办公区域全景（拍摄位置位于现在菊花顶东区下方向南）

"华勇营"士兵

时是军队，掠夺资源和进行商业合作时则以公司的面目出现。从古罗马军队中的野蛮人到后殖民主义时期被流放到非洲的欧洲囚犯，雇佣兵一直以来都被看作是一群"要钱不要命"的乌合之众。他们甚至六亲不认，而促使他们能效忠主子的唯一条件就是金钱和物质回报。

1898年，英国强行租借威海卫，可要想在这里站稳脚跟，还必须有足够的军事力量来作保证，但此时英国政府正处于内外交困的状态下，无法从国内调来大量军队。为了维持其殖民统治，他们决定仿效在印度的经验，组建一支雇佣军来负责防务，并以华制华。

1899年，一支拥有534人的雇佣军在威海卫正式成立，并被另立名称为"华勇营"。华勇营的编制齐全，设置步兵连、骑兵连、长枪连、机枪连和炮队，并拥有军事乐队和卫生队。士兵们的年龄在19～24岁，体格强健，配备清一色的马丁尼－亨利式来复枪，甚至还有当时最先进的马克西姆机枪。他们按照英国正规军的标准，每天进行严格的军事训练，军事素质迅速提升。

"华勇营"被英国人利用参加作战时，称为"中国军团"。1900年与清军和义和团早期作战中，"中国军团"是八国联军中唯一一支代表英军的参战部队。天津战役后向北京进军，参加了解救外国驻京公使馆的一系列战斗。

1900年8月14日，大清国的首都被八个国家的侵略军攻陷，这个日子，可说是黑暗的中国近代史中最黑暗的一天。在趾高气扬的洋兵中间，掺杂着不少黄皮肤、黑眼睛的士兵。他们不是日本兵，而是地地道道的中国人，更不同寻常的是，这些中国兵不是阵前倒戈的懦夫，也不是临时抓来的汉奸，而是一支训练有素的“英军”。

刘公岛海军公所门前合影的“华勇营”士兵

据威海市档案馆资料，1898 年 11 月，根据英国陆军部 2 号军令，在印度兵团服役的鲍尔·汉密尔顿少校被提升为中校，任命为威海卫殖民军指挥官。最初只准备在威海卫招募编制为 1000 人的华勇营。不过英国人显然没有料到他们即将面临的困境。

“华勇营”女翻译

英国历史学家哈菲尔德在《中国海岸的英印军队（1785—1985）》中记载，威海卫人对于这群突如其来占领了自己家园的蓝眼睛、白皮肤的外国人带有普遍的敌意，大多数人不愿应征。最初的招募举步维艰，只有零星的几个人应招。英国人立刻调整策略——提高薪水。

根据当时《山东时报》上刊登出来的招兵广告：“一名士兵一个月的军饷是 8 两银子，一个小队长，会达到 12 两，并且全天候供应充足的大米、面粉、肉和干柴，而且，每个季节的制服都是免费提供的。如果在入伍后两年内没有违规记录的话，每个士兵还将得到 30 两银子；那些在训练中表现优秀，成绩突出的士兵还会有额外的奖励。”这对于当时正处在水深火热中的广大中国农民来说，无疑是极具诱惑力的。

与此同时，英国也违背了当初只在威海卫一地招募士兵的承诺，他们将招募范围扩大到了直隶和东北地区。招募对象也由单纯招募农民转向清军的退役官兵，如此，应征者逐渐多了起来。

这支雇佣军充满了殖民地色彩：华勇营中所有尉级以上军官是英国人。华勇营的副指挥布鲁斯中尉在报告中写道："这支部队编制齐全，设置步兵连、骑兵连、机枪连，以及炮队，并拥有自己的军事乐队和卫生队。并且每个连都配备了从香港、上海和杭州等城市的现代化学校中招募来的精通英语的翻译人员。"随后，华勇们戴上别着"中国军团"徽章的头巾，辫子裹在头巾里，就像个印度人一样。

华勇营配备的武器，是清一色的马丁尼－亨利式来复枪，甚至还有当时最先进的马克西姆机枪，这在当时的西方正规军中，也没能成为建制装备，由此可见英国殖民者对这支雇佣军的期许之高。

英国战地记者维奇·兰德尔在《中国与联军》一书中对这支队伍有详细的描写："士兵们每天训练达四五个小时，军事素质迅速提升，尤其六百码射击成绩十分优秀。所以带兵军官对他们赞不绝口：他们非常遵守纪律，而且十分自律；他们非常强壮，而且十分坚忍；而且，他们个个都是射击高手，几乎环环击中；他们很好养活，他们似乎对食物没有什么要求，不论是什么，只要是能吃的，他们唯一关心的是食物的数量，是优秀的行军者和挑夫，能吃很少而走很远。"

1900 年的春天，威海卫殖民当局按照条约设置租界边界，并在边界埋设界桩。这个举动刺激起了威海人民朴素的爱国爱家情绪，抗议活动不断发生。于是，英当局便派华勇营武力保护勘界。

华勇营的第二连连长中尉巴恩斯，在军营中写了大量日记，详细纪录了华勇营在 1900 年前后的活动情况，他把日记结集，并于 1902 年在伦敦出版，名为《与中国军团在一起的活跃日子》。这本书是研究威海卫华勇营最重要的文献。

按照巴恩斯的记载："4 月 28 日晚，英国人已在卧龙西北山后坡等处，埋上了刻有'大英租界'字样的界石 25 块，李希杰等中国官员就近住在界外

20世纪初“华勇营”官兵在英国驻威领事馆前合影

“华勇营”在爱德华码头接受检阅

的东道头村丛家庙，而英国官员则在华勇营的护卫下在相距3英里外的垛山脚下安营。当晚，附近约600名群众来到东道头村向李希杰等人申诉，村民代表江正己宣读了他写好的《请愿书》，痛斥了清廷官吏的卖国行为并恳请其停止划界。”

然而，和平请愿没有任何效果。5月5日下午2时30分左右，以彭罗斯中尉为首的15名英国勘界人员刚刚埋完第32块界碑，有1500多名愤怒的群众蜂拥而至，他们手持铁锹、锄头、木棒和石头迅速逼近。彭罗斯的头部被石块击中，随后他开枪击倒了 3 名群众，然后朝华勇营军营方向逃窜，并不时向追赶的群众射击。被激怒了的群众毫不畏惧，继续向前猛冲，双方很快混战到了一起。

彭罗斯的头部和腿部被连刺三刀，被击倒在地，见此情景，华勇营士兵终于向自己的老乡们开枪了，并拼死从人群中救起了彭罗斯。

因为普通百姓不懂隐蔽，很快就成了华勇们的活靶子，19 人当场丧生。其中有一人，还是华勇营第四连一名士兵的父亲。面对这悲惨的一幕，该士兵却毫不动摇。即使在他们的英国军官自己看来，这名士兵也有足够的理由离开华勇营，但他还是“坚守岗位”，意志坚定地选择了留下。这次流血事件，被称为英租时期的“威海惨案”。

华勇营士兵对自己的父老乡亲毫不留情的杀戮，获得了他们的英国上级的一致好评，巴恩斯写道：“在外国军官的指挥下，让他们去和自己的同胞对抗，他们没有吭一声，没有发出丝毫怨言，所有的人都显示出巨大的热诚！”

不仅如此，华勇营为英租威海卫殖民时期的各项事业，均交出了让殖民政府满意的答卷。

对于华勇营在“威海惨案”和很多工作中的表现，英国驻华大使窦纳乐曾向威海当局发了一封嘉奖电报：“向鲍尔中校表示祝贺，祝贺华勇营出色的表现。”

华勇营士兵在英军官指挥下训练使用武器

由于不满西方侵略者的种种行径，由山东人民发起的反洋教、灭洋人的义和团运动，由山东境内迅速蔓延至京畿地区。1900 年 6 月，北京东交民巷的外国使馆，被义和团和清军围攻。为了解救围困中的各地洋人，英国驻华海军司令兼八国联军统帅西摩尔中将率八国联军进军北京。然而，西摩尔军队在半路上被清军截击，自身难保，求援的电报接连不断。

刚刚有过“靓丽表现”的华勇营，获得了英国的更大信任。华勇营正式被纳入英军建制，换上了陆军部队的军装，称为“第一中国军团”—The 1st Chinese Regiment。

这时，英国政府已经把“不将该兵团用于租界地以外的任何军事行动”的承诺忘得一干二净。华勇营的中国士兵们从此和八国联军一起，在 19 世纪的最后一年里，对自己的祖国和人民进行了屠杀抢掠。

根据巴恩斯的记载，华勇营屡有惊人表现。1900 年 6 月 21 日，陆军上校鲍尔带领从华勇营中精挑细选出的第一批士兵 200 人，包括 192 名中国士兵和 11 名英国军官，乘坐英国军舰“奥兰多号”前往天津，前去解救被围困在天津的西摩尔联军。

抵达天津后，中国军团参与的第一场战斗是攻打天津机器局东局。天津机器局东局，人们习惯称之为“东局子”，它是清政府在华北兴办的最大的兵工厂。东局子的地理位置，处在一个炮轰天津租界很有利的位置上，而且它是从大沽开进天津的必经之地，因此战略地位十分重要。联军决定偷袭东局子。6 月 27 日，由俄军率先对东局子偷袭，遭到了扼守在这里的清军和义和团部队的猛烈还击。

随后，英军的鲍尔上校接到命令，带领华勇营前去增援俄军，结果在路上遭遇到了准备增援东局子弹药库的一支清军骑兵部队和一群义和团团众。巴恩斯写道：“我们丝毫没有理会头顶上呼啸而过的子弹，排枪射击非常有效，命中率很高。非常幸运的是，敌方持有许多种不同颜色、不同形状的旗帜，这有助于我方准确的选取射击目标。这些士兵们表现得完全像一个老兵，而且他们的群射技术非常好，枪枪命中目标，冷静得如同在打靶场练习射击时一样。”华勇营的出现，保护了俄军的左翼，并有效地拖延了时间，后来大批联军赶到，结果彻底扭转了战况。东局子的失守，使得大沽通往天津的通道被打开。

巴恩斯在日记中激动地炫耀：“中国军团远征作战次数比任何部队都多。即使不算解决威海卫出现的麻烦，天津之战有我们的份，解救北京有我们的份，以及 1900 年 8 月到独流（今天津独流县），这些远征行动都是我们干的，没有其他军团参加。最后，他们（指华勇营）从南门第一个冲进了天津的围城，成为最后总攻中占领天津城的英国军队的唯一代表。”

7 月 3 日，联军抢夺老龙头火车站，妄图占据这个通往京、津、沽的交通枢纽。整个战斗激烈异常。联军与清军进行反复拉锯，是八国联军侵华战争中战斗次数最多，维持时间最长，最为血腥的一次战斗。最终义和团和清军士兵弹药耗尽，退到了火车厢中与敌人展开了肉搏。在车厢里肉搏中，就有雇佣兵——“华勇营”的兵。

这些同为中国人的士兵们互相扭打在一起的时候，不知他们有没有诧异，为何敌人长得像自家兄弟？但中国军团的士兵没有丝毫迟疑，因为他们屠杀同胞已经不是第一次了。此曰：“本是同根生，相杀无仁义！”

7 月 6 日，有一门清军大炮总在轰击天津使馆，但是，这门炮隐藏得非常好。于是，联军派出一队侦察兵去寻中国人的三磅炮的阵地。巴恩斯记录：“华勇营副总指挥布鲁斯少校带领的华勇营士兵，在英国军舰巴福鲁号火力掩护下，两次奉令进入一个村庄，不巧，敌人隐蔽良好。向他们持续猛烈地射击——布鲁斯少校腹部被划开一个大口子，极其勇敢的艾斯达尔准尉也受重伤。”这是一次没有效果的侦察，但是华勇营的士兵在炮火中逃命的路上，还一直不忘抬着英国皇家海军准尉艾斯达尔，即使他已经身受重伤，快要一命呜呼。

从 7 月 9 日至 14 日，联军开始向天津城发动全面总攻。中国军团主要负责运输英国军队的大炮和弹药，护卫和协同香港炮兵，向西机器局军火库发起炮击。在他们的掩护下，日军迅速占领西机器局，随后将之焚毁。

巴恩斯的书中还记录了一个场景：美国步兵受到严重创伤，迫切地需要担架和医护人员的治疗，所以皮埃尔少校率领华勇营第一连和第七连冒着生命危险去支援美军。但是，当美军军官发现这些增援部队时，他立刻站起来，焦虑不安地挥手示意他们退回去，因为，这里正是炮火最密集的地方。但是那些中国士兵仍然鱼贯小跑过来。皮埃尔少校又发现美军的弹药差不多都快用完了，于是欧理藩中尉又率领第六连的士兵运送新的武器弹药过来。但是欧理藩中尉和驮着武器的骡子都牺牲在路上了，不过，中国军团的士兵们仍然冒死前行。随后，华勇营拖住了前面大量的清军，确保了日本军队右侧不受任何攻击。

1900 年华北战场的“华勇营”

华勇营在天津战斗中的表现，为他们迎来了一项殊荣，他们被允许佩带仅由英国精锐陆战部队佩戴的一种特殊勋章。这个勋章上印着天津城门，城门的拱门上有用汉字写的“天津”两个字。在底下的卷轴上用罗马字体写着“第一中国军团”和“天津”。

8 月 14 日凌晨，八国联军对北京城发动总攻。英军于中午才到达北京，巴恩斯中尉带领 100 名“中国军团”的士兵运送重型机枪和各国的大炮，行走不便，在最后几天，这些机枪和火炮基本上是用人力运达北京的。而希尔上尉带领华勇营第五连 30 名士兵，护卫一队装满弹药的独轮车。希尔上尉在事后的报告中写道：“无论道路多么崎岖，天气多么炎热，他们排着整齐的队列笔直地向前走，远远地超过了其他运输队，似乎他们从来不需要休息一样。”这一幕给其他国家的侵略军留下了深刻的印象。联军总指挥，德国海军上将盖斯里，为了“中国军团”的出色表现特别颁布了一道嘉奖令。

8 月 28 日，联军在紫禁城里举行了庆祝胜利的阅兵式。早晨 7 点联军集合，然后八国联军、北京各外国使馆的使节和使馆卫队列队进入紫禁城。在乐队的伴奏下，联军队伍乱纷纷地喊着号子，尽兴地呼叫。

华勇营的士兵在巴恩斯中尉的带领下，走在受阅的英军队列中，香港军团与“中国军团”最后出场。这是一个特殊的时刻。这些中国的年轻人应该是第一次走进这个皇宫。尽管外国士兵们觉得“这真是一个壮观的场面，……情不自禁想要拥抱、叫喊、舞蹈，或者诸如此类的疯狂举动”，但是中国军团的士兵们始终沉默着。细腻敏感的巴恩斯察觉到他的部下的表情。他写道："在阅兵仪式上，让那些中国人照顾这个被掠夺的城市，实际上，对他们来说也是一种巨大的伤害，他们静默的脸上写满了悲伤……"

几千年积淀下来的尊卑等级观念，在这一刻让这群中国青年的心里激起巨大的波澜。此刻他们正站在这个威严的封建权力的最高中心，他们不能不感到战栗。但是，他们一如从前一样静默着。

紫禁城阅兵后，中国军团遵从联军的统一部署，分别进驻京畿的几处军事要地。主要是在有"津门首驿"之称的重镇河西务（今天津市武清区河西务镇），由巴恩斯统一指挥。在他的123名士兵中，有70人来自华勇营第四连，他们成为这个驻守河西务的主力部队。巴恩斯有意识地利用"中国军团"的士兵们特殊的身份，对当地村民进行管理，因此河西务一地比八国联军的其他驻地更早地进行了战后重建。同样，驻守在通州的华勇营第五连也和当地民众"打成一片"，甚至有些村庄主动要求华勇营派兵长驻，以防止频繁的土匪骚扰和劫掠。

1900年10月21日，"中国军团"回到威海卫，并重新担当起英租威海卫雇佣军防务与治安职责。

1901年1月，英国殖民政府在威海卫为因参与八国联军侵略战争而阵亡的"中国军团"的官兵树立了一块纪念碑，碑的外形是地道的中国式样，云头龙纹，但在中间突兀地安插了一个小的十字架。碑文用中英文双语刻写，记录了所有阵亡者的名字。1902年，英方又从中挑选了12名官兵到英国参加爱德华七世的加冕典礼，爱德华七世还向他们颁发了勋章，以表彰他们在平定义和团战争中的牺牲，这是英国历史上最早为中国人颁发的军事勋章。

在清末的侵华战争中，除了上述威海卫"中国军团"的"华勇"外，香港军团和新加坡军团中的"华勇"，也分别代表英国政府参与了八国联军侵华，他们一起构成了英军的重要力量。

1906年6月1日，"中国军团"被全部解散，大部分士兵转往南非当警察，留守成员成为后来威海卫巡捕的骨干。

今天，重新回顾这段同胞参与屠杀同胞的历史，对我们每个人来说，都有一种让人难以释怀的耻辱，难以承受的疼痛。

同时，华勇营尽管得到了英军的褒奖，但在很多中国人看来，已经被打上“汉奸”的耻辱印记。不过对于这些来自中国底层，经常温饱不保的群体来说，英军给予的优待又意味深长！

威海卫华工

回望历史，中国劳动力的“廉价”由来已久，即是“一战”胜利，中国也是“以工代战”。千百年来，尤其是鸦片战争以来，国门被列强轰开，大量贫困的华人便沦为殖民者的苦力。

为利用中国廉价的劳动力开发其庞大的殖民地，英国政府于 1904 年 5 月 13 日与清政府签订了《关于向英属殖民地和保护国输送华工的协议》。由于苦力贸易有利可图，殖民政府立即准备在威设局招工。但由于《协议》规定招工输送事宜只能在通商口岸办理，因而遭到清政府的反对。后经英国

华工在海滩进行体能训练

1917 年华工在比利时布鲁文地区搬运炸弹

华工在欧洲抢修铁路

华工在欧洲清理战场

驻华公使馆反复施压，清政府被迫同意仿照香港旧例，以烟台芝罘作为华工集中上船地点，以威海为出发地点。随后殖民政府在威海设立移民站，当年即有 2000 多名华工被运往南非德兰士瓦金矿做工，并有几百名华工被运往日本统治下的韩国做苦力。1907 年殖民政府又把输出范围扩大到海参崴、苏门答腊等地。当时，充当招募华工的中介组织主要是威海卫洋行，华工出国主要采取契约工的形式，苦力要与雇主签订契约，为雇主服务一定的年限。

“一战”结束后，华工登船返回祖国

在法国搬运货物的华工

由于国家的贫困软弱，华工们从事危险而有损健康的繁重工作却得不到应有的报酬，处境极为悲惨。1904 年的《瓦德每日新闻》曾对南非做工的华工作过报道：一是南非的德国犹太人矿主认为中国苦力贫穷低贱，就非人般地对待中国苦力；二是从在南非做苦力的报酬上可得知中国在世界上的地位，黑人每月得到 75 元工资，中国人每月只得 15~21 元。由此可见对华人的蔑视。

第一次世界大战爆发后，协约国对华工的要求量急剧扩大，再次刺激了威海苦力贸易的发展。协约国早期在华招募的华工主要以威海为基地进行转运。1916 年殖民政府在威海城区东北部的高丽口子设立招工局和华工待发所，内设出发处、巡捕房、卫生团等机构。威海卫城里也设有招工所，负责当地招工事宜。应招的华工经过报名登记、体格初检等手续正式定招后，再集中到华工待发所进行甄别检验。检验合格者，即到签名处订立合同。每人用中外文编一号码，用机器印到铜片上，写明姓名卷成圆圈套在手腕上，合同期满回国时才能取下。华工出发一般分批进行，每批几千人。据资料记载，1916~1918 年，自威海转运的华工达 5.4 万多人，三个月才到法国。华工到达法国即被编为华工军团（也称华工队），经过短期军训后配属到英法联军

2008 年在威海召开的“一战”华工国际学术会议

“一战”华工纪念馆鸟瞰图，屋顶为十字架

作战部队从事构筑工事、输送物资、修路架桥等战勤事务，也有部分人从事农林生产。战争结束后，又从事清扫战场、修复交通、工厂矿山等工作。由于战地作业劳动强度大，生活环境差，加上西方人的歧视侮辱，外出华工们历尽艰辛，备受磨难，遭受着种种非人的待遇。许多华工由于染病负伤得不到及时医治而死亡，有的则在战火中丧命。

纵观中国近代史，随着西方列强的进入，华工便成了西方人在那个时代另一种“商品”的代名词。廉价的苦力、非人的待遇，让我们的同胞饱受苦难。

为纪念和记住这段历史，威海市政府于 2015 年开始筹备华工纪念馆，并于 2017 年建成。这座纪念馆是目前全国唯一一个“一战华工”纪念馆，建筑面积 2300 多平方米，设计师将地上通道部分以十字架形式展示出来，成为一个记录那段历史的独特标志。

抗英学潮

学潮，一般指学校的学生和教员等人，对时政或事物不满而掀起的抗议活动或风潮。

学生是国家和未来的象征，是时代的先锋。英租威海卫时期，觉醒的威

巴黎和会

海爱国师生痛切地感受着民族于岌岌可危之中。他们的积极呼吁和谴责，成为英租威海卫时期一面高扬的爱国旗帜。

据史料记载，这一时期，在国内发生的历次学生运动中，威海师生们都给予了积极的声援和配合。从 1919 年到 1930 年，威海的爱国学潮，在反帝反英霸权斗争史上留下了辉煌的篇章。

1919 年 1 月，第一次世界大战结束后，在战胜的协约国召开的解决战后事宜的巴黎和会上，中国代表团要求废除外国在华势力范围，归还租界和租借地，取消二十一条。但在西方列强的操纵下，中国的正义要求遭到拒绝。会议最终通过的《凡尔赛和约》明确规定由日本继承德国在山东的权益。这样，中国以战胜国的资格得到战败国的待遇。巴黎和会上中国外交失败的消息传回国内后，于 5 月 4 日爆发了轰轰烈烈的五四爱国运动。威海卫爱国师生立即予以声援，并表达强烈愤慨。当时，安立甘堂迅速成立救国会，联合其他学校师生在卫城内外举行示威游行，并在城里和天后宫两戏楼集会演讲，学生的爱国行动得到了威海民众的积极支持。

据相关资料记载，自 5 月 29 日开始，卫城人民自觉抵制日货，拒绝为日本人服务。同时，商人拒绝经营日货。由于战后日本在远东势力膨胀威胁到英国的利益，因此殖民当局初期对学潮干预不大。但威海学生的反日运动却引起日本人的强烈仇视。当年 8 月 26 日，日本驻芝罘领事馆代理领事照会行政长欽命兵部侍郎兼都察院右副都御史總理各國事務衙門大臣巡撫山東等處地方兼理糧餉督理营田兼提督銜節制全省军務兼理盐政监督臨清钞关 袁 為
為剴切曉諭事照得光緒二十三年德國議租膠澳二十四年俄國議租旅順大連灣法國議租
廣州灣後英國即議租威海以相抵制於二十四年五月十三日經 總理衙門王大臣與英國
賓大臣會訂議租專條載明所租之地係劉公島並在威海之群島及威海全灣沿岸以內
之十英里地方以上所租之地專歸英國轄管等因奏奉 諭旨批准互換兩國大
臣將此專條畫押蓋印承准 總理衙門咨行到東轉飭遵照在案本年又承
准 總理衙門咨請本部院派登萊青道李道等會同英員勘定界石即係據
照兩國大臣議訂專條辦理團說亦由 總理衙門預先斷非本省官員所能擅
專亦斷非民人所能阻止該民人等誤聽謠言聚衆滋鬧使公家蹈爽約之
譏生民罹慘烈之禍徒自貽戚終莫挽補愈鬧而受害愈烈愈鬧而
吃虧愈大本部院 摧為爾等悵惜如果英員所畫租界在沿岸十英里以
外核與原訂不符不但爾等不願聽從即本部院亦決不肯遷就了事自當據
約駁辯若實係查照原約勘畫其地均在沿岸十英里以內即是遵奉
諭旨批準之約辦理爾等應即聽候所派勘界官員將勘定界址分別曉
諭毋得再滋事端除札飭文榮兩縣暨同紳耆隨時妥為勸導外合行出示剴
切曉諭為此示仰該縣士民人等一体知悉爾等食毛踐土世受 國恩須知
[illegible]交宜[illegible]德國議租膠澳俄國議租旅順大連灣法國議租廣州灣均
已照約次第畫定租界將租期屆滿行可交还民間[illegible]英租威海情事相同
何獨於英爾等既係良民必然安分自示之後務須欽遵 諭旨顧全大局查照條
約自保身家方無負本部院諄諄勸諭苦心爾等其細思之毋違特示

右諭通知

光緒二十六年四月二十二日 實帖報信村

袁世凯发布的劝诫乡民停止抗英的布告

爱国学潮

五四运动中被拘留的北京学生释放返校

官，要求采取措施镇压学潮并保护日侨。在其要求下，殖民当局采取了一些压制措施，但均未得逞，直到 1921 年 12 月，学潮才宣告结束。

1919 年 5 月的学潮，是威海第一次较大规模有组织的学生爱国运动，标志着威海师生自立自强、自尊爱国的大无畏精神，标志着爱国师生争取家国富强与民主自由的坚定决心。

1925 年 6 月，威海学生进行罢课，声讨帝国主义暴行，声援上海学生。其中仅教会办的安立甘堂学校就有一半以上的学生罢课示威。来自威海 12 所主要学校的学生代表举行集会，积极向威海民众宣传反帝爱国壮举。学生们的爱国行动引起殖民当局的震惊，行政长官波仑特公开逮捕学运领袖 4 人，大肆进行暴力镇压。学潮虽然在殖民当局的镇压下遭到挫折，但却强烈地表明了反英殖民统治的决心。

1928 年 5 月，日军在济南制造了“五三惨案”。消息传到威海，激起爱国学生的极大愤怒，迅速掀起了反日、反英国殖民统治的运动。1928 年 6

月，学生代表成立了“威海学生联合会”，呼吁抗日抗英救国，反抗外来侵略，不做亡国奴。学生的爱国运动，再次震动了英国殖民当局，他们指派巡捕镇压学生、逮捕学生，学生的爱国运动再次遭到破坏。

1929 年 6 月至 1930 年初，在中英就威海卫收回的谈判中，英方的苛刻条件使回归之路陷入僵局，引发了威海卫爱国学生的强烈声讨。1929 年 12 月，爱国师生强烈要求使用具有反帝爱国内容的新课本，遭到亲英校方的蛮横拒绝。师生教工一起同校方进行了长达一个月之久的罢课运动，声讨英帝国主义的强盗行径，要求无条件归还威海卫。英当局利用提前放假分散学生力的阴谋失败后，立即派大批军警进行镇压。威海中学有 30 名爱国学生被开除。但爱国学生并没有为之屈服，抗英活动一直持续到 1930 年 10 月 1 日英国撤离威海卫后才宣告结束。

在中华东隅，列强铁蹄之下，从来不缺少敢为生民请命者，敢为尊严抗争者，敢为独立牺牲者，这些人，很多是手无缚鸡之力的读书人。

济南五三惨案纪念广场

英国国家档案馆馆藏八国联军侵华图片选

1900年5月20日，外国驻京公使团会议提出调兵来北京。5月28日，大英帝国、美利坚合众国、法兰西第三共和国、德意志帝国、俄罗斯帝国、大日本帝国、奥匈帝国、意大利王国八国在各国驻华公使会议上正式决定联合出兵镇压义和团，以“保护使馆”的名义，调兵入北京。清政府被迫同意。

5月30日至6月2日，北京东交民巷外国使馆要求加强保护，英、俄、法、美、意、日六国从天津派水兵及陆战队349人登岸，乘火车于当晚抵北京。随后，各国继续向中国增兵，各国军舰24艘集结大沽口外，聚集在天津租界的联军有2000余人。6月3日，德、奥派兵83人抵京。6月6日前后，八国联合征华政策相继得到各自政府的批准，进攻中国的战争爆发。

6月10日，北京使馆对外通信断绝。各国驻天津领事及海军将领召开会议后，决定组成联军，由英国海军中将西摩尔于次日乘火车前往北京。北京东交民巷各使馆筑起防御工事，由英国全权公使窦纳乐负责指挥抵抗。

至8月4日，英军率联军2万余人先由广渠门破城窜入。13日进至北京城下，进攻东便门、朝阳门、东直门。14日，北京失陷。次日晨，西太后和光绪皇帝仓惶离京。重演了1858年英法联军攻陷通州后，咸丰皇帝带着后妃、皇子、亲王和一批大臣匆忙逃至热河行宫（今河北承德避暑山庄）的耻辱历史。

下面展示的这些照片，是布里斯托大学历史系教授罗伯特·皮克斯网站上收录的一部分英国国家档案馆收藏的1900年八国联军入侵北京、天津时拍摄的老照片，其中一部分照片是当年活跃在中国各地的英国商人及传教士所拍摄的。

虽然这场侵华战争距今已经过去了100多年，但我想每一个国人看到这些照片后，耻辱、悲哀与愤怒便齐上心头。

下面这一部分图片，反映了 1900 年 8 月八国联军进入紫禁城时的情景，北京城遭到了空前的洗劫和破坏。

侵华八国联军军官合影

Peking

One of the Building on the walls being destroyed after the International occupation.

Chienmen Thor　前門　Chienmen Gate

Thurm auf der Tartaren Mauer　東便門　Tower on Tartar Wall

下面部分图片，是八国联军在天津陆续登陆后的侵略行径展示：

这是英军指挥官西摩尔率英军乘火车从天津向北京进发

天津火车站，百姓茫然地望着出发攻打北京的八国联军

英军炮兵从土城墙上炮击城市

英军和志愿兵正在运输四英寸的舰炮，一边站着的是“华勇营”中国士兵

英军“香港团”正搬入他们的营地

清军的阵地，牺牲的清兵以及一地的弹壳

日军船只将日军运到天津

占领天津后，日本炮兵返回他们的营地

战争中被摧毁的天津火车站

美军第六骑兵营驻地的帐篷

天津南门上的累累弹痕

由美军把守的天津南门

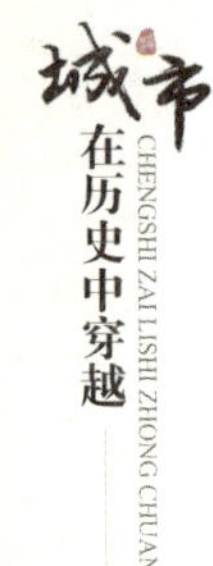

天津都统衙门，成为八国联军“临时军政府”的驻地

俄军的运输马车

美国骑兵押俘义和团“拳民”，在离天津约八公里处的郊区

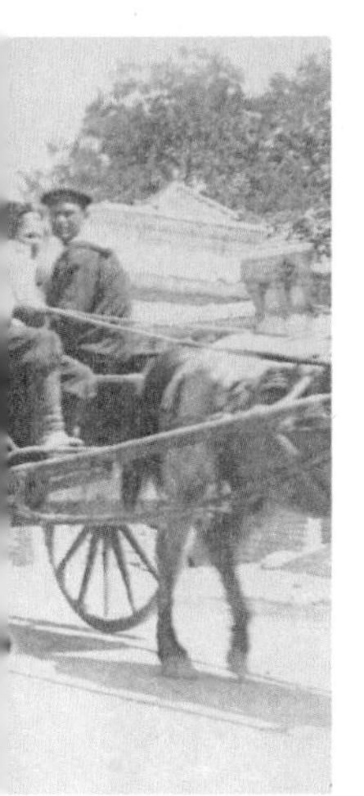

占领天津后，美国陆军正在返回营地

日军在水师营炮台发现的清军武器

日本兵押解一名义和团俘虏走在街头

天津法租界被战争毁坏的建筑

被八国联军摧毁的天津站街景

日军炮兵

从战场返回的英军海军上将爱德华·西摩尔部队

俄军士兵站在被掳获的清军大炮前站岗

被炮火摧毁的天津老城区

被炮弹击穿的英租界维多利亚大道旁的一个院墙

俄军军乐团行进在天津街道上

刚刚抵达的日军部队正在集合

德国海军陆战队抵达天津

隶属英军的孟加拉骑兵正举行演习

日本炮兵部队

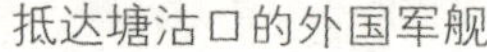

抵达塘沽口的外国军舰

抵达天津的英军锡克族部队配备了马克辛机枪

1900 年 9 月 27 日，联军总司令（伯爵）抵达天津（联军司令瓦德西将军，1832—1904 年任德国陆军参谋长，1900 年 8 月 19 日离开柏林乘海轮赴中国就任联军司令）

参与检阅的英军孟买骑兵部队

瓦德西将军与参加检阅的俄军哥萨克部队军官握手

（联军早在8月14日已经攻入北京。10月17日瓦德西将军抵达北京）

参与检阅的英军维多利亚海军分遣队

英联军射击训练参与检阅的隶属英军的印度马德拉斯先锋营，配备马克辛重机枪

法国步兵抵达天津车站

抵达天津火车站的意大利士兵

德军军乐队行进在天津街头

美军部队抵达天津火车站

联军将军械装上火车准备进攻北京，天津百姓茫然地在一边围观

中国人的军乐队为侵华八国联军助威

八国联军军官现场视察

俄军骑兵正在街上饮马

英属印军士兵及随军商店

联军骑兵，看热闹的国人

1900 年，天津，俄军的骑兵和军乐队

联军的大炮和弹药

聚集在天津火车站的联军士兵
（中国人的独轮车居然帮着运送弹药）

这张照片是来自英租威海卫的第一中国军团（华勇营）

第四篇

民国过往

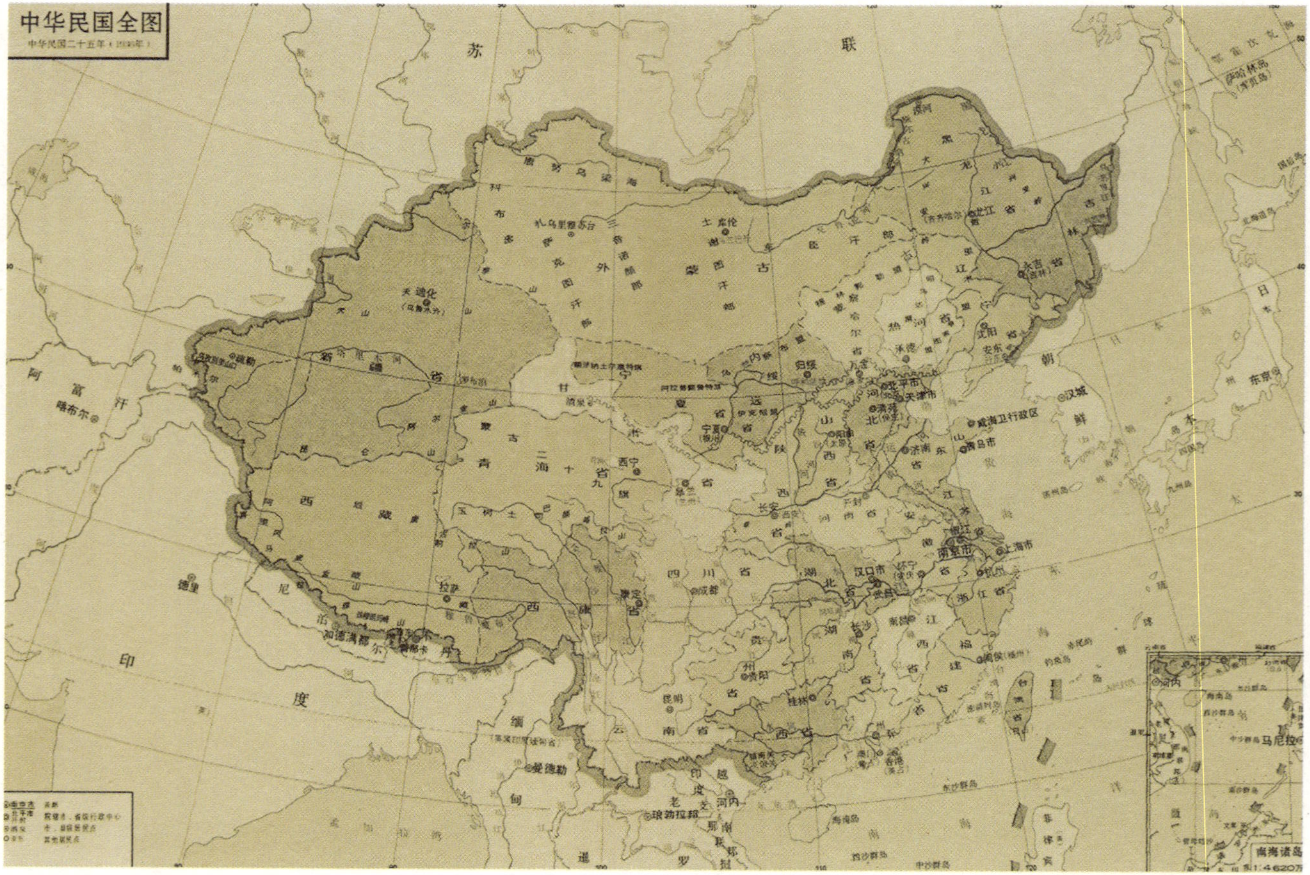

中华民国全图
中华民国二十五年（1936年）

威海卫于1930年收回（刘公岛1940年收回）。在1936年的《中华民国全图》上，山东省境内标注的城市只有济南、青岛和威海卫行政区，威海卫行政区的重要程度可见一斑

辛亥革命影响下的威海卫

1911 年（清宣统三年），中国爆发的资产阶级民主革命，并按照当年天干地支的辛亥年，称之为辛亥革命。它在政治上、思想上给中国人民带来了不可低估的解放作用。革命使民主共和的观念深入人心。轰轰烈烈的反帝反封建斗争，以辛亥革命为新的起点，更加深入、更加大规模地开展起来。

早在 1905 年 9 月 2 日，清政府废除了延续 1300 年的科举制度，开始兴办新式学堂。到辛亥革命前，全国已经有 6 万多所新式学堂。废除科举后，大量以参加科举谋求官职的传统文人失去了出路。在此局势下，国内一批热血青年，在有识者的倡导下，抱着解危救亡、振兴中华的愿望，东赴日本留学，并逐渐形成声势浩大的留日热潮，到 1906 年，留日的中国学生有 9000 多人。

1911 年 10 月 10 日，武昌起义爆发，辛亥革命浪潮席卷全国。11 月 12 日，烟台发动武装起义，成立了山东军政府。次日，济南召开了山东独立大会，宣布山东省独立，脱离清政府。1912 年 1 月，在一批旅日返乡学子和具有爱国民主思想青年的组织推动下，文登县、荣成县也先后举行起义。

受清廷"新政"影响，当时威海卫周边各县还有一批青年或进入新学堂学习，或游学于全国各地。无论是海归学子还是国内游学青年，他们的共同特点是视野开阔、对内忧外患的中国政局认识清楚，具有强烈的爱国主义热情和改造社会的责任感。他们中很多人从爱国走向革命，接受了民主共和的革命思想，参加了同盟会，成为孙中山领导的资产阶级革命的积极参与者，同时也成为威海一带辛亥革命的骨干力量。

创办东牟公学，以学校为掩护，聚集革命党人，发展革命力量，是那些旅日学子归国后办的首件要事。1907 年，日本政府根据清廷要求取缔中国留学生。胶东留日学生归国后，多在东牟公学任教。该校一时声名大噪，倾慕革命的青年闻讯纷纷前往求学，南北各地的革命志士也来此串联，因而东牟

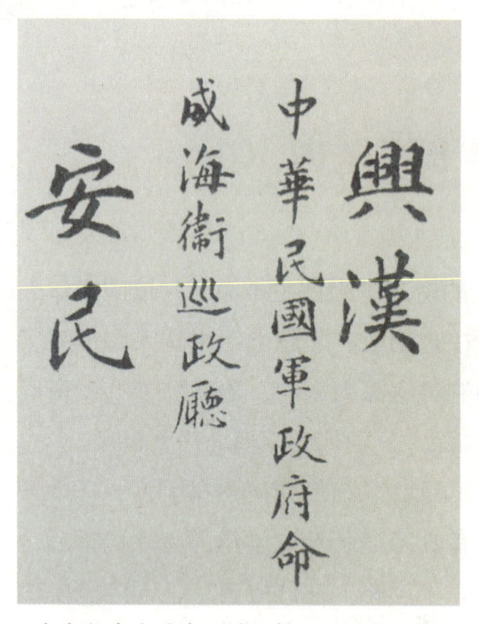

辛亥革命中威海卫城悬挂的独立旗字样

公学虽然只存在了 3 年，但作为同盟会北部活动中心，对烟台、文登及荣成等县的革命起到了重要的指导和推动作用。

东牟公学停办后，威海卫辛亥革命先驱于春暄回到家乡，在东涝台创立初等小学，在洪智寺创办高等小学，并担任文登师范传习所所长。早在日本留学时他曾出席孙中山在东京组织的由 17 省留学生代表参加的同盟会成立大会，成为同盟会的首批会员。1909 年山东咨议局成立后，于春暄又是全省 103 位议员之一。回乡后，他以校长的身份作掩护，利用英国租借地的特殊条件，建立威海地区同盟会支部，四处联络革命党人，组织革命活动。文登、荣成两县的革命党人，为了免遭清廷地方衙门的追踪搜捕，常在威海卫租借地内开会。当时的南竹岛、东涝台、张家皂、南胶村便成了革命党人的聚会场所，威海卫一度成为革命党人的秘密活动中心。

山东宣布独立之后，文登、荣成县和威海卫城里也纷纷响应，相继举义，推翻了清朝地方政权，成立了革命军政府。

军政府实行民主治理，迅速处理司法积案，大力兴办新式学堂，提倡工商发展经济，救助平民，赈济饥民。不到半月的时间，取得了明显的社会效果。

山东宣布独立时，荣成革命党人推荐时任荣成劝学所所长的曲璜，以考察教育为名，赴省城打探消息。在济南，他与荣成籍同盟会员鞠思敏、刘培源相遇。山东独立取消后，他们 3 人赶到烟台，又遇上因从事革命活动被迫流亡东北的李慕棠。4 人一起商量在荣成举行起义推翻清朝统治之大计。为了得到山东军政府（在烟台）的支持，他们一同谒见代都督杜潜。杜潜表示大力支持，要他们迅速回荣成，进行筹划安排，并派左雨农为招抚使，率兵支援。

1912 年 1 月 29 日，左雨农率军开赴荣成并直逼荣成县城。鞠思敏、刘

1906 年威海民众在刘公岛庆贺立宪

培源、曲璜等在城内组织学界人士及乡众予以呼应。荣成知县刘文炳、守城千总张殿甲闻风逃走，革命军兵未发一枪一炮就占领了荣成县署，成立了荣成县军政分府。推举刘培源为军政分府民政长，曲璜为司法科长，姜炳奎为军事科长，张瑞三为教育科长，陈荩忱为总务科长。

荣成军分府成立后，工作很快就绪，刷新政治，审理积案，豁免苛捐杂税，兴办公益事业，井然有序。

烟台起义成功后，威海卫巡检赵定宇当即表示与革命党联合，并于 1911 年 11 月 14 日宣布脱离清廷，挂出了“烟台军政分府委任知县”的

辛亥革命先驱，威海卫东涝台人于镛（于春暄）（1879—1912），1912 年 2 月，壮烈牺牲在反动势力的屠刀下

旗帜。1912 年 1 月 22 日夜，革命军在张燧安的带领下，进入威海卫占领了巡检衙门。与赵定宇关系密切的英国威海卫行政长官骆克哈特得到消息后，派兵进城救出赵定宇。后来，赵定宇在殖民当局的干预下易帜留用。

1912 年 1 月 27 日，左雨农受烟台军政府派遣，来文登向富户绅商募捐北伐款项。此举引起城内绅商不满，清朝文登籍旧官吏吕彦枚、王嘉禾等，便利用这一矛盾进行蛊惑宣传，策划复辟活动。2 月 5 日，他们以葛家团练分局的名义散发传单，传播谣言，大批民众受到煽惑裹挟参与其事。几天的时间，保清势力汇聚了上万人，到处捕杀革命党人。2 月 7 日包围了文登城，围攻 5 昼夜攻下了文登城。当时，赴烟台学生军行至二十里堡即与地主武装和被欺骗裹挟的群众 3000 余人遭遇。因寡不敌众，学生军溃败失散。带队的丛环珠、宋子端等 5 人被捕，送往葛家团练分局。

城内革命军政分府警备队仅有 10 余支枪，无法与复辟势力对抗。从琯珠等人又认为群众是愚昧受骗，应进行教育疏导，不能以武力加害。所以军政府一方面派人星夜赴烟台求援，一方面派人出城与复辟势力交涉。但去烟台求援的刘维信走到城西北陡阜村即被捕杀，出城交涉的林基逵、林钧宝叔侄 2 人也被扣留。

2 月 9 日晚，从琯珠、曲前溪、从琦珠等由城西门突围。出城后不久他们就在夜色中相互失散，没能逃脱搜捕。从琯珠在胡家庄被捕殉难；从琦珠、曲前溪、孙俊卿亦相继被捕，并被押回文登。10 日，复辟势力进城设团练总局，大肆残害革命党人。仅 12 日一天，就有林基逵、从琦珠等 21 人在文登北濠同时遇难。

荣成军政府成立后，对清政府的旧官吏没有采取强有力的镇压措施，没有及时建立自己的革命武装，对原有的守城清兵，不加甄别地全部接受下来作为新政府的卫兵。左雨农率革命军撤回烟台后，被推翻的清知县刘文炳见城内空虚，立即勾结城守千总张殿甲、原议员洪瑶光、刑房书吏袁子经等旧官吏，在劣绅周仲鸿家组成地下政府，密谋策划复辟。

当时（1912 年 1 月），左雨农率军东进时，曾在荣成荫子夼村商号姚广和堂向主事姚振九权捐白银 3 万两，以作光复荣成之需及军饷。姚振九内心不情愿，对革命军充满忌恨。当他得知烟台革命形势处于低潮时，立即将荣成县军政分府派去催捐的姚学海、张正已拘留。1912 年 2 月 8 日，文登发生反革命复辟后，刘文炳、张殿甲感到复辟有望，连夜派人到荫子夼姚广和堂游说，让姚振九将左雨农劝捐的白银 3 万两拿出来，充作复辟经费，并重金收买土匪戴四、刘忠海等人。

1912 年 2 月 11 日，戴四、刘忠海在大山口村纠集众人，准备进攻县城。在途经隆峰村、同家庄、杏黄口村等数十个村庄时，见了剪去发辫的人就抓，并大肆辱骂革命党人，许多不明真相的村民被煽动起来。他们扛起了棍棒、锨镢，操起了鸟铳，从四面八方集结了 3000 多人，并于下午 5 时包围了县城。

民政长刘培源立即召集驻城委员，商讨对策。许多委员见形势危急，请求刘培源及早撤离，以图东山再起。但刘培源泰然自若，毫不畏惧，始终坚守在民政长的岗位上。不一会儿，戴四、刘忠海等人冲进县府，大肆逮捕革命党人。他们用铁条穿透刘培源、曲璜等人的双手，拧成死扣，致使鲜血直流，惨不忍睹。紧接着又开始抓“秃子”。城内大街小巷一片呼叫声、吆喝声，一个个没辫子的无辜群众被抓、亦惨遭铁条穿手的酷刑并被关押狱中。2 月 12 日下午 4 时，刘培源、曲璜、于春暄等 22 名革命党人与无辜群众，被绑赴县城西门外残酷杀害。

在这场革命的急风暴雨中，先后有 80 名革命志士被害。其中威海卫、文登有 59 名、荣成有 21 名。但烈士的鲜血没有白流，这次革命结束了清政府的地方统治，对威海地区的社会发展产生了深远影响。

随着皇帝的退位，朝廷“命官”被赶走，根深蒂固的皇权思想受到冲击，皇帝“神圣”、皇权“天赋神授”的观念大为动摇。人们开始参与国家、社会事务的管理，县乡自治活动相继展开。1911 年，文登县、荣成县分别成立议事会（议会）、参事会。1913 年 12 月，荣成县投票选举乡议会议员。次年春，荣成成立乡议会，设正、副会长各 1 人，议员 12 人，乡董、乡佐各 1 人。

自治事权主要办理地方教育、卫生、道路、工程、农业、商务、慈善等公共事业。

南京临时政府成立不久便发布公告，强令男人剪除发辫，各地纷纷响应。1912 年 4 月，新任文登县长，布令男人剪辫子，一股“剪辫热”由此兴起。与此同时，女子放足也成了热潮。荣成县立女子学校师生成立“放足委员会”，组织宣传队深入乡村，宣传革除妇女裹足陋习。一场服装改革也由此开始。清朝统治者强迫汉人穿的满服，被打上了民族压迫的印记。因此，男人的长袍马褂开始逐渐被青年服或中山服取代。

新政权建立后，马上开始推广新式教育，废除私塾、建立学堂的运动广泛兴起。1912 年，荣成、文登两县儒学署陆续改为劝学所（后改称视学公所）。劝学所掌管全县教育行政，劝导地方人士推广现代教育。县划分为若干学区设劝学员，负责本学区的教育工作。两县还设立教员养成所、教师讲习所、教育研究会，培训教员。现代教育制度的建立，促进了小学教育的发展。1912 年，文登全县小学有 200 余所。1913 年，初等小学发展到 116 所，在校生 3919 名。

南京临时政府颁布了一系列保护民族工商业的法令，鼓励人们兴办实业、发展经济。在这种大势引导下，荣成、文登两县的工农业生产也呈现良好的态势，推动了社会进步，促进了地方经济的发展。

辛亥革命其目的就是推翻清朝的专制统治，挽救民族危亡，争取国家的独立、民主和富强。同时，中华民国的成立标志着资产阶级民主革命运动达到顶峰，但由于帝国主义各国采取军事威胁、外交孤立和经济封锁等手段，对革命政府施加压力，辛亥革命的果实被袁世凯篡夺，从此开始了北洋军阀对中国的统治。

辛亥革命的失败，也证明了资产阶级共和国的方案在中国是行不通的。但它是在清王朝日益腐朽、帝国主义侵略进一步加深、中国民族资本主义初步成长的基础上发生的，这次革命结束了中国长达两千年之久的君主专制制度，是一次伟大的革命运动，是近代中国比较完全意义上的资产阶级民主革命。

威海卫回归之路

1904 年 2 月，日俄战争爆发。次年 9 月，战争以日本胜利告终，俄国被迫将旅顺、大连转交给日本。这一变局使英国租借威海卫“专为抵制沙俄”

的借口失去依据。按照租借专约规定，英国应即时将威海卫交还中国。威海卫的回收首次出现一丝希望。

当时在英国政府内部，发生了激烈的争论。英国驻香港总督弥敦虽赞成将威海卫交还中国，但需以中国答应将九龙新界改“租借”为“永租”为条件。英国陆军部、海军部和殖民部则坚持认为威海卫是一块有价值的“战争飞地”，足可借以抵制德国在华北的势力。尤其是英国海军部，以威海卫是英驻华舰队极好的疗养基地为理由，坚决反对归还。作为英国在远东盟国的日本，为了借助英国势力牵制占据胶州湾的德国，也强烈反对英方归还，声明“德一时居胶州，英国就应一时留在威海卫”。当时英驻华公使萨道义亦坚决拒归还威海卫，认为旅顺虽已非俄占，但认为日本所占据，故营房不应将威海卫归还中国。

于是，英国政府确定了拒绝归还的政策。为防止中方的索还行动，英国殖民部还决定通过修约将威海卫交归香港统辖，以达到长期占据之目的。香港总督弥敦接到指令后，立即做好了接管准备。英方已经大张旗鼓地做准备工作，反应迟缓的清政府才于 1906 年向英国驻华公使提出归还威海卫的要求，并由外务部发出了正式照会。英国公使当即表示：旅顺并非俄国退让，且仍控制于外国之手，不管条约如何规定，英国没有放弃威海卫的打算。腐朽的清政府不敢据理力争，只能忍气吞声，妥协退让。

1918 年 11 月，第一次世界大战以德、奥等同盟国失败而告结束。中国作为协约国一方，通过“以工代兵”方式而成为战胜国，这为中国废除与列强间的不平等条约、收回租借地带来了新的希望。

1919 年 1 月 18 日，协约国集团在巴黎召开和会，中国也派代表团出席。会上，中国代表在向大会提出的要求中，除要求德国归还在山东及他处各项权益外，还包括“希望条件”7 项，其中即包括归还租借地一项。但为英法美三国操纵的巴黎和会对此却拒绝予以讨论。巴黎和会上中国外交失败的消息传回国内，引发了波及全国的五四运动，大大激发了国民的爱国热情。

巴黎和会虽然暂时调整了列强们在西方的关系，但他们在东亚、太平洋地区的矛盾仍然十分尖锐，日美之间的矛盾尤为激烈。为进一步同日本争夺在中国及太平洋地区的权利，经美国倡议，1921 年 11 月 20 日至 1922 年 2 月 6 日召开了华盛顿会议。会议期间，中国代表施肇基、顾维钧等除要求日本归还山东、废除“二十一条”外，又提出各项具体方案，要求撤废不平等条约对中国的种种束缚，并强烈要求“应请将此等租借地早日废止”。会上对此颇有争议，特别是英国，根本无意归还香港和九龙，但迫于威海卫租期快要结束，又不能不有所答复。恰在此时，法国代表魏裴尼亚发表声明，称法国准备随同各国将在华租借地归还中国，这使英方颇受震动。1922 年 2 月 1 日的一次大会闭幕式中，英国代表、枢密院院长贝尔福即发表声明，表示“英政府愿将威海卫交还中国”。

由于威海卫将是第一个以和平谈判方式进行租借地收回的，为尽快展开中英双方交收威海卫的具体谈判，中方拟在华盛顿会议之后，由驻英公使顾维钧与英方在伦敦进行交涉。其后，英驻华公使艾斯顿奉命照会中国外交部，请求合组中英委员会赴威海调查，以便着手交还。于是，中英谈判遂改在中国进行。华盛顿会议之后，北洋政府即成立了以外交部为主要成员的太平洋会议善后委员会。4 月 27 日，北洋政府派梁如浩“督办接收威海卫事宜，从

英國人與梁如浩

澤東

威海衛交涉現在遍着要頓字了。除了山東人，全國國民並沒有何等表示，這到底是甚麼緣故！難道國民忙於收還旅大運動就忘記了收還威海衛運動？還是國民只知恨日本不知恨英國；只知日本帝國主義是侵略中國的，不知英國帝國主義之侵略中國是比日本帝國主義更要利害的？

辦理威海衛交涉的人：一個是督辦梁如浩，一個是帮辦陳紹唐。據陳紹唐在山東旅京同鄉會宣布梁如浩罪狀說：「梁督辦居心頗外，向英人獻保留劉公島之策。威海衛之交還關係軍事上甚鉅，梁氏甘心賣國，以無條件的交還，變而爲[illegible]的租借，且變而爲永遠的租借，無非另有交換，專謀利己。…梁氏恨余破壞其賣國陰謀，始則託人向余說項，餌之以利，力言余個人一切開支將來均可代爲報銷，且[illegible]之雅利益，亦可分潤。經余嚴詞拒絕，且仍要求其完全公開，[illegible]

毛泽东论收回威海卫

中英交收威海衛典禮昨日舉行◉中政會決議裁釐展緩實行◉王均部克復朱仙鎮◉何鍵抵漢口與何應欽接洽綏靖事宜◉（見要電）英帝國會議開幕◉日樞院通過海約案◉（見國際要訊）

國內要電

威埠實行交收

中央軍兩路進攻開封

王均部克復朱仙鎮

《申报》1930 年 10 月 2 日关于收回威海卫的报道

1912 年，际逢世界格局重新洗牌的转折关头，中国于大战伊始即主动寻求参战，均被日本阻挠，中国随机策划并实施了“以工代兵”战略，使中国摆脱了被国际孤立的险境。民国初期中国政坛最具影响力的人物之一梁士诒（前排左六）

事筹备”。9 月 11 日，北洋政府又派梁如浩为接收威海卫委员长，吴应科、吴佩洸为接收委员，具体负责同英方的谈判与接收等事宜。19 日，梁如浩偕其助理 2 人、技术顾问 1 人及秘书等一行，专程抵达威海卫，以备与英人谈判。与此同时，英政府亦派外交部官员翟比南为委员长，威海卫行政委员白兰德、英海军司令高林士为委员。10 月 2 日双方开始谈判，前后开议 5 次，终因英方所提条件过于苛刻未果。至 11 月 3 日，英方代表以致电伦敦请示为由停止谈判，使中英交涉为之中辍。1923 年 1 月，梁如浩奉命返回北京。不久，

巴黎和会上的中国代表

根据梁如浩建议，中国政府外交部于 2 月 11 日与英国驻华公使代办商定，将谈判地点迁至北京。

1923 年 3 月 16 日，中英谈判第一次会议在北京召开，当时中国提出议案 23 条，英国提出议案 33 条，双方互相交换，以备制定交收威海卫草约时参考。至 5 月 31 日，双方共举行会谈 34 次，议定《接收威海卫委员会中英委员协商意见书》，并由双方委员各呈报本国政府核定。

《意见书》严重损害了中国主权，公布之后，引起全国各地民众强烈反对，其中的“刘公岛内照单所开之房产，无偿借与英海军 10 年，期满或展期，经双方同意，才可交还中国”等内容反应最为强烈。北洋政府外交部也认为尚有不妥之处。迫于舆论和各方面压力，梁如浩上书国务院请求辞职，北洋政府外交部接手此案。

外交总长顾维钧遂与英使重开谈判，磋商达十几次，英方开始稍作让步，议定专约草案 29 条及附件等。该草案于 1924 年 10 月 23 日由北洋政府国务会议议决通过。英使亦通知北洋政府外交部称：奉本国政府训令，准予签字。双方并约定于当年 11 月 28 日签字。

但是，11 月 24 日距签字还有 4 天时，中国发生政变，曹锟倒台，签字随被耽搁。后北洋政府多次提议，均被英方以时局不稳为由，借词延宕。

1927 年国民政府定都南京后，国内要求收回威海卫的呼声越来越高，南京政府为彰扬其所谓“革命外交”，也想尽快收回威海卫。1929 年 6 月 26 日，王正廷就收回威海卫向英使提出交涉，英使蓝普森以交收威海卫专约草案业于 1924 年议定为由，坚持按原草案签字，只字不能变更。中方则以局势已变，认为原草案需要修改的内容较多，英使回复时称：前次修正梁如浩之意见书，对英国来说已属特别通融，如果对 1924 年草案再次进行修改，则英国政府只有将该案继续搁置。

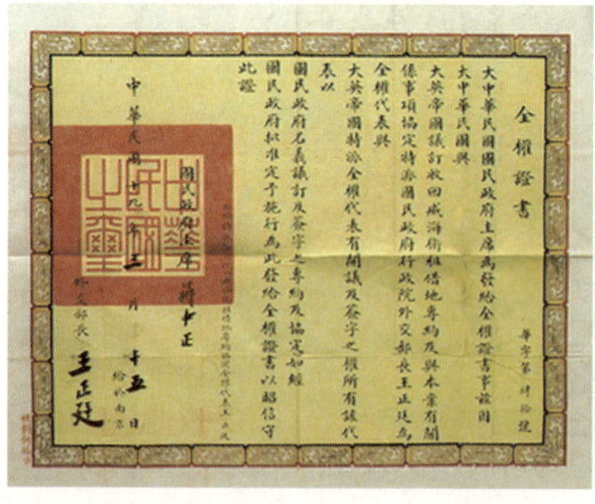
全權證書

大中華民國國民政府主席為發給全權證書事茲因
大中華民國與
大英帝國議訂收回威海衛租借地專約及與本案有關係事項協定特派國民政府行政院外交部長王正廷為
全權代表與
大英帝國特派全權代表有關議及簽字之權所有該代表以
國民政府名義議訂及簽字之專約及協定如經
國民政府批准定予施行為此發給全權證書以昭信守
此證

中華民國十九年三月十五日

國民政府主席 蔣中正

外交部長 王正廷

双方争执数月后，英方逐渐表达出愿与中方进行磋商的态度。1930 年 2 月 13 日，双方经多次交涉及相互让步，威海卫交收专约与协定的“草约”得以重新议定，分为专约和协定两部分，共计专约 20 条及附件和协定 6 条及附件。经提交中央政治会议外交组审查，获得一致通过。3 月 28 日，英外务大臣亨德生对蓝普森所取得的谈判结果感到满意，专电授其全权决定正式签字。4 月 18 日晚，外交部长王正廷会同英国驻华全权公使蓝普森在南京正式签字，后经中英两国政府先后批准，约定于 1930 年 10 月 1 日在南京举行互换批准书仪式。至此，中英双方历时 8 年的交收威海卫谈判终以中方一再妥协而告结束。

庄士敦宣读归还协议

《交收威海卫专约及协定》签字时，南京国民政府蒋介石与阎锡山、冯玉祥间的中原大战已迫在眉睫。1930 年 5 月，蒋、阎、冯中原大战终于在豫东、鲁西南全面展开。随着战事的推进，冯玉祥、阎锡山军接连败北，特别是 9 月 19 日东北军宣布支持南京政府并迅速入关后，阎锡山、冯玉祥、汪精卫等人所组织的北平国民政府很快宣布解体，最终以蒋介石的胜利而告终。山东则在北路总指挥兼山东省主席韩复榘的军政统治下，局势也渐趋稳定。9 月 15 日，英殖民部即正式通知威海卫行政长官庄士敦，按原计划将威海卫归还中国。

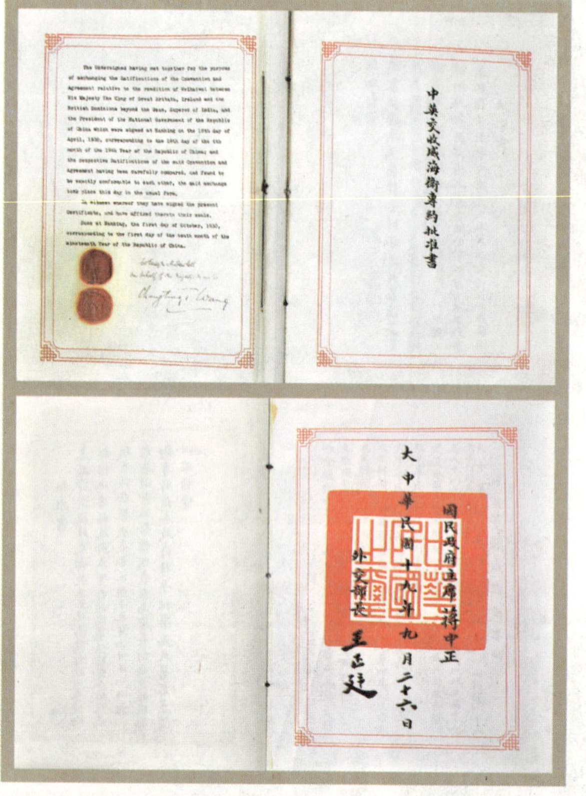

The Undersigned having met together for the purpose of exchanging the Ratifications of the Convention and Agreement relative to the rendition of Weihaiwei between His Majesty the King of Great Britain, Ireland and the British Dominions beyond the Seas, Emperor of India, and the President of the National Government of the Republic of China which were signed at Nanking on the 18th day of April, 1930, corresponding to the 18th day of the 4th month of the 19th Year of the Republic of China; and the respective Ratifications of the said Convention and Agreement having been carefully compared, and found to be exactly conformable to each other, the said exchange took place this day in the usual form.

In witness whereof they have signed the present Certificate, and have affixed thereto their seals.

Done at Nanking, the first day of October, 1930, corresponding to the first day of the tenth month of the nineteenth Year of the Republic of China.

中英交收威海衛專約批准書

國民政府主席蔣中正

大中華民國十九年九月二十六日

外交部長王正廷

10月1日上午9时，中英在南京举行互换批准书仪式，仪式由王正廷会同英使代表、英驻南京总领事许立德在外长官舍举行，签订互换批准协定书。同日上午，外交次长王家桢率随员并偕徐祖善等率海军陆战队300人，分乘两艘军舰由青岛抵达威海卫，上午10时50分，在英驻威海卫行政长官公署，举行了中英交收威海卫典礼。11时45分，英驻威海卫行政长官庄士敦乘舰离开威海卫，取道香港返

威海卫回归仪式后，中英官员合影留念（前排左一是庄士敦、左二是徐祖善、右二是王家桢）

国。至此，英国统治 32 年之久的威海卫，终于被中国收回。

中国收回威海卫，尽管是在中国政府一再妥协让步情况下完成的，但它毕竟是中国首次以和平谈判方式，从外国殖民者手中收回的第一块租借地，其影响深远。

威海卫的收回不仅是中国历史上的重大事件，而且在中外关系史上也有着不可忽视的地位。

南京国民政府外交部旧址碑

当然，中国此次收回威海卫并不彻底，因为刘公岛尚处于英国控制下。1940 年，英国续租刘公岛 10 年期满，当年 9 月 28 日，南京汪伪政府宣布：英国在刘公岛所受之权益期限已满，中方无意展延。并于 11 月 15 日，按《中英交收威海卫专约及协定》规定，英国海军撤离了威海卫。刘公岛随即又落入已占领威海卫的日本人之手，直到 1945 年 8 月抗战胜利，才真正回到祖国的怀抱。

王正廷做南京国民政府外交部长时，力行“革命外交”，收回威海卫是其主抓的任务之一。这是中华民国国民政府通过谈判收回的第一块租界地，此时，除刘公岛外，威海卫已被英国强占了 32 年又 4 个月零 6 天。

应该说，在当时的国内外时局形势下，威海卫的收回是非常艰难的。在这样的内忧外患大势下，国民政府不遗余力地致力于租借地的回收，是值得肯定的。特别是南京政府外交部长王正廷、次长王家桢、外交部司长徐祖善为威海卫的收回和管理均作出了应有的贡献。

直辖行政区

威海卫，从明清两朝到英租收回后的几百年时间里，在行政治属上，可谓“变化多端”。从元朝设立巡检司，到明朝延续巡检司；从设立卫城，再到裁卫回到巡检司。官品也从“从九品”到“正三品”，再回到“从九品”，这个落差是有些大了。同时，这也反映了当时威海卫不同时期在朝廷中地位的变化。

1930年，英国殖民政府统治了32年之久的威海卫终于回到祖国怀抱，但仍续租刘公岛10年，作为英国皇家和海军避暑地，直到1940年才被中国完全收回。

为收回威海卫主权，南京国民政府进行过系列复杂的谈判过程，最终与英人签订了《中英交收威海卫专约》。南京政府派外交部次长王家桢为接收专员、外交部司长徐祖善为威海卫管理公署专员，负责收回威海卫相关事务。

威海卫收回后，出于历史和战略地位的考虑，设立国民政府直辖行政区，直接由南京国民政府行政院管辖，这个行政地位在当时是很高的。1936年国民政府行政院命令，威海卫地方行政隶行政院辖外，并受山东省主席就近督察。

1938年日军占领威海，直到1945年日本投降。

收回威海卫后，城市建设管理由管理公署工务科负责，管理公用房屋、道路、公园、堤岸、港务等公共工程的修建及民用建筑的建设管理。

其间，城市建设虽向外拓展但进展缓慢。城区东至东山，西至西门外，北至北沟村，南至金线顶。计有道路街巷122条，总长23公里，路面总面积18万平方米。新建一批商店、影院、学校建筑和住宅。于1931年建设了环翠楼公园，初建面积4.8公顷。整修城内街道，拆除卫城东门、北门和城里十字路口戏楼。1934年在行政区内设置了短途汽车。

收回威海卫后，城市建成区约2.12平方公里，居住人口约2万人，城市功能分区主要分为6个部分：后营区为官署办公区；东南区为工业区；城内

1930 年 9 月 30 日，威海殖民政府全体中国雇员合影

区为居民区；城北区为宗教活动区；东山区为别墅区；坞口花园附近为商业服务区。到 1938 年日军占领后，工商业与城区建设基本处于停滞状态。

从 1398 年明廷设立威海卫，到 1958 年威海古城城墙全部拆除，历时 560 年。几百年的城市发展历程，从防倭卫城到中日甲午之战、从英租再到抗日，“海权”成为这座城市的灵魂，也因此在近代史中瞩目，这也是收回威海卫后，设立国民政府直辖市的主要因素。

民国威海卫

威海卫市徽

1912 年 1 月 1 日，南京临时政府成立，孙中山就任临时大总统，定国号为中华民国。

1927 年，蒋介石、汪精卫实行“清党”“分共”政策后，国民党立即陷入互争雄长的派系角逐中。1928 年底，国民党各派系在一致反共的基础上，建立了以蒋介石为核心的南京国民政府，直到 1949 年，中华民国被推翻。

民国时期威海卫邮票

民国这几十年里，威海卫与全国一样，历经了从反清运动的辛亥革命，延续了英人租借，继而收回威海卫，再从日本侵略，到收回刘公岛、抗日战争、解放战争，最后建立新中国等历史进程。

民国时期，威海卫就城市建设而言，改变是巨大的。整修卫城内街道，拆除卫城东门、北门和城里十字路口戏楼，使城内外有了更进一步的沟通与融合，极大方便和改善了城乡居民生活与发展。

在公益设施方面，建设了威海公共卫生体育设施，设立烟威汽车威海卫办事处，成立威海卫救济院，发展公共事业，提升和方便了居民体育活动、交通出行和残弱群众的保障。

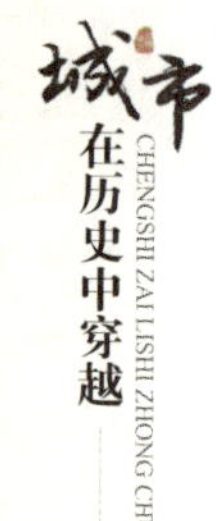

公共建设方面，修建扩建了环翠楼公园、三角花

孙中山时期民国政府成员（油画）

1924 年卫城内景象

卫城外中山路街景（现在 4809 工厂一带）

园，包括收回威海卫纪念塔等公共设施。并先后征集民工 3 万余人，修建市政公路和乡间道路等。尤其是在英租时期的商业氛围影响下，威海卫工商业也得到了极大的引领和激发，市场逐渐兴旺起来。

这一系列的改造与发展，对当时的卫城来说是必要的。卫城面貌得到改观，促进了商业的繁荣，并极大提高了广大旧城百姓的生活水平，改善

1930 年威海卫管理公署首任专员徐祖善与威海卫绅商前往领事馆寓所拜会首任领事阿彻尔

1931 年 6 月，国民政府威海卫管理公署官员在原华务司办公楼门前宣誓就职

了生存环境。

1930 年 4 月 18 日，中国国民政府与英国政府在南京签订《中英交收威海卫专约》和《协定》，英国续租刘公岛 10 年。国民政府外交部设立筹办收回威海卫事宜办事处，设威海卫行政区管理公署，直属行政院。10 月 1 日，国民政府外交次长王家桢、威海卫行政区管理公署专员徐祖善来威举行收回威海卫典礼，布告成立威海卫管理公署，英国驻威办事大臣庄士敦率其职员

日军在威海卫东码头集结

1938 年，日军占领威海，进驻原华勇营大楼

1938 年，日军登陆威海卫

日军向八路军缴械投降

离威回国。威海卫回到祖国的怀抱。

1938 年 3 月 7 日凌晨，日本军舰 10 余艘开进威海港，重演了 1895 年中日“威海卫之战”的景象。威海卫管理公署代理专员兼保安司令郑维屏、驻威海军教导队副中队长安廷赓率部逃离城区。下午，在当地汉奸和 4 架飞机掩护下，日伪军 500 余人由东码头登陆，至此威海卫又一次遭日本人的侵陷。到 1940 年 6 月，日伪政权扶植的中华民国新民会威海卫特区总会成立，开始了对威海卫地区的所谓“统治”。

1940 年 11 月按 1930 年《中英交收威海卫专约》与《协定》规定，英国海军撤离刘公岛，英驻威海卫领事馆同时关闭。汪伪政府在刘公岛设威海卫要港司令部、威海卫海军基地队司令部。

此后，经过中国军民艰苦抗战，日本侵略者被打败。1944 年 11 月，南京伪政府所属海军练兵营一部，在刘公岛举行了抗日起义。

1940 年 3 月，南京伪政府成立海军部时，刘公岛成为其华北、华中、华

20 世纪 30 年代被摧毁前的国王饭店

南 3 个海军要港司令部中实力最强的驻地。海军练兵营是南京伪政府训练海军新兵的机构，驻刘公岛。由于日伪军官的剥削和压迫，激起了学兵们和下级军官的强烈不满，于 1944 年 11 月 5 日起义并取得胜利。6 日晨起义军在双岛港登陆，受到八路军东海军分区的热烈欢迎。22 日，经山东军区批准，起义部队命名为山东胶东军区海防支队。

从 1945 年 6 月开始，人民武装开始压缩包围圈，扫清威海卫的外围据点。8 月，我胶东军区向驻威日伪军三次发出通牒，限 24 小时内投降。我东海独立团从东、西两面向市区推进，占领塔山和金线顶，8 月 21 日，解放威海的部队被军区嘉奖授予“威海兵团”称号。8 月 23 日，刘公岛的日伪军逃往青岛，威海独立营随即占领刘公岛。至此，威海卫全境解放。

可恨的是，日军从卫城撤往刘公岛途中，用军舰炮击“国王饭店”，致使城区唯一一座相对现代化建筑毁于炮火。

民国后期的时间里，也是中国共产党争取解放、实现理想的关键期。在抗日战争和解放战争中，威海地区共有两万余人参加了八路军、解放军，先后有数千名英雄儿女为民族独立和民族解放献出了宝贵的生命。他们在中国共产党领导下，转战南北，为抗日战争、解放战争的胜利作出了巨大贡献。

三角花园与收回威海卫纪念塔

威海市区内的“收回威海卫纪念塔”，系1931年为纪念国民政府收回威海卫而建。它位于现在俗称的三角花园区域，威海卫时期称“坞口花园”，因以鲸鱼骨搭门，也称“鲸园”；又因花园呈三角形，称“三角花园”。

1916年1月，皂泊嘴沙滩上搁浅了一条巨鲸。人们取两根鲸颚骨，在花园东门相对搭建成“人”字形的门框，又在南门和北门的水泥立柱上各横搁一根鲸肋骨。进出花园的游人都要从鲸骨下通过，故又得名“鲸园”。这一独具特色的地名，一直沿用至今。英租威海卫长官骆克哈特退休时，村董和商会送他的两块石碑也立在这里，算是百姓对英人治理威海卫功绩的认可。

收回威海卫一周年时，行政区管理公署在园内建立“收回威海卫纪念塔”，国民政府外交部长王正廷题写塔名，首任管理公署专员徐祖善撰写了874字的建塔碑记。

纪念塔塔身由汉白玉垒砌而成，高32英尺（9.75米），以纪念英国人租占威海卫32年。外形呈三面棱形，寓“中英亲善，三民主义修政，追忆甲午先烈之意”。塔身分三段，底部为垂直的三面体，每面由4块大理石拼成凸起的长方形，上面分别刻有南京国民政府首任威海卫行政管理专员徐祖善撰写的建塔记、中英交收威海卫专约及三民主义等；中部为腰线，凸出于塔身；上部为锥型三棱体，每面由10块梯形石块砌成，正面朝东，镌刻着南京国民政府外交部长王正廷题写的“收回威海卫纪念塔”八个魏碑体鎏金大字；塔顶装饰有圆罩球形电灯；塔身下是三层花岗岩基座，由12根汉白玉栏杆和铁链环绕围护。

“文革”时期，“鲸园”的鲸鱼骨门被拆除，纪念塔塔身下部三面原有刻字全被清除；上部三面分别被换上了“毛主席万岁”“毛泽东思想万岁”“中国共产党万岁”的红色标语。1980—1981年，纪念塔得以重建修复，并由原威海市建筑公司二队承担。纪念塔原来的塔身石料，全部由人力

1920 年的花园东门，也称“鲸园”

1921 年 4 月，为骆克哈特竖立“德政碑”现场

手工打制而成，厚 25 厘米，逐层垒砌，中间以水泥石块浇灌。修复时，将石料分割成型，做成 15 厘米厚的石板，表面平整光滑，边角整齐，尺寸规范，施工队拼装的时候像堆积木一样堆上去。三个角的对缝处，都是按三角规范做成的锐角镶拼，各个边角接缝处都有钢钉连接，防止脱落。塔心是用钢筋混凝土加石块浇筑的，十分结实坚固。塔身中间预先埋设好电缆，上面直通塔顶的球形罩灯，下面从塔基的西北面引出接线，以备照明需要。塔身底部三面的碑文，只恢复了正面徐祖善撰写的塔记，其余两面没有恢复。塔记碑

雪后鲸园

1931 年花园南门和纪念塔

“文革”时期的纪念塔更换了标语

文原来是正体楷书，修复书写者为标牌厂的黄克鸿。黄克鸿解放前做过党的地下工作，解放后在市印刷厂（后来分设出标牌厂）工作，从“文革”前到“文革”时期，算是威海书法第一人。刻字是由文登张家产公社牛书田带领师徒三人在施工现场的平地上完成的。牛书田是一位擅长石碑刻字的老石匠，那年已经 70 多岁了。他十几岁就东去高丽、日本做刻石手艺活，雕刻楼梯、栏杆、牌匾等。老人家虽然不识字，但对石碑上刻字，应该哪个笔画重，哪个笔画轻，刻起来哪画需要深，哪画需要浅，以及弯曲、折角的处理，他一看就明白。重建的纪念塔基本保持了原样，重刻了王正廷题写的“收回威海卫纪念塔”的镏金大字。只是新塔西移了 12.4 米，塔座增高了 1.25 米，塔基三面只在正面刻写了徐祖善题写的碑文，王正廷题字的落款下面少了他的两方印章，是个遗憾。

这当中，徐祖善撰写的塔记原文也有个错误，他把威海卫地理位置的纬度写成“三十度北三十分”，实际上应该是三十七度，漏了一个“七”字。后来还是保留纪念塔原来的历史面目，按原样刻了上去。

1981 年重建纪念塔竣工时参与人员合影

我个人倒是觉得应该借此机会更正其漏字之处，如果仅仅是为了保持作者原文的历史面目，我想未必是作者本人意愿。且这样的公共属性的遗迹，其错误更会误导后人。

岁月如梭，随着周边建筑的不断加高，城市道路的不断扩宽，“纪念塔”花园显得越来越小，纪念塔与周边的高楼大厦相比，也越来越不够渺小。三角花园也非原来意义上的花园，已经演变成为一个地理名称。

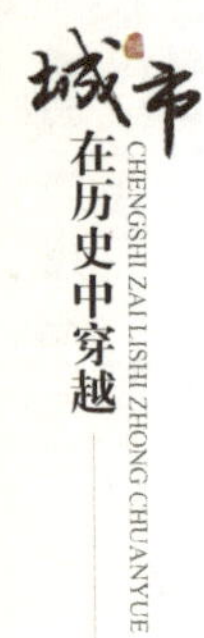

如今，这座具有历史意义的花园和纪念塔，走过百年，历尽沧桑，却以其历史纪念意义的厚重，在历史变革中默默屹立、从容见证。

民国文化事业的发展

民国时期的威海卫，承载和走过了英国租借、大清灭亡、辛亥革命、收回威海卫等重大历史节点。威海卫收回后，管理公署在推动和加强民众文化事业方面，作出了不凡的努力和贡献。

威海卫收回后，为革新社会、教化民众，管理公署先后成立了一系列文化宣传机构和民间文化设施。

1931 年 7 月 15 日，通俗讲演所成立，以述讲党义、开通民智、改善风俗、解释中央及地方政府法令意义为主。该所成立之初，在所内固定讲演，每逢集日或于民众会聚，还举行临时演讲，深入浅出，收效颇大。随后又组织巡回讲演，分赴各乡村，深入普及。并在通俗讲演所内附设一处民众阅报社，以使大众增长见闻。

同年 8 月，管理公署还相继成立了民众学校筹备处和通俗图书馆。民众学校为百姓增加读书机会，以增长其知识技能。图书馆通过捐赠和购买等方式积攒各种书籍 1800 多种，并制订了借阅章程及内部规则。

1933 年 5 月 25 日成立了国货展览会，10 月 1 日又成立国货陈列馆。成立后，每年都通过分函省外各地商会，征集国货。如开办当年就从上海、天津、杭州及省内各县等征集到各类商品千余件。有纺织工业、化学工业、饮食工业、教育用品、艺术用品、医药用品、手工制造等，分类陈列。展览期间，参观者终日络绎不绝，为广大百姓提供了了解外地的窗口。

随着公署各个机构业务的开展，民众教育和大众文化得以逐年发展和推开。1936 年 6 月 8 日，在原有的通俗图书馆基础上，成立威海卫行政区民众教育馆，隶于管理公署，作为全区实施民众教育的中心机构，同年 10 月 1 日举行开幕典礼，设立教导、阅览、健康和事务等。

教导方面，以扫除文盲为目的。除继续在乡村各小学附设民众学校外，又在城区及码头区设立民众教育班 26 个，仅 1936 年就招收学生 1000 多人。为加快扫盲进度，1937 年全区计划扫盲 2 万人，并上报教育部备案。经常利用讲演、幻灯、电影、留声机等进行辅导。讲演内容包括公民训练、科学常识、卫生常识，以及国耻、国防知识等。

阅览和陈列方面，主要设有国耻陈列室和革命纪念室。陈列革命先烈遗像，各种国耻图表、历次革命及国耻照片等；仪器标本陈列室，陈列植物标本、动物录制、昆虫标本、矿物标本等；病理模型，人体模型，地球仪及各种仪器图表等。艺术陈列室，陈列国画 100 多余件，西画、汉瓦、古铜器、工艺美术品等。艺术藏品，大多都是国内省内知名人士捐赠。阅览室备有书籍近两万册；儿童阅览有儿童读物书籍千余种、近 2000 册；杂志报章有各地报纸、杂志百余种。仅 1937 年 3 月一个月，临时借阅和固定借出的人数近

威海卫民间杂耍演出

20 世纪 30 年代卫城老戏楼

民国时期民俗表演：划旱船

民国时期民俗表演：踩高跷

5000 人。这对于一个只有两万来人口的城区来说，比例已经相对很高了，可见威海卫人民对知识的渴求。

为便利乡村民众阅览图书报刊，在乡村设置阅报所 68 处，巡回阅书处 3 组 12 个点、每组巡回书籍 50 种、每两个月巡回一次。同时，在刘公岛设立阅书处 1 处。由馆内拨出书籍 100 种。另外，在码头区设简报牌 10 方，每日张贴重要新闻。极大方便了各处民众的阅读。

康乐方面，设有游艺室和国乐传习室。游艺室内置乒乓球、围棋、象棋等游艺品。国乐练习室内置风琴、笛、箫等乐器，以供市民娱乐。同时设无线电收音室，按时发送、广播新闻；在教育馆西侧辟儿童乐园一处，设置秋千、滑板等器具，专供儿童运动。民众体育方面，则利用公共体育场，与体育协进会、青年会合作举办各种比赛。仅体育协进会成立当年，就举办了全区篮球锦标赛、小足球比赛与自行车比赛，极大地促进和丰富了广大百姓的文体娱乐活动。

1927 年 12 月，由孙汉川等人发起，庄士敦题刊词的《威海午报》创刊。由于受西方言论公正的影响，报纸取名“午”字，意为“中而不偏之谓也”。《威海午报》是威海历史上第一份有影响的报纸，也是民国时期报业繁荣的一枝独秀。在当时的时局下，比较艰难地维持了三年而终结。

自威海卫收回后，报纸业有了较大的发展，《威海日报》《新生日报》《黄海潮报》等相继出版。

《威海日报》在英租后期组织成立，每日出刊一小张，其宗旨是增进知识，发达商学。后改四开四版，国际国内新闻、本埠新闻、副刊、广告分属四大版面。《威海日报》创刊以后，经营比较困难，到 1935 年实在无法维持，由国民党区党部常务委员胡建民接办，并更名为《新生日报》，同年 7 月 5 日，《威海日报》停刊。

经过一个月左右的筹备，《新生日报》于 1935 年 8 月 1 日正式发刊。该报办报宗旨：启迪民众知识，代表民众喉舌，阐扬三民主义，襄助国家行政为职志，以期导青年思想于正路，纳入民生活于轨范，而挽颓风于万一。1938 年，日本人入侵后停刊。

收回威海卫后，由威海卫区党部常务委员米义山联合地方绅商组织创办

《黄海潮报》，于1931年8月1日出版。该报的办报宗旨：一是将威海卫宣传到内地去；二是将各地的的新文化带回威海；三是造成地方发展舆论；四是力谋地方改进和地方自治。

威海午報

威海午報館開幕誌喜

移風易俗

讀者的一聲

威海齊東中學招生

資格　年齡　十三歲以上十八歲以下

修業年限　本科四年補習班二年

用費

報名日期

報名處

甄別試驗

開學日期

同盛齋

保泰號

THE MIDDAY POST OF WEI HAI WEI

第四號

本報價目　廣告價目

1927年的《威海午报》

《黄海潮报》报道内容主要有“本地新闻”“国内时势”“国际通讯”“各地通讯”“商业信息”“局署公告”“社团通知”“社评文章”“诗歌小说”“散文杂记”等。与其他报纸相比，其副刊经营比较灵活。从收藏的报纸看，除报社自办的“黄海潮声”“曙光”“虹”“青年”“儿童浴场”等专栏外，还配合公署工作临时出版“禁烟专刊”“植树特刊”等。

《黄海潮报》不仅在协助公署抨击邪恶、伸张正义、广造舆论方面发挥了积极作用，对社会公益事业也极为热心。于1938年日本入侵后停刊。

在这些“大报纸”的基础上，也有其他报刊出版，威海卫体育协进会编辑的《体育特刊》，威海卫童子军促进会主编的《努力》，威海卫管理公署教育股编辑的《蚕丝专刊》，公立医院主办的《健康周刊》和教会创办的《道慈专刊》等。

另外，1933年先后申请办报的还有《醒华日报》《威海青年》《新日报》等，遗憾的是这些报刊没有太多的遗存。

1918年，威海卫有了自己的影剧院，其前身始建于英租时期，位于建化街路南的同乐戏院，是威海卫当时规模最大的一所营业性新式剧场，后改为民兴舞台。1921年首次放映无声电影。1925年，手摇电影机在民兴舞台放映无声电影。但由于上座率一直不高，影院经营一直不振，后改组为三星电影院。

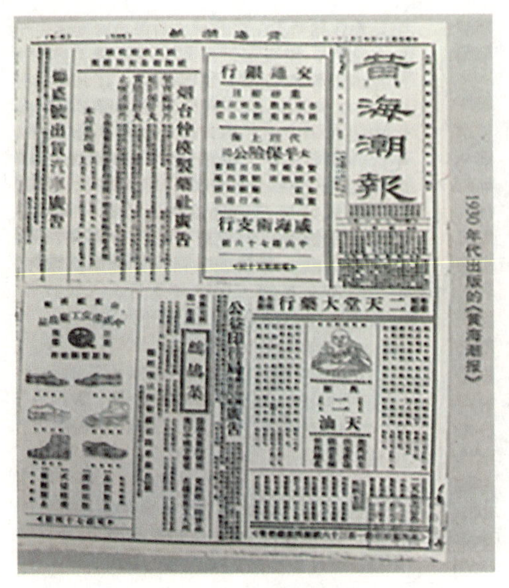

1930 年的《黄海潮报》

1933 年创刊的《育中季刊》

1936 年 5 月，为倡导高尚娱乐经营，经管理公署批准，部分商人在民兴旧址联合成立威海电影院，5 月 6 日开映。之后改名华记电影院。1936 年 10 月购置先进的有声电影放映机，并在南大桥泽地集资建筑新式影院（市区南大桥南侧），计划得到管理公署的全力支持后，在政府与社会界的支持下，历经两个多月的时间，新电影院于 1937 年 1 月建成。影院分楼上下两层，有 1000 多个座位，放有声电影，为当时极为先进的现代影院，该影院定名华成电影院，同年 2 月 9 日上午 12 时举行开幕典礼。1938 年初因局势紧张而停映。

日伪统治时期，电影院改为平安影院，不久关闭。1946 年 2 月，人民政府将其接收，改为新华电影院。

威海卫收回后，先后还批准成立了庆威游艺场和华乐舞台等群众性文化设施，虽都没有维持太长时间，但公署管理者终究从社会人文和发展的角度，在文化建设等各个方面均做了卓有成效的工作，极大地促进了民国威海卫时期的文化事业进步与发展。

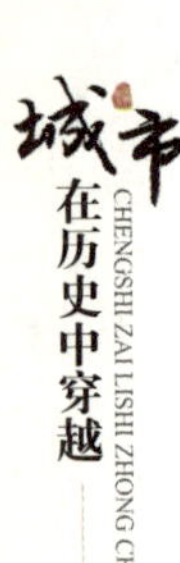

民国教育改革

民国时期的教育是中国近代教育的一个重要组成部分，在中国教育进程中，起到承上启下的历史性作用。中华民国成立后，孙中山强调实行免费义务教育，极大地促进了基础教育的普及，包括民国的学前教育、职业教育、边疆教育等，都具有时代性的新气象和特色。在高等教育方面，均有了很大的发展和提升。

民国时期教育的特点是百家争鸣，并接受西方文教思想，重视人才，重视教育和生产劳动结合，注重素质教育和动手能力，许多爱国人士纷纷积极投身当时中国的文化教育事业。

民国几十年，中国战事频繁，论教育的规模和基础教育等肯定不及现在。但民国时期的教育态度，以及教育的制度是较为完善的。民国时期受西方影响很大，学校提倡培养人的独立人格，更是出现了很多大教育家，远非现在能比。我国现代化进程经过几十年发展，经济规模有了很大提高，教育规模和影响亦有所进步和改善，但教育灵魂的缺失，是当今教育的一大沉重课题。

当年民国教育是一种大格局，既仰仗了典雅、古朴的民初之风和波澜壮阔的“五四”之风，又有赖于一大批民国学人的风度、气质、胸襟、学识和情趣，使全国上下在教育方面具有划时代的意义，民国教育的很多做法都值得今天借鉴和学习。

威海卫，自设卫以来，就定位了以海疆防御为主体的调子。明清两朝500多年的历史中，威海卫在坚守防御倭寇的基础上，办过卫学、争取过科举名分，又历经废科举、办学堂、发展过民众基础教育，见证过英租时期的英人教育等。收回威海卫后，管理公署积极推行民国现代教育制度，使威海卫在教育方面进入一个良好的发展时期。尤其是民国时期的威海卫，在中央直辖和局部局势相对稳定的情况下，威海卫管理公署以及民间社会力量采取

民国时期的才子们（左起赵元任、梁启超、王国维、陈寅恪、吴宓）；在民国四大导师中，梁启超是被誉为“南海圣人”康有为的弟子，王国维是末代皇帝溥仪的读书顾问，所以也有了清华学子是“南海圣人”的再传弟子、溥仪的同学之说

了多种措施和办法，极大地发展了教育事业。

威海卫自设卫到英租，教育方面是落后的。收回威海卫时，辖区内共有各类中小学 10 余所，并有乡间改良过的私塾 41 所，共有学生约 3000 名。全区识字率“尚不过为十分之一”。威海卫收回后，首任行政专员徐祖善在教育方面的成就是值得称赞的。他上任后立即强制取缔私塾，开办现代教育学校。为此，特安排专人赴乡村调查，根据各村不同情况确定学校设置地点、学校级别和规模，同时责成各区长及村董创设学校，公署对各乡优良小学或继续改善者予以风琴、哑铃或开办费之奖励。此举非常有效，至 1931 年 4 月新建各类公立学校 121 所，10 月份便达到 195 所，随后几年基本稳定在 200 所左右。

威海卫收回之后，各大绅商积极捐资办学。1935 年初，在绅商的倡导之下，在威海中学开办高中班，为威海学子就近升学提供了便利。

随着威海义务教育的强迫推进，1935 年底至 1936 年初，各乡村学校学生规模不断扩大，校舍不敷应用，从而掀起了新一轮校舍扩建高潮。而校舍扩建，其资金主要来自村民及绅商募捐。据《黄海潮报》1936 年 2 月 5 日报道：“本埠西南乡大北山学校近以扩充校室，特由村董及学校首事人联衔向市内各界募捐，各界领袖以事关教育，闻均有捐助也。”西负山小学校舍建筑及内部器皿购置费均有市内各绅商捐助，为此，该校当局及首创人特于 1935 年底勒石建碑以作永久纪念。可以说，在学校建设方面，威海的绅商们及公务人员发挥着极为重要的作用，表现了参与意识和担当精神。

威海齊東學校招生廣告

年齡	十三歲至十八歲
資格	高級小學畢業或具同等程度者為合格
年限	三年畢業
學費	全年三十元分兩期交納
宿費	全年四元分兩期繳納通學生免收
額數	以壹佰人為限
試驗科目	初中一年級 國文英文算術常識 補習班免試英文
報名地點	城內高會 碼頭吉升昌
報名日期	自十一月十五日至考試前一日截止
試驗地點	威海碼頭後營本校
試驗日期	民國十五年陰曆正月十九二十兩日
開學日期	民國十五年陰曆正月廿二日

中華民國十四年陰曆十一月

1925 年威海齐东学校招生广告

另外，据管理公署公报，1931 年度，全区共有各类中小学 201 所，其中公立学校 188 所。从数字看，公立学校比例相当大，占到 93.5%，但这些学校实际上大部分为乡村小学，其创办经费基本上为村民集资，以后的日常经费也是多渠道筹措的。根据公署 1935 年第一学期对各区学校视察资料，第七区共有学校 32 所，其牧荒收入 2493.45 元，庙田租金 483 元，基金利息 773 计，学费收入 2677.3 元，公署补助及其他 1100.5 元，合计 8737.25 元。可以说，牧荒收入和庙田收入成为绝大部分乡村学校的重要经费来源。

综观民国时期的教育，若是没有公署的重视尤其是绅商的配合、乡民的支持，在财力匮乏的情况下，教育经费就很难以得到保障。据当时教育部统计，1934 年教育经费增速威海位居全国各省市第二位，而学生负担在各市中处中游偏下。

威海卫管理公署成立之时，就在总务科内设立了教育股、并设有主任一人、督学一人、教育委员、视察员及办事员多人，负责全区的教育文化事业。在具体的管理上，对学校、教师、学生来说，教育股并非是唯一的监管者，总体上是根据不同对象施行不同的管理模式和权限拆分，有的则赋予管理对象更多的自我管理权。

对学校的管理，主要有教育股、校长、经委会或董事会三个方面。教育股主要通过对学校的行政、训育、教学方面的视导来进行管理。比如说在行政方面，主要检查校内外环境的布置是否适合儿童身心的重要，校具教具的置备是否合于科学方法，学校组织是否照顾到儿童的生活利益等；在训育方面，主要检查校风校律和全校教员学生共同活动情况、学校卫生是否合乎小学卫生实施方案、儿童课外活动公民训练有效方法如何等；在教学方面，主要检查教学实践和分量、教学方法是否合于儿童心理和教学原则等。

尽管教育股对学校负有主要管理责任，但因经费、人员及交通工具所限，每学期对学校视导次数极为有限，因而学校的日常管理多由校长（教员）或经委会（董事会）共同来负责。如第六区共有学校 37 所，其中 6 所学校由校长职务，其余各校只有一名教员，而这些校长、教员只负责对学校的日常政

1932 年民众学校毕业合影

1933 年召开的威海卫强迫教育扩大宣传会

1939 年威海卫育华中学毕业生合影

务、教学、训育进行管理，其学校经费，主要由学校的经济委员会或董事会负责襄助。董事会为私立学校所设，校长受教育股及董事会双重领导。经济委员会为公立乡村小学所设，共设委员 3~5 人（1 人为常务委员），由与学校经费有关之村民大会选举产生。该委员会主要负责筹措及保管经费、经管校产、督催学生纳费、筹备校舍校具等，其管理体制为管理公署领导下的校长及经委会共同负责、相互监督制。

对教师的管理，多实行招考聘任制。收回之初，管理公署对原有的 279 名私塾先生进行甄别，仅录取 35 名以作临时之用。为适应新学校的大量创办，管理公署以各种方式吸引周边地区师范或相当学历毕业生前来报考，1931 年 1 月份举行第一次检定，共录取 93 名；第二年 7 月举行了第二次检定，共录取 111 名。这些录取的教员分别由学校董事会或经委会确定聘用。

之后，随着学校的日益规范，到 1936 年又举办三次小学教员检定考试，主要是针对教员资格进行审核。如举办的第五次检定，规定除毕业于旧制中学或高级中学以上，曾充任小学教员一年以上，或曾在官办暑期学校补习满二暑期者；毕业于二年以上之师范讲习科或简易师范学校，曾充任小学教员二年以上，或在上述暑期学校补习满三暑期者；曾充任小学教员三年以上，

威海卫管理公署暑期小学教师训练班毕业

经教育行政机关认为却有成绩，或曾在上述暑期学校补习满四暑期者免检外，其他全部参加检定，经检定不合格者不得受聘。

教育当局对教员的教育水平也极为关注。管理公署每学期都要举办一次毕业会考，对外公布成绩，了解各学校在教学方面存在的问题，以便在每年小学教师暑期培训课（讲习会）中加以讲解和指导。同时，为提高教学水平，1931 年 9 月在公署路小学内设立了流动试教处，组织教师轮流试讲观摩；1934 年选派 4 名教员，赴高校进行数理生化培训；第二年各学区分别成立了初等教育研究会，定期召开教学研讨会，参与上级教育部门安排的教研任务，搭建起教员间相互交流的平台。如 1935 年各教育研究会组织教育参与的关于废止体罚及苛罚的研究和解除儿童一切束缚的研究，对提升威海教育起到了很好的作用。

民国时期对学生管理极具特色，在学校和教员的指导下由学生自治会进行自我管理，旨在培养学生自治精神和办事能力，陶冶公共服务和共同管理的品德。因此，在这一指导思想下，学校对学生本身之工作，统由学生自治会组织执行，并分配给学生以相当的工作；同时学校要求教员对于学生一切训育尽量采用人格的感化和精神的陶冶，使全体教员学生变成密友，打成一片。学生自治会在教师的指导之下，通过民主选举产生。学生自治会不仅负责学生的自我管理，而且利用课余及假期时间组织各种运动团体、游艺团体、学术团体，举办演讲会、辩论会或演说竞赛以及远足旅行，安排学生管理校园，以锻炼学生之体魄，培养其劳动之习惯，养成其艺术趣味，启发其学术思想等。如《黄海潮报》1935 年 2 月 19 日刊登的《育华学校的生活》记载，育华学校演讲会、习字竞赛会、英文研究会、算术研究会、学生校友会等学生组织每星期都有不同的活动安排。在学生资质管理方面，清泉实验小学更为独特。1936 年成立了“学校市”，市长由学生选举产生，学校市下设教育局、实业局、卫生局、公安局、财政局五大机构，分由各级学生单人。教育局下设学艺部、图书部、体育部、周报部，其中周报部负责编辑出版简报、周报两种刊物；实业部下设商店部、园艺部，负责学习用品的经营和校区的绿化管理；卫生部负责校园卫生，全校分为若干个卫生区，分配给各级负责每天清扫一次，每星期五在组织全校大扫除一次；公安局下设四个巡查小队，负责证件检查和校园秩序维持；财政局负责收取学生对学校市政方面的捐款，同时设立储蓄所，存储学生零用钱。总之，这些组织的成立，极大地培养了学生的自律意识、集体观念和民主思想，为学生将来踏入社会，成为国家有用之材起到了很好的作用。

民国时期的义务教育，也被称为强迫教育。威海卫收回之时，管理公署在教育方面一直忙于学校设立和新式教育的推广，直到 1933 年 3 月，根据教育部颁发的关于实施义务教育的有关规定，制定了强迫教育暂行办法。该办法对本地强迫教育实行四期推进计划，即 1933 年度第一学期为第一区实施期；第二学期为二、三两区实施期；1935 年度第一学期为七、八两区实施期；第二学期为四、五、六三区实施期。1936 年奉教育部令，又拟订了全区实施义务教育扩大计划，并于 8 月 17 日成立了由教育股及社会知名名绅商参与的义务教育委员会，协助公署调查全区学龄及失学儿童，推广各小学学级，添设二部制，开办短期小学等工作。

为推进义务教育，管理公署采取了较强硬的行政手段，要求各区长、村董及相关人员挨家逐户调查登记，动员适龄儿童入学。教育股随时派员对各学校进行检查，入学率达不到标准的，由教育委员会扣减其义务教补助费，其中对开班人数与毕业人数不等者，还要对校长及主办教员惩处。

推进义务教育过程中，社会各方对贫寒子弟的入学给予了极大关注。管理公署通过义务教育委员会设立了清寒奖学金，专门用于家境清寒、学行优良之高小毕业生赴外就学。1936 年根据教育部的要求，又在各公立学校设立免费学额和公费学额。其中，免费学额主要是免除学费及各校所收体育费、图书费、实验费及其他类似费用；公费学额除免收学费外，还要给予最低限度的膳宿、制服、书籍等费，以解决贫寒子弟的入学问题。同时，社会各界名流更是积极参与，全力帮助。如威海卍字会出资创办的培德初级小学、威海商人吕象堃氏捐资创办的铭新小学，均专收贫苦子弟。青年会内也设有近百人的半日学校一所，免收学杂费及书本费，各生多属埠内赤贫之子弟，每日上午到校学习，下午即回家从事相关劳动。威海商人刘福斋每年捐助威海中学奖学金 100 元，用于贫寒学生之奖励。

另外在民众教育的推广上，如同强迫适龄儿童入学一样，成为公署实施义务教育的一个重要方面。为救济本区年长失学民众，管理公署于 1931 年 7 月成立民众学校筹备处，于每年农事完毕之时，饬由各村设立民众学校。民众学校附设在各村小学内，专收男女年长失学人员，并由各该校教员担任教授，予以 4 个月之读书机会，其书籍灯油等费，由公署每月每校酌给补助费 5 元。

1936 年 6 月 8 日，管理公署又将通俗图书馆进行整合，成立威海卫行政民众教育馆，直隶于管理公署，为全区实施民众教育的中心机构。1937 年，全区扫盲计划达到 2 万人。其中在城区和码头区，共调查出 18~35 岁文盲 1700 多人，对这些人员，按照量体裁衣的做法，其余为上门教学和自行教学，所有人员全部按花名册分配给各学校负责，民教馆组织人员定期进行检查和考试。

民国时期教育方针，主要是围绕民族、民权、民生的三民主义来实施，重在启迪民智，传播知识，增长技能。因此，在这一思想指导之下，威海在整个社会教育设计上，主要是围绕民众存在的愚、贫、病、私和缺乏团队精神等缺点，施行义务教育与民众教育，以增加其知识，俾成为有用的公民；使民众有生活的能力；施以卫生教育，使人人皆有健壮的身体；施以公民教育与训练，养成良善的性情，使其精诚团结，恢复民族精神、挽救国家危亡。在分类教育上，授农工商等职业之常识，以期散布种子于全威；授民众教育以日常生活必需之知识，以期增加生活技能；授女童以教育机会，以期将来改良家庭教育；授小学生以劳动习惯、尚武精神、职业思想，以期进可雪耻救国，退可自立图存。在这一大框架之下，各学校在课程的设计上，除了按要求小学开设公民、国文、算术、常识，中学开设公民、国文、英文、算术、物理、化学、历史、地理和生物等必修课以外，威海中学还为了学生今后好就业，开设了打字、测绘、陶工、园艺 4 门选修课。具体分配是，一年级学习陶工，二年级实习园艺，三年级选修打字与测量。1935 年私立海星中学专门为学生实验采购了光学、力学、声学等器材数十种。威海师范学校除了每学期安排学生赴清泉等小学试教外，1936 年寒假还要求每个学生围绕儿童教育搜集各科乡土教材，以备教学使用。各渔村小学增开了渔网课，威海女子学校还开设了女工课、音乐课等，其他有条件的学校也都因地制宜地设有不同选修课。1935年底，受公署委托，教育委员会还购置了电影机，赴各校轮流放映教育影片。按照教育部要求，自1936年下半年，各区各学校逐步装设收音机，收听教育部的播音教育课。

对于文体活动，各校极其重视。为锻炼学生体魄、强化其劳动意识，1936年暑假期间，管理公署组织城区中学生参加义务修路，并将所修之路分别以校名“威中路”“职园路”“育华路”作为纪念。1937年初专门下发了《威海卫小学校普遍课外运动试行办法》，同时分批将国术列入城区各中小学及乡区完全小学课程。除参加公署举办的各项活动外，各校每学期也自行组织春秋运动会、级际和校际球类比赛、越野赛跑、户外郊游、国术表演等活动。文艺方面则多为学校和学生自治会组织。如城里各学校每学期迎新或欢送毕业生之时，学生自治会都会组织联欢会或茶话会，表演新剧、国剧、歌舞、魔术、双簧、笑话等。另外，为锻炼学生口才，各学校时常举行演讲比赛，学生踊跃参加，极大丰富了校园活动，促进了学生德、智、体全面发展。

威海卫收回后不久，受抗日救国社会大背景及外来文化的影响，学校教育也有所调整变化。一是增加了防空、防毒、救护知识的学习，尤其是城里各学校时常举行这方面的演练，并时常赴乡间演讲。二是组建童子军。童子军是一个国际范围的青少年组织，旨在强化野外实践活动的非正规教育，在身体、精神和智力上培训青少年，使他们将来成为社会有用之才。民国政府对此组织倍加推广。威海中学、育华中学及女子中学按照上级要求分别成立了童子军，其中威中童子军编队为1512团。各校童子军成立后组织了一系列野外活动，并参与了全区重阳登高、大型体育比赛等重大活动的秩序维护工作，有效地锻炼了青少年的品质和意志。

1934年初，为“改造社会、复兴国家”，蒋介石在全国倡导新生活运动。主要是从“改造国民的衣食住行”等日常生活入手，以“整齐、清洁、简单、朴素、迅速、确实”为具体标准，使“国民生活军事化、生产化、艺术化”。威海管理公署及各校极力奉行，并下发了学生新生活公约83条训令，从整齐、清洁、规律、秩序、礼仪、学行、语言、服务、军事化、生产化、艺术化、假期生活等12个方面做出了明确规定。规定要求学生每天都要刷牙，饭后漱口，饮食要清洁，衣服要朴素，住处要整洁，说话要真实，行动要敏捷，做事要有精神，待人要有礼貌，有钱要储蓄，等等。内容细致具体，包含了一个身心健全、可以自食其力、有一定道德修养的人所具备的方方面面。

现在看来，一些日常生活小节，却是当时的主要宣传内容，而也正是这些觉得微不足道的标准要求，充分体现了素质教育的本质。这些从娃娃抓起的教育体制点滴，都值得今人很好地探讨与借鉴。

民国体育事业的传承与发展

体育运动的发展，是一个国家提升民族体质理念的体现。从另一个方面，也反映了一个国家、地区的经济和人文水准。

明朝设卫是威海城市的雏形，在体育活动方面几乎是个空白，有的只是卫城中来自五湖四海的卫城官兵家眷以及本土民俗活动的汇集。真正的发展，应当是英租以后，英国人的到来为体育事业奠定了“质”的基础，尤其是足球、网球、高尔夫球等球类活动，让这个地区的广大百姓得到了很好的认知。

英国租占威海卫后，随着来威外国人的增多，一些产生于外国的体育运动项目逐渐兴起，并带动了其他体育活动的开展。到20世纪初，足球、网球、高尔夫球等体育活动在威海已经开始流行。英人对足球运动的普及面较宽，殖民当局先后在刘公岛设足球场4个，1910年又在东门外大操场上设立足球场1处。安立甘堂学校等教会学校和皇仁小学、威海中学都有足球队组织，经常与英国水兵和外籍人士举行比赛。

国内较为罕见的高尔夫球在威海也风行一时。全区共建有高尔夫球场4处。1901年殖民政府在刘公岛上设立1处占地面积20多万平方米的专用球场。1914年又在东门外大操场上种植草坪，设立高尔夫球场，占地几百亩，并配有休息室等配套设施，由英国人组织的高尔夫球俱乐部管理。另外两处位于西、南两乡。

网球活动，场所更多，仅刘公岛就有网球场6个。凡是英国人办公处和住所旁几乎都建有网球场供外国人使用，有时也对青年学生开放。体育竞赛活动也较多，学校、乡村每年都要开一两次运动会。

民国收回威海卫前后，威海大众体育在短短几年的时间里，从兴起到遍地开花，某些项目的竞技水平甚至可以与“大地方”相比高下。

1929年6月9日，举行了第一届全区运动会。群众性体育活动项目以武术、游泳、登山、象棋等为主，开展得也比较活跃。为普及体育活动，早在1907年，张福来、李华锷等人还专门组织体育会，在北大营原中国军团训练场西段开辟体育操场，组织开展体操运动。

威海卫前三任管理公署专员都是留过洋、见过世面，具有现代意识和爱国观念的专员，对发展体育、强体救国极为关注。

首任管理公署专员徐祖善就任后，首先从学校体育入手。威海卫收回之初，教育尤为落后，全区仅有城区10多所学校，其体育氛围难以形成。为提倡和加强体育锻炼，徐祖善在普及教育的同时，于1931年4月举办了首届全区学校春季运动会。1933年3月，行政区第一次教育会议议决，每年应分区

国王饭店前的足球场

举行小学联合运动会，并规定津贴办法，凡参加学生人数超过 1500 人的为一等区，超过 1000 人不满 1500 人的为二等区，不满 1000 人的为三等区，由管理公署分别发放津贴。是年威海卫八区中有一、四、五、六区分别举行春

东门外大操场（英租时期的足球场和高尔夫球场）

1927 年威海卫代表队首次参加远东运动会

1933 年 7 月参加第十届华北运动会的威海卫代表队

运会，极大引导了学生和百姓的体育理念。

徐祖善的第二步就是由学校体育扩展至市民体育。1932 年在收回威海卫二周年纪念日，管理公署举办了第一届市民秋季运动会。翌年同日又举办了第二届。从参加情况看，尽管市民参与者为数甚少，但是它的举办不同程度地开启了百姓的近代体育观。

为进一步繁荣威海体育，1932 年管理公署在经费极为紧张的情况下，拨洋 1000 元，在东门外修建了公共体育场，占地 22 亩多，拥有田径场、篮球场、排球场和足球场。1933 年 5 月又成立了专门机构威海体育委员会。从此，威海卫行政区体育事宜，悉由该会主持办理，埠内的各项篮球赛、足球赛等相继得以举办。

继徐祖善之后，徐东藩任专员虽只有短短两年多一点的时间，但他承前启后，继续大力推动体育运动的发展。在学校体育方面，继续对分区举办小学联合运动会施行不同的津贴办法，并且连续两年举办了分区学校春运会。1935 年 5 月成立体育协进会，并聘请青岛市市长沈鸿烈、管理公署专员徐东藩、海军第三舰队司令谢刚哲为名誉会长。该协会成立后，各项赛事随之频繁举办。

第三任专员孙玺凤到任前曾是韩复榘军法处副处长，作为军人对体育更是由衷地喜爱。上任伊始，其施政布告第六条就是训练民众，以“期养成本区人民有健全之体格”。到任后，适逢中小学分区赛筹备前期，鉴于前几期各区未能一一举办，公署遂要求同时举办，并由公署派员监察。同年 6 月 6 日，举行了全区儿童运动会。1937 年初专门下发了《威海卫小学校普遍课外运动试行办法》，将国术列入城区各中小学及乡区完全小学课程。1937 年的全区运动会于 5 月 22 日开幕，共举办两天，参加比赛的男女选手 340 多名，两天比赛共打破 17 项纪录。

这一时期，国民党威海卫区党部为推行“新生活运动”，也举办了一些活动。如 1936 年重阳节之时，奉令举办了秋季登高比赛，参赛单位达 40 个，共 296 人，引起了市民的极大兴趣。据《黄海潮报》1936 年 10 月 24 日第四版报道：“本埠市民昨日午后多三五成群携酒提盒赴奈古山登高。”1937 年 3 月又与青年会、体协会共同举行了第一届风筝比赛，报名者既有学生、公务员、军人，也有社会普通大众，总计 400 多人。

民国时期与体育有关联的协会组织有青年会、体育协进会和新生俱乐部。其中青年会和新生俱乐部皆为综合性协会，体育协进会尽管功能较之单一，其作为和成效最为突出。

该会成立之后，成为公署发展体育的一个重要协助机构。1935 年 5 月，公署批准修理运动场；6 月 9 日举办足球、篮球循环赛；6 月 23 日军学商界要人又参加其举行的网球锦标赛开幕式；6 月 26 日公署又拨款责令其在东海岸修建游泳场；8 月份公署委托其筹备参加第六届全国运动大会。虽因经费原因，最终只有 6 名选手参加全运会比赛，但威海选手曹衍友在 1500 米比赛中获得第 5 名，得 2 分，超过了青岛和山东代表团。

全运会结束后，由于经费紧张，体协会一度无力开展工作。经过协商，11 月份与青年会合作（青年会是基督教下设的社会服务团体，1906 年威海就设有分支机构）。青年会一直是民众体育特别是青少年体育活动的主要组织者。两会合作之后曾举办盛大冬季溜冰表演，据当时报载，参加溜冰者每天甚为踊跃。

1936 年 6 月 28 日，体协会举行第二届选举大会，与会团体会员代表共有 25 名，通过票选最后选出 9 个干事单位、两个候补干事单位。此次改选

1937 年中学春季运动会

后，其各方面制度较之前届更加规范，比如在组织方面，凡威海之机关、学校、团体及其他民众方面之体育组织，均加入为团体会员，并且聘请专任指导员一人，组建裁判委员会；在经费方面，通过增加会员数及会费以及向社会绅商募集，年筹集经费达千元，比上年翻一番多；在运动方面，要求每个会员单位 45 岁以下人员每天至少活动 30 分钟，协会每月至少举办一次分组比赛活动。各单位自用球场设法使之公开，以方便市民平时就近练习。同时还组建篮球队、足球队、网球队，分赴青岛、烟台等地比赛。

同年 8 月 13 日，为选拔威海卫篮球代表队，举办了篮球锦标赛，共有 8 支队伍报名参加；11 月 29 日举行了第一届长途自行车比赛，共有 75 名男女选手参加了比赛。11 月 30 日和 12 月 10 日又面向各小学分别举办了少年篮球赛和第一届小足球比赛。1936 年 12 月为募集体育经费及慰劳前方守土将士，一方面请国剧研究会义演，一方面组织震威足球队义赛，共募得义款 960 多元。

1937 年，体协会各项工作进入高潮期，一季度举办了化装溜冰表演和风筝比赛大会；二季度举办全区学校春季运动大会之后，又举办了领袖杯篮球

赛，其奖杯为中央军委会以蒋介石名义赠送的。

同时，还为参加第七届全运会做了大量的精心准备，但由于受日本侵华战事影响，最终全运会当年没有举行。

随着学校的逐步完善和公署的积极倡导，威海中小学体育得到了健康发展。当时学校体育，执教理念较为先进。活动的开展，以提高学生兴趣、达到“人人都要运动、人人都好运动”为宗旨。在这一思想的指导下，每个学校都举办了形式多样的体育活动。从当时报纸刊载的消息来看，许多学校每学期都有全校运动会、级际球类比赛、越野赛跑、户外郊游、童子军表演等一系列活动。对这些活动的组织，既有学校当局主办的，也有学生自治会或级部会领办的，更有校方和学生自治组织共同举办的。如 1935 年 5 月清泉实验小学举办的风筝比赛、6 月威海中学举办的乒乓球比赛以及一些临时性国术表演、郊游等活动基本上都是由学生自治会或级会主办的。

学校不仅适时组织校内体育活动，而且还不时安排校际、埠际球类比赛。在这方面比较活跃的球队小学级有清泉、海星、文泉、刘公岛、公署路、竹岛、田村、长峰等学校；中学级有威海中学（包括女子部）、育华中学、威海职业学校。尤其是中学队经常参与社会上的一些正规比赛及友谊赛。如 1937 年体协会组织的领袖杯篮球赛，威中、威职都组队参赛。与邻近的烟台、青岛学校每年也有不同的交流。如 1935 年 4 月烟台崇正中学学生来威与各校及各团体球队的友谊比赛；1936 年 11 月威海女中篮球队赴烟台与真光、崇德学校女篮比赛；1937 年 4 月威中青岛旅行团男女篮球队分别与青岛有关学校男女篮球队的友谊比赛。到 1936 年下半年，城乡有一定规模的学校基本上都有自己的篮球、足球队。

另外，威海是一个重要的军港，收回之后，民国海军第三舰队以及海军教导队先后入驻。部队的进驻，不仅在海防、社会治安方面发挥着极为重要的作用，同时在体育推广上影响至巨。为强化身体锻炼、活跃官兵生活，驻威部队不仅参加公署及体协会组织的相关比赛，而且自己也经常性地开展不同形式的体育赛事。如自 1934 起，第三舰队连续举办了三届游泳比赛。海军教导队则于 1935 年举办了春运会，同年 8 月又挑选篮球选手组成远征队赴烟台比赛；1936 年 10 月举办了秋季运动会。教导队下属两个大队之间也不定期举行球类比赛，如 1935 年 11 月举行了乒乓球团体循环赛，1936 年 5 月举行了篮球赛等。尤其是一大队长王之烈作为体育爱好者，不仅大力组织队内活动，还积极参与体协会、青年会、震威队的一些工作。1935 年 11 月他组织官兵增辟了两个新的球场，并邀请二大队及埠内各学校到场开展各种友谊赛。如 1935 年底的篮球赛，1936 年 5 月组织埠内网球名手进行的两次表演赛，6 月举行的本队第二届春运会，7 月举行的第二届足、篮球锦标赛，1937 年初举行的越野比赛等。“七七卢沟桥事变”后，部队进入战时状态，体育活动随之减少。

民国时期威海体育的繁荣，还在于社会大众的觉醒与参与。这其中表现最为突出的就是震威体育会。该会原为震威足球队，是威海最早的民间体育组织，由英租时期威海民间一批球类爱好者和球迷自发组建。震威足球队成立后，成为英兵在威度假训练期间的主要比赛对手。

随着威海体育活动的繁荣，到 1936 年 7 月，震威队已从原来的足球队发展成拥有足球、篮球、网球三支队伍的综合性球队。震威队与英兵的高水平比赛也激发了平民百姓对体育的兴趣。如 1936 年 7 月 19 日与极负盛名的万吨巡洋舰“道赛余号”足球队比赛时，虽炎天烈日，但威海各界要员均到场观战，观众更有数千人之多，球场围得水泄不通，只得急调威中童子军布岗维持秩序。同年 8 月 23 日与“顿肯号”比赛之时，小雾蒙面，但是数千观众依然看得兴高采烈。9 月 13 日与英航母“赫尔密斯号”比赛时，毛毛雨时降，午后 2 时全场四周已围满数千观众。

除了震威队外，当时社会上各类足球队、篮球队也应运而生。这些球队的成立，以及学校和部队的参与，报纸的宣传报导，使威海体育活动成为丰富百姓生活的一道道丰盛大餐。据有关资料记载，1936 年 10 月份仅威海城区就安排了 18 天体育活动，由此足以想象当时威海体育的繁荣程度。

体育事业，是社会发展和人类进步的重要标志，是综合国力和社会文明程度的重要体现。体育在提高人民身体素质和健康水平，促进人的全面发展，丰富人民精神文化生活，推动经济社会发展，激励全国各族人民弘扬追求卓越、突破自我的精神方面，都有着不可替代的重要作用。所以，发展体育事业，功在当代，福祉千秋。

民国果树产业发展

有关威海的果树发展，要追溯到英租威海卫初期。在此之前，威海地域几乎属“荒山野岭”之境，仅有零散的“土著”果木。英租后，殖民政府不仅考量植树造林等植被工程，英国农林专家吉本斯还从欧美各国引入苹果、梨、桃、樱桃、李子等果苗，在租借区设园栽培，这是推动威海果树业发展的源头。如今到处可见的各类果树苗木，英人亦不无功劳。

威海卫收回初期，由于英人撤出，许多工商业逐渐衰退。收回威海卫第一任行政公署徐祖善上任后，便组织相关人员商讨未来发展，初订水产养殖、农林业、建筑业三大复兴计划，其中果树业是初期发展的重点。1931 年 2 月，徐祖善上书南京国民政府，将英国退款用于威海发展，最终无果。无奈之下，特政公署只能依靠自身力量，大力发动各方人士参入和推动果树产业发展。到 1934 年，威海果园发展到近千亩，除苹果外，还有梨、桃、柿、杏、李、山楂、樱桃、葡萄、石榴等果树品种。

为不断推动果树业发展，1934 年 6 月，徐东藩接任第二任行政公署不久，以阮家寺洪智小学学田等 100 多亩作为示范果园。将果园划分为 4 个不同区域进行培育和推广。其中经济园区，全部为国光苹果。从史料记载看，果苗成活率极高。这便有了我 20 世纪 80 年代初来威海的满街国光香。那时的国光苹果，甜中带酸，酸中甘甜，想想便不忍津液满口。

至 1936 年，次任公署长官孙玺凤到任后，又租借洪智小学近百亩学田扩充果园。随着育苗规模的扩大和苗木培育，模范果园苗圃从 1936 年 11 月下旬开始对外出售苗木。为推广计，管理公署还制定了许多扩大苗木种植的优惠政策，极大地促进了果树发展。

经过行政公署的极力推行及示范果园的实验，仅两年的时间，威海新发展大中小规模的果园就有近 20 处，约 2000 亩，有仁柳庄果园、田村东夼果园、徐安疃果园、温泉汤果园、孟家庄果园、爱山后果园、徐里夼果园、山

20 世纪 30 年代，威海卫已有大量本地产水果上市，图为刘公岛上的水果摊

黃海 報

樹善醫院廣告
專門 產科 婦科 小兒科
兼治 內科 外科 耳鼻喉 眼科 花柳 皮膚諸症
診病時間
診費
出診 市內一元 市外面議
院址 威海衛中山路人十四號

菓園要素
國光菓苗到場
金線頂中學路
烟威農場啓

永農菓苗園啓事
永農菓苗園分銷處謹啓

1935 年《黄海潮报》刊登的永农果苗园、烟威农场出售果苗的报道

后孙家疃区域各村果园等。有国光、红玉、秋花皮、伏花皮、半夏、青皮等品种，其中以国光为主。

据农业部门史料记载，为配合果业推广与改良，1934 年管理公署还专门成立了公立阮家寺初级蚕丝园艺科职业学校，校长由公署教育股督学、中国大学商科毕业生徐德恩兼任，同时聘请法国蒙贝勒农业专科蚕丝科、意大利拜度蚕丝学校毕业生贺康担任蚕丝科主任，金陵大学农学院农业专修科毕业生徐开元担任园艺科主任。该校占地 15 亩多，共建有两个教室、1 个图书室、1 个标本室、1 个蚕丝工厂、1 个园艺工厂，1 个储藏室及一批办公、住宿用房。于 1934 年 9 月 10 日举行了开学典礼，第一年分两个专业，园艺及蚕丝科。蚕丝科学制两年，园艺科 3 年，学杂宿费免收。1937 年 7 月，该校园艺科第一届学生毕业，共有 31 人。后因时局影响，以及经费等原因，停止招生，改为只招收蚕丝科。

学校成立之初，公署为达到教学与推广相结合的目的，分别利用两个专业技术人员和实验设施，成立了柞蚕业推进事务所和果树园艺推进事务所。

作为具有双重职能的果树园艺推进所，在日常的技术研究和推广以及具体果树种植技术、虫害防治、巡回示范、果品评选、果品推销和果品制造等方面，都发挥了极为积极和重要的作用。尽管这些计划到最后没有得到完全推行，但在一定程度上，对威海果树业的发展奠定了重要的根基，也极大地带动了周边农民改善经济状况。经过多年的努力，到 1937 年初，威海果园已发展到近 3000 亩，主要分布在城西布谷夼、阮家寺、仁柳庄、田村、前后双岛、前后峰西、城北孙家疃、沙渚、神道口、西北山、城南戚家夼、岳家庄、徐家疃、温泉汤、孟家庄等处，品种以苹果为主，梨次之。

尽管威海果品发展较快、品质较佳，但是与邻近的烟台地区相比销路和价格均有差距。1936 年 10 月，公署工务科聘请宋玉亭、孙心田等 14 人作为发起人组织水果产销合作社，并起草水果业生产运输合作计划书及章程草案。1937 年 3 月，水果运销合作社召开第一次筹备大会，讨论简章，拟订筹备委员，认购股份。1937 年 5 月 3 日，威海水果业运销合作社召开第一次社员大会，出席社员 189 人，选出理事 15 人。水果运销合作社成立后，对果品运输、品种把关、规格统一、出口标准和申请出口免税等方面作出了积极贡献。并在维护果业发展、调解纠纷以及生产经营等方面起到了很好的作用。但好景不长，成立不到一年，卢沟桥事变爆发，威海果树业的发展受到严重影响。新中国成立后，经过人们的不断努力，威海果树业才得以迅速发展。

如今“康泰盛世、漫山果香”。威海无花果、樱桃、苹果等多品种水果已成为我市的明星果品，誉满四海。

说到无花果，如今已成为部分果农和相关产业的主要经济作物，种植面积万余亩，并成为威海水果的一大特色。成果季节，满街的“绿皮红芯”，让人垂涎三尺。无花果原产阿拉伯南部，后传入叙利亚、土耳其等地，在地中海沿岸诸国栽培最盛。无花果是人类最早栽培的果树树种之一，最新考古证实，人类种植无花果的历史已有万年之久。无花果大约在唐代传入我国，至今已有 1300 余年。国内的主要分布地区为新疆、山东、江苏、广西等地。英租时期，无花果引入威海卫后，很快适应水土，繁衍开来。目前，威海已经把无花果列入第三代水果的范畴，其鲜果及其制品有着极其广阔的发展空间和前景。

樱桃，威海人心目中“喜上眉梢”的圣果。每到采摘季节，街头巷尾，到处是樱桃的天地。每到周末，全城男女老幼一齐出动，一赏满树红灯笼的喜悦，一饱口福。威海樱桃经济也已初见成效。相关产业蓬勃发展，呈现出一派生机与活力。

目前，一系列的果树种植、果品储存、果品加工、果品出口等，得到进一步优化和提升。一大批果业种植基地、果品加工、果品出口企业不断发展壮大，为威海经济注入强有力的后劲。应当说，威海在果树业发展历史中，秉承“承前启后、继往开来、孜孜不倦、坚忍不拔”的精神，果树发展一路高歌、成就斐然。在“科技兴农”“大众创业”的顶层设计引领下，威海果树业将共同走向产业化、特色化新型果树种植与产业的光明大道，为乡村振兴注入强大活力。

第五篇

旧城轶事

“七子”之城

关于“七子”之城，源于闻一多的那首《七子之歌》：

再让我看守着中华最古的海……

快救我回来呀，时期已经到了。

我背后葬的尽是圣人的遗骸！

母亲！我要回来，母亲！

土木堡之变后，大明王朝渐渐走向衰落，从明中期直至清末，中国招致了西方列强的屡次入侵，多次割地赔款。1925 年夏，闻一多从美国留学归国。走下海轮，诗人难以抑制心头的兴奋，将西服和领带扔进江中，急切地扑向祖国怀抱。然而，等待他的，却是无边的黑暗和奇耻大辱……

闻一多画像

放眼家国，山河破碎，风雨如磐，豺狼当道，列强横行……诗人悲愤地写下了诗歌《发现》，并旋即在《现代评论》上发表了著名的爱国诗篇《七子之歌》。

诗人闻一多使用拟人化的手法，将祖国七处失地写成组诗《七子之歌》。“七子”指的是：香港、九龙、澳门、台湾、广州湾、旅大、威海卫。

1553 年（明朝中叶），葡萄牙人以“晾晒货物”为由在澳门上岸，从广东地方官手中以每年 500 两白

七子之歌·威海卫铜雕

银的代价取得澳门居住权。1573 年，他们将 500 两白银改交明朝政府，获得澳门的租借居住权，此时澳领土主权仍属于中国。明朝政府在澳门设置守澳官、驻军，对澳门实施全面管辖。1887 年 12 月 1 日，葡萄牙与清政府签订《中葡会议草约》和《中葡和好通商条约》，正式占领澳门并将其辟为殖民地。

直至 1999 年 12 月 20 日，根据 1987 年签署的《中葡联合声明》，澳门

苏联红军占领旅顺港

才得以回归祖国，建立澳门特别行政区。

1624 年荷兰入侵台湾，1626 年西班牙入侵台湾，1662 年郑成功收复台湾，1683 年台湾归入清版图。 1895 年，中日签署《马关条约》，“东海的

一串珍珠”宝岛台湾及琉球群岛割让日本，与她同时被割让的还有渤海湾畔的“孪生兄弟”旅顺和大连（俄国租界）。

1840 年，中国在鸦片战争中战败。1842 年，清政府与英国签订了丧权辱国的《中英南京条约》，把香港割让给英国。1860 年，中英签署《北京条约》，英国割占九龙半岛南端，后来又增加了新界租界，租期 99 年。20 世纪 70 年代初期，由于新界租期将近，英国向毛泽东提出续租，遭到拒绝。1997 年 7 月 1 日，根据 1984 年签署的《中英联合声明》，香港回归祖国，成立香港特别行政区。

广州湾（如今的湛江）， 位于雷州半岛东北，在 1899 年被法国租借，属于“法属印度支那联邦”的范围。1943 年维希法国灭亡后，被日本占领，

1999 年澳门回归仪式现场

建立了日伪政权。同年，戴高乐法国宣布放弃在中国的所有特权，将所有租界归还中国。

旅顺和大连，中日甲午战争后，被日本占领，后成为俄国租界。1905 年日俄战争爆发，再次被日本占领。“二战”后期，苏联击败日本关东军，占领旅顺和大连，并在此建造海军基地。毛泽东为防止苏联吞并大连，于 1945 年派军队、官员跟随苏军进驻，旅顺和大连成为中苏共管区后，中国继而收回大连。

1895 年，《马关条约》签订后，台湾澎湖列岛被日本强占。1945 年，“二战”胜利后回归中国。

威海卫，1898 年被英国强租，1930 年国民政府将其收回；1938 年日本入侵并将其占领，1945 年抗战胜利后，中国政府将其收回。

应当说，从 1553 年葡萄牙夺澳，到“七子”的最后回归，这是一个漫长的回归史和屈辱史。颇具影响力的纪录片《澳门岁月》播放，主题歌《七子之歌》在一夜之间便家喻户晓。

可见，在那个风雨飘摇的年代，一个国家连家园都不能守护，何谈庶民生存？所以，唯有国家强大，才是百姓安居乐业的根基。

威海卫与香港警察渊源

英方主权移交前的港英政府警察部门成立于 1844 年 5 月 1 日，最初称为香港警察队。香港的第一间警察局名为中央警署，于 1845 年建于荷李活道太平山区差馆上街。香港主权移交中国政府后，香港特别行政区政府的警察部门改为

香港警务处礼宾警员

现在的警务处。

威海卫，于 1898 年与香港的新界先后成为英国租借地，当时香港地区人口剧增，港英政府急需扩充警队力量，尤其是 1922 年香港爆发的大规模海员大罢工，让港英政府对广东籍和印度籍警察非常不满。究其原因，一是第一次世界大战后，印度和英国关系恶化，印度人反英情绪强烈，这种气氛也蔓延到香港警队；二是由于广东等周边籍的警察对此类事件的工人有袒护和同情之心，导致了频频发生的暴力案件和社会冲突，让港英政府不得不放弃从海外和本地招募警察的计划。

为稳定局势，英国人把目光投向了位于山东的英租威海卫，并于 1922 年 9 月，派遣一名英籍和三名华籍教官以及一名通晓山东话和英语的人员远赴威海卫，在英租威海卫殖民政府的安排下，招募了第一批约 50 名威海卫籍警察，并于 1923 年 3 月 20 日，乘坐“贵州号”轮船抵达香港，3 月 22 日，在九龙火车站前的广场上，威海卫籍警察全副武装，接受港督的检阅，也首度在香港公众面前亮相。此后，港英政府又陆续招募了几个批次的威海卫籍警察到港，最多的一次是 1924 年 8 月招募了 102 名警察和 5 名翻译。他们认为，比起印度警察，威海卫籍警察具有中国传统文化背景，有助于改进警队

1950 年 10 月，香港警校威海卫警队第九届毕业典礼

现状；而比起广东、潮州等警察，威海卫人的“水土不服”反而不会轻易被港地居民的政治和社会环境所影响，忠诚度自然也会更高。

从此，这些威海卫籍警察被正式授予“威海卫警察”的番号，平时被叫做“山东差”“山东警察”或者“鲁警”。据统计，到了 1924 年底，威海卫籍的警察已经占到整个香港警力的约五分之一。

曾有人说：“不知道为什么，香港的警察怎么都是山东人啊！”是的，山东人魁梧高大的外表是容易引人注目的，容易“以点带面”，自然也就会让人有“到处都是”山东警察的感觉。即是在今天的香港警队里，还有很多山东威海卫籍的警察后代。

最初时，由于威海卫籍警察大都不懂英语和粤语，对香港社会又不甚了解，所以很少担任接触市面的巡逻任务，他们多被派往新界、香港岛山顶等地区担任保卫执勤。1927 年，随着威海卫籍警察逐渐被港英政府的认可，香港警察在组建“水警队”“冲锋队”时，这些精锐队伍的成员基本是从威海卫籍警察中挑选的，并且当时港英政府要害部门也逐渐由威海卫籍警察担任警卫，可见对威海卫籍警察的信任。

在港岛的山顶，开埠初期主要是洋人聚居，加之广东籍警察又不愿到山

由威海卫籍警察组成的港岛冲锋队，1961 年摄于香港中央警署

顶执勤，这也刚好迎合了洋人对威海卫籍警察的偏好。因此，山顶警区范围常常看到的是威海卫籍警察的身影。当时往来香港与内地的英国商船为防御海盗抢掠，会向港英当局申请雇佣休更的警察驻船，而被派去的也正是那些乐于吃苦的威海卫籍警察，他们赢得了在港英国人对他们的好评。早在 1832 年，汉学家郭士立就评价说："如果给于适当的训练，威海卫人会成为优秀的战士，因为他们是我见到的所有中国人当中最勇敢的。"这是对威海人的褒奖。

也有资深人士说：如今看来，香港警察能有现在的面貌，威海卫籍警察功不可没！

当年在威海卫招募警察时，要求标准相比其他地区更为严格，应聘者身高应不低于 5 尺 7 寸（170 厘米），且体格健硕。面试时，须伸出双手，手粗的面试者一般会得到录用。据说是因为考官比较倾向于吃过苦的人，他认为手粗代表着有力气、能干活和干过活。被录用的警察一般在威海卫受训半年后，再派往香港。

在警员待遇上，对威海卫籍警察有着特别的照顾，凡来港服役满 3 年的，可以申请休假 3 个月，免费乘船回乡探亲。其中有不少人回乡娶妻，并在日后携家眷到港落户生根。在饮食方面，一般警署或者哨所里都专门为他们开设伙房，聘用山东厨师采购和做饭。凡是山东特色的包子、饺子和面条都悉数供应。伙食置办得好，威海卫籍警察个个吃得高大结实，精神饱满，这是英国人愿意看到的。英国人认为威海卫来的警察一般都长得高大，做事也忠实，因此，威海卫籍警察要比其他籍警察格外受英国人待见。

相比来说，威海卫籍警察在来港之前已经有了半年的受训经历，在港警校

分列式队列训练中的香港警务处警队

所受的训练也要比广东籍等警察更多，加之山东人有吃苦耐劳、任劳任怨的良好品德，如此下来，威海卫籍警察逐渐成为香港警察里最好的一支队伍。他们巡逻时，腰板笔直，靴帽整齐，皮鞋锃亮，对老百姓和游客都很和气，但不失威严。

英租时期，远来香港服役的威海卫籍警察身处异乡，与广东和潮州人又较为疏离，因此也就少了许多社交等活动，不少人便利用业余时间勤奋学习，通过自己的努力，不断被香港警方和社会所认可。比如曾任香港特别行政区行政长官的梁振英，祖籍就是山东威海卫，现属威海市环翠区桥头镇柴里村。他的父亲梁忠恩（原名梁泽元），就是当年从山东威海卫招募到香港的警察。当年香港选出特首本身是个大新闻，特首是山东威海籍，对全球华夏儿女则是新闻中的新闻。选举当天，港媒大公报报道："记者找到了梁振英在威海老家的堂兄家，家中喜气洋洋。中午时分，梁家人和媒体记者守候在电视机前，共同见证了梁振英当选为香港特区第四任行政长官人选。柴里村及周边村近 300 名村民还在村口放起礼花、鞭炮，打起腰鼓、跳起欢乐的舞蹈。"

这是威海人的骄傲和荣耀，这是香港对威海籍警察后裔的认可和肯定。

梁振英的父亲做警察时，就曾驻守港督府及山顶一带，梁振英从出生到 20 岁，一直和父母住在警队宿舍。研究《香港威海卫警察纪事》的张军勇曾采访过梁振英，梁振英说："家里吃的东西全是山东的习俗，汤面、水饺、油饼、米汤、菜包、饽饽等，还有节日的食品，包括中秋的月饼、端午的粽

梁振英（右）与时任香港警务处长卢伟聪

香港警务处刑事部戚本忠警司（前排左一），原籍威海戚家夼，1957 年生于香港，在加拿大完成高中至研究生学业，1982 年考入香港警队，长期从事刑事情报工作，是现役警队中资历最深的反恐谈判专家之一，1998-2002 年曾任香港特首荣誉副官

子，还有元宵的属灯，都是山东特色。我到今天也还是奇怪，爸妈不到 20 岁就离开家乡，竟然可以将这一切习俗和饮食品种‘完好无缺’地从老远的山东威海带到香港。”

是啊，这就是乡愁，家乡的味道永远不会忘记！

香港警队一直以来都以广东人为主，当中以来自东莞、客家和潮州的居多，相比之下，最初威海卫籍的警察则被视为另类华籍警员，并把威海籍警察特编为 D 队，以此区别于其他警队。到 1950 年末，香港警队对所有华籍警察进行混合编队，曾经的威海卫籍警察不再单列。

在香港湾仔有一条路，是以英租威海卫时期最后一位行政长官庄士敦命名的，他曾在威海居住了 16 年，做过溥仪的老师，在 1911 年辛亥革命爆发后，他对英国人说：“威海人，尤其是受过教育的威海人，具有强烈的爱国情操、独立意识与时代观念，虽然对我们的统治是那样惹人注目地温顺服帖，但是他们的情感从来就没有和英国国旗连在一起。”

是的，这是威海卫人的骨气，更是每一个中国人的底线。在祖国荣辱安危面前，人民永远与祖国休戚与共、骨肉相连。

“海星”与“鲸园”小学渊源

海星，这里说的是英租时期的“海星小学”。英租后，是由法国天主教会在 1902 年建立教堂时创办的。

鲸园，也就是由当时的“海星小学”改为现在的“鲸园小学”。当时的海星小学应当是威海卫城域最先进的小学。

据史料记载，海星小学有一首颂扬本校的歌曲，歌词便描述了学校当年的场景：“前有雄壮楼，后有花园地；左右足球场、右有实验室……”那个时候，学校有楼房、有花园、有足球场、有实验室，规模不大的综合实验室是高年级用的。因为是当时最好的学校，不仅是城里，连城外远郊地区的很多孩子都来就读。

海星小学当年的教程有“初小”“高小”之分，四年级之前为初小。一、二年级有 4 门功课，国语、常识、修身和算术。常识课的内容是普及生活中的自然科学知识，修身课讲的是伦理道德，讲些有趣的故事，对孩子的品德有终身影响，这是民国初年教育总长蔡元培先生始创的。常识、修身的课文

海星小学旧址（如今的鲸园小学）

生字多，不要求学生认识，靠插图和老师口语讲述。高小的课程增加了自然、史地等较为专深的科目。国语以识字为主，这涉及口语的发音问题。海星的师资是五方汇聚，“国语”规定大致以北京发音为准。

海星小学五、六年级的国语课，值得细读。据当时曾就读于星海小学的著名漫画家毕克官先生回忆：“爱国老师取得上下共识，给六年级编印了一本《国语补充教材》，是铅字油印本。上面精选了‘五四’新文学运动以来的许多的名作，如冰心的《往事》、朱自清的《背影》、鲁迅的《故乡》、叶圣陶的《莼菜》等。”

梵蒂冈红衣主教视察海星小学

在海星小学的旁边，开设有为女童做职业培训的明星学校。据毕克官先生回忆：“主事的是青岛方面委派的‘修士’校长。‘修士’老师一律黑色长袍，雪白领结。在我们印象里，不论‘修士’还是老师，都是爱国者。”

20 世纪 60 年代初鲸园小学大门

海星校歌，歌词古雅。如“溯威海，雄镇古齐东”“世界潮流进化无时已，极力追踪！”……这样的时空尺度和胸怀，反映了甲午战败后举国发奋、革新图强的时代背景。那时，科举考试面临废除，新式小学将造就一代国家栋梁；千万“秀才”失去前途，却能认同“世界潮流”。这首校歌在每周一次的师生大会上都要齐唱。

20 世纪 20 年代海星小学教师及教学楼

海星小学鼓励学生用功读书，每学期结业，前三名学生有实物奖品。奖品装在信封中，上写“校长刘兆允赠”。

据记载，学校纪律严格，比如足球场东侧以大铁丝网为界，那边就是法国神甫的大葡萄园，学生踢得皮球经常漏网飞进园中，可以钻过来取回来，但没有一个学生随手摘那些成熟的葡萄。再是，放学回家都要列队行走，同路者一队，到家一个脱队一个，三人以上不许散开。每学期最后几天“发榜”，各年级考试名次都用大字张贴在校门，当时走朝南的小门，在较窄的“纪念路”左侧的墙上，中午放学列队出门时，功课最好的、最坏的都渴望早点看到自己的名次，但没人敢于出队或慢行张望。每周末全校集会，要公布念学生违纪情况，违纪者会挨教鞭抽打，这在今天看来不可取的。海星小学当年还实行老师用戒尺打手心的体罚，这更会让现在的家长闹翻天的。

海星小学的老师中，天主教修士不多。修士非神职人员，与修女同为单身。领结为长方形的白牌，固定在领口部位，黑白分明。穿黑袍的除了校长、主任以及个别老师。2009 年，鲸园小学主校门修整，有人建言把校门放大，但校方还是坚持用小尺度校门，为的是不能夺了百年历史老建筑的光彩。

时光不老，一百多年的变迁，从甲午风云到英人强租、从日踞到民国，不变的是从“海星”到“鲸园”的学风。教育是国家大计，是民族精神的脊梁。当年学校很多的管理体制和模式，依然是现在可以借鉴和学习的。

村名及部分地理名称的由来

村名和地名，是一个村子或地理位置的名号，是浓浓乡愁和地域文化的载体。当地村民或者其祖辈根据当地的地理位置、环境特点、风土人情、宗教信仰和历史背景等因素，为聚集而居的地方起个名号，这个名号在一定意义上能反映出最初该地区独特的历史渊源、地域特征或村民来历，等等。

王家庄、李家夼、张家沟、江家寨等村名各异。比如威海地区比较独特带有“夼”“泊”“寨”“疃”的村名等，这些地域特征的称谓各自代表着不同的意义和渊源。在威海，了解村落和很多市区地理名称，便足以了解许多不同层面的历史及民间故事。

夼，大川山间谷的地方称之为“夼”。旧时威海百姓选择山谷聚集建立村落，最重要的是山谷中气候适宜，外来的强风可以被山峰挡住，带有湿气的海风爬过山顶进入山谷容易形成降雨，所以山谷之内往往四季如春，威海马蹄夼、黄家夼都是代表。以“大川”来分析“夼”，是因为俯瞰山地，山谷如川流其中，所以山谷的村落用“夼”字后缀，也是威海地区村庄名称的特点。

泊，河滨平原，名为“泊”。泊者，白日临水。威海靠近海洋，众多渔民在靠海的平原边上建立村庄，这些渔民的船只白天会靠岸停放，岸即是“水边”，所以海边平原上的村落以“泊”命名。威海大水泊、安子泊等，故得“泊”名。

寨，明朝开始沿用驻军要塞名为“寨”。寨者，依山而建，外敌难攻。这里通常曾有军事用途，寨中军属和提供补给的百姓聚集成村落，军事用途结束后形成的村落保留“寨”字，例如威海江家寨、温泉寨、乳山寨等。

疃，迁移生根名为“疃”。疃，留童守田。疃的本意是“野兽践踏过的地方”，而在威海，过去外地人迁移至此，往往只有几户人家，例如孙家疃、九家疃、五家疃等，选择“疃”为村落后缀，据说是因为这些人祖上不是本地人，但生下的孩童都留在了这方田地上。后来这些外地人在威海生活互相扶持聚集，并以其中大户人家命名，威海夏家疃即是如此。

庄，农业种植的地域村名一般为“庄”。庄的叫法，在全国很普遍。庄者，广种土地。这个字也很形象，村落百姓依靠广泛的土地种植业为生，所以有了“庄家”一词，也寓为“凭借广袤土地而有了家”。“村”比“庄”要大，是依靠种地后再寻找“寸土”种树的意思，也就是说除了田地还有果园，戚家庄、西钦村则是其中代表。

坊，手工制造的村落名为“坊”。坊者，土方手工。

旧时手工制造业种类不多，以砖窑、烧陶、打铁、纺织等较为实用，往往一个村都干这一行，他们的特点是要烧火，黄土垒砌成方形火炉则是家家必备，“土方”就成了标志，后来简化成“坊”作为村落后缀。例如文登仁和坊，就是以石灰窑闻名。

屯，因时而建名为“屯”。屯者，围而时建。“屯”字本身就有“围起来”的意思，战乱时期，据说用于屯粮、屯兵临时围建的村落以“屯”作为后缀，但战争过后，百姓更愿意找一处靠山靠水的地方居住，所以如今威海以“屯”后缀的村落相对较少。

甲，出自明朝的“里甲”制。根据《明史·食货志》记载，里甲划分以户为单位，110 户编为一里，由丁粮多的 10 户担任里长，其余 100 户则编为 10 甲，每甲 10 户。威海地区目前有“四甲”“七甲”“八甲”等以甲称名的村子。

威海的村落零星散布，疏密无序，多建于明代，大多是省级文化古村。

据史料记载，还有一些村名或犄角旮旯的地理名称，名目迥异，各有特色，但在老百姓那里，都有出处。

比如：陈家烟墩，戚家庄东南靠海处有座石砌烟墩，下面是现在幸福公园的捕鱼小海口。

碎石子头，南竹岛村东，据老人讲，这里曾有乱石长期堆积而得名，现已无人用其名。

辽东护口，金线顶南，清代辽东的渔船常在这里聚泊，新中国成立后曾在此设渔轮厂，如今已是华润地产的住宅项目。

三官营，金线顶东，古称石门。旧时，刘公岛来船多在这里停靠。

张百户石，后称南大桥大石棚，位海校西公路西侧，石崖今仍可见。

坞口，原写作兀口，今海港大厦与威胜大厦之间的码头处，古时渔船多来此处船坞。

神子嘴，今海军码头西突入海中的一个小岬角。

河口下，戚东夼外，雕山下小河入海处。

石崖底，东山宾馆西下，靠海多石崖。

羊角护，今东山宾馆东侧，旧时淄博产陶瓷器具由羊角沟帆船转运至威海销售，多在此泊聚。陆路兴运后，海运渐废，名实不存。

黑水洋，江古嘴南海湾，合庆半月湾北。

灯楼子，金线顶灯塔，本地人称灯楼子。

大石棚，海校西公路西侧，原有一出山崖巨石悬空。

四栋楼，英国人在大石棚东海滩上建有四栋避暑房，为来威海避暑的英国人所用。

南大桥，位于老汽车站南，原名缓军桥，群众习称南大桥。

城里南街、北街，今统一路南段，群众又以十字路口为点，分称南街、北街，均逢农历四、九为集期。

城里东街、西街，明代统称横街，今和平路称为东街、西街。东街多为杂货、西街多为粮食。

一面子街，城东门外靠城墙向北连接建有一片商户。面对大操场，只有路西有。

罗锅桥，原为古陌山河入海处的一座石桥，现海滨路与海港路交会处，桥已被填平，成为一处三角形的小草坪。

元宝街，从罗锅桥向北至三角花园，街道两侧为大商家集聚地，号称威海八大家的德昌号等均在此街。因街道呈元宝形，加之商家借此口气显示财气而得名。

这些包罗万象的小地名，无不反映了当时的局部地域特点和历史记忆，也体现了广大百姓朴实无华的聪明智慧。

在城乡快速发展的今天，这些老地名、老村名日渐声落，很多已被人遗忘，有的只是印记在史书中。

如今，街区流光溢彩，建筑五彩缤纷。那些逝去的犄角旮旯的名字，早已成为许多人心中的旧城往事。偶有在历史中穿越的古村落，却总能给人一种宁静与安详。

人口与部分姓氏渊源

说到我国大部分地区的人口来源，在一般人老百姓思维里，基本都简单以为是“云南来的”。而威海人口的渊源，至少可以确定的是，从设卫筑城到几百年来的各阶段官方文献中，基本没有大规模从云南向本地移民的记载，有的仅仅是零星散户。

要追溯威海人口渊源，有记载并可以推算的是从金代和元代的地理志中，首先可以找到并能推算人口分布情况的大概依据（金后期、元时期，今威海均属宁海州）。

当时金代宁海州记载有居民 61933 户，若按每户 4 人计算，宁海州辖区总人口应该不到 30 万，也就是今烟台部分县市和今威海市域共计近 10 个县域的总人口。那么我们可以想象出当时的古威海会有多少人。

据元史地理志记载，元代的宁海州有居民 5713 户，比金代减少 56220 户，算下来人口约 3 万人。相比金代，宁海州范围是一样的，什么原因使人口骤减的问题后面再讨论。先估算一下这时威海的人口，几百人？几千人？应该也就这个数吧！

金、元时期，宁海州管辖的地域范围并没有变化，但元代居民的数量却减少到不足金代的十分之一。元史记载的元代宁海州人口，是在元至元二十七年（1290）统计的，此时距金末已经过去近 60 年，按照一般规律，人口应该有了一定增加才符合常理，由此便可知胶东地区人口在金末元初有很大的损失。

回望金、元时期，史料佐证，金元两代长达 200 余年的时间里，连年的战争动乱是胶东居民锐减的主要原因。其中，由于金朝和蒙古统治者对起义军的残酷镇压，起义军内部的一些领导人在宋、金、蒙古三个政权间的反复叛降以及起义军之间的相互火拼，致使战乱迭起，连年不断，兵卒死亡殆尽，所到之处，大肆骚扰、抢掠和烧杀。当时，像胶东这样的边远地带，百姓更饱受战乱、杀戮与流亡之苦，幸存者或远走他乡，或躲进深山。红袄军起义虽然沉重地打击了金朝的统治，也造成胶东乃至山东区域人口的大量减少。

光绪《文登县志》记载的“贞祐之乱”，不仅造成重大的人员伤亡，还带来社会秩序的混乱，盗贼明目张胆地聚众抢劫，使这一带遭受到历史上空前的浩劫。由此，我们也可以想象那时的情景，不是饥饿荒灾，就是暴徒列强，四处流浪，或是迁徙，便是百姓唯一出路。

所以，无论从史料记载，还是推理和论证威海的人口渊源，明朝设卫是威海人口渐渐聚集和增长的开始。

元末，日本进入南北朝分裂时期，内战中失败的武人、浪人、海盗商人和破产农民，乘元末明初的社会动乱之机，屡次骚扰、盗掠中国沿海地区，境内军民深受侵扰之苦，史籍将这些日本海寇以及其勾结的中国内地奸民，通称为倭寇。

明初，为防御倭寇，在沿海建立卫所。洪武三十一年（1398），在山东都司沿海设立安东、鳌山、灵山、大嵩、威海、成山和靖海七个卫，形成卫、所防御体系。

《威海卫志》记载《新设威海卫捕倭屯田军记》，永乐元年（1403）二月，山东沿海垛集平民充军，按户三丁以上家庭抽一年壮者为军，共计垛集4万余人，“分设各卫、所，号捕倭屯田军，议耕、议守、议战”“百谷既成，则荷戈于较艺之场；三农将兴，则负耒于垄亩之地，名虽曰兵，而实非兵”。

据嘉靖《宁海州志》记载，明代威海卫有军屯18处，屯田1.12万亩，屯田军余224人；靖海卫有军屯25处，屯田10.14万亩，屯田军余210人；成山卫有军屯22处，屯田2.59万亩，屯田军余240人；宁津所有军屯5处，屯田6557.8亩，屯田军余66人。明初进入胶东的人口移民，主要是卫、所的军士和这些从卫、所内地垛集的有军籍的移民。

明代进入胶东人口的祖籍，来自五湖四海。其中云南移民和山西移民仅有很少的一部分。根据乾隆《威海卫志》、道光《荣成县志》、光绪《文登县志》《乳山市志》等志书的记载以及其他资料表明，明代进入今威海境内的移民其祖籍能够明确到州县的有 270 余户。按照他们迁入的原因和迁入的形式，大致可以分为卫、所官兵的家眷、屯田垛集的军户、民间其他的移民等三部分。由此看来，明朝以后威海大部分人家是明官兵家眷和屯田垛集的军户组成。

自大明帝国建立威海卫后，从永乐元年至弘治二年的 80 余年间，到威任职的指挥官员，共计 20 余名。明朝以武功定天下，所以特别重视那些为夺取江山而立下战功的人，在军卫武官的安排上，大多是从征全国南北、立下汗马功劳的战将。从威海卫的官职安排看，一是从朱元璋打天下的；二是随朱棣"靖难之师"而被重用之人。这些官员基本上是安徽、江苏、河北人，他们的后代多数在威海安家落户，繁衍生息。

陶姓

随从朱元璋起义的，最早有安徽凤阳人陶洪，由千户升至佥事。洪老，其子陶铎袭职，在宁海击败倭寇。铎死，其子陶敞有病不能袭职，改由铎弟陶钺借职。钺于永乐元年（1403）到威海，是建卫后最早到达威海。也是指挥修筑威海城的指挥佥事。陶姓后代多住在卫城里、南北竹岛和陶家夼。

毕姓

安徽巢湖人毕成，初授百户，其子毕文敬任指挥同知于永乐年十七年（1419）到达威海。毕姓后代多落户毕家疃、神道口、田村、姜南庄等村。

环翠区境内毕姓，十一世名为单字。从十二世起分别为："弘、廷、宗、德、世、学、克、继（吉）、复、礼、忠、孝（永）、仁（文）、爱（明）、信（英）、义（毕）、和、平、家、国、振、兴、繁、荣、昌、盛。"

荣成和文登的毕姓由来汉朝初期。有记载唐朝神龙三年（707）登州刺史毕元恺在汪疃集北山获白鹿进献皇帝。其主要辈分是："所以昭世序，庶可鉴重名，源延鸿大业，永茂于文登"。最后两字是"文登"，可见当时毕姓在胶东之源头。

至雍正年间，威海卫、荣成同归文登县辖管，毕姓人口约3万人，是一个比较大的姓氏群族。

董姓

安徽泗县董成，在徐达部下从军，又随朱元璋采石起义，其子董兴升指挥佥事，兴子董胜于永乐八年袭父职，土木之役战死。胜子董旺，于景泰年间（1450—1456）调至威海。董姓后代多居于福德庄、张村、鲁家疃等村。

阮姓

江苏淮安县的阮成，明初以军功袭威海卫指挥同知。阮姓后代多居于阮家口子、东阳、阮家寺等村。

刘姓

从朱棣“靖难之师”由北平南下的，有顺天府通州西关人刘得，在连续征战中由小旗升百户、千户以至指挥同知、指挥使，于洪熙元年（1425）三月二十一日调至威海，是首任最高长官。刘姓后代多居于庙耩、大岚寺、戚家庄等村。

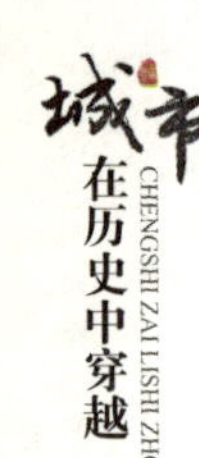

李姓（分别由河北和安徽入威）

洪熙元年（1425）调入威海的河北安次人李忠，于六月十三日升为指挥佥事。李姓后代多居于卫城里、前峰西、双岛、杜家庄等村。另外受封的还有安徽灵璧人李荣，以靖难功升为指挥佥事，死后由其子李清袭职，后辰山之战阵亡，其子李玉于弘治初到威海卫袭职指挥佥事。李姓后代多居于李家疥等村。

周姓

从靖难立功的还有江苏常熟人千户周荣，宣德十年（1435）调到威海。周姓后代多居于卫城里、河南、海庄等村。

王姓

河北昌黎官庄有王姓（具体名字无从查证）来威海卫任指挥同知，在过河因救“圣驾”而溺死，其子王启袭职，启死后由长子王信袭职，正统二年（1437）四月初六由陕西调威海，升任指挥使，十四年（1449）七月随英宗北征蒙古瓦剌部阵亡，改由启之继子王铭自河北昌黎到威袭替，并于景泰二年（1451）九月十六日到任。王姓后代多居于北上夼、曲家河、福德庄、槐云等村。

马姓、苏姓、傅姓

土木之变，英宗朱祁镇被蒙古军也先俘虏，景泰元年（1450）八月十五日被送回北京，随行护送的蒙古瓦剌部属人有曾木儿、黑台、马黑麻、牙的哥儿、阿力苦、哈三、阿木丹、阿兴、别奚只 9 人被留下，赐以镇抚衔，派到威海卫落户，每户给地 50 亩、山一区，每年支廪给银 28 两。后马黑麻改姓马，黑台改姓苏，阿兴改姓傅。其他人是否改姓或迁走则无记载。由此可见威海姓氏渊源之杂。

戚姓

旧志记载，到威海卫任千户职的有十几人，但只有调入威海的江苏兴化南新庄人千户官戚林可查证。戚林洪熙元年调到威海，今境内凡冠以戚姓村名者均为其后代，多居于以戚姓命名的村、疃、夼、庄以及河北、卫城里等地。

谢姓

如今经区嵩山镇百尺所的谢姓，来自安徽宣城，系谢鸿儒（安徽宣城）副千户职后代。

夏姓

夏暹（户部尚书夏原吉之孙），弘治二年来威，史记来自“云南”，任威海卫百户官，其后人多居于威海卫城周边一带。

丛姓

丛姓是一个较罕见的汉族姓氏，也是威海地域的代表姓氏之一。丛姓在海内外都有分布，不过无论在哪里的丛姓人，大都会说自己的原籍是山东文登，所以在威海有“天下丛氏宗文登”的说法。

其中，《丛氏先代志略》也记载：丛氏原来姓金，是汉将金日磾的后裔。因东汉末年避曹魏之乱，于黄初元年东迁不夜居住，因地处丛山中，改为丛氏，其住地命名为丛家岘。

由于丛氏为金日磾之后裔，金日磾又是汉武帝赐姓为金氏，故金日磾是丛氏的第一世祖。

宋姓（三支）

一支是元代江西吉安府人宋信，他本在朝为官，后来调任般阳府路总管（按：般阳府路治所在现今的淄博，主要管辖淄博一带以及登、莱两州，文登在辖区范围之内）。卸职后定居在文登南部，即现在的宋村。宋村附近在汉代曾是昌阳治所，长期有古城遗址，是很有历史底蕴的地方。宋信定居之初的村子被称为“宋家”。当时的昌阳古城附近，有宋家、韩家、杨家三个村落，后来三者合一，因宋信曾官居一路之总管，就尊宋为首姓，取名宋村。宋信后裔多居于文登市大宋家、屯宋家、宋家沟，乳山市史家疃、池源、北江村、南黄岛，荣成市庄上宋家、宋家庄、庵里村，环翠区港头、东于家夼等村落。

二支是南直隶临淮（今安徽省凤阳县），明洪武年间（1368—1398），宋玉授寻山所千户世职，其后裔现居荣成市大黄家、墩西张家等村。

三支是南直隶邳州（今江苏省邳州市），明洪熙元年，宋安授靖海卫镇抚世职，其后裔现居荣成市窑沟。

车姓

明初，山西车姓作为洪洞大槐树迁民姓氏之一，被分迁到湖北、湖南、

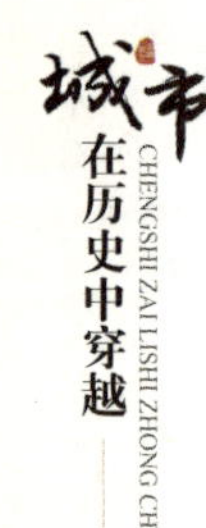

江苏、山东、河北等地。清雍正年间，牟平蒿口的车姓迁至文登于家口；清光绪时期，羊亭黄埠屯车姓迁入葥山西马格等地，并繁衍生息，成为胶东地区独特的姓氏之一。

苗姓

明初，山西苗姓作为洪洞大槐树迁民姓氏之一，被分迁于河南、河北、山东、甘肃、江苏、陕西等地。明中叶以后，苗姓已分布于全国大多数地方，并有渡海赴台者。清中叶以后，伴随闯关东的风潮，有冀鲁豫地之苗姓入迁东三省。如今，苗姓在全国分布较广，尤以山东、甘肃、河南等省多此姓，上述三省之苗姓约占全国汉族苗姓人口的百分之五十二。

淮安县人苗玉，于永乐十三年（1415）任威海卫指挥佥事。苗姓后代多居于钦村、西涝台、里窑、靖子、小天东等村。

宫姓

据《东莱宫氏家谱》，宫姓源于姬姓，迄今已有 2600 多年的历史。东莱宫氏始祖宫熙儒，在五代后周（951—960）时期被授为元州防御使。在后周禅位与宋朝时，解除印绶，偕妻带子，远离京师，隐居于当时的不夜城西昆嵛山前柳林村（即今文登区界石镇柳林庄村）。

在《东莱宫氏家谱》中，宫熙儒第七世孙宫天授被尊为一世祖。宫天授例赠朝列大夫，配李氏，居文登柳林，生七子，有六子名字都失考。第六子名宫福，在北宋末年由文登柳林迁居莱阳濯村。

东莱宫氏四世祖宫礼，为金大定二十五年（1185）进士，积官青州刺史、骑都尉、开国男，诰封朝列大夫，赐紫金鱼袋。他是宫姓家族史上第一位进士。

经过 1000 多年的繁衍生息，东莱宫氏后裔已遍布全国各地，总人数超过 30 万人，占全国宫姓人数的绝大多数，这些人的祖先都能追溯到曾在文登柳林隐居的宫熙儒。

东莱宫氏文登支系（包括威海地区的多数宫氏）在其 27 世之前没有统一的辈分，自清咸丰六年（1856）修谱时才确定了 27 世至 57 世的辈分：培锡润本照、在铭清乐为、坫钦洪树焕、圻镇汝椿熙、坤铁汉林炳、尧锦沂榆烌。

黄姓、张姓、侯姓

据民政部门相关资料记载并分析推断，有 3 个姓氏居民其祖先是卫所屯田、垛集的军户。一是现居威海市区的黄姓，据《黄氏祖谱》记载，原籍南直，明洪武初以军功封登州卫，居福山墨唐镇（今烟台市福山区陌堂）。宣德四年（1429），黄进因按户抽丁移军威海，居卫城里西北隅，其后裔散居市区各村。二是现居乳山市的张姓，原籍江苏省赣榆县哲望村。明洪武年间，从军落籍宁海城（今牟平）。正德年间（1506—1521），第四代孙张珂迁居今泽上村，其后裔现散居乳山、牟平各村。三是侯姓，祖籍河西（今山西省吕梁山以西的黄河东西两岸地区），据《侯氏祖谱》云，大宋南渡，金兵乱华，流入莱阳嵩山乡白水社，洪武三十五年从军，其后裔现散居文登、荣成、乳山境内。

岳姓

岳姓祖籍山西洪洞，明洪武年间迁青州寿光，后迁文登东鄙居住，取名岳泊庄，又东迁朝阳五里院埠村（现荣成市大岳家）。

沈姓

沈姓祖籍南直宜兴（今江苏省宜兴市），明初迁今山东省德州市，后迁威海，现居环翠区张村、姜南庄等村。

孙姓、陈姓、韩姓、尹姓（云南入威）

小部分来自云南有具体记载的 6 户分别是：孙姓，祖籍今云南楚雄市，现居荣成市窑上等村。陈姓，祖籍云南省易门县，现居文登市陈家屯等村。曹姓，祖籍今云南省昭通市，现居乳山市河南等村。韩姓，祖籍云南大理府云南县（今祥云县），明永乐年间，平北侯韩君汉统军北上，分镇青州等处，后人入籍登州、青州、济南，其后裔现居文登市韩家等村；另一户韩姓，亦出自云南大理府（韩家河），现居乳山市胡家口诸村。尹姓，祖籍云南昆阳

（今普宁县），现居乳山市后尹家等村。

李、肖、杨、郭、邓、许、吴、滕、褚姓（云南迁来）

另自云南移民的李、肖、杨、郭、邓、许、吴、滕、褚姓，均分布在荣成周边。

明代的卫所编制是一个卫辖 5 个所，每所 1120 人，一个卫即 5600 人。据嘉靖《宁海州至》记载，威海卫只辖左前后 3 所，成山卫辖左前后 3 所，靖海卫辖左中后 3 所。即便如此，这 3 个卫共辖 9 个所，也应该有万人左右。百户以上的军官中，有籍贯可查考的有 126 人，是在不同的时期，从不同的地方赴境内上任的，其后裔多聚居在卫所的周围，后繁衍成村。他们分别来自安徽、江苏、山东、河南、浙江、河北、北京、江西、湖北、内蒙古、湖南、山西、天津等省。还有近万名士兵中，有籍可考的却寥寥无几，大多数成为被历史遗忘的人。

明代，为了屯田，征调平民充军，世代成为军户。这种征调被称为垛集，是明代的兵役形式之一，屯田军士大多是通过垛集征调来的。明代军队设立军籍，民户被垛集成军士者，属于军户，世代沿袭。正丁若年老病亡，则由次丁、余丁依次递补，相替为军。据明永乐二年（1404）的《新设威海卫捕倭屯田军记》的记载：当时，自登莱之属邑文登，抵日照沿海险要之处，设威海等直隶卫 7 个，宁津等直隶所 4 个，共垛集 4 万之民，议耕议守议战。随着军屯的衰落，其祖籍和后代的数量及分布等问题，多数已不可考。

另外，明朝沿海卫所设立后，随着倭患减轻，社会逐渐得到安定，许多居民纷纷从胶东以外的地区迁入境内。这些除卫所官兵家眷和屯田军户以外的人口，属于民间自行迁徙的移民。在这些移民中，有 106 户的祖籍计较明确，来自 14 省（市），包括山东 41 户、河南 11 户、安徽 7 户、山西 7 户、江苏 7 户、河北 7 户、浙江 6 户、云南 6 户、湖北 5 户、陕西 3 户、北京 2 户、四川 2 户、贵州 1 户、湖南 1 户。

到清朝时期，清廷改明朝的指挥署为守备署，弱化了明朝的防御性。原威海卫指挥佥事陈万言为威海卫首任署理守备；顺治四年，清廷选派了顺天府（北京）武进士于有光任威海卫守备，代替只干了一年多的陈万言；顺治十一年，保定武进士郭文秀接任威海卫守备；顺治十八年徐洪谟（绍兴人，武进士）任威海卫守备；康熙七年朱孚吉任威海卫守备；康熙十三年，浙江山阴（今绍兴）人武进士李标任威海卫守备等。清朝威海卫独自为政共计 76 年中，历任守备 14 人，其中进士 7 人，武举 4 人。至雍正十三（1735）裁卫归并文登后，成立文登县威海卫巡检司，设巡检一员，从九品，掌握捕捉盗贼，维护地方治安。首任巡检杨奇彦（浙江山阴人），由温泉镇（九皋海口）调入。此后一直到光绪年间历任巡检知名者计 34 人。由此看，这个时期增加人口的主要来源也基本是卫城守备官员及后期的巡检官等相关人员的进入，没有大规模人口迁徙的记载，人口也基本延续了明朝的概况，加之清朝“裁卫”制度，威海卫人口呈现趋减状态。到甲午战争结束时，威海卫城及周边的人口骤减，其中卫城内人口不过两千人。

民国中期，威海人口发展到两万人左右。新中国成立后到改革开放之前，威海人口也是一个逐渐缓慢发展的状态，到 1987 年地级威海市成立，威海市区人口也不过 6 万人。

从以上情况和综合威海历史来看，古威海的人口在明初以前属于人烟稀少的地区，估计也就千余人的样子。真正有规模的人口聚集，主要是明设卫后屯兵官兵家眷和屯田垛集的军户以及其后裔繁衍生息，加之散户的自然迁徙，成为这个区域的“后土著人”。

城中老巷——栖霞街

栖霞街，位于老威海卫城外东南角上的一条街巷，现在的振华商场西侧，久居威海的人都会知道。

时光荏苒，岁月更迭，如今这条人们心目中的老街，已是“流年岁月、断垣残壁”，街中“鱼龙混杂、满目疮痍”，当年的青砖灰瓦、晨曦夕照，已完全没了样子。并且很多人也早已忘记了她的历史和名称变迁。栖霞街，在古时不是指一条街道，而是一个街区，街区范围是东至新威路，西至东城路，南至世昌大道，北至延安街，包括栖霞街和井冈山路两条街道的区域范围。

光绪十三年（1887），随着北洋海军在威海正式成军后驻扎威海刘公岛，威海卫城东门外的海湾沿岸也开始热闹起来。自北向南，陆续有饭店、旅社、当铺、商号等各式建筑出现，根据推测，栖霞街也应该是在这一时间建立。虽然这片街区只有100多年的历史，但这100多年来，她从城东南滨海的一片滩地，变成了城市的一个街区，其名称也发生过多次变化。

据民政部门史料记载，清光绪年间，北洋海军于威海卫设立基地之前，从东山到金线顶一带的威海湾沿岸海滨，除戚家疃、谷家疃、东仓、北门外等几个村庄之外，从北到南只有庙前口、坞口、校场头、东门外、菜园头、芦石崖等十几个泊船晒网的小海口。

旧志曾记载："出城东门，往北里许，再折而东，是为码头长街，长三里。在昔皆为渔家捕鱼晒网之所，只闻渔歌互答，初无市肆喧阗。自创海军以还，顿改旧观。"今栖霞街当时所处的位置位于卫城东城墙南段的东面，其东部临近东门外和菜园头两个海口，周围是一片近海濒河滩地，少有人家。

在英国强租威海卫的32年里，卫城外成为英租界，随着爱德华商埠区的建设，在这一带形成了一个新的街区。至威海卫收回之前，这片街区的东部

穿越百年的栖霞街俯瞰图

栖霞街局部

至布朗路，西部至东城墙，南部至勃伦特路，北部至东门外，街区中的主要街道被命名为新路。

1930 年，威海卫收回，管理公署对这片街区的路、街、巷、里名称进行了整顿。1932 年将三条东西向街道分别命名为迪化街、绥远街、青云巷，将南北向的大小四条街巷分别命名为新大路、栖霞街、致祥巷、大吉巷，将三个独立院落或窄巷分别命名为青云里、吉祥里、清华里。其中迪化街在三条东西走向街道中的最北部，东连中山路，西接新大路，以当时新疆的省会迪化（今乌鲁木齐）命名；绥远街在三条东西走向街道中的中部，东连中山路，西接新大路，以当时的绥远省（1954 年并入内蒙古自治区）命名；青云巷在这三条街道中的南部，东连中山路，西接新大路，以词语命名。新大路在两条南北向街道的西部，以词语命名，由于当时的东城墙还在，新大路就成为这个街区中的主要街道，向北连接东门外，向南直通泰山路（今世昌大道），中间与迪化街、绥远街、青云巷相通；栖霞街在两条南北向街道的东部，北连绥远街，南接青云巷，以栖霞县命名；大吉巷和致祥巷是青云巷南侧的两条南北小巷，西部连接青云巷与泰山路的那条名致祥巷，东部只通青云巷的小胡同名大吉巷，以词语命名。青云里在迪化街的北部，吉祥里在民兴舞台（后来的大众剧场）与绥远街之间，清华里在青云巷的北侧，皆以词语命名。

1945 年 8 月，威海卫解放，市政府将市区划分为 16 个行政村。在这 16 个行政村中，除西北村、东北村、西南村、东南村是卫城里的四隅，戚家疃、谷家疃、鲸园村、建立村、城东村、桥北村、桥南村、海滨村、温泉村等都是在清末北洋海军时期开始兴建、到威海卫收回后这个时期发展起来的市区。当时，这个街区名桥北村，以位于南大桥的北部得名，其范围、面积比现在的栖霞街要大一些。东面与桥北村相对的是温泉村，以宝泉汤温泉得名；南部与它相对的是桥南村，以位于南大桥的南部得名，与桥南村东西相对的是海滨村。1951 年，国家要求全国各地对以反动分子名字命名的、有带有歧视或侮辱少数民族性质的、有名称重复容易发生错误的地名进行更改。其后，威海市对市区部分街巷名称进行了一次更改。在这片街区中，迪化街被更名为文艺街，青云巷被更名为建平街，青云里被更名为永平巷。同一时期，吉祥里被并入绥远街，清华里被并入栖霞街，致祥巷和大吉巷则被

城中老街远眺（2017 年拍摄）

并入泰山路（现世昌大道一部分）。至此，原来的10条街巷（里）名称，被合并为6条。1969年威海市政法委员会军事管制委员会市区工作站对威海市区的街道名称进行了一次整顿。这一年的7月20日公布了重新确定后的街道名称，将市区的70条街道合并为60条，其中，更名街道47条，保留原名街道13条。当时，这个街区中的6条街巷，被合并成3条，并且全部被更名：栖霞街更名为红卫街，以词语得名，同时将绥远街、建平街并入；新大路更名为井冈山路，以江西井冈山得名，将永平巷并入；文艺街被更名为延安街。

1977年以后，随着城市建设的发展，这个街区的周围环境开始发生了很大变化。先是随着东城路的拓宽，井冈山路的交通作用被逐步弱化，以后又在这条道路的南北两端进行拆迁和改建，在路北端建住宅楼将该路的北口堵截，在路南端建服装大楼将路的南口堵截，使井冈山路变成了一条街区内的一般街巷；由于威海塑料三厂、布鞋厂的扩建，原来的建平街与红卫街分开；又随着新威路、解放路的几次拓宽，东部和南部的街区不断被拆除整修为街道，终于变成现在的这种面貌。同时，街道名称也随着发生变化，红卫街恢复为栖霞街，保留井冈山路和延安街，将原永平巷由井冈山路划出，并入延安街；将原建平街由栖霞街划出并入井冈山路。如今的这个街区，原来的10个街巷里，只剩下栖霞街、延安街和井冈山路。

关于栖霞街的未来，到目前有两种声音：一是留之无益，拆除重建；二是加以保护，凤凰涅槃。奈何，仅2008年统计，拆迁费用就达5亿，拆不起，况且谁人舍得野蛮斩断卫城的记忆？新城代谢，花枯花荣，把它交给时间吧。

回望历史，便是“三十年河东，三十年河西”的写照。当年的街名改了又改，几经轮回。如今，“吉祥里”“清华里”“青云巷”等老威海街名在威高民俗村拾起重现，但总觉少了旧时的老味道。

鸦片与威海卫

在我们生存的地球上，鸦片、大麻以及其制品等，是一种特殊植物和商品，它的作用与危害并存，有效管控是关键。

1591 年，英国人在印度成立东印度公司，通过发展贸易对亚洲殖民地进行海盗式统治掠夺。后来，英国为解决与中国贸易出现的逆差，即通过东印度公司向中国倾销鸦片，使其殖民国家深受其害。

同样，日本帝国主义出于政治、军事和经济的图谋，采取各种手段对中国实行惨无人道的鸦片毒化政策。在沦陷区内，尤其是东北地区，鸦片种植面积超过 1500 万亩，导致当地吸毒人数超过 3000 万。由此，日本每年从中国沦陷区掠夺超过 5 亿美元。这种鸦片侵略给中国人民带来了深重的灾难。

1861—1890 年，中国国内鸦片走私几乎变成了合法的行当，每年平均进口鸦片 6.69 万担左右。

1898 年，英国殖民主义者用鸦片敲开了中国的国门。租借威海卫后，为解决行政经费的不足，又大力推行鼓励吸食、贩卖鸦片的政策。最初，殖民

罂粟果实

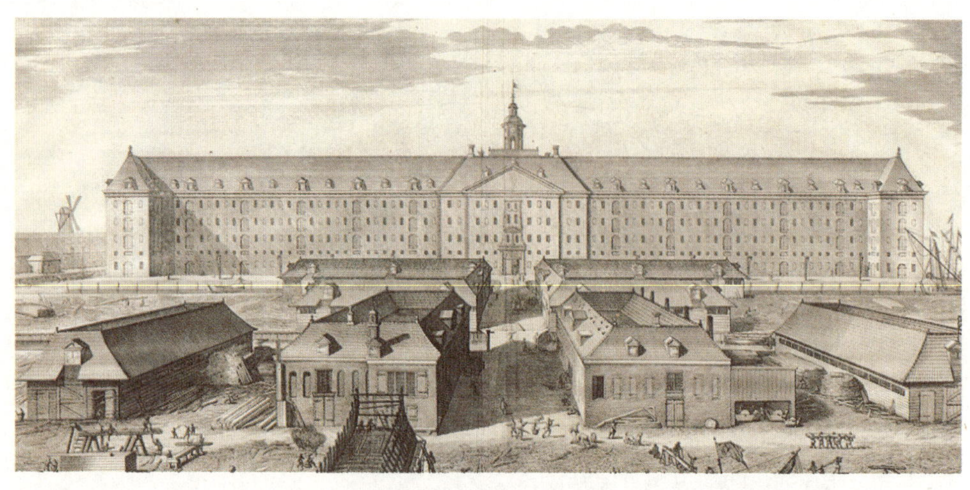

英国东印度公司大楼

吸食鸦片者

政府为加强对鸦片业的管理，实行鸦片专卖。此后又于 1902 年实行招标制，只要每年交费 550 元就可经营鸦片，并积极面向香港及国外招商经营。此举使威海鸦片泛滥成灾，烟馆林立，吸食者急剧增加。仅 1906 年，全区就有烟

威海卫管理公署在长峰举行禁毒大会

馆20个，年销大烟3400多斤，平均每12户人家就有1人吸食鸦片。因吸食鸦片而引起的社会不安定事件逐年上升。1906年9月20日，清政府下令禁烟，限10年内革除鸦片毒害，而殖民当局认为鸦片业是其财政收入的重要支柱，对此置之不理。1909年1月30日，清政府再次颁布《禁烟条例》，重申禁烟决心，并强调“禁除鸦片最为中国自强要政”。殖民当局迫于压力取消了鸦片专卖，并于当年6月份颁发禁烟令。但该令在宣布禁烟的同时，规定吸食者只要经过登记并领取执照，贩运和经销者只要缴纳税金，仍然可以吸食和经营鸦片。同时，禁止向威海运销禁烟药品和中国产烟土，只准运销外国主要是英属印度殖民地的鸦片。因此，该禁烟令实际上明禁暗放，鸦片每年仍然源源不断地从香港运抵威海。据当时老人回忆，英国人在威海时，买卖吸食鸦片从不受限制。殖民政府禁烟后，曾有人要求巡捕房抓捕吸烟者，但巡捕房根本不予理睬。殖民当局暗地里怂恿食贩卖鸦片的牟利行径，使威海人民既遭受了严重的身心摧残，又蒙受了巨大的经济侵略。其影响既广且久，致使后来的威海卫管理公署不得不耗费巨大精力进行禁烟。

英租威海卫时期，社会陋习之所以久盛不衰，长期危害威海人民而得不到致命打击，一方面固然因这些陋习积累经年、根深蒂固而难以革除，但另一方面也是殖民当局包庇袒护甚至纵容扶持的结果。来自西方的殖民主义者本来对封建制度并无好感，但在威海，当他们看到封建统治形式有可资利用

威海卫管理专员孙玺凤与禁烟善后委员会成员合影

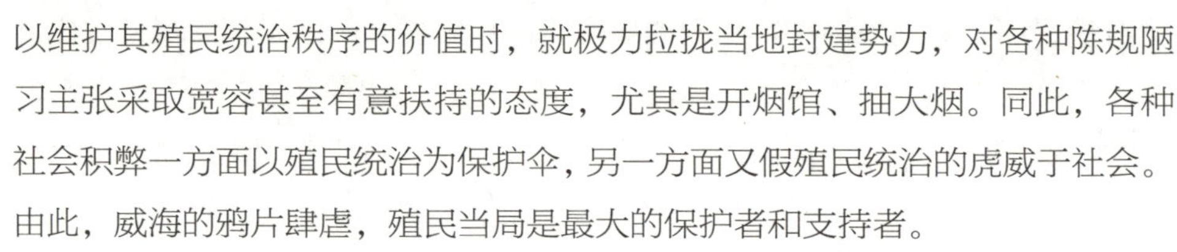

以维护其殖民统治秩序的价值时，就极力拉拢当地封建势力，对各种陈规陋习主张采取宽容甚至有意扶持的态度，尤其是开烟馆、抽大烟。同此，各种社会积弊一方面以殖民统治为保护伞，另一方面又假殖民统治的虎威于社会。由此，威海的鸦片肆虐，殖民当局是最大的保护者和支持者。

到民国政府时期，政府对种植、贩卖、吸食鸦片屡禁不止。中国的鸦片产量占全世界鸦片产量的八成，全国吸毒人口有 8000 多万人，占总人口的 16.8%，成为世界上产毒、吸毒第一大国。民国的烟馆里，形形色色的人群，躺在床上，把经过烘烤的烟泡放进烟枪，再把枪斗靠近烟灯，慢慢加热成稀泥状，等到冒泡时候就可以吸食了。有钱人抽，穷人抽，男人抽，女人也抽。吸毒者往往在自我毁灭的同时，也破害自己的家庭，使家庭陷入经济破产、亲属离散，甚至家破人亡的困难境地。吸毒者首先导致身体疾病，影响生产，其次是造成社会财富的巨大损失和浪费，同时毒品活动还造成环境恶化，加剧诱发了各种违法犯罪活动，给社会安定带来巨大威胁。

收回威海卫后，威海卫行政公署根据民国政府的禁毒要求，坚决致力于

林则徐虎门销烟

打击烟毒工作，出台了大量规定和措施，推动了禁毒工作顺利进行，最大程度遏制了毒品的蔓延。

回望林则徐“虎门销烟”，它维护了中华民族的尊严和利益，是中国近代史上反对帝国主义的重要史例，也是人类历史上旷古未有的壮举。史学家认为，“虎门销烟”展示出中华民族反对外来侵略的决心，对中国人民抗击外来侵略有着标志性的意义，并在一定程度上遏制了鸦片在中国的泛滥，在民间产生了积极的影响。其次，这次禁烟运动大大增加了中国广大民众对鸦片危害性的认识，使很多人看清了英国向中国贩卖鸦片的本质，唤醒了当时的很多爱国的有识之士，他们开始反省。另一方面，也大大抑制了英国在中国的鸦片交易，沉重打击了英国资产阶级在中国的贸易掠夺，展

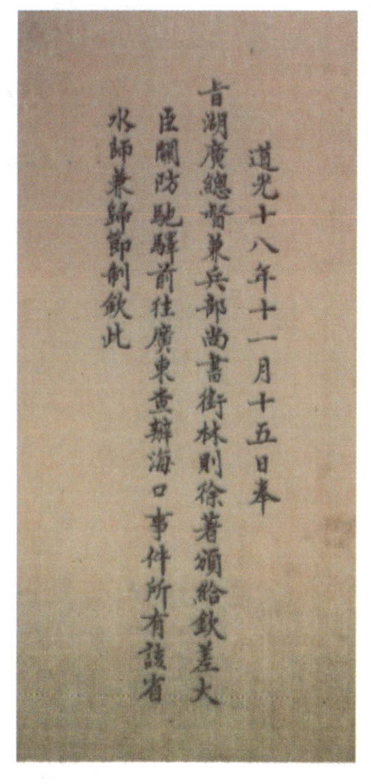
道光十八年十一月十五日奉
旨湖廣總督兼兵部尚書銜林則徐著頒給欽差大
臣關防馳驛前往廣東查辦海口事件所有該省
水師兼歸節制欽此

道光皇帝任命林则徐为钦差大臣的诏书

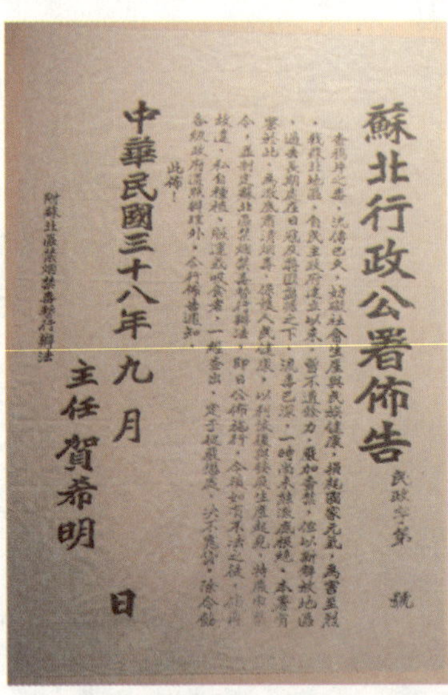

蘇北行政公署佈告

民政字第　號

中華民國三十八年九月　日

主任　賀希明

附蘇北區禁烟禁毒暫行辦法

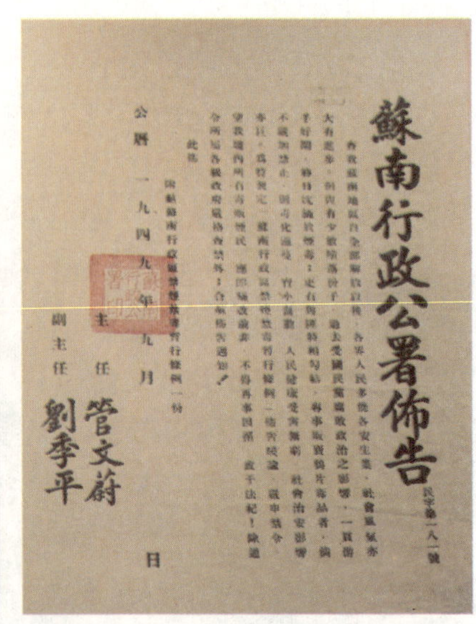

蘇南行政公署佈告

民字第一八一號

此佈

附蘇南行政區禁烟禁毒暫行條例一份

公曆一九四九年九月　日

主任　管文蔚

副主任　劉季平

解放前的禁烟公告

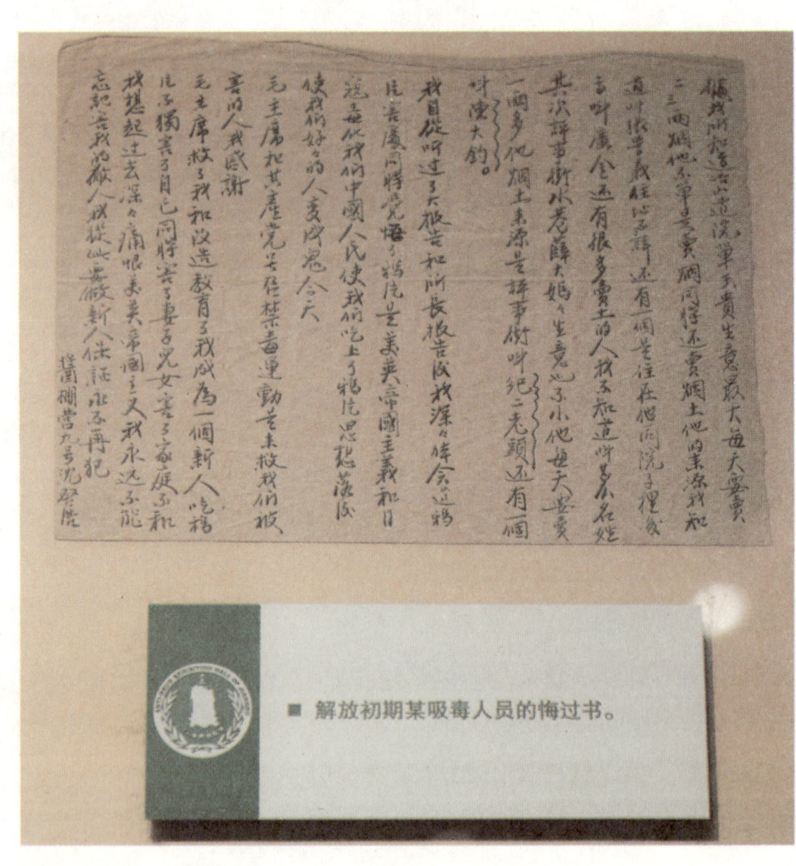

示了中国人民禁烟的坚定决心和觉醒意识。

但是，“虎门销烟”并没有有效地解救中国于鸦片的水火之中，反而加速了英国对中国的侵略。原因在于，禁烟运动直接损害了英国资产阶级的利益，英国政府很快决定对中国发动蓄谋已久的侵略战争，“虎门销烟”也成了外国列强发动鸦片战争的导火索。从这个角度看，“虎门销烟”加速了中国半殖民地化的脚步，英帝国反而使鸦片更加堂而皇之地深入到中国广大底层百姓，使本来就维持在贫困线的吸毒家庭走向深渊。

民国时期，南京国民政府举铁腕之势，坚决打击和清除鸦片恶习。无论是城市还是乡村，坚持从根源遏制，广泛深入宣传，利用一切可以利用的形式打击和铲除毒瘤行为。几年的时间，吸食鸦片的状况得到了有效的遏制。

旧城产业

威海历史上除了靠“地利”的渔业和海运业外，工商产业却受到了这种“地利”条件的影响和制约，地域的边缘化和人口稀少等因素，使得工商产

1904年码头区盐货场

1930 年光明电器员工在新设备前合影

业发展较为落后。从明朝直到民国前，产业投资规模较小、设备简陋、技术落后，是威海旧城工商产业的普遍现象。

威海旧城时期的产业主要集中在地方轻工和手工业领域。此外，电力、化工、盐业等也有少量投资，其中盐业是当时第二大产业，但基本上都处于手工业阶段，雇工上百人的企业并不太多。所谓轻工业，基本以绣花、织布、火柴、酿造、皮革、金银首饰加工等为主，皮革作坊和木材加工作坊等较多。手工绣花业的发展相对较快，早在清初，威海妇女就会用多种技法刺绣各种优美的装饰品，也是那个时代的一个本地特色。

相关史料记载，英国租占威海卫后，罗马天主教会修女在传教时组织农村妇女编织花边和绣花。从此，外来的花边工艺与威海传统刺绣技艺相结合，逐步形成独特风格。并发展成为一个专门行业。1912 年天主教堂创办了一家绣花工厂，并在卫城内西北村开办一所绣花学堂，吸收十几岁的女孩编织花边，半天学绣花，半天听讲《圣经》。同年，从淑汉创办义丰绣花工厂。至 1930 年全区绣花工厂发展到 13 家，有工人数百名，专制花边、发网和绣花，产品远销国外。威海绣花业品种的安排、原料的发放和成品的销售，主要由烟台的有关洋行负责。

民国时期，织布业也逐渐发展起来。1919年全区有制丝厂8家，拥有织布机180台，年产丝布7000多块。1928年朱喜儒在北门外创办永增织布工厂，雇工38人，拥有木织机20台，资本金1000元，是当时较大的织布工厂。农村则沿袭传统的家庭织布法，自产自用。

20世纪20年代末的纺织作坊

1928年，烟台昌兴火柴公司吕称黎等人与威海商人王德京（仁柳庄村人）合资3万元在北门外筹建了德威火柴工厂。1930年4月开工生产，厂房4300平方米，在日本购置设备、丹东购进火柴杆、上海购进药品，招工70余人生产“仙鹿”“太极”牌火柴，年产3000余箱，产值12万元，逐渐发展成为胶东半岛居民生活用火的主要供应厂家，打破了洋火一

1929年中威橡皮工厂开业典礼

天主教堂吸收编制花边的女孩

这些图片反映的是清末民初威海卫城的货郎、手工艺及百姓日常生活的情景

统天下的局面。

化工业方面，主要是中威橡皮工厂，由孟昭乾等人创办于1929年6月，拥资4万元，雇工110人，各种机器设备25台，动力机50马力。生产所需原料主要来源于新加坡、日本和国内的上海。产品主要有圆口雨鞋、运动鞋等，年产20多万双，行销胶东地区和东三省。

酿造及盐业方面，在这一时期逐步由家庭作坊式生产发展到小工厂生产，先后出现十几家酱园，规模较大的有1918年董百阳创办的源兴东酱园；1923年孙心田创办的广海泉烧锅是当时规模较大的酿酒企业；盐业发展较快，1902年全区盐田面积不过180亩，后来发展到5600多亩，主要分布在鹿道口、前双岛、黄家皂、西涝台等沿海18处村庄，产品主要运销中国香港、韩国和日本。

电力工业方面，到20年代末期才出现两家小型电力公司。一家是位于卫城里的不夜电气股份有限公司，由戚筱田等人创办于1926年，拥有15马力柴油机和7千瓦发动机各一台，仅供卫城内部分住户照明。另一家是商埠区的光明电气股份有限公司，1929年3月23日正式成立，1930年7月8日开始营业。公司位于纪念路85号，李翼之任董事长、孙心田任总经理，拥有股东84户，股金6万大洋。

早在北洋海军成军时，工商业逐步有了起色。英国租占威海卫后，由于海运是威海当时最主要的对外运输渠道，因此于1901年开辟威海港为自由贸易港，进出口货物一律不收关税，外国和国内货物在中国其他地方缴纳的税费在威海可以被退还，以求通过发展商业增加收入。殖民当局专门在码头设立了码头费稽核所，1925年后改称验货局，负责进出口船舶管理，征收船捐、海坝捐及各种准单费。此后，除本地商人外，广东、青岛、烟台等许多地方的商人陆续来威海经商。商埠区商号最多时达700多家。1910年温泉汤集开设广仁德商号，崮山后集开设聚盛德。此后，农村集镇商号也逐渐增多。这些商号主要经营出口贸易，有的兼营海产品、渔轮业、烟酒杂货及旅店业，资金雄厚的商号还在香港、天津、大连等地开设分号。出口商品主要以花生米等农产品为主，经香港销往欧洲。当时，英国、美国、日本、德国、荷兰、意大利、挪威、瑞士等国商船经常来威装运货物。进口商品以面粉、棉纱、大米、煤油、纸烟等为主，主要经香港、天津、上海、大连等

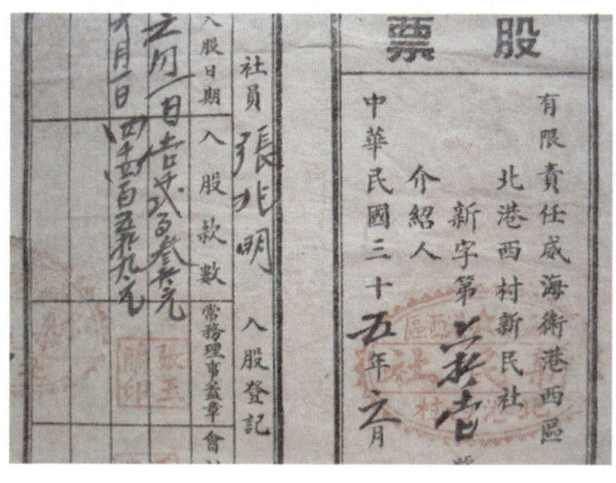
股票

有限責任威海衛港西區北港西村新民社

新字第　號

介紹人

中華民國三十五年六月

社員 張兆明

入股日期

入股款數

入股登記

常務理事蓋章

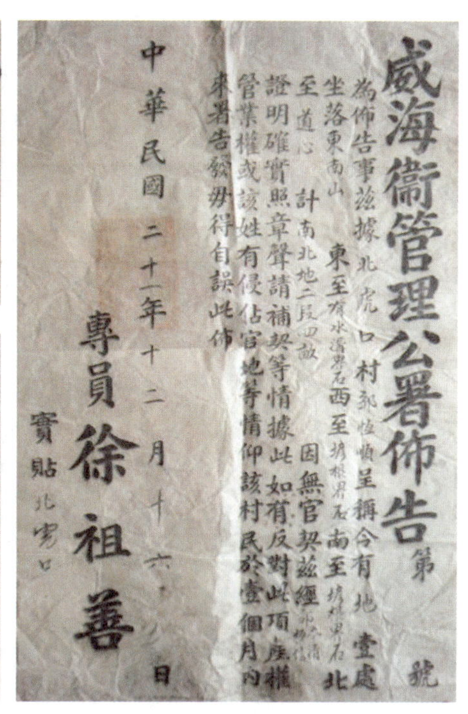
威海衛管理公署佈告 第　號

為佈告事茲據北虎口村郭恒順呈稱合有地壹處坐落東南山 東至 西至 南至 北至道心 計南北地二段四畝 因無官契茲經證明確實照章聲請補契等情據此如有反對此項產權管業權或該姓有侵佔官地等情仰該村民於壹個月內來署告發毋得自誤此佈

中華民國二十一年十二月十六日

專員 徐祖善

實貼北虎口

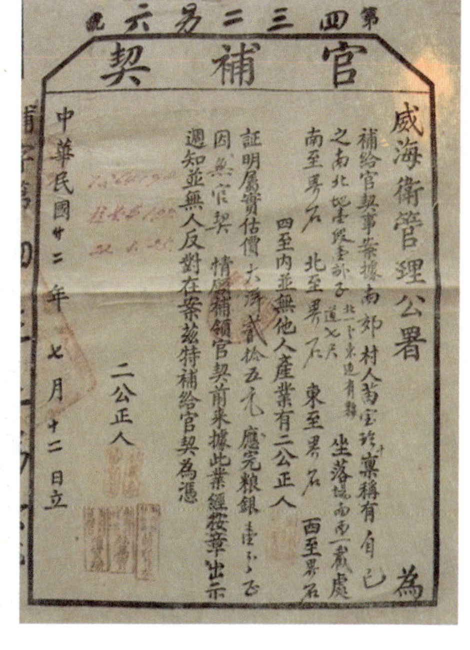
第四三二号六號

官補契

威海衛管理公署 為

補給官契事案據南郊村人　稱有自己

坐落　處

南至界石 北至界石 東至界石 西至界石

四至內並無他人產業有二公正人

證明屬實估價

因無官契 情願補領官契前來據此業經按章出示

週知並無人反對在案茲特補給官契為憑

二公正人

中華民國廿二年七月十二日立

地输入。自由港政策刺激了威海海运的发展。如 1902 年，威海进出船只 146 艘，总吨位 151809 吨，1929 年则达到 1139 艘，吨位 1307015 吨。来威商船国别遍及欧、美、亚 9 个国家。殖民政府船钞收入也从 1903 年的 1067 元猛增到 1929 年的 210558 元，使航运税成为最大单项收入。

集市是商品交易的重要场所，全区共设有 11 处，多分布在农村地区，较大的有崮山后、凤林、泊于家、北港西、草庙子、羊亭和桥头等。坞口一带还专设菜市、鱼市。农村每隔 5 天开市一次，城区则每周开市两次，本地居民间的商品交易主要靠固定和流动的摊商，许多平民百姓靠做小生意、零工活为生。街头巷尾，摆摊的，沿街叫卖的，形形色色，种数繁多。从事手艺和小工艺的人也很多，主要以与居民日常生活有关的一些营生为主。

总结威海工商产业的兴起与发展，主要有两个阶段：一是明朝设卫后的本土手工业；二是英租和民国时期。尤其是英租后，真正的工商产业才有了些起色，特别是进出口贸易得到了极大的促进，为威海的多元化产业发展奠定了基础。

老威海锡镶

锡镶，是威海独特的传统民间工艺。30 年前，我初识威海锡镶，但却没有多少认知和感受。后来偶得一锡镶紫砂茶壶，存留至今，算是对威海锡镶工艺的保存与记忆。2009 年 10 月，威海锡镶工艺正式入选山东省非物质文化遗产名录，并早在 1985 年济南世界工艺品博览会上，威海锡镶工匠曾被联合国教科文组织授予了“民间艺术家”称号。南京历史博物馆里，收藏有威海卫当年的一件锡镶工艺品，并注释有其工艺和生产过程。

锡镶茶具

不过，威海锡镶闻名中外却并非仅自20世纪80年代始，而是早在100多年前的清末光绪年间，就已经开始销往欧洲市场了。特别是1898年英国强租威海卫之后，威海成为自由港，许多国家的商船可以自由往来并免收关税。随着对外交往的便利，锡镶产品外销量大增，威海锡镶业进入了空前兴盛时期。

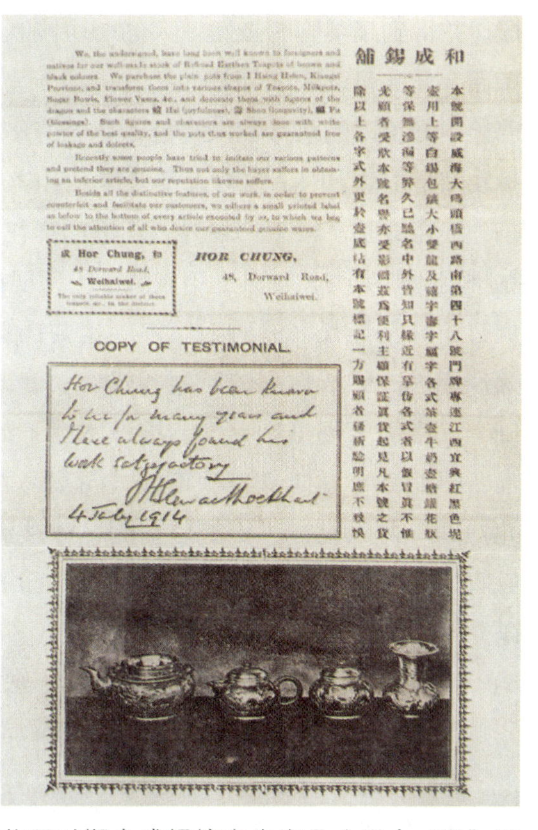

英租时期合成锡镶广告产品（图中“和”同“合”）

据梁月昌先生记载：当时威海卫的“老合成”“新合成”“合盛”“同庆顺”“宜昌信”“德裕”等，都是较有名气的锡镶店铺。其中经营最早的是谷氏兄弟的“老合成”“新合成”和柏玉秀的“合盛”三家，尤以“新合成”名气最大。清朝光绪年间，谷祖威的爷爷谷年和与其弟弟谷宝和闯关东，学了个打铁锻铜的小炉匠手艺。回来以后先就开了个“合成”铜锡铺，生意萧条，勉为支撑。谷年和好喝茶，正叮叮当当打着铜铁，一不留神便把一把宜兴茶壶的壶嘴碰掉了。谁知就是这一碰，便碰出了当时威海的锡镶产业。

英租时期，锡镶工艺歪打正着地赶上了一个“火”的时机。起初是有的英国人将破碎的茶壶拿来镶补，接着就有其他英国人故意将茶壶打碎，拿来补镶。锡镶铺也便做起来锡镶工艺品，此工艺一经流传，便招来了大量的海外客户。

按照中国人老习俗，子女成家后要分家，老“合成”兄弟分家后，改为“新合成”锡镶铺。新合成则一直做锡镶工艺，并且很快就迎来了市场的火爆，并得到了英国船上发下来的一块铜制的护照，相当于现在的许可证类的东西，凭此可以获准带着他们的货物，登上英国停泊在威海刘公岛海面上的船检，向那里的水兵和长官推销自己的产品。然而以锡镶当时的走俏，国外批发商是主动上门，生意直接送到家门口。

新合成除了镶茶具之外，还镶插鲜花用的镶花碗，兑酒用的撞酒瓶，喝咖啡用的咖啡具，餐桌上用来洗手（顶现在的餐巾）用的净水碗，还有烟斗烟缸，甚至连长官的鹅毛笔笔筒也要锡镶。新合成后来就推出了成套的锡镶产品，比如 5 件套的茶壶、奶罐、糖罐、白水罐和清水罐；在 5 件套基础上又增加了锡镶咖啡壶和锡镶木盘子的 7 套件等。而锡镶的部位多在壶嘴，器皿盖，器皿身、颈等处。图案多为五蝠（福）捧寿、喜鹊登梅、双龙戏珠、龙凤呈祥、松鹤延年等，雕镂清晰，生动形象，逼真传神，美不胜收；锡的柔和的光泽使这些图案从器皿的色调里一下子跳跃出来，给人以立体感。

当时的价格并不低，每套卖到 20 元左右。威海卫的“富威”洋行、“文华顺”银楼等外国商业资本和本地的大作坊都出口和营销锡镶产品。

新合成发家之后，按照老习俗要置房置地，谷年和在城东老家谷家疃村西南建起一栋中西合璧、两进院落的大瓦房，大门楼、大过道，院子 400 多平方米，颇有些当年英国建筑风格。

清末威海卫流行的锡镶嘴茶壶

从梁月昌先生的文字记载中可知，威海锡镶产业的衰落起于英租尾声时，1930 年 10 月，国民政府收回威海卫后，取消了自由贸易港。威海锡镶虽然因海外市场变窄而受到影响，整个行业仍然比较兴旺。1938 年日军占领威海卫以后，威海锡镶和其他行业一样横遭摧残，名噪一时的锡镶业日趋衰落。

1957 年，威海手工联社曾组织七八个人干了一阵子，想重振锡镶业，然而由于当时国家外贸事业不景气等各种条件的限制，不久便无果而终。

再后来到改革开放初期，不断有国外和香港的客商打探过关于威海锡镶的消息，在此基础上，加上一部分老威海锡镶人对锡镶业的怀念，锡镶业又重振旗鼓。短短几年的时间，新产品陆续在全国十几个大中城市经销，并成为那个年代最畅销的工艺品。但好景不长，由于成本压力、人员问题、传统工艺与现代手段碰撞等因素，重现的锡镶业迅速黯然失色，老字号便风光不再。

此后威海本地的锡镶工艺，虽然还有屈指可数的几家，生产规模都不大，也都在勉强支撑，最早一些较老的企业均先后倒闭。再到 1992 年前后，锡镶业几乎没落并难匿踪影。偶见锡镶残存，已是昨日辉煌。

鱼史与旧俗

千里海岸线，赋予了威海丰厚的渔业资源。

威海捕鱼历史悠久，沿海居民世代以捕鱼为生。附近沿海是多种鱼虾产卵繁育、生长栖息的场所，处于黄海、渤海各种鱼虾洄游之途，海产资源极为丰富。

据威海及文登、荣成、乳山各县志和文献记载， 威海鱼类繁盛，所产鱼类以刀鱼、黄花鱼、大纲鱼、白鳞鱼、鲐鱼、鲫鱼、鲇鱼为大宗，而刀鱼、黄花鱼尤多。乾隆七年《威海卫志》中所记载的主要海鲜品种比明代增加了海参、青鱼、鲆星、王鲔、黄安、马鞯、河豚、老板鱼、秃头星等。

史料记载，乳山县南海以刀鱼为大宗，次则黄花、鲞鱼、鲅鱼、鲷鱼、老板、偏口、大头、加吉、鲐鱼等。特产为对虾、桃花虾、西施舌及石花菜。荣成县海产资源尤为丰富。道光二十年（1840）《荣成县志》称："海族荣成称盛，虽老渔莫能尽识。"古代文登县辖区包括威海卫和荣成全境及乳山部分地区，光绪二十三年《文登县志》不仅详尽记载了海鱼种类，还对每种鱼的体形特征、鳞皮颜色、骨刺多少、生活习性、栖息海域、加工食用方法、口味等做了详细考辨与介绍。

除了鱼虾资源外，沿海贝类资源更为丰富，其中以牡蛎最有名。荣成蛤蛎、文登和乳山牡蛎肉味清美，号称绝品，更是补养佳品。鲍鱼、蛏子、蛤蜊等贝壳类产品多不胜数。

丰富的海洋资源，是捕捞业兴起的先决条件。关于先民们的捕捞史，目前境内已发现的多处新石器时代人类居住遗址，多分布在沿海一带，环绕境内整个海岸线。遗址中多见成堆的贝壳、哈磕、鱼骨、石网坠、陶网坠等。可见在新石器时代，向海洋觅食已是当时人们普遍的生存方式。

《尚书·禹贡》记载，天下九州贡赋中，青州东部嵎夷、莱夷所在的胶东半岛一带，是唯一以各种海产品为贡赋的地区。足见夏时期半岛沿海的捕鱼已"记录在案"。春秋时期的齐国据山海之雄，擅渔盐之利，一度称霸天下。《国语·齐语》关于齐与东莱通渔盐的记载，说明当时威海及齐属其他沿海地区的渔、盐无疑是齐国的一项重要物产来源。秦汉以后到金元时期，境内沿海经常见到大鱼出没，当地居民食其肉、取其骨，以鱼骨为梁的记载屡见不鲜。威海当时的"鲸园"，就由此得名。元代时，攻南宋、征高丽，水军主力多来自文、荣、乳三县渔民，足见境内渔捕和船坞之发达。

明清至近现代，境内渔捕业发展最快。特别是乾隆三年（1738）取消捕鱼船筏税后，渔业生产更是日趋繁盛。《威海赋》中记云："居民渔户，棹楫乘舟，撒网索于水底，竞泛海以沉浮。橹声呕哑，渔歌众讴，鳞跳鱼跃，戏浪优游。时呼邪而齐力，掣巨罟于沙洲，但见暴鳃折鬣，其积如丘……"

清代荣成，滨海渔家则是"隆冬彻夜结绳，早春剖冰击鲜。惊蛰以后登筏出海，动径四五十里，或一二百里……"

乾隆七年（1742）《威海卫志》记载：惊蛰以后，谷雨以前的青鱼汛期，一网获鱼"或至数十万"。大量鱼虾远销外地，清初威海卫进士王仕仁

20 世纪初刘公岛海面上的渔船

1902 年威海卫捕鱼船队

1921 年威海卫港湾渔船景象

曾有“鱼盐四国集梯航”的诗句，记叙当时渔盐贸易之盛况。威海八景里的“东浦渔灯”就是渔业兴旺的真实写照。荣成南部沿海，每逢春季渔汛期，亦是商旅云集，以船贩鱼而去。后来的石岛港也因此著名。

与渔捕业的发展同步，近代造船业也得到不断发展。到 19 世纪末，沿海捕捞业逐渐改用木质渔船。远海捕捞的木质大帆船，每船可配备十三四人，网具七八十张，载鱼量 5 万余斤。 20 世纪初期，威海开始出现以柴油机为动力的机动渔船，载重量剧增，出现了许多造船业主。推动捕捞业开始走向远洋，捕鱼量也逐年大增。民国前后，威海卫年获鱼量近千万斤，文、荣、乳三县总捕鱼量近 3000 万斤。日踞时期，由于大批征用渔船并封锁海运，水产捕捞业遭到摧残，急剧萎缩。直到抗战胜利后，海上渔捕业才逐渐恢复起来。

数千年来，渔家的风俗规矩中，涉及出海安全方面的内容最多。如父子不同船、登船不酒、船不离圈、渔船出海必须足水足粮、潜水捞参必须由娘舅把绳、系裤腰带必须活扣，对船长的绝对服从等。这些习俗规范，是渔家长期实践经验的积累和总结。如父子不同船，盖因海上作业风险极大，为免生不测给家庭造成毁灭性的灾难，父子不同船就成为渔家世世代代严格遵守的重要信条，进而发展为连兄弟都不得同船出海的定俗。海上救助也是渔民风俗的重要内容。海上遇难，互相救助，历来为渔家所共同恪守。无论谁在海上遇到危险，只要按约定方式发出求救信号，附近渔船都会立即出动全力相助。特别是船遇险境，只要看到求救信号，都会立即奔赴救人，在所不辞。因为渔民们懂得出海的不易与艰辛，懂得海上危机的险恶，这种临危相助正是渔民们互救互助、

卖鱼（摄于 1927 年）

不求回报的高尚操守的体现。

1928年的海边渔市

渔民们世代靠海吃海，对海洋资源历来注重精心“养护”，这类规约中最重要的是在鱼卵孵化、鱼苗成长的夏季，停止一切捕捞活动。如荣成等沿海地区旧时规约为每年自夏至到秋季渔汛来临的几个月中，渔船一律不得出海，谓之“歇伏”或“养海”。其次是捉大放小。如潜水捕捞，所拣海参、扇贝的大小标准历来有约定。如有不合规定的捕捞，必须立即放还海中。这样的好习俗规约，反而是一种自觉自律。

刘公岛龙王庙，渔民的神庙

我在威海生活了三十几年，熟知渔民生产生活中的语言禁忌，最普遍的是忌说“碎”“翻”“扣”等字。遇到需用这些字表达的事情，必须改由其他字眼代替。如碗碎了，要说碗“笑”了。把东西翻过来，只能叫“划”过来或“转”过来，尤其是吃鱼。“帆”与“翻”同音，所以帆船叫风船，船桅上的布帆叫“篷”。

关于渔民信仰，海龙王是渔家最普遍崇信的海神。境内沿海渔民、港湾、孤岛大都有龙王庙，多为一间石墙瓦顶或草顶的小庙。明末建于刘公岛的龙王庙规模最大，有前后殿和东西厢，庙前有戏楼。清朝建于孙家疃靖子村的龙王庙，在旧村改造进程中，完整地保存下来。海神娘娘，在南方称之为“妈祖”，历来被视为海上安全的保护神。石岛、俚岛、张家埠、苏山岛、威海卫、乳山口等都有娘娘庙。原为商船祭祀，后近海人也参与祭祀，请愿还愿。娘娘庙均为前后两殿或前殿后楼，建筑气势宏伟。前为供奉神像的大殿，后卫娘娘寝殿或寝楼。海神祭祀，有春季渔汛开始时的祭海、节日庙会祭祀和海上作业中的祭祀三种。春季祭海，一般于谷雨前后举行。以祭龙王、海神娘娘为主，地点在龙王庙、天后宫。荣成成山、龙须一带则祭秦始皇。离庙远的渔民，也有在海滩上焚香烧纸、摆供祭拜的。节日祭祀，多在春节期间举行，也有在谷雨节气进行的。每年大年初一早晨，渔民要先到龙王庙焚香纸拜祭，然后才回家给长辈磕头。这种对海神的崇拜，是渔民们最高的信仰，以祈求平安。

沿海渔民在世世代代与大海博斗中，积累形成了丰富的渔捕习俗，这就是捕鱼文化。渔捕文化的延续，也赋予威海人大海一种豪爽、正直、朴实、百折不屈等性格特征以及不保守、不排外的广阔胸怀。如今，随着深海捕捞手段的进化，生产方式也都有了许多变化。但渔民海上作业的风险总是存在，所以在渔民心中，渔民的风俗规矩是永远不破的铁律。

奈古山与李龙庙

奈古山，是威海中心市区一座东西较长的丘陵地带，李龙庙便位于奈古山东北侧。李龙传说在我国北方比较普通，在老威海卫城，李龙王的传说几乎家喻户晓，是威海民间最普遍崇信的神灵之一，与“闯关东”“渔文化”紧密相连。

据民间史料记载，奈古山东北角所建的这座李龙庙，是境内建的最晚的一处规模较大的庙，本地人称之为李龙王庙。庙房共 9 间，占地 4 亩 8 分。整个庙宇坐北朝南，3 间大殿，前有长廊，围墙南面是一座高大的门楼，门楼东是一个陡坡，砌 36 级台阶，直通今天的昆明路西端、昆明路隧道洞口区域。庙门前向南是一道斜坡，坡沟南是一座戏台，戏台后坡顶就是环翠楼。

戏台东不远处，建有一池荷花湾，距离城西北角 50 米远，和卫城内环翠楼左下方的一处荷花湾从规模到样式都是一模一样。据说那是李龙王的一双眼睛，中间的城墙是一条龙身。

李龙庙大门西侧是奈古山东坡，向上直走百米，在半山坡处有一块不大的平地，在此处修建一座“龙母坟”。坟的底座用石料围了一个较大的圆圈，用砖砌二尺高坟墙，表面用水泥抹平，中间填土，顶为圆形，坟头向东。墓前有石桌，石桌后立石碑。碑高过人头，碑文是“李龙母之墓”。

威海当地人俗称庙会为“山会”。凡有山会的庙宇，大多是一年只开一次山会。而奈古山李龙王庙，一年却有三次庙会，这在威海地区所有庙宇中是独一无二的。其中二月二和六月初八，是李龙王庙会，三月初二是庆祝龙母生日的庙会。

每年的农历二月初二，是李龙庙的第一次山会。按民间说法，二月二为“小龙抬头”。小龙其实就是蛇，所谓“龙抬头”实际是指冬眠的蛇，大约在来年天气渐暖的二月二前后就会苏醒。而为了与海龙王有所区别，威海民间对李龙王也称为小龙。所以二月二小龙抬头这天的李龙王庙会十分热闹，山上山下，人山人海，庙内许愿还愿，香火鼎盛。赶会的人们，不仅能看一天各路戏班子在庙前戏台上演出的大戏，而且人人还都企盼着能目睹“龙抬头”，认为这能给自己带来好运。于是，庙会的组织者常提前造好“道具”，以满足人们心理上的愿望。

农历六月初八是李龙王的生日，时节正是夏季麦收已经结束，人们抬着大饽饽和各种供品，从四面八方齐集李龙王庙。庙上开山两天，唱大戏、赶庙会，好不热闹。其时，奈古山上野花齐放，硕果累累，满山的葱绿满山的芬芳。人们来这里看山会，既是为了逛庙，又是为了游山玩水。在两次山会之间的农历三月初二，是李龙母诞辰日。这天同样也要在李龙王庙举办山会，且山会的规模更大、更隆重，也更热闹。

每逢庙会，庙会的前二三天，各方妇女老少等乘坐大车提前来到城里，或投亲或寄宿，以待庙会开始。特别是南大桥和西门外一带，有乡间来城里的大车、马车渐渐增多，络绎不绝。登山香会也非常多，有望岛村、黄家沟、庙耩、竹岛、东南泊等，所到之处，旗帜招展，锣鼓声喧。

那时的庙会上，各类杂耍更是各显其能，高跷会、北竹岛的狮子会，还有每村参入杂耍会中用锡箔纸糊成的各式大元宝等，人头攒动，布棚比接，好不热闹。

时光荏苒，一个世纪过去了，李龙庙和庙会已是昨日风采。按照我的理解，崇神拜佛是大部分百姓的信仰和心灵寄托，只是形式和内容在不断的进化中变革。人不能没有畏惧，更不能没有信仰。信仰可以不同，但不能没有，它是每个人生活的期盼和守望的旗帜。

当时的奈古山也不同于现在，虽毗邻市区，但满目荒凉，平日人烟极少，树木稀疏，大部分是老百姓的菜地和农田，并有零星种植的果树。经过几代人的努力，当年的荒山已苍松翠柏、郁郁葱葱，成为中心城区的绿肺和人们休闲活动的场所。

城区植被生态渊源

众所周知，威海在国内城市中，拥有卫生城、园林城、环保城、文明城等众多奖牌。其中，“园林城”在北方城市之中尤为突出。从城市到城郊乡村，威海市植被茂密，树种繁多，可谓“城在绿中”。

回望英租威海卫时期，英国人喜好园艺在欧洲甚至世界上是出了名的，有着“欧洲园丁”的美誉。租占威海卫之后，漫山遍野尽是荒芜的景象，让“绿色”英人发挥了特长。他们把园艺和植树文化带进了租借地，努力营造自己喜好的城市公园和绿化环境，真正让绿色漫山遍野、让植被生态造福人类。应当说，英人的这种爱“绿”的习惯，对其殖民地来说是一种贡献。

他们在官邸、庭院里植花种草栽树，营造庭院花园；在道路两旁成行植树，营造林荫大路；在爱德华港区修建园林，营造城市花园。爱德华港区中心地带有三条马路相交，他们在这里植树种花，围以绿篱，辟为花园。因为地处海滨船坞附近，取名坞口花园。由于花园平面呈三角形，又名三角花园，沿袭至今。

1918 年刘公岛上渐渐成长起来的黑松

前人栽树，后人乘凉。如今刘公岛上已苍松翠柏，青山幽幽

东山公园，位于今海军气象站和东山宾馆处，建成于1928年6月。殖民政府在园内植有大量观赏名木和珍贵花卉，其中有许多是从国外引进的品种。收回威海卫后，管理公署又加以扩建，在园中最高处建了一个名为“望云轩”的礼堂，新装点了许多观赏盆栽和植物。礼堂可容纳300多人，是当时本地最大的厅堂。可惜公园和厅堂在1945年被撤离的日军轰毁后，渐趋荒芜。

1902年，港英当局林业部门的主管邓恩来威海卫考察时，提出了在租借地内开展植树造林，他主张在威海卫实施植树造林计划、引进试种品质优良的梨和苹果等外国果树、开辟葡萄园、种植林荫树、聘请英国专家前来指导实施，还提出了科学植树、引进树种、防火防虫等具体建议。遵循他的这些建议，殖民当局从英国请来栽培师吉伯斯指导植树造林，并运来了多种果树在威海卫试种。

在植树造林中，当局注意选择适应本地土壤、气候、水质的品种。推广种植的树木、水果、花卉，不仅有当地的，还有从英国、欧洲大陆、美国和日本等地引进的。档案资料中提到的在租借地内推广栽培的植物有梨树、苹果树、水蜜桃树、油桃树、李子树、樱桃树、葡萄树，还有松树、槐树、柳树、杨树、栎树、榆树、杉树、法桐、火棘、冬青、白蜡、茱萸、蔷薇、丁香、玫瑰、连翘等几十种。

英租时期的威海卫，引进种植最为广泛和成功的树木是黑松和无花果。起初，当局曾计划推广种植杉树，但效果不佳。1907年，先从日本进口了15万棵生长期已满一年的黑松树苗，至1908年，陆续在刘公岛上种植各类树木花卉300多万棵。

黑松原产于日本和朝鲜半岛沿海，在中国东部沿海地区广泛种植。这批黑松苗进来后，在陆地和岛上到处种植，生长良好，与槐树、柳树等一起成为植树造林和道路绿化的主力树种，如今已在市区海滨和刘公岛上成片成林，郁郁葱葱。

为了提高林木的成活率，英国人采取了很多措施。吉伯斯编写了一本小册子，具体介绍了植物的种植、修建、施肥、浇水、繁殖等各种培育操作，当局曾将它翻译成汉语在租借地发放，借以从技术上指导植树造林。由于没

1931 年 4 月，威海卫管理公署组织机关、学校到环翠楼植树

有固定的林业工作人员，植树造林的管理职责被赋予给英籍警察巡官，由他们监督中国劳工和刘公岛监狱的囚犯，在市区邻近山上和岛上，年复一年地栽树。黑松成林后，松毛虫蔓延成灾，当局就动员雇佣妇女儿童用手工捕捉成虫，摘除虫茧，仅 1916 年就捉虫几千斤。

无花果树，是人类最早研究的树种之一。英租时期无花果树的引进，让威海百姓见识了这种奇异而又香甜可口的果树种类。无花果在威海地区极其适宜生长，很快就繁衍开来。它生长速度快，成果率高，又无蚊蝇虫害，深受百姓喜爱。除了作为大面积经济果树种植外，很多家庭会在房前屋后栽种，既是百姓夏季的阴凉之处，又能让主人享受其果之美味。

由于资金短缺，租借地内的植树造林只能小规模进行。除爱德华港周围地区及刘公岛上、少数山谷、村庄及坟地邻近地区以及官道沿线之外，其他地方极少植树。但在当局倡导和民众的广泛参与之下，植树造林成效可观。30 年间，仅在刘公岛上植的树就数以百万计，“改变了原来一片荒芜贫瘠的面目”。市区周边的山头也改变了原来光秃秃的面貌，各种树木苍翠成林。有林就有兽，刘公岛上人工饲养的梅花鹿回归自然后，大量繁殖，和苍松劲柏一起已成为刘公岛的一道风景。

到民国收回威海卫后，威海卫管理公署继续坚持以绿化山林、美化城市

如今苍翠的青山（合庆一带环海路）

为主体的己任，在树种和种植范围方面，做了大量的工作，发展了果树经济，优化了生态环境。

解放后，威海人民在“植树造林，绿化祖国”的号召下，在沿海区域广植防沙林，在山丘沟壑广泛植树。经过几十年的成长，在民国前育林的基础上，如今已是苍松翠柏，一片片浓密的绿植是那个年代育林成就的见证。

城区老洋房

英国租占威海卫之后，出于军事占领、政治统治及经济贸易等各种需要，加之西方其他国家的商人、教会势力和中国民族资本家也从自身的需要出发，先后在市区和刘公岛上建设了一批外来特点鲜明、与威海本土风格明显不同的房屋建筑，这批具有百年历史的老房子，建造者既有英国人，也有美国、法国、意大利等国商人、教士和中国商人；既带有很多外来建筑风格，又在施工技艺、材料使用上保持了一定的本土特色。英租时期，殖民当局管理房屋建设事务的政府机构，是华务司署下设的工务股，设工程师一名，负责政府公房、码头港务，道路桥梁等官办工程的设计和预算。工程师常常是由英军的工兵军官或者工兵士官充任。私人房屋建筑工程则由警方巡查兼管。

英租时期建筑，是英国殖民文化和侵占威海的历史见证，看到这些老洋房，人们不由想到那段沉痛的历史。同时，它也是西方文化传播的产物，从建筑和文化的角度来看，它也是中外文化交流的桥梁和纽带。

这些老洋房的建造年代主要集中在 19 世纪末、20 世纪初，位置主要分布在市区海滨一带和刘公岛上。

由于历史等多方面原因，老洋房大部分被各类单位、商家和居民使用，产权、使用权分离的情况导致了责任主体模糊，成为老洋房保护过程中面临的主要问题之一。多处老洋房损坏情况严重，有的已经出现结构上的损伤，甚至随时都有倒塌的危险。如东山宾馆大门北侧的六角楼，建造于 1902 年，曾是英国人的住宅，该处建筑有多间房屋有机相连，其中六角形的房屋

德盛作坊（区政府院内）

法商别墅（环海路教育宾馆东）

海军陆战队、航母飞行员营房（刘公岛水师学堂南）

基督教联合礼拜堂（刘公岛邓公路）

构造设计精巧，造型美观，然而由于缺乏管理，现在已经废弃不用。位于新威路原双轮集团院内的马易尔避暑房，屋内院外一片荒凉，在周围高楼映衬下，更显颓败之象，幸运的是前几年经过多方努力，由相关单位出资进行了维护整修，使其重显当年风采。还有许多老洋房也不同程度地出现了墙柱倾斜、墙体开裂、墙皮脱落等结构性问题。据相关调查显示，截至 2015 年，全市老洋房处于闲置、失管失修和基本荒废状态的，加起来接近一半。

历经百年，面对残存不一的老洋房，又不免有些遗憾。由于人为和自然的原因，老洋房的状况让人担忧，这些建筑有的被改变了模样，有的成了危房，有的已经消失殆尽。老洋房是历史的见证，更是鲜活的城市博物馆，是威海特有的珍贵文化遗产，保护好这份遗产是责任、更是对历史的交待。为此，威海曾成立了城市历史遗产保护工作委员会，对老洋房进行了细致的清查和摸底。截至 2015 年，残存的老洋房共有 68 处，228 栋。这些老洋房平面布局形式，基本保持四面坡高烟囱的屋顶、砖石发券的拱状门窗，体现了鲜明的英伦建筑特色。墙体砌筑工艺、细部装饰上，又保留了威海地方特

宽仁院施诊所（瓷厂院内）

泰茂洋行（海军码头院内）

马易尔避暑房（新威路原双轮集团院内）

中国舰队司令官邸（刘公岛甲午战争陈列馆北）

威海领事馆领事官邸（北山路北端路西）

正华务司官邸（北山路西）

色。其中官方建筑 10 处，英军建筑 24 处，商用建筑 9 处，宗教建筑 9 处，避暑建筑 16 处。

从数字和分类上看，这是个不小的规模。但当年威海的老洋房曾有几百处，构筑起威海城市风貌的重要特征。从过去保存的资料照片看，从如今的军分区到海军码头一带，是一片绿荫掩映、高低错落的洋房。那时起，“红瓦绿树，碧海蓝天”已经是威海卫的写照。新中国成立后，政府接管老洋房，并安排给相关单位管理使用，实行“自住自修”的政策。由于没有统一的保护政策限定，各单位管理使用人员对老洋房的思想认识存在差异，重视程度不够，保护措施不一，所以老洋房的“命运”也大不相同。有些单位在使用老洋房工程中，缺乏将其作为“不可移动文物”加以保护的观念，只看重其使用价值，忽视了其更为珍贵的历史价值和文化价值，出现了“重使用、轻保护”的状况，使这些老洋房受到损坏。

在城市建设中，如何保护遗迹一直是个敏感话题。在各种利益面前，遗迹建筑总是被无奈地遗忘。如何把这些老洋房保护好，在当今快速发展的大潮下，尤显任重道远。

“正确的保护理念，必须掌握明晰的认识逻辑，而认识逻辑只有通过对历史逻辑的深刻理解才能获得，无论中国外国概莫能外。”1976 年，联合国教科文组织在肯尼亚内罗毕通过的《占城保护国际公约——内罗毕建议》中指出：“在保护和修缮的同时，要采取恢复生命力的行动。”在历史建筑失去了原有功能的情况下，为历史建筑寻找到恰当的用途显得十分重要，历史建设的功能再生是恢复其生命力的有效手段。对于历史建筑，“我们除了研究其建筑历史文化价值外，还需要研究它们的空间适应性，根据其建筑历史文化价值、空间适应性和社会发展需求，重新定位这些历史建筑的功能，使其能够在城市社会生活中，扮演恰当的角色，得到再生、发展和回归”。

对于老洋房，首先要保护，要严格执行相关规则。如在保护金猴皮具厂东侧的马易尔别墅和水警区内的泰茂洋行工作中，相关部门都做出了不懈的努力。开展老洋房保护修复工作，不但要修复老洋房建筑本身，还要合理整治周边环境，确保相关建筑风格相配、个性协调，使每一座历史老洋房都成为城市的新亮点。可以借鉴上海的做法，结合东山路疗养、宾馆业的传统优势，有针对性、有特点地发展历史风情街区产业。将老洋房统一管理，确定改造利用的具体原则，制定外观和内部修缮改造规则，在不改变原有结构和保持原有风格的基础上，将老洋房资产进行有效管控运营，可租赁给那些有能力、有情怀的企业和机构，作为保护和展示兼具的窗口。

试想，能面朝大海，坐拥历史，品味着百年前的建筑文化，是何等的感受！

凭着自己对这些老洋房的喜爱，从某个时刻开始，一直想把老洋房用绘画的形式保存下来，恰逢朋友的帮助，便有了以下的部分作品展示，算是对威海历史、对遗迹建筑的一种情怀与尊重。

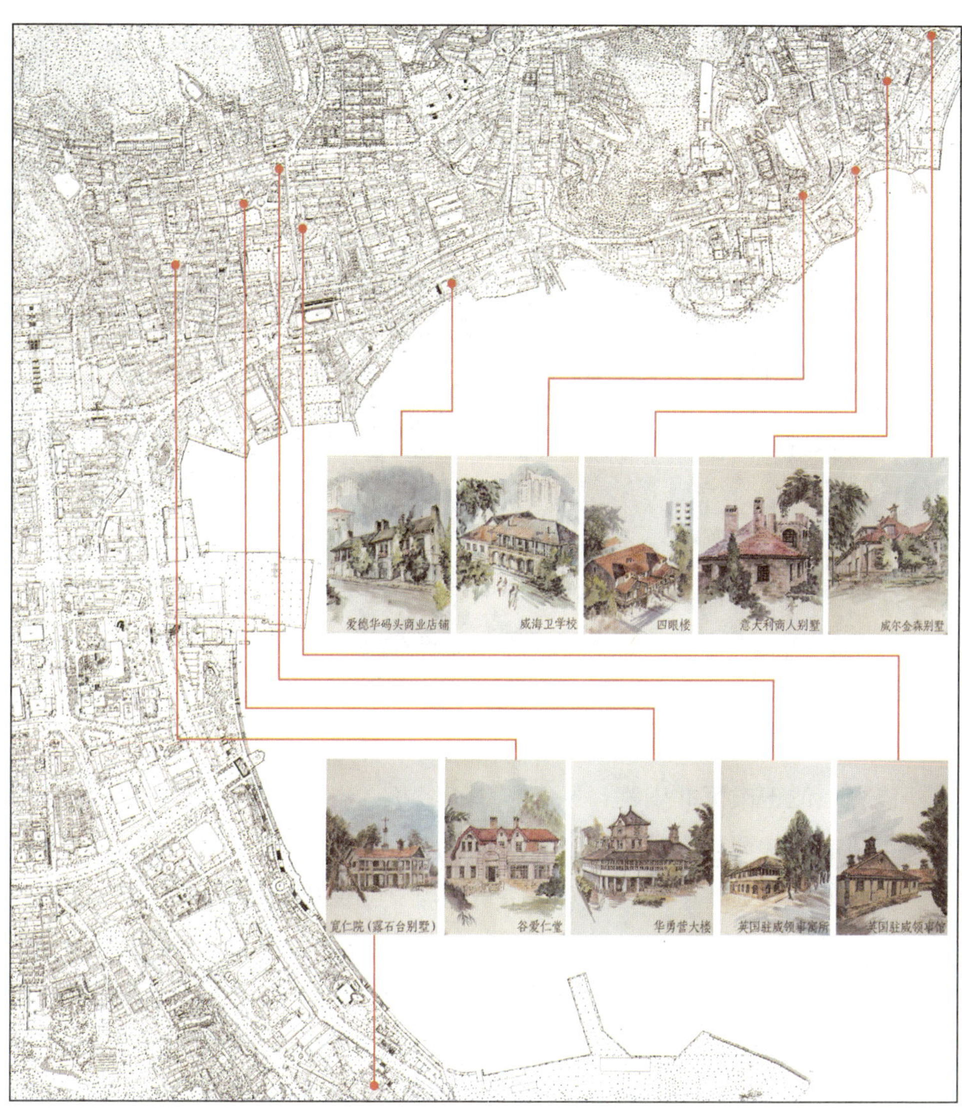

市区部分英租建筑位置图

华勇营大楼

华勇营大楼

该建筑位于市区北山路，原用作华勇营机关办公楼、威海卫管理公署办公楼，目前为驻军某部家属宿舍区。

于 1899—1900 年建造。为山东省重点文物保护单位、山东省历史优秀建筑。

该建筑占地 1668 平方米，木石结构，主楼两层，东侧钟楼处局部四城，建筑平面呈 L 型，北侧有一栋单层平房的附属建筑。主楼为外廊式建筑，外墙采用花岗岩条石整砌。东侧钟楼高出主体建筑两层，呈五面体，其中一侧的二层墙面镶有圆形钟表。

1898 年租占威海卫之后，英方为了缓解本国兵源不足的压力，决定在华组建雇佣军，以承担威海卫的陆地防御。1899 年该部正式成军，其中尉级以上军官和高级士官均从英国正规部队选调，士兵主要是来自山东内地、直隶和东北地区的中国流民。根据英方按组建地名为部队命名的习惯，该部被称为“中国军团”，又因士兵全是中国人，因而按华人习惯又称之为“华勇营”。中国军团成立后，曾镇压了威海卫人民武装抗英斗争，并代表英军参与八国联军对华作战，成为天津战役中“参加最后攻城并占领天津的唯一一支英国军队”。

中国军团成军不久，英国陆军部便策划筹建兵营，地址选在原北洋海军绥军之后营，即北大营。1902 年，一大批兵舍落成。华勇营大口，实际上就是中国军团指挥部，也是当年竣工较早的建筑。

1906 年 6 月 1 日，中国军团解散后，这座大楼被租给康来洋行开设旅馆。1910 年后改为殖民政府仓库。

1930 年，威海卫收回后，又称其为威海卫管理公署办公楼。

1938 年 3 月 7 日，日寇登陆威海卫时攻占的第一目标就是这座大楼。此后，日军扶持的伪政府——威海卫专员公署就在此办公。

新中国成立后，该建筑及楼前的整个地段都成为驻军的营房，大楼为驻军机关办公楼。2003 年以后改为部队家属宿舍。

英国驻威领事馆

英国驻威领事馆

该建筑位于市区北山路，原用作“中国军团”士官宿舍、英国驻威领事馆，目前为海军某部仓库。约于1901年建造，为山东省重点文物保护单位、山东省历史优秀建筑。

该建筑占地8.92亩，其中花园及空地7.44亩，建筑面积为546平方，木石结构，坐北朝南，建筑平面呈凹字形，由三栋平房围合呈内庭院。正房的南侧、东西厢房的四面均建有外廊。

原为中国军团中下级军官宿舍。中国军团的中下级士官，系在中国士兵中选任（尉级以上军官和高级士官均由英军担任）。因此，该建筑是华籍“高级”士兵的居所。1906年中国军团解散后，该建筑移交殖民政府。

1930年威海卫被交还中国后，英国在威设立领事馆，该建筑便成为领事馆办公场所。1930年10月1日，英国交换威海卫当天，英国领事馆举行挂牌仪式。1941年太平洋战争爆发后，领事馆停止办公。此前在11年内，先后有15人领事任职，平均任职时间只有8个多月（最短的仅有两个多月）。这些领事大部分是从英国驻中国各地领事馆选调的，有时也由芝罘领事馆领事兼任。

新中国成立后，地方政府将其维修交军方无租使用，现为海军某部仓库。

康来饭店

康来饭店

该建筑位于刘公岛丁公路，原用作饭店，目前为驻威海军办公使用。于1900年建造，1933—1934年改建，为省级文保单位。

康来饭店，是威海现存老洋房建筑面积最大的一组建筑。分东西两院，东院主楼两栋，附属房 3 栋。西院主楼一栋，附属房 2 栋。主体建筑坐北朝南“一”字排开，由三部分组成。东、西侧均为两层客房，砖石结构，黑色铁皮瓦屋面，上下层南面均设有走廊，同开三个山花。中间为西餐厅，可供上百人同时就餐，大型宴会和富家子女婚礼多在此举行。总建筑面积达 3287 平方米，是当年刘公岛上的标志性建筑之一。

康来饭店原址为北洋海军军官宿舍，被英国商人邓肯·克拉克租用后开设饭店，专门接待暑期来威的英国海军军官家属和外籍人士。1920 年在原址新建饭店，并于 1933—1934 年再由平房改建为今天见到的楼房。整个建筑拥有大小客房 40 多间，另设多处餐厅等娱乐设施。

英商邓肯·克拉克 1898 年在刘公岛创办了威海近代第一家外贸洋行，威海卫最大的煤炭、洋货批发商、军事后勤供应商和旅游投资商，位于今东山宾馆西侧的国王饭店和位于刘公岛水师广场北的康来饭店，均属于该洋行。国王饭店 1945 年被日军撤离时炸毁，岛上的康来饭店现保存完好。

1920 年之后，康来饭店由邓肯·克拉克的长子约翰·克拉克经营。约翰因中风留下后遗症（腿瘸），当地人称“张瘸子”。1940 年，约翰离开威海卫。

新中国成立后，该建筑由驻威海军使用。

谷爱仁堂

该建筑位于市区建设街，原用作住宅，目前为陆军医院使用。于 1935 年建造，为市级文保单位。

该建筑位于市区建设街，是一座木石结构的两层欧式别墅：木框玻璃窗、尖屋顶、木板封檐，欧式小庭院。二层上有开放式阳台、阁楼。楼正面有用石头雕成的拱形廊门，门前有 6 米

谷爱仁堂

长、一步宽的石阶。石阶上有纹理细腻的石雕，均为块石雕刻后，再以水泥粘结为一体。楼正面西边墙壁上镶嵌着狮头石雕。整座楼设计精巧、布置有序。楼内有卧室、厨房、洗澡间、仓库和可以蓄水的地下室等。

该建筑竣工于 1935 年 10 月 10 日。日伪时期，由日本籍教师国广平住用。抗战胜利后，曾为威海市委机关办公楼，1962 年转为驻军接待处，现为驻威陆军医院。

四眼楼

四眼楼

该建筑位于环海路启明花园东，原为度假别墅，目前为茶楼。于 1904 年建造，为省级文保单位。

该建筑占地 1342 平方米，坐北面南，三层石木结构，平面呈长方形。南向正立面竖向分三段，东西两部分向前突出，中间部分内凹。东西两侧突出的三层外墙墙面各开有两个圆形的窗户，做工精致，四个窗口犹如两双眼睛，成为该建筑的一个重要外观特征，故当地人俗称“四眼楼”。

该建筑是英国人的早期建筑之一，建于 1904 年。房主原为英国人伊莱斯（Elias J.R），主要用于避暑，每年夏季来住。

1952 年该建筑由海军四〇四医院使用，后专归海军某部管理。20 世纪 80 年代，某值班员用电热器烧水时不慎引起火灾，部分屋顶烧塌。维修时将原来的铁皮瓦换成红瓦。现对外出租使用。

意大利商人别墅

意大利商人别墅

该建筑位于环海路海都酒店西，原用作外商度假别墅，目前为仓储使用。于 1920 年建造，为省级文保单位。

该建筑由两层楼房与一层平房结合而成。南面为平房部分，东部台基较高，建有地下室。地下一层的南侧、东侧有敞开式柱廊。建筑的西北侧建有二层正方体塔楼。一层南面设半圆拱形窗。该建筑共计有房屋 14 间，建筑面积 302 平方米。其中楼房 253 平方米，地下室 48 平方米，占地共 1 亩。

该建筑为意大利商人米士斯采的私宅，避暑专用。1938 年以前，主人每年夏季来威居住。

威海市政府 1949 年 4 月 9 日将其接收代管，1952 年安排抗美援朝归国部队使用，后由海军某部管理，现为海都大酒店仓库。

威尔金森别墅

威尔金森别墅

该建筑位于东山路海军职工疗养院院内，原用作度假别墅。目前为宾馆、办公使用。于 1934—1936 年建造，为省级文保单位。

该建筑群原共有 5 栋别墅 45 间房，总建筑面积为 957 平方米，北侧设套由围墙的花园，大门为圆形。现存仅有两栋别墅：东南一栋占地 287 平方米，砖石结构，背面有附属平房一排，由威尔金森使用，中文名“石庐”。西北一栋占地 160 平方米，坐北向南，保存较好。

1921 年和 1922 年，英商格拉斯哥爆破器材有限公司老板 E.S. 威尔金森获得该地段开发权，1934 年建起一批度假别墅，分别用于自住和对外长期包租。

房子建成后，主人每年夏季来威避暑。日军侵威时，室内设备全被抢光。1947 年国民党进攻威海卫时，又将部分门窗拆去修筑碉堡。

1951 年驻威海军接管使用，现为海军职工疗养院办公室和客房。

英租时期在威尔金森别墅门前举行的女子草地地滚球比赛

英国驻威领事寓所

该建筑位于市区北山路驻军某部办公楼内，原用作华勇营指挥官寓所、正华务司寓所、驻威领事寓所，目前为济南军区某部招待所使用。约于1900年建造，为省级文保单位。

该建筑占地7.44亩，建筑面积960平方米。石木结构，两层，坐北向南。建筑平面呈长方形，长24米，宽20米。主楼北侧原有一附属平房，

英国驻威领事寓所

现拆除。

该建筑最初为华勇营指挥官寓所，1906 年移交殖民当局后，改为华务司寓所。1930 年 10 月威海卫收回后，成为英驻威领事寓所。

当年的英国驻威领事，有多人曾在威海殖民政府中任过职，有的甚至在这栋建筑里住过。首任领事阿彻尔（Allan Archer）1929 年 9 月任威海卫政府秘书兼正华务司，1930 年 10 月后任驻威领事，1931 年离职去香港邮政总局工作，1940 年重返威海卫领事。摩斯（G.S.Moss）1913—1915 年曾在威海卫任北区华务司，1932 年重返威海卫领事。波德特（S.L.Burdett）1921 年曾两度任威海卫副华务司，1937 年返威海卫领事。

新中国成立后，该建筑一直由驻军管理使用。2013 年军地双方投资对其进行修缮。

威海卫学校

威海卫学校

该建筑位于环海路启明酒店路北山坡，原用作学校、宾馆，目前为限制使用。于 1903 年建造，为省级文保单位。

现存建筑占地 1500 平方米，平面呈“品”字形，石木结构。主体建筑坐北面南，共两层，并拥有附属建筑 7 栋，其中位于西侧的两栋 20 世纪 80 年代倒塌。

威海卫学校由英国基督教徒赫伯特·莱纳德·比尔（Hebert Leonard Beer）创建于 1901 年 1 月，为寄宿制预科男校。成立之初，校址设于刘公岛上，只有 1 间校舍，4 名日间生。1902 年 12 月，通过发行“威海卫学校债券”筹集资金，在黄泥沟村海崖购地 14.89 亩，建起能容纳四五十名学生的一座新式校舍。该校按照英国的管理模式进行教学管理，教师全部从英国国内聘任，教职工包括一名校长，1 名校长助理，两名女教师，1 名女保育员和 1 名体操教练。课程设置包括与英国一样的普通课程以及为准备进入英国公学而设置的特修课。学生为来自中国内地的欧洲侨民子弟，年龄 8~16 岁，大部分为英国国籍，多时达到 55 人。

1922 年，中英交收威海卫谈判在威海举行。威海的前途未卜，不仅影响到外商的资金投入，而且也影响到威海卫学校的生存。由于生源减少，1923 年，学校被迫关闭。

学校关闭后，仅对少数幼童进行教育指导。1925 年秋，学校改作东山饭店，一方面接待来威西方游客，一方面为来威避暑的欧洲学生举办短期补习班。

新中国成立后，为驻威海军某部管理使用。因年久失修，于 2013 年起闲置。2014 年政府投资进行了维修。

宽仁院　芦石台别墅

宽仁院

芦石台别墅

该建筑位于海滨中路，原用做度假别墅、天主教修女院、医院。目前为宗教活动 、商业使用。为省级文保单位。

宽仁院占地面积约约 9300 平方米，建筑面积 2456 平方米，由主、副两座楼房组成，共有房屋 123 间。主建筑天主教堂 1934—1937 年建，二层，平面呈“丫”字形，四阿顶，东侧和南侧有天窗、回廊。附属建筑四阿式大屋顶，有天窗、回廊和八角形的花厅。另有附属平房，也就是原芦石台别墅，建于 1902 年，院内有花园、园艺院。宽仁院由两组英式木骨石砌建筑组成，是典型的英式风格建筑，具有重要历史价值。

据有关资料记载，宽仁院的前身是芦石台别墅，是英商和记洋行的私人别墅。1934 年，十几名卢森堡黑衣修女来到威海，时逢英商和记洋行芦石台别墅作为抵债资产转移到天主教会名下，教会将此建筑拨付给修女会，修女们将别墅扩充改建，在别墅以南修建了修道院和孤儿院，就是现在的“宽仁院”。新中国成立后，宽仁院先后做过办公室、招待所、职工宿舍、威海博物馆等，现恢复为天主教堂。

爱德华码头商业店铺

爱德华码头商业店铺

该建筑位于育华路驻军码头院内，原用作商业店铺，目前闲置。于1900年建造，为市级文保单位。

建筑为两层木石结构楼房，坐北朝南，上层带外廊，底层为拱式门面。

1902 年殖民当局修建爱德华码头，并将码头周边辟为商铺区。1909 年后，码头区商贸日益繁荣，原设在刘公岛的外国洋行陆续迁到此处，众多华商也紧随其后，爱德华码头区发展成为商业街。据史料记载，当时码头区一带有各类商家、店铺近百家，成为威海卫时期的金融商业中心。

现存的商铺建筑为并排两栋，新中国成立后该建筑由驻威海军管理使用。21 世纪初，由于年久失修而闲置。2013 年驻军对其进行了简单的维修。

俯瞰爱德华码头（摄于 20 世纪 20 年代）

第六篇

卫城变迁

卫城与城门

威海卫，于明洪武三十一年（1398）设卫，1403 年筑城，卫城南北长 870 米，东西均宽 632 米，占地 0.55 平方公里。城墙为石块垒砌，内部为土夯，墙高 3 丈，厚 2 丈。卫城居中以南北横街和东西横街自然划分成了四个区域。正如威海卫时期流传这样一首古民谣：“田字划四格，城里分四隅。十字路口在中央，四段街道连八方。”

这也就是老威海人熟知和俗称的东南、西南、东北、西北四个卫城内村，从明朝建卫到 1644 年明灭，卫内街巷发展缓慢，城里四隅大概有十几条巷子。清朝至 1931 年，卫内建设基本定型，大小巷子共有 38 条。其中西北村

20 世纪初卫城东街

老城墙

9 条，西南村 11 条，东北村 7 条，东南村 11 条。这 38 条巷子，大部分以姓氏命名，如郭家巷子、周家巷子、卢家巷子、王家巷子、杨家巷子等，另外还有小部分非姓氏的巷子，如荣德巷、双泉巷等。

卫城修筑了连接城墙的东、西、南、北四个城门。中国古代建筑中，有“青龙、白虎、朱雀、玄武”四大圣兽的神话传说，在建筑中代表“东、西、南、北”四个方位。当年威海卫城的建造也不例外，并基本遵循了《周礼·考工记》中“匠人营国，方九里，旁三门。国中九经九纬，经涂九轨。左祖右社，面朝后市，市朝一夫”的原则，只是城的大小有别，地形位置有别，如选择威海卫筑城的位置东侧面海，其余三面环山，故以东门为主，也或许是魏国公徐祖辉取“紫气东来”之意。

城门的建造与逐渐拆除，以及后来不同时期的改造，便成就了威海历史变迁与发展的真实写照。

东门和东门外

东门，如今百货大楼南门一带的位置，现在的东城路就是当时的城墙墙基。在四个城门中，东门为重，建得最为雄伟壮观。坚固厚实的墙体内门洞

东门

1920 年的东门外

20 世纪初不同位置的东门外，大部分是农田

20 世纪 80 年代修建中的新威路

20 世纪 80 年代道路改造后的东门外

之上，坐落着著名的文昌阁。由于地理位置的原因，东门成为卫城通向外界的主要通道。英租时期，北、南、西三个城门天黑之时关门，东门开到晚上9点。夜间如有急事进出城，要开东门。

东门外，是现在百货大楼与东城路以东的区域。英国租借威海卫后，殖民当局在东门的外侧由北向南开辟了一块新区，命名为爱德华商埠区。商埠区北为行政区，中为体育区，南为娱乐区，栖霞街就在当时的娱乐区内，今环翠区政府院里的德胜作坊也在娱乐区内，也是当时最为繁华的街区之一。

北门和北门外

北门，如今阳光大厦的位置，设有真武庙。北门外所指范围，是以城门为中心，向城外东、西、北一带辐射的区域。后来，随着北门外村的建立，其范围大概是现在昆明路以北，新威路以西，文化东路以南，少年路以东的区域。

北门

与东门相比较，北门算是一个冷清之门。史料记载，北门以外长时间处于“无人区”，过往北门的人自然不多。康熙年间，曾经有迷信人士认为北门影响了威海卫学子成绩的风水，随将北门封死。后来由于北门居民的进出不便及强烈要求，恢复了北门。根据英租时期留下的照片看，北门外仅有零星房屋和大片空地，直到1920年后期，逐渐又增加了一些民宅，但仍是一幅荒凉景象。再到1930年德威火柴厂的落户，北门外才渐渐有了些人气。

南门和南门外

南门位于现在汇泉集团（原服装五厂）的位置，设有大士殿。南门的结构并不复杂，城墙下有洞门，洞门之外建有瓮城，瓮城东侧开有拱门，这就是城南门的外门。

南城门上有城楼，该城楼有重建于清初的“观音堂”。正殿坐南向北，两侧均有厢房，共有房屋 12 间。进庙从东庙门入，城墙内侧有 69 级台阶通往城楼上的观音庙。

南门外有一条河，古称石头河、石落河。乾隆《威海卫志》有记载：“石头河在卫西南，绕城而环流入海，即古石落村之石落河也。”康熙十六年（1677），时任威海卫守备的李标，为改变卫城风水，调集民工引河水入城，该河经现在城里中学南、统一路小学院南、红光巷北部、苏宁电器商城，出东门北侧外流入海。雍正七年（1729）一场大雨，河水从旧河道直流入海，后人称城南河。

由于城内无河，城内妇女洗衣均需从城里到南门外的河中去。其时岸上杨柳婆娑，河中流水涓涓，捣衣声、水流声、欢笑声，夹杂着洗衣女的乡音俚语，构成一道独特的人文景观。文人们称之“南溪聚浣”，乾隆《威海卫志》还将其列为威海卫八大景之一。

南门外及南门城楼

南门外洗衣女

西门和西门外

西门，位于现在市立医院西南角的位置，是唯一一个没有城楼的城门。在四个城门中，西门是最为冷清的城门，出入卫城大都在其他三门，经过西门的较少。从 1930 年代的历史照片看，门外是一片庄稼地，一条水沟或小河顺山而下。西门外，也是开发最晚的地方。

史料记载，从 1931 年开始，老城的各城门，被先后洞开。先打开北门修建统一路，拆了卫城的东门与北门。

拆除了东门，修筑了直通城里的维新路（即现在的和平路）。此后不久，在瓮城位置修建了东盛楼，1953 年文化馆搬进。日本侵威前的几年时间，在

西门城墙的位置

该楼营业的酒楼、银行、绣品店以及北侧的“一面子街”（新威路路西）上的各类店铺生意都很红火，成为城区一条重要的商业街；东盛楼对面的鸿祥德马车店因城乡马车、黄包车汇集于此，成为城区的重要交通枢纽；迪化街（后改延安街）的剧场、清华里一带的“红灯区”以及宝泉汤周围的浴池区。众多休闲娱乐场所都集中在这一区域。

1958 年拆除了东城墙，并利用墙基，修建了一条直通南北的路，也就是如今的东城路。城墙的拆除，把城里城外彻底地融为一体，东门外的区域功能自此开始发生结构性的变化，首先是文化中心的形成。当时威海市的文化局、体委、文化馆、广播站、业余体校等一批文化事业单位都集中在东盛楼及北面一面子街上，新建的体育场以及后期增添的新华书店、职工礼堂、灯光球场、威海影院等一批文化设施与场所，全在离东门不远的地方。二是行政中心的形成，先是市委机关入驻刘松亭洋楼，1977 年市机关办公大楼建成后，市委市政府以及所属各部门几乎全都集中在这座楼上以及附近建筑。三是商业中心的形成。开通东城路之后，城里集市外延；东门对面的女子商店、南侧的海滨饭店、北侧的照相馆一度成为城区重要的商业经营场所。1977 年百货大楼的建起，完成了东门外向商业中心区的过渡，宣示了城区商业中心地位的确立。如今，振华、迪尚、振华安特莱斯等一批商业新贵又重新呈现出现代时尚商圈。

北城门的拆除，给北门外的发展带来了机遇，从 1935 年拍摄的照片看，虽是平房院落，却已是路街交错、房屋连片，北门外开始热闹起来。

1975 年建的糖酒公司大楼、1977 年建的邮电大楼、1979 年建的威海剧院先后在昆明路两侧落成。1982 年，市政府实施昆明路拓宽改造工程，拆除了北门外小楼、火柴厂部分厂房以及公路两侧的一些建筑，将路面扩展到 50 米宽。

20 世纪 90 年代，是北门外“大变脸”的年代。电力大厦拔地而起，成为市区的一座地标建筑。威海大世界、环球广场、阳光大厦、圆楼大酒店、丽园大酒店的落成以及步行街的形成，不仅改观了北门外的面貌，并成为威海城区最具有活力的商业区之一。

当年的糖酒站，现在发展壮大成为家家悦集团，并已经发展成为上市企业。自 1975 年在北门外起家，1995 年发展连锁经营，目前拥有连销店近千家，每到节庆之日，原址当年的糖酒站超市，人潮涌动，红火繁荣。

大跃进时期，开始大规模拆除城墙。西、南两城门及当时较为完整的卫城城墙全部拆除。南城墙拆除后，地基平整成路，取名南城街。1969 年统归解放路。

1958 年城南河修筑河堤，两岸栽上了葡萄，河道上搭建简易葡萄架。20 世纪 70 年代初，重修河堤，葡萄架改用角钢搭建。每逢夏秋季节，葡萄架与水边浣女成为城南河一大景观，城南河的名字也常被说成葡萄河。著名作家峻青 1962 年来威创作的散文《秋色赋》，对葡萄河美景大加赞赏，文章曾发表于《人民日报》。修筑河堤的同时，还在南门外修建了横跨两岸的河桥，统一路开始向南延伸。不久，河南沿岸出现众多建筑物。至 80 年代初，电机厂、二轻医院等一批工厂单位先后落户。20 世纪初，交警指挥中心、建设银行等一些标志性高层建筑拔地而起，原本空旷荒凉的郊野，逐渐变成了人流如织的繁华城区。

1958 年西城门与西城墙拆除。同年，威海技工学校成立，校址就设在西门外偏南的那片菜地里。70 年代初，是西门外开发建设的时期。西门北侧，依次建起了屠宰场、食品加工厂、鸡蛋库和食品门市部在内的食品公司。接下来又在食品公司西侧建起了靴鞋厂、地毯厂、绣花厂、无线电元件一厂、皮件二厂、轻工机械厂等单位。与此同时，城南河南岸也建起了木器厂、木材公司、运输公司、自来水公司等单位。一直到现在，演变后的金猴、木材、食品门市等单位依然存在，屹立于西门内外。

2001 年，市政府宣告城南河改造工程破土动工。河床用混凝土铺设，河堤钢筋水泥浇铸，河床上方预制件封顶，数千米长的露天河变成地下河。解放路加宽改造工程同时进行，原来的河道封顶后变成了公路和绿化带。河床的覆盖，形成了一条纵贯城区东西的大交通干道，也就是今天的世昌大道。

几百年来，随着时代的发展和城市的更新改造，威海的模样在不断发生变化，早期的城门、城墙早已淡出人们的视野和记忆。从威海四个城门的变迁，可见威海整个城市历史的发展变化缩影。

威海，人杰地灵，风水宝地。从时代的变迁到社会的演进，深刻体现了威海历史变革和社会进步，体现了威海人孜孜不倦的精神追求。

城（作者书写）

金线顶的前世今生

金线顶，位于老城区威海湾东南的一座小山丘，与东北方向的刘公岛隔海相望，海拔约46米，并将威海湾自然分成南北两个湾区，是威海城区中心海湾的一个明显地理标志。

20世纪后，威海人记忆中，其中老船厂和第二中学便依建在山体的北侧和西侧。如今的老船厂也已变成了往返刘公岛的码头，第二中学也南扩至经区，原址成了北校区。

这座不起眼的山丘，在近代以来，却承载了许多历史过往，包括北洋海军时期、英租时期、日踞时期以及二中和船厂的前世今生等。这些历史，除了记录在城市档案里，也偶有出现在个别的书刊中，但我想对于现在的年轻一代，却大都不曾知晓它的过去。

史料记载，19世纪末，清政府为加强海防，在威海卫筹建北洋海军基地，金线顶便成为这个基地的重要组成部分。1881年，李鸿章委派直隶候补道刘含芳，在金线顶的西侧筹建鱼雷营，也就是现威海二中北校区。两年后，包括鱼雷厂库、鱼雷船坞等工程相继完成。1891年，为培养急需的炮手，驻

1903年英国人从日军手里接过来的军营，山根下的建筑为原日本驻军司令部

1929 年竣工的私立威海中学

威绥军在鱼雷营附近设立炮法学堂（又称武备学堂），选择聪颖北洋兵，请西人教习教授兵法炮法和各种技艺。该学堂共招两届，每届约 30 人，段祺瑞曾在该校任教官。在此时期，绥军还在金线顶西南顶角下的北竹岛东村设正营，担负护卫刘公岛基地重任，当地人称其为“金线顶营盘”。

甲午战争之后，日军驻扎威海卫，将鱼雷营原有设施拆除，建造了新的营房，日本驻军司令部进驻。同时将鱼雷营西侧及金线顶营盘，盖上了板房，筑起了围栏，修建成高标准的日式军营。

1898 年 4 月，英国租占威海卫。5 月 7 日，日本开始撤军，23 日撤军完毕。当日中午，日英中三方官员在金线顶日军司令部举行迎送午宴。24 日英军在刘公岛举行升旗仪式。次日英军接管了包括日军司令部在内的所有日军营房。金线顶以其特殊的身份见证了英日角色转换的关键环节及其全过程。

英国租占威海卫之后，为英舰出入港的安全，在金线顶东端山脚之下旗杆嘴，修建灯塔一座，当地人称金线顶灯塔。由于该塔独立于逶迤海礁的孤岩之上，灯海相映，塔崖相衬，成为整个港湾的一道靓丽风景。

威海卫的收回，结束了英租历史。然而，1945 年该塔又遭遇日军破坏，经过多次维修和改造，现沿用至今。

威海自古至今，重教尚学。1926 年，孙启昌等有志青年借用北大营营房开办了威海第一所华民自办中学——齐东中学。因校舍不足，请求殖民政府支持筹建新校。庄士敦深知英租以来政府教育投资甚少，为挽回面子，遂批准在金线顶划公地 60 余亩，并在地方绅商的大力支持下，于 1929 年建成包括教室、办公室、学生宿舍、伙房餐厅在内的新校舍。同年 8 月，与李翼之等人 1928 年筹建的威海中学合并，一起迁入金线顶新校舍，校名“私立威海中学”。

威海中学建立后的第二年，便随着威海卫的交还归属管理公署，更名为“威海卫公立第一中学”。经过 7 年的发展后，1938 年日军登陆威海卫，学校解体。1941 年，伪政府在原校址重新组建“威海卫区立初级中学”。抗战胜利后，威海卫市政府接管学校，组建“威海卫市立第一中学”。新中国成立后，更名为威海第二中学。1998 年之后，政府对学校进行过多次大规模的改造，陆续拆除了原威海中学的教室与教职工宿舍，新建了教学楼、图书馆、学生餐厅等新设施。2004 年，又与蒿泊的威海三中合并，组成了新的威海二中，金线顶校址遂成威海二中北校区。

新中国成立后，金线顶陆续有新成员落户。1962 年，威海船舶修理厂，在金线顶北侧辟山填海，建码头、修船坞、建造车间，也是威海船厂的前身。1978 年，威海市气象站入驻金线顶。同时期入驻的还有位于威海二中南的北竹岛小学。

金线顶，按照地域属北竹岛村所属，算是当地的一块风水宝地之一。1987 年后，北竹岛村委和村办侨乡集团的瀛洲宾馆落户山顶东侧。

金线顶，不仅见证了中国近代史的耻辱，也见证了威海历史的变迁与发展。多年来，市政府致力于把金线顶打造成城市中心区域的一颗明珠地段。随着最终规划方案的实施，曾经驻扎于此的单位也相继外迁。

如今，规划建设中的金线顶公园、运行中的旅游码头和东南侧建设中的华润地产项目，必将以崭新的面貌，谱写威海更加灿烂的明天。历经百年沧桑的金线顶，必将承托历史，继往开来，开启辉煌新篇章。

承载历史的刘公岛

刘公岛，位于山东半岛最东端的威海中心市区海湾口东，距市区海岸码头 1.5 海里。集“北洋水师遗址、甲午海战场、英租遗迹、爱国教育基地、渔家故事传说”等于一体。它面临黄海，背接海湾，青山环抱，苍松翠柏，素有“东隅屏藩”“海上桃源”的美称。

刘公岛北陡南缓，北部海崖直立陡峭，南部平缓绵延，东西长 4.08 公里，南北最宽 1.5 公里，最窄 0.06 公里，海岸线长 14.95 公里，面积 3.15 平方公里，最高处海拔 153 米。全岛森林面积为 3000 余亩，以黑松为主，覆盖率达 87%，植被茂密，郁郁葱葱。

刘公岛 1985 年以前为军事封闭区，之后对外开放，并成为全国爱国主义教育基地；1985 年被命名为国家森林公园；2011 年荣获国家 AAAAA 级景区。

据旧志记载，元代名刘岛，又名刘家岛。大约在明代开始称刘公岛。关于刘公岛名称的由来，有一段传说，算是出处与渊源。

丁汝昌寓所

水师学堂

刘公岛上的炮台

1938 年刘公岛上的侵华日本海军

位于刘公岛上的汪伪海军华北要港司令部旧址

相传，一条来自江南某地的商船，在海上突然遇到了大风，狂风卷起巨浪，无情地扑向商船。船上的人们奋力地与风浪搏斗，祈望能找到一处可以躲避风浪的地方。

几天几夜过去了，风浪仍不见停息。船上的桅杆被风吹折了，舵也被浪打歪了，船失去了控制，像一片树叶在海面上漂浮。船上的淡水用光了，食物也没有了，艄公们筋疲力尽，垂头丧气地倚在舱板上，任凭船只随波逐流。

在绝望中，不知是谁惊叫一声：“看，前面有火光！”众人忙起身寻找，果然在黑暗的前方有一点微小的火光闪烁，在风浪中时隐时现。众人顿时精神抖擞，忘记了饥饿和疲劳，拼力将船向着火光划去。渐渐地，火光近了，隐隐约约地可以看出前方是一个岛屿。船靠岸了，艄公们下船寻着火光走去，不一会儿，看见前面有一栋房屋，窗前亮着灯光。艄公们急忙上前敲门。片刻，门开了，一位老翁出现在门口。众人一边打躬作揖，一边诉说他们的遭遇，要求老翁能施舍一些茶饭。

老翁爽快地答应，并呼一位老媪出来与众人相见。众人随老两口进屋后，发现屋子里虽不算宽敞，却十分古朴可亲。不一会儿，饭熟了，老翁招呼大家吃饭。饭后，艄公们感激不尽，向前拜谢道：“救命之恩，永志不忘。不知此为何地，老丈贵姓？”老翁笑答道：“此为刘家岛，老朽姓刘。”说罢，又取出一袋食物相赠，并送他们回船休息。

次日天明，风息浪小，红日高照。艄公们收拾好船务后上岛取水，寻遍全岛，却不见昨夜的那栋房屋，也不见老翁老媪的身影。但见岛上树木葱茏，鸟语花香。众人这才醒悟，皆曰：“我们大福，遇到神仙了。”

后来，这条船再次经过这里。艄公们又上岛寻找，岛上依然是树木葱茏，鸟语花香，但仍不见老翁老媪和那栋房屋。为了纪念刘公刘母的救命之恩，众艄公集资在岛上修了一座刘公庙，庙内祀刘公刘母泥塑双像，以表示纪念之情。刘公庙建成后，来往的艄公船夫们每经此地，必上岛进庙祈祷。从此，刘公庙的名声越来越大，这便是刘公岛的由来。

1888 年，北洋海军成军，定址在刘公岛，在岛上设电报局、水师学堂、建北洋海军提督署、铁码头，刘公岛成为中国近代第一支海军北洋水师的诞生地。

其中丁汝昌寓所，建于 1888 年。北洋海军成军后，丁汝昌携家眷进居刘公岛，在此居住达 6 年之久。该建筑为砖石结构，由左中右三套院落组成，占地约 1.5 万平方米。西院为内寓，东院为侍从住房，中院为丁汝昌办公会客的地方。中院与东、西院有圆门相通，如今陈列着丁汝昌留传下来的部分家什、字画；院内有一株百年紫藤，是丁汝昌亲手所植，至今仍根深叶茂。大门两侧为门房，如今是展示丁汝昌生平的展室。寓所门前，矗立着高 3.8 米的丁汝昌铜像一尊。东西两侧建有红柱飞檐的六棱形凉亭。

北洋海军提督署，建于1887年，占地1.7万平方米，又称“水师衙门”，是北洋海军的指挥中心。当年北洋海军提督丁汝昌就在这里谋划指挥军事事宜。

北洋海军提督署，系清代砖木举架结构建筑，古朴典雅，稳重大方。整体建筑按中轴线建前、中、后三进院落，每进有中厅、东西侧厅和东西厢房。前、中、后院中厅分别为礼仪厅、议事厅、祭祀厅。各厅厢院落由连廊相接，雕梁画栋，结构严整。院内东南角有演武厅一座，其建筑融中西风格于一体，屋宇高阔，厅内宽广，内有挑檐式舞台一座。1891年，直隶总督兼北洋大臣李鸿章到威海巡阅北洋海军，曾在此处观礼，并在厅前检阅舰队操演。

北洋海军提督署正面大门上方，悬挂李鸿章题“海军公所”匾额。两侧边门，分别绘有秦琼、敬德神像，描金点漆，肃穆威严。大门外，东西两侧各置乐亭一座，为庆典、迎宾的鸣金奏乐之所。乐亭前面，建有东西辕门，样式恰似古典牌楼。门前广场对称竖立旗杆两支，青龙军旗迎风猎猎，颇壮军威。西辕门以西20米处，建二层了望楼一座，登楼远眺，港内舰船活动尽收眼底。

北洋水师学堂，建于清光绪十六年（1890），占地约2万平方米，现存有东西辕门、照壁、堞墙、小戏台和马厩等，这是目前国内唯一一处有迹可寻的水师学堂。当时，水师学堂总办由提督丁汝昌兼领。1889年冬，从上海、福建、广东等地招收学生36名，另有10名学生附学，共46名。1890年5月，海军学校开始授课，课程设有英文、几何、代数、驾驶、天文等，并配有敏捷、康济、威远、海镜四艘练船，供教学用。水师学堂共开办4年，毕业一届30名驾驶生。中日甲午战争后，刘公岛陷落，水师学堂也毁于战火。2004年6月，威海水师学堂修复开放。

北洋水师铁码头，是北洋海军舰艇的停泊之所，由道员龚照玙主持设计建造，1891年竣工。铁码头墩桩使用厚铁板钉成方柱，径四五尺，长五六丈，中间灌入水泥，凝结如石，直入海底，涨潮时可停靠万吨轮船。甲午战争后，码头虽然几经维修改造，但基本维持原貌。1971年，在原来的基础上又增建了突堤“丁”字形引桥。至今仍为人民海军所使用。

刘公岛上最大的英租时期建筑——康来饭店

919 年英殖民政府按照英国卫生建筑标准，结合中国建筑风格，重建的刘公岛东村和西村

清代古炮台6座，分别位于黄岛、麻井子、旗顶山、迎门洞、东泓、南嘴，与南北两岸炮台遥相呼应，均由德国人汉纳根设计。除炮台外，还建有与之配套的地下通道、兵舍、弹药库等，并相互贯通。炮台使用花岗岩砌筑、水泥灌浆，施工严谨，造型巧妙，坚固实用。其工程规模之浩大，结构之复杂，令人赞叹。

中国甲午战争博物馆，于1985年3月21日开馆，以北洋海军和甲午战争为主题，以丰富的历史遗迹和特色鲜明的陈列挺秀于中国博物馆之林。

中国甲午战争博物馆

龙王庙，复建于清代，占地近3000平方米。整个建筑古朴典雅，美观大方，有前后殿，东西厢房，均为举架木砖结构，正殿中间塑有龙王像，神气活现，左右站列龟丞相和巡海夜叉。两边墙壁绘有古代传说故事壁画，形象逼真。东厢房陈列两块石碑，分别题刻“柔远安迩”和“治军爱民”碑文，均为光绪十六年刘公岛绅商为丁汝昌和张文宣所立。旧时，每年的农历正月初一或六月十三龙王生日这天，岛里岛外的渔民纷纷进香跪拜，祈求龙王保佑海上平安。甲午海战前，凡过往船只要在岛上停靠，皆来此拈香祈福，北洋海军也信奉龙王，一时香火旺盛。丁汝昌殉国后，其灵柩曾厝置此处。后

刘公岛博览园

来岛上居民在庙内设其牌位，四时祭祀，所以龙王庙又名丁公祠。

近 10 年来，刘公岛加强了历史文化与现代展示的力度，形成了一系列新的展示园区，向世人展示了刘公岛的过去、现在与未来。

刘公岛博览园，是一处融历史文化与影视科技于一体，集古典建筑与园林艺术于一身，汇甲午风云、英租历史、刘公文化、海权文化、海洋文化于一园的综合性园区，占地面积 5 万平方米，建筑面积 1 万多平方米，包括六大展区，因其展示内容广博故而得名博览园。

其中的甲午海战演示厅，通过目前国内最大的动感平台和全景式数字影院，形象地再现甲午战争中的丰岛海战、黄海大战、刘公岛保卫战等系列战役，让观众真切体验到甲午战争的悲壮惨烈。

海权文化区，包括与天坛、地坛并称的中华海坛及一代名楼望海楼。气势磅礴的海坛之上，56 条石雕飞龙盘踞其中，定海神珍巍然耸立，古代宝鼎雄浑大气，登临中华海坛，使人顿感海疆之辽阔，海洋之博大，海权之重要。望海楼始建于唐代，系登州刺史为迎候武则天东巡所建，名噪一时，后毁于

北洋海军忠魂碑

战乱。在原址复建的望海楼，高约九丈，为博览园最高点，分为春福厅、夏禄厅、秋寿厅、冬禧厅四层。

英租文化区，是英租威海卫历史博物馆，通过大量的历史照片、影视、蜡像、雕塑等展示手法，真实再现作为闻一多先生笔下“七子”之一的威海卫被英国强租 32 年以及刘公岛被英国强租 42 年的历史，让人们穿越时空隧道，重回 100 多年前的威海卫和刘公岛。

北洋海军忠魂碑，是 1988 年 10 月为纪念北洋海军成军 100 周年而建，呈六棱形，高 28.5 米，上部正面是“北洋海军忠魂碑”七个金黄大字，下部碑文两侧是北洋海军将士浴血奋战、英勇杀敌的群体浮雕。远远望去，此碑好似万绿丛中刺向蓝天的一把宝剑，象征着中华民族反抗异邦侵略的不屈灵魂。

刘公岛，作为区域海上的天然屏障，在国防上具有极其重要的地位。1894 年 11 月 22 日至 1895 年 4 月 17 日，甲午战争在山东半岛和辽东两个战场进行，有威海卫之战和辽东之战，其中威海卫之战是保卫北洋海军根据地刘公岛的防御战，也是北洋舰队对日的最后一战，最终，刘公岛海军基地陷落。

至此，刘公岛成为大清北洋海军大殇之地。由此，《马关条约》的签订，加速了西方列强瓜分中国的进程。

1898 年，大清政府“自欺欺人”，以所谓制衡俄国军事力量为“自我安慰”的小算盘，同意将威海卫租借给英国。自此，刘公岛成为英国皇家海军在远东地区的训练和疗养地。在刘公岛被英人租借的42年里，岛上建设了大量用于办公、休养、训练、宿舍等英式建筑，修筑了军舰码头和货运铁轨等，大部分至今保存完好。

1930年，威海卫收回，结束了英租32年的历史，刘公岛又续租10年，从而使这个3.15平方公里的岛屿上，留下了42年之久的英人租借足迹。

1950年3月，人民海军成立之初，新上任的海军司令员肖劲光来到威海，吊唁当年北洋水师大本营。为了过海到刘公岛，向当地渔民租借渔船。渔民得知是中国海军的司令员时，很是不解：堂堂海军司令却借渔民渔船过海！

是的，肖劲光现实地演绎了一版对中国海军的“讽刺”，并对随行人员说：“记下来，1950年3月17日，海军司令员肖劲光乘所借渔船视察刘公岛！”

如今，人民海军牢记屈辱与使命，从无到有，从小到大，从弱到强，一步一个脚印向前迈进。并开启了由大向强的历史新航程，奏响了挺进深蓝、走向大洋的时代最强音。 以强魄的军魂，向当年刘公岛北洋水师的先烈们致敬！

英租时期刘公岛上西摩尔街

英租时期的刘公岛，成了英国皇家海军的乐园。图为刘公岛海军医官长帕姆佛莱德一家（摄于 1939 年）

1923 年刘公岛海面上的英军“赫尔摩斯号”航空母舰

1939 年刘公岛雪景

辛汪寨巡检司渊源

明洪武二年（1369），明王朝为防御倭寇，在文登县境内设立赤山、温泉镇和辛汪寨三个巡检司，三个巡检司构成一个三角防御体系，共同守护着海疆边防和境内百姓安全。

在许多相关历史文章和资料中，辛汪寨的位置常常有"寨子"和"长峰"两个位置的不同注记，有时会给读者带来一些困惑，也或许是记载者没有太多关注它的渊源，或者是没有注释。也由此，辛汪寨的名称由来、辛汪寨的初址与移防等问题，一直有相关专家和学者对其进行考证和研究。从目前研究的相关资料和认定的依据看，辛汪寨当年从现在的寨子移防到长峰一带的说法是正确的。

辛汪寨创寨碑

碑文

让我们看看史料记载：明洪武三十一年（1398），“为防倭寇侵扰，析辛汪都三里置设威海卫”；明宣德九年（1434），“正月壬戌，移置辛汪寨巡检司于长峰寨、温泉镇巡检司于古峰寨；时任山东威海卫指挥佥事陶钺言：‘二巡检司虽为捕倭设，然与百尺崖备御后千户所相近，又非要害海口。而长峰、古峰二寨，实险要之地，于备倭为宜。’遂移置焉。”这是《明宣宗实录类纂——山东史料卷》之登州府史料辑注的。

《宣宗实录》是根据当时的档案整理的，其真实度应高于后世编纂的地方志。因此，辛汪寨、温泉镇二巡检司移防的时间，应该是宣德九年（1434），而不是洪武三十一年（1398）。也就是明朝施政后，先延续了元代的建制和寨址，后根据设立威海卫后的卫城布防需要，辛汪寨巡检司的位置近在城西不远处，没有必要离卫城这么近。故将在卫城近处的辛汪寨巡检司南移，是符合常理的。

由此得出，宣德九年辛汪寨巡检司由寨子村西北迁驻长峰村东北的位置。

清康熙十八年（1679），又移防斥山，改名为斥山寨巡检司。以后，又在雍正十三年（1735），移防于石岛海口，改名为石岛巡检司。至宣统三年（1911）废除巡检司建制。自 1369 年至 1911 年，原“辛汪寨”巡检司包括巡检司的历史已历时542年，并先后使用了三个名称。

要追溯巡检司的设置渊源，让我们随历史记载回到到元代，那时就曾设置过辛汪寨巡检的职务。光绪《文登县志卷五·职官表一》在记述元代境内的职官设置时，就有“赤山寨、辛汪寨、温泉镇巡检各一员”的记载，并记有辛汪寨巡检于世隆和于荣的名字。这进一步说明，辛汪寨这个名称在元代就已经出现了。在元代，县以下设置的政区称为都，明代文登县沿袭元朝的建制，在县以下依旧设都，都辖下巡检司。不同的是到清代改为以序数为名，如今的威海市区崮山周围为文登县第十三都，今文登市高村周围为第三都，莒山周围为第十八都，汪疃周围为第二十一都，今荣成市宁津周围为第七都等。

可以明确的，一是从元代起就设置巡检司的建制，明朝延续了元代的建制称谓，到了清朝去掉了名，改为数字；二是辛汪寨这个名称，自元代已经命名，不仅是寨子村的名称来源，也是明代辛汪都管辖辛汪寨的名称来源。

辛汪寨，500多年的历史，不算太长，随着城市的不断扩展，如今却早已没了模样。有的是现在市区古寨路西侧，一条名为“辛汪寨”的南北向不算长的小路，算是个纪念吧。

城域演变

威海自明洪武三十一年（1398）开始设卫，才有了城的雏形。威海卫筑城之初的辖境范围，在清光绪《文登县志》中有清楚的记载："北自卫八里至海；南自卫八里至接官亭；东自卫一里至海；西自卫五十五里至初村庄，接宁海州界。"其中卫城内 0.55 平方公里，辖左、前、后 3 所分辖防区。

清初沿袭明制，卫与州县平行，不属于县。清顺治十二年（1655），裁左、前 2 所，全境划为卫直辖防区及后所防区。清康熙四十一年（1702），后所亦裁，全境统归卫。清雍正十三年（1735）裁卫后，境内大部分属文登县辛汪都管辖，设威海巡检司；东南部属荣成县温泉都管辖，设盐滩巡检司。

清光绪二十四年（1898）威海卫被英国强租，租借地包括刘公岛及威海湾周围诸岛和海湾沿岸 10 英里以内的地方。疆界东起大岚头东北海滩（今属荣成市港西镇），西至双岛港的黄泥岛（今属环翠区初村镇），南起张家疃

1931 年的统一路

村南（今属环翠区草庙子镇），北至褚岛。南北最大纵距 28.9 公里。陆地边界长 64.4 公里，海岸线长 115.9 公里。总面积约 738.15 平方公里。全境划为 25 个总董区和 1 个特坊（刘公岛）。

1930 年 10 月，威海卫收回，威海卫管理公署会同山东省政府对英国租借地重加勘定调整，威海卫行政区全境初设 4 区，后划为 8 个自治区（区名以序数排列）和刘公岛特坊，其中 8 区分别驻在卫城里、神道口、姜村寺、羊亭、长峰、柳林、盐滩和孟家庄。全区共辖 375 个村，总面积约为 663 平方公里，其中城区 4 平方公里。日伪时期，沿用威海卫行政区划。

1945 年 8 月抗战胜利后，以原威海卫行政区范围设威海卫市。境内政区初划为 5 区、1 镇，不久改划为 9 区、1 镇，即城市区、市北区、里口区、羊亭区、草庙子区、凤林区、崮山区、桥头区、港西区和刘公岛镇。共辖 366 个行政村，总面积约 663 平方公里。1947 年 7 月，市北区并入城市区，1948 年 4 月重新划出，改称山后区。

1950 年 3 月，威海卫市实行城乡分治，原属的港西区、桥头区、草庙子区、崮山区、凤林区、羊亭区和里口区的南半部分别划归荣成、文登、昆嵛等县，市境缩小。区划亦相应调整，城区 16 个行政村，直属于市政府；市郊设 1 个郊区，辖田村、神道口、孙家疃、合庆、寨子、竹岛等 6 个乡和刘公岛镇。时市境西至后峰西村，南至戚家庄，东、北两面至海，共 54 个村庄，总面积约 80 平方公里。

1951 年 5 月 5 日，威海卫市改为威海市。

1954 年 12 月，威海市城区 16 个行政村改建为 6 个居民委员会（名称以序数排列）。1955 年 10 月，撤销郊区，保留 6 个乡和 1 个镇。1956 年 2 月，撤销刘公岛镇，并入市区第一居民委员会。

1956 年 6 月，文登县羊亭、凤林、崮山 3 区所辖的 18 个乡划归威海市。9 月，又从文登县划入竹园、宋家洼 2 个乡。市境范围，东延至皂埠口，南延至豹虎山，西延至双岛港，总面积约 260 平方公里。同年底，境内区划相应调整，全市辖孙家疃、田村、张村、羊亭、长峰、凤林、天东、崮山等 8 个乡，鲸园、城里、大桥等 3 个街道办事处。

1958 年 7 月，文登县的小城乡和温泉乡的 4 个村划归威海市，市境向西

1980 年统一路南端

1980 年统一路北端

1979 年的市区全景图

1986 年的汽车站

延至店上，西南延至宋家疃，总面积312平方公里。8月，境内区划由9个乡、3个办事处调整为5个乡、1个办事处，并于9月改为6个人民公社。10月，文登县的石岭、草庙子、温泉人民公社和荣成县的桥头、泊于人民公社划归威海市。至年底，境内区划归并为10个人民公社。市境范围，东至泊于人民公社的海西头，西至石岭人民公社的长夼店，南至桥头人民公社的姜家泊，北至海中褚岛，总面积约728平方公里。

1965年6月，草庙子、苘山、初村人民公社划归文登，桥头、泊于、卧龙人民公社划归荣成。境内划为7个人民公社。市境范围，东至皂埠口，西至凤凰山，南至正棋山，北至海中褚岛。总面积408平方公里，其中城区面积4平方公里。至1976年，城区面积扩大至6平方公里。

1984年3月，实行政社分开，全市区划调整为田村、张村、孙家疃、羊亭、蒿泊、崮山、温泉7个镇和鲸园、环翠楼、竹岛3个街道办事处。1985年1月，增设刘公岛街道办事处。

1987年6月15日，威海市升为地级市，以原威海市行政区域设环翠区；将烟台市的荣成、文登、乳山3县划归威海市。全市共辖38个乡、36个镇、4个街道办事处，2768个村委会、38个居委会。市境东至荣成县成山头，西至乳山县青山村西，南至荣成县朱口村南，北至海中褚岛，总面积5436平方公里，其中市区面积408平方公里。

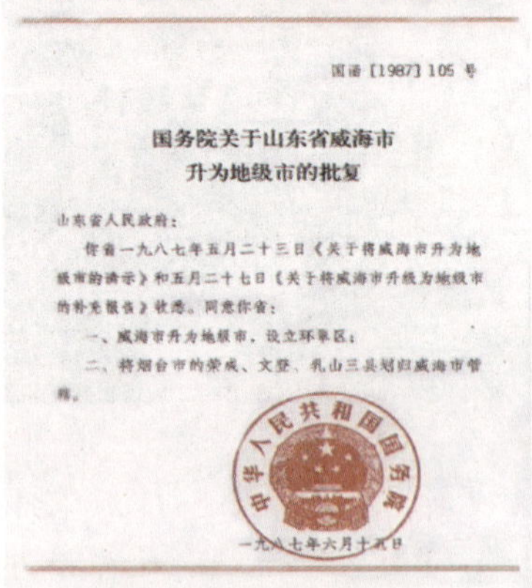
中华人民共和国国务院

国函〔1987〕105号

国务院关于山东省威海市升为地级市的批复

山东省人民政府：

你省一九八七年五月二十三日《关于将威海市升为地级市的请示》和五月二十七日《关于将威海市升级为地级市的补充报告》收悉。同意你省：

一、威海市升为地级市，设立环翠区；

二、将烟台市的荣成、文登、乳山三县划归威海市管辖。

中华人民共和国国务院

一九八七年六月十五日

国务院成立地级威海市的批复

1989年1月—1994年3月，先后分5批将原有38个乡撤乡设镇。

1990年11月，将刘公岛街道办事处划归威海市直属（1994年7月曾划归环翠区，1996年8月复直属威海市）。

1991年3月，成立威海火炬高技术产业开发区（其管委会均为市政府派出机构）。次年5月，设立威海火炬高技术产业开发区街道办事处。1992年10月，成立威海经济技术开发区（其管委会均为市政府派出机构）。同年12月，撤蒿泊镇设蒿泊街道办

1986 年的海滨路

1986 年的昆明路

1986 年新威路中段

20 世纪 80 年代的东方商场

20 世纪 80 年代的威海新华书店和职工礼堂

事处，1993 年 1 月，蒿泊街道办事处由环翠区划归威海经济技术开发区。

1993 年 8 月，撤乳山县，设乳山市。其行政区划不变。

1994 年 6 月，将文登市的初村、草庙子和荣成市的桥头、泊于等 4 个镇划归环翠区。

1994 年 8 月，文登市设立双龙街道办事处。

1996 年 8 月，撤田村镇设田村街道办事处，并由环翠区划归威海火炬高技术产业开发区。

1998 年，全市新建城区居委会 6 个，经合并减少城区居委会 9 个，新建小城镇居委会 50 个；1999 年，全市新建居民委会 7 个，村民委员会减少 17 个。

2000 年，荣成撤销城西、斥山、龙须岛、镆铘岛 4 个建制镇，分别并入崖头、石岛、成山、宁津 4 镇。威海经济技术开发区撤销蒿泊街道办事处，在原蒿泊街道办事处行政区域范围内设立皇冠、凤林、西苑 3 个街道办事处。全市新增居民委员会 1 个。至 2000 年末，威海市辖环翠区、荣成市、文登市、乳山市及威海火炬高技术产业开发区和威海经济技术开发区及 68 个镇、9 个街道办事处 2679 个村民委员会、174 个居民委员会。总面积 5436 平方公里，其中市区面积 731 平方公里，建成区面积 43.65 平方公里。

经山东省人民政府 2006 年批准设立，并报国务院备案，2008 年 4 月 29 日，威海工业新区正式成立。2013 年，经国务院批准，威海工业新区升级为国家级经济技术开发区，更名为威海临港经济技术开发区，简称临港区。

2014 年 1 月 25 日，国务院以国函〔2014〕13 号文批复，撤销文登市，设立威海市文登区，以原文登市（不含汪疃镇、苘山镇）的行政区域为威海市文登区的行政区域，将原文登市的汪疃镇、苘山镇划归威海市环翠区管辖。威海市域面积由 5436 平方公里，调整到 5797 平方公里。

600 余年筑城史，也是城市演变和发展史。从荒蛮渔村到海防卫城，从明朝到民国，从民国到新中国成立，是一个漫长而曲折的历程。

城市在规划中变迁

俗话说：没有规矩，不成方圆。

国家、城市、乡村的建设发展也一样，没有相应的尺度标准去把控，那将是一盘散沙，或杂乱无章，或野蛮生长。

威海，由明朝洪武三十一年（1398）为防倭而设立的威海卫发展而来。古时虽无“城市规划”之说，实际上却早已存在朴素规划思想，并进行着因地制宜的雏形规划。

明代出于海防考虑，选址建城充分利用依山傍水、据险称雄的传统观念，卫城整体布局，顺其自然环境，南、西、北三面环山，在城南掘护城河为隔；东面大海，并与刘公岛遥遥相对，既据险要地势，又适应地形起伏，空间轮廓得体，充分体现了我国古代城市“居中为正”的传统理念和运用易经哲理，“法天象地”的构思与设想。明代卫城，城垣南北长 870 米，东西平均宽度 632 米，占地 0.55 平方公里。卫城布局以东西、南北 2 条主要街道划为 4 个坊隅。威海卫指挥使司衙门、威海卫学和主要庙宇，均集中于东北隅；生活居住区多集中于东南隅和西南隅；集市则设于“十字街口”附近地段。清康熙十六年（1677），威海卫守备李标，为易威海“风水”，调集民工在城内开河筑堤，引城南河水入城东流入海。清雍正七年（1729）秋，因大雨，城南河水复从旧河道（今城南河）东流入海。清代裁卫后，卫城仅为一普通居民点。

英国强租威海卫后，卫城内基本未变。1902 年，英租殖民政府开始兴建“爱德华商埠区”后，逐渐向外展延，形成南起芦石台（今观海花园），东至黄泥沟，沿威海湾海岸线走向，呈一带状的商埠区，占地约 125.57 公顷。行政机构集中建于北端（现在环翠区公安分局的位置）；商业区布置于元宝街（今海港路）两侧，以鲸园为中心；生活区主要布置于戚谷疃、东仓村一带；东山以东为别墅区；芦石台、鲸园等地为宗教活动区。卫城以内仍归中国管辖。

国民政府收回威海卫后，威海卫管理公署对原有市区沿两个方向进行拓展：一是从北门外，向北至坞口河；二是从东门外，沿中山路两侧向南延伸至芦石台。并于 1931 年 4 月，拆除卫城东门、北门和城里十字路口戏楼，整修城内街道，居住人口两万人左右。城市功能分区为，后营区（自东码头至坞口花园）为官署办公区；城东南区（自东门至北竹岛）为主要工业区；城内区（卫城内）为主要居民区，北门外，鲸园、戚谷疃亦为居住小区；城北区（自坞口花园至北城根）为宗教活动区；东山区（自东码头至东山）为别墅区，多为外国人所占据；商业、服务业多分布于中山路两侧和城内 4 街，以坞口花园附近最为繁华。1938 年威海被日本侵略军占领后，市区再无拓展，主要建筑也大多毁于日寇炮火。

新中国成立后，党和政府将城市规划置于城市建设和管理的龙头地位列入重要议事日程，城市规划工作逐步展开。50 多年间，先后对城市规划进行了 6 次制订和修编，有效指导了城市建设管理的科学发展。

随着城市规划的分期实施，威海市城市面貌发生了翻天覆地的变化。城市规模逐年扩大，由卫城时的不到 1 平方公里发展到 1978 年的 6 平方公里，到 2000 年末扩展为 43 平方公里，城区人口由 1978 年的 3.4 万人增加到 2000 年末的 45 万人。至 2017 年，城市规模已发展到 277 平方公里，城区人口已突破百万。在城市建设中，坚持“以人为本，以法为据”，走可持续性发展之路，城市形态结构以其特殊的地理位置为依托，山和海构成特有的自然条件，因山就水，因地制宜，安排城市功能分区和布局。将历史地段、文化古迹、社会生活传统合理地保护和发扬，依据现代经济社会发展的需要、物质技术装备水平和科学技术与城市环境的关系规划和改造旧城区，建设新城区，力求将威海建设成为一座以高新技术为主的生态化海滨城市。

1949 年后，威海市城市总体规划随着社会经济发展、城市内外环境变化，分别于 1958 年、1971 年、1978 年、1985 年、1989 年、1994 年先后进行了 6 次制订和修编。其中 1978 年和 1994 年两次正式上报审批。

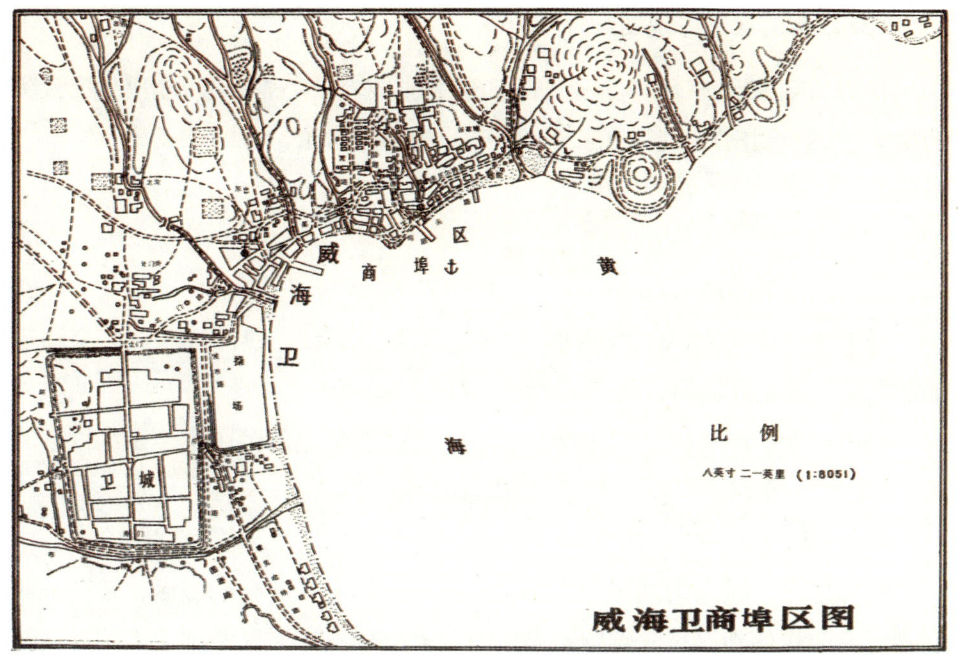

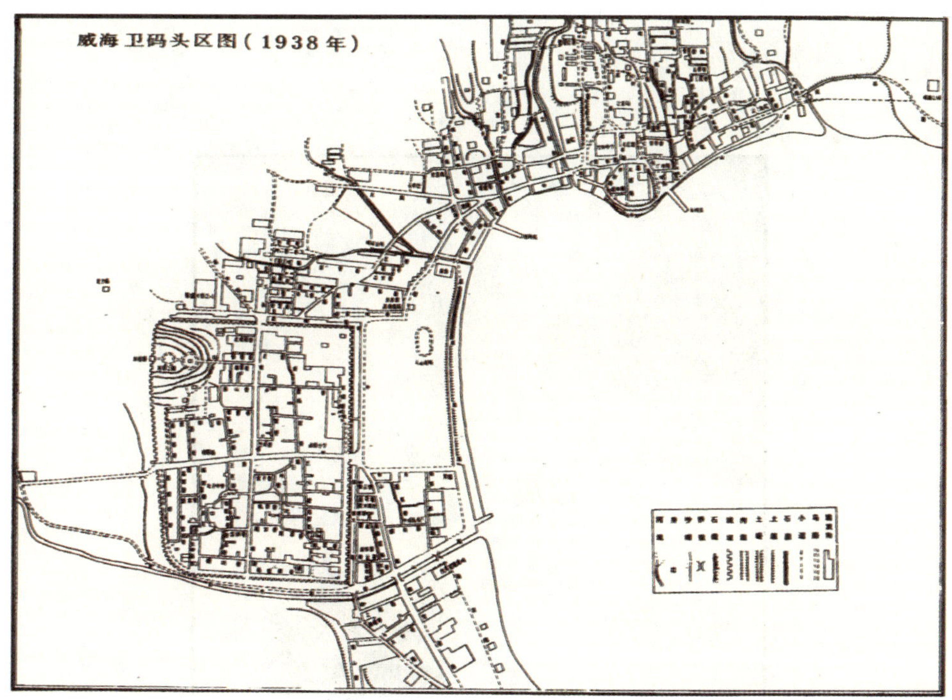

20 世纪 30 年代的城区部分规划设计图

1958年首次总体规划

1957年，威海市政府提出编制城市规划，在山东省建设厅勘察测量大队的帮助下，绘制出规划设计草图，经市有关部门讨论，并征求天津大学城市规划组的意见，通过修改、审查，于1958年5月首次编制出威海市城市总体规划。

规划的主要内容有：

城市性质确定为以发展渔业、纺织、地毯、刺绣、食品加工业和交通运输业为主的轻工业城市，改变消费城市为生产城市。

城市规模。城市人口至1972年10万人；规划市区范围南至金线顶，北至古陌村，东至东山，西至寨子，占地6.6平方公里。

实施期限为1958—1972年。

功能分区。城南河两岸为集中工业区；生活居住区在旧城区，并在工业区附近另辟居住新区；除保留市内原有疗养院外，在城区北部近山地带建新的疗养区；商业服务业分布在生活居住区和市区内主要道路两侧；市中心选择在东门外至昆明路之间。

1958年的总体规划图

市区交通。市区道路以原有路线为基础，规划南北方向干路 2 条，东西方向干路 4 条，主要干路宽 25 米，次要干路宽 20 米，街坊支路 12 米；对外公路保留原有的至烟台、荣成、海阳等公路。

1971 年总体规划修订

1970 年恢复城市建设局后，针对城市建设管理混乱的状况，城市建设局提出了修订总体规划的意见。在 1958 年规划的基础上，提出工业区应由城区向南至长峰和向西至黄家沟两个方向发展；对外交通海运改以现有商业、渔业码头为主；火车站保留铁道部勘测在南北竹岛之间的地带；生活居住区、卫生疗养区、文体宣传区、商业服务区基本不变；道路仍按原规划的宽度执行，一切建筑均须退出规划红线；建筑物的层数，除厂房、仓库及有特殊要求的建筑物外，一般应建设 2 层以上楼房，以利市容风貌，降低建筑密度。此次规划修订意见虽无正式批复，但在 1971—1979 年，基本以这一修改意见指导城市建设，取得一定成效。

1978 年重新编制总体规划

由于经济建设发展较快，原修订的规划已不适应需要。1978 年根据全国第三次城市工作会议精神，聘请济南市城市建设局测绘队来威海进行地形测绘，于 1979 年 3 月重新编制完成了《威海市城市总体规划方案》。1982 年 10 月，山东省人民政府以［82］鲁政函 197 号文件正式批准。

规划期限：近期至 1985 年，远期 2000 年。

规划的指导思想：为实现四个现代化的宏伟目标，把威海建设成工农结合、城乡结合、有利生产、方便生活、具有现代化设施的社会主义城市。

城市性质：以轻工、电子、仪表工业为主的海滨城市。

城市规模：市区南至长峰村，北至古陌村，东至东山，西至田村，西北至神道口村。城区人口 1985 年发展到 5 万人，至 2000 年，控制在 10 万人以内。

功能分区：市中心位置，在环翠楼公园下，东至海滨路，北至昆明路，南至和平路；居住生活区，在改造旧城基础上，向北部开拓，新辟南、北 2 个生活区；工业区，向南、西、北 3 个方向发展；旅游、疗养区，逐步在东

1978 年的总体规划图

山以东合庆村海滨开辟。

城市道路：城区设主干道 4 条，南北有新威路、海滨路，东西有解放路、长征路，路宽均为 30 米；设次干道 6 条，南北有统一路、东城路、西城路，东西有和平路、昆明路、宝泉路，路宽均为 18~24 米。

1978 年总体规划主要在城市用地规划、专业规划、城市防护规划、郊区规划等几方面进行了详细论证与阐述。

1985 年总体规划修订

1985 年规划大纲的指导思想：根据威海的地理位置、自然资源、对外交通和对外开放政策，着重吸收国外先进技术，开拓国际市场，将威海建成对外开放城市，同时要以本地为依托，以城市为中心同步发展。

规划布局：城区现状三面环山，一面临海，受地形限制，已无发展余地。南部蒿泊地质良好，地势平坦，又有建港和修铁路站场位置，规划安排为城市交通枢纽和对外加工区。东北部合庆、孙家疃一带，风景优美，靠山近海，规划为疗养、游览区。西北部神道口至小石岛一带地势开阔，环境幽静。沿海有万亩防护林，规划开辟文教、科研、体育和旅游区，西部田村周围，工业有一定基础，靠近文教体科区，规划为科学实验基地和实习工厂，发展高精尖工业。西南部羊亭和张村，规划为长远发展 2 个独立工业区。根据用地条件和自然条件，市区布局采用带状组团结构，规划分设老城区，张村区、羊亭区、蒿泊区、田村区、文教体科区 7 个组团，既相对独立，又互为依赖，用 1 条快速道路把城市紧密联结在一起。2000 年以前重点开发蒿泊区，改造老城区，充实田村区、文教体科区和疗养区；2000 年以后开辟羊亭、张村两区。市区道路结构，根据各区地形，分别采用方格网和自由式布局，沿海设环海游览路。

1985 年总体规划，仅作为讨论稿，未予正式出台。1987 年升为地级市后的规划大纲，则作为指导性文件，为 1989 年总体规划的编制奠定了基础。

1989 年总体规划修订

1985 年，经国务院、中央军委批准，威海港自 1985 年 4 月 1 日起，正式对外开放。1987 年 6 月 15 日，国务院正式批准威海升为地级城市。1989 年，同济大学建筑系与威海市城乡规划管理处共同修订完成了 1989 年的总体规划，以适应新形势要求，保证城市各项事业的合理发展。

1989 年规划指导思想：加强中心城市的强度，提高中心城市的辐射力，以城市为中心，加强地区城市化进程，实行全方位开放。充分利用自然山海环境，体现风景旅游城市的特色，将威海建成高科技、外向型、环境优美、生活舒适的海滨城市。

城市性质：区域政治、经济、文化中心；工业、旅游、港口城市。

规划期限：总规 20 年编制 1 次，每 5 年进行 1 次修订补充。

城市规模：人口近期控制在 15 万以内，2000 年前控制在 20 万以内。

1989 年总体规划，主要在城市用地布局规划方面进行了详细论证与阐述。但由于这个时期处在城市高速发展和扩张期，规划控制各项指标已远远超出预期。

1994 年编制总体规划

1989 年编制的城市总体规划，较好地指导了威海城市建设和社会经济各项事业的发展。但随着全市经济迅速发展，特别是两个国家级开发区的创立，威海的城市人口、用地规模等项指标都已突破原规划。为此，按照威海市委、市政府批示，依据威海市国民经济和社会发展十年规划及中共威海第十次党代会提出的“到 2008 年，在全市基本实现社会主义现代化”的总体发展战略，结合威海在山东省跨世纪城市“二带五群”发展布局中的重要位置，1993 年 6 月，委托天津大学建筑系，开展了《新一轮威海市城市总体规划》的修订工

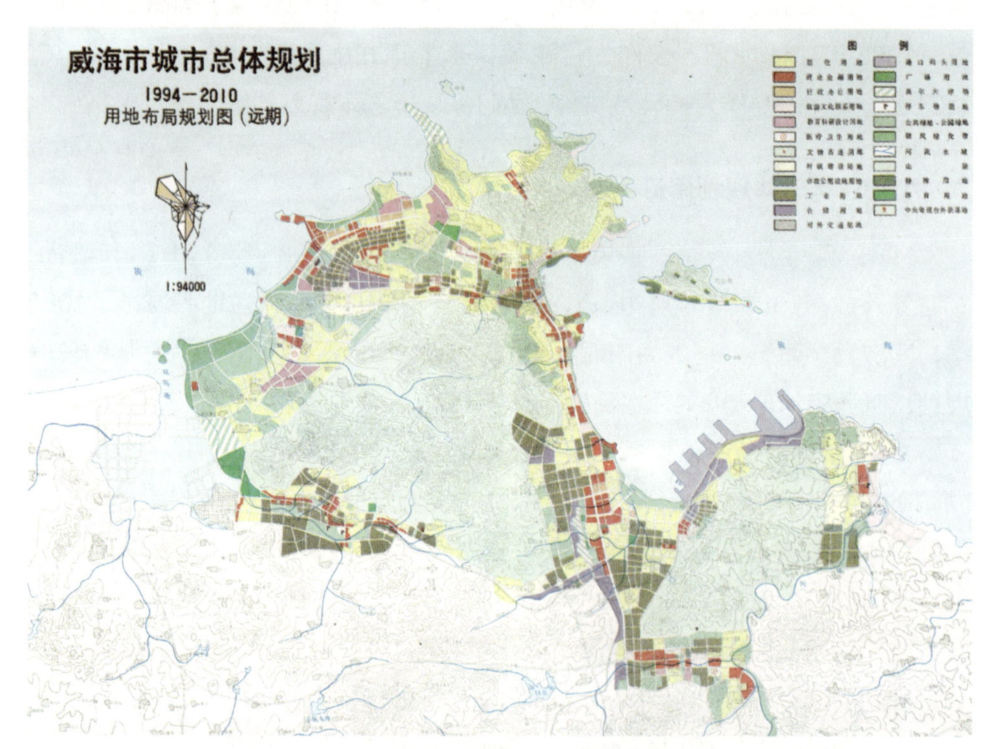

1994 年威海市城市总体规划

作。1994 年 5 月完成初稿。经市委常委会议研究审查，通过省内外专家评审，于 1995 年 9 月向山东省人民政府报批。1996 年 12 月，山东省人民政府鲁政字［1996］287 号文批复 1994 年申报的《新一轮威海市城市总体规划》。

2004 年修编总体规划

威海是山东半岛的区域中心城市，重要的海洋产业基地和滨海旅游城市。在实施 1994–2010 总体规划的同时，为加快和促进威海城乡一体化发展，于 2004 年，经山东省政府批准，威海市启动了新一轮城市总体规划修编工作。按照“中心崛起、两轴支撑、环海发展、一体化布局”的城市发展格局，从重视城乡区域统筹发展、合理控制城市规模、完善城市基础设施体系、提升绿色循环低碳理念、建设资源节约型和环境友好型城市、创造优良的人居环境、重视历史文化、保护历史风貌等方面入手，统筹布局，科学合理规划，充分考量城市发展与物质文明和精神文明高度融合、共同进步。2006 年，修编成果经省直有关部门会签同意。2009 年，国务院办公厅要求威海市城市总体规划经省政府审查同意后，报国务院审批。2010 年，省住房和城乡建设厅要求威海市对城市总体规划进行补充完善。根据相关要求，威海市紧密衔接山东半岛蓝色经济区发展规划、威海市“十二五”国民经济和社会发展规划、土地利用总体规划等有关规划，结合部分行政区划调整等实际情况，按照法定程序对《威海市城市总体规划（2004–2020 年）》进行了补充完善，并将规划期限调整为 2011 至 2020 年。

2017 年 5 月 4 日，国务院批复关于《威海市城市总体规划（2011–2020）》。根据国务院的批复，确定威海为山东半岛区域中心城市，重要的海洋产业基地和滨海旅游城市。逐步建设成为经济繁荣、和谐宜居、生态良好、富有活力、特色鲜明的现代化城市。

目前，威海正开始着手编制 2020–2035 总体规划，阔步迈向更美好的新纪元。

2011 年威海市城市总体规划功能布局示意图

第七篇

人物传记

魏国公徐辉祖与威海卫

徐辉祖（1368–1407），初名允恭，濠州人（今安徽凤阳），明代大将、中山王、魏国公徐达的长子。身长八尺五寸，面如冠玉，英姿非凡，才气卓著，以勋卫署左军都督府事，1385 年袭爵魏国公。在明朝王、公、侯、伯、子、男六等爵位中，这是封给皇家以外的人最高的爵位。

徐允恭在明太祖时期已在左军都督府任职，为了避讳，获赐名辉祖。辉祖曾在陕西、北平、山东、河南担当军务，后来转到中军都督府任职。惠帝即位后，加太子太傅。燕王朱棣之子朱高煦（辉祖外甥）在京城偷了辉祖的马匹逃回北平，辉祖派人追赶，并向惠帝报告，因此得到惠帝信任。

靖难之变开始后，建文四年，朝廷命辉祖带兵北上，败燕兵于齐眉山。朝廷在此时却诏辉祖回京，淮北的中央军因此势孤而大败。燕兵渡江后，辉祖仍引兵力战。朱棣入京后，辉祖留在父祠，不肯迎接朱棣，朱棣大怒。由于他是开国元勋徐达之子，持有可免死的铁券，以及姻亲关系（朱棣内兄），朱棣不便杀他，便把他禁锢在家中。

明永乐元年（1403），朝廷下令威海卫修城，便将魏国公徐辉祖派往威

徐达

徐辉祖

海卫。

魏国公徐辉祖调动宁海（今牟平）、文登数万人及驻军，用了三年的时间将卫城修成（其间，陶钺任卫城指挥佥事）。威海卫城修筑完成后，徐辉祖于永乐五年（1407）去世。

由于徐辉祖当年不肯迎驾朱棣，虽持免死铁券，最终难逃被变相“发配”，客死他乡的命运。

威海卫首任指挥使刘得

刘得，威海卫首任指挥使。

威海卫，1398 年设卫。根据明廷的军事设置，卫城设置指挥使（武官正三品）、指挥同知（从三品）、指挥佥事（正四品）三级主要官职。但威海卫设卫之后，很长时间未安排最高长官（指挥使），一切事务由低级别的官员代理。直到设卫 27 年后，才派来首位指挥使刘得。

刘得，祖籍直隶顺天府通州西关。洪武二十年（1389）随军征战。建文元年（1399）随燕王朱棣与南军（建文帝军）征战，九月，升为小旗（管 10 人）。建文三年十月，刘得升为正千户（统率千余人）。建文四年六月，燕军攻克南京，建文帝朱允炆不知所终，燕王朱棣登上皇帝位，是为永乐帝。刘得即为开国元勋。

永乐元年，刘得带兵至口北征战，七月回还，十一月升任金吾右卫指挥同知（从三品），永乐三年，升任指挥使。洪熙元年（1425）钦调山东都司威海卫世袭指挥使，同年三月二十日抵达威海到任。到威海仅 4 年，于宣德四年（1429）正月病故，葬于卫城外西北庙耩村后。

因刘得是首任指挥使，其家庙书写着“开国勋臣府，立卫第一家”的题联。

抗倭英雄——威海卫指挥同知毕高

毕高（1520—1563），字士登，号月亭，威海神道口村人。毕高很小的时候，便对兵书产生出浓厚的兴趣。据说毕高长到十二三岁的时候，读过的兵书就有整整两大木箱，《孙子兵法》《吴子》《司马法》《六韬》《尉综子》《三略》《唐太宗李靖问对》等书籍是读过好几十遍的，《鬼谷子》《将苑》《握奇经》《武经总要》《何博士备论》《历代兵制》等书，他也熟记在心。

明嘉靖二十二年（1543），23岁的毕高由于能文能武，胆识过人，被任命为威海卫指挥同知。随后的几年里，由于他各项出色的政绩，接连升任登州营后营把总、即墨营守备等职。1560年3月，40岁的毕高升任淮扬营参将，负责扬州、仪征、泰兴、高邮、宝应、兴化一带的防倭事宜。毕高到任以后，见卫、所军队纪律松弛，服装不整，训练缺乏，斗志不足，毫无应战能力与应变能力高强，于是他做出一个大胆的举措，他将卫、所军队解散，又从徐州、邳县、淮阴、扬州等处招募兵勇2000余人，又从扬州卫存留班军中精选1000余人，组成了一支军纪严明的抗倭军。毕高每日对军队严加操练，誓将这支军队打造成一支“虎狼之师”。事实果真如此，半年以后，毕高的军队便显示出战斗力，在淮、扬一带抗倭战斗中屡败倭寇，功绩卓著，极大地鼓舞了明军抗倭的斗志。

然而，困扰着毕高的是如何为所有的明军都配备一种行之有效的武器，并寻找到一处对付倭寇的最好地形，让明军以最少的伤亡代价，换取战斗的最终胜利。

在毕高之前，明军在对倭寇的战斗总是占据不了上风。毕高认为，除了军队纪律松散、训练缺乏、缺少应变能力与缺少英明的将领等原因以外，还因为明军的武器明显不如倭寇。当时侵扰东南沿海一带的倭寇均使用东洋砍刀，这种砍刀便是后来“日本军刀”的雏形。此刀既坚硬又锋利无比，刀刃长，刀柄适合两双把持。当倭寇与明军短兵相接时，倭寇们便会双手持握砍刀，劈杀凶狠有力。而明军的武器却多为“华而不实”的腰刀。倭寇砍刀劈下，明兵举盾相迎，最终的结果，却是看似坚硬的盾牌被砍刀砍成两半。武器上不如人，常吃败仗也是正常的事了。毕高看在眼里，急在心上，他一连想了好几天。一天，毕高盯着劳作的农人很久，突然一拍脑袋，大叫一声：“有了！”然后，他急急地赶回去，当天夜里，便制定了一套对付倭寇砍刀的办法。

毕高从农人砍伐毛竹这件事上得到的启发看似简单，但将其运用到战场上，却非常见效。具体的做法是：砍下手腕粗的毛竹，将毛竹的细小枝杈稍加修理或者干脆就不去掉枝杈，便成为一件既朴素又实用的武器。战斗之时，当两手握紧砍刀刀柄的倭寇冲过来时，中间的兵勇就将长满枝杈的毛竹猛迎上去，将倭寇紧紧卡住。被卡住的倭寇纵有浑身的力气以及锋利的砍刀，也不能够在短时间内脱身，往往被毛竹枝杈缠身的倭寇一边用砍刀疯狂地“劈杀”着毛竹的枝杈，一边恐惧地狂呼乱叫。这时候，紧随左右的长枪兵和腰刀兵从两侧包抄上前，以长枪和腰刀将倭寇斩杀。此办法一出，再逢战斗之时，毕高手下的士兵们便可以用最小的代价杀得倭寇人仰马翻、鬼哭狼嚎。

自毕高的军队运用这个办法以后，倭寇屡屡受挫，常常是一场战斗下来，倭寇死者十之八九，侥幸逃脱的倭寇也是心有余悸，再遇见毕高手下的明军，吓得两腿打颤，掉头就跑。从此以后毕高和他的“毕家军”威名远播，成为明军抗倭平倭的榜样。那时候，毕高便与抗倭名将戚继光有着密切的来往，两个人相见恨晚，互相鼓励，互相影响。后来戚继光将毕高发明的这种武器加以改进，在长而多节的毛竹顶端装上了铁枪头，两旁枝刺用火熨烫得有直有钩，再灌入桐油，敷上毒药，以增强其攻击力与杀伤力。他将其攻击方法归纳为拦、拿、挑、据、架、叉、构、挂、缠、铲、镗等，并将这种由毛竹削成的武器命名为“狼筅”，还训练了大批专门研习狼筅之术的“狼筅兵”。他在《练兵实纪杂集·军器解上·狼筅解》里这样描述狼筅：狼筅乃用大毛竹，上截连四旁附枝，节节枒杈，视之粗可二尺，长一丈五六尺。人用守势遮蔽全身，刀枪丛刺必不能入，故人胆自大，用为前列，乃南方杀倭利器。又在《纪效新书》里有过这样一段描述，足见他对狼筅这种兵器的喜爱：缘士心临敌动怯，他器单薄，人胆摇夺，虽平日十分精习，便多张皇失措，忘

毕高发明的杀倭利器“狼筅”示意图

其故态。惟筅则枝茂盛，遮蔽一身有余，眼前可恃。足以壮胆助气，庶人敢站定。

在那个非工业化时代，杀倭利器的发明是毕高的特殊功绩。

1562 年 7 月，毕高调任福建兴化营参将，分守中路，兼统水寨兵船，终于成为戚继光的得力助手，时刻伴随戚继光的左右。毕高更是遇到了贵人和知己，因为他的很多想法与这位抗倭名将完全一致。比如戚继光所言的整顿军队的六条措施，据说便参考了当初毕高的意见。“一曰首正名分，使指挥千百户旗军丁舍，秩然有序，而卫所之号令，必行于上下；二曰拿治剥军贪官，以苏久困之卒，使士气渐裕；三日重治刁军刁官，使卫所之官，敢于任事；四曰禁所伍越序文移，无印白呈，以肃军政；五曰谕以忠义，厚恤战亡，以劝亲上使长之念；六日清磨户口，均编差役，以养荷戈之力。”总之，自毕高来到福建，戚继光如虎添翼，两个人的威名令东南沿海一带的倭寇闻风丧胆。

倭寇见在福建沿海占不到丝毫便宜，便转而进犯浙江。1562 年 12 月，戚继光奉命回浙江作战。哪知倭寇在浙江仅仅是虚晃一枪，他们一边继续进犯浙江，一边将其部分精兵开往福建。倭寇们很快将兴化城围起，不管白天还是晚上，轮番攻击。

身边没有了戚继光，毕高只好独自率领明军守城。坚守了近两个月，终因被围困太久，加之遭到倭寇的诡计暗算，兴化城沦陷。毕高与副使翁时器在敌兵之中左冲右突，杀敌无数。为了让毕高能够突围出去，副使翁时器在乱军之中寻得一条血路，让战马驮着毕高突围出去，保住了一条性命。杀出城门的毕高，有心杀敌，已无力回天。

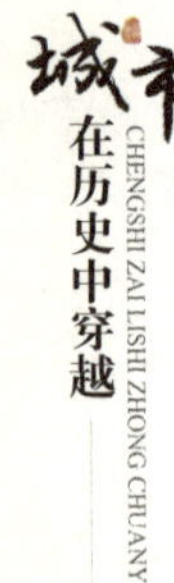

毕高虽然脱离了危险，但以后的每一天，他都生活在极度的痛苦之中。兴化城失守不仅是一场战斗的失利，更主要的是，这让倭寇们在城中大开杀戒，凡反抗的士兵和普通百姓，全都被他们斩首。并且，这无疑会让倭寇信心大增。每天毕高都在一遍又一遍地自责，他恨自己当时错误地下达了打开城门的命令，更恨自己没有以一当百的本领，不能杀尽全天下的倭寇。

1563 年 4 月，毕高再一次统领明军与倭寇作战。与以往不同的是，毕高为了更加清楚地把握局势，以免重蹈覆辙，所以每一次战斗，他都要亲自带领士兵出击，第一个冲在前面。很多人劝他不要这样，然而他却总是坚持如此。他说："谁说将领的命一定要比士兵的命值钱？在我看来，如果整支军队中只有一人死去，那么这个人，该是将领无疑。"他的话令士兵们深深感动，杀起敌来，更是英勇无比。

终于，在一次战斗中，毕高因独自一人对付十余个倭寇，肩部中刀。毕高忍着剧痛，继续杀敌，却又被一个倭寇的砍刀砍中了后脑。毕高栽下马来，挣扎着爬起。十几个倭寇一起上前，挥舞乱刀将毕高杀死。一代抗倭名将就这样在战斗中牺牲。

戚继光在得知毕高突然死去时，仰天长叹："我不仅仅是失去了一位战友和兄弟，而是失去了左膀右臂啊！"

朝廷为纪念毕高，御赐他葬在老家威海钦村的狮子园。威海的百姓得知毕高战死沙场，万分悲痛。他们自发来到钦村狮子园，为毕高送行。那一天，整个威海卫万人空巷。且连续多年，每逢毕高下葬的日子，便有威海的很多百姓前来狮子园，为毕高烧纸钱、送花圈，以示祭奠。由此可见毕高在威海百姓心目中的地位之崇高。

威海卫百户官夏暹

夏暹（1420—1495），字景升，威海卫城世系夏氏始祖（现嵩山街道办事处夏家疃村、孙家疃镇外窑村等）。祖父夏原吉，诰命朱太，历事五朝，加封户部主事、户部右侍郎、户部尚书，宣宗帝授忠靖公。

土木之变后，身居南京的夏暹随父夏单荩，奉明英宗之命，入滇平叛戍边，于云南府左卫（陆良、师宗等地）防御东山隘口，指挥军垦屯田。秉承其父祖之志，自军营成才，考取进士，同年由威海卫任百户，官职正六品。后奉命任辽东千户所苑马寺卿正卿官职从三品，继而弃武从文，由湖广参藩布政使所下参政官职从三品，直至升任广西右布政使转左官职从二品。

当朱元璋派出的两名使臣被梁王杀害后，于洪武十四年（1381），朱元璋开始调集30万大军，对云南出兵讨伐，于白石江同元残余兵展开厮杀，于是，刀光剑影，火光冲天，血流成河。元残余十余万兵被歼灭，元行省丞相达理麻被活捉，梁王逃到晋宁后自杀。1382年初，明王朝设立云南都指挥司和云南布政使司。

1449年，夏暹随父夏单荩入滇平叛戍边，这时的夏单荩仍世袭父夏原吉封爵，以武德将军官职于云南府左卫（陆良、师宗等地）防御东山隘口，指挥军垦屯田。父子随浩荡大军，经历一场战争，一路兼程，终于在一天晌午到达云南左卫总兵营。家眷安顿完毕，父夏单荩立马接受皇上恩赐，掌管左卫，然后跃马率随从查看营区。一路上，他看到有些城墙不坚固，难守易攻，还有一些地方军兵马不整，他很是担忧。之后，夏单荩经常挑灯夜战，研究治军策略，处理公务，从不惧辛劳。父亲的举动，深深地影响着夏暹，并受之熏陶。步入中年的夏暹经过多年的戍边，视野大为开阔，人生阅历大为丰富。其间，夏暹参加乡试会，考取贡士。几年后，朝廷广揽英雄，储纳人才，夏暹于云南府参加科举考试，一举中了一甲进士。

1393年，随着全国都司卫所的设定，山东设置了山东都司，在东部地区已设有登州卫、莱州卫、安东卫。1398年又于文登县辛汪都三里之地域设威海卫。为防御倭寇，明太祖朱元璋派朱都督授命到威海一带练兵，其兵员实行“垛集”制，即征调平民充军，按户三丁以上家庭抽一年壮者为军，称为军户，实行世袭制，不得脱籍。他们既练武抗倭，又自力垦田种地，似亦军亦农之谓。1403年，威海卫城开始修筑。至明英宗再次登基称帝，认为海防乃历代战争的兵家必争之地，巩固海防前线乃巩固大明江山。

弘治二年（1489），夏暹乘坐的马车停在威海卫城内一角，夏暹自云南左卫奉旨，途经五省到达此地，这里便是威海卫指挥使所在地。

夏暹仅携长子夏庸来到威海卫，因在云南左卫娶妻生子，孩子幼小，出征前，夫妻思忖，多者行路不便，公务不可耽搁，妻留下照顾另外子女。国运的召唤，父命的嘱托，肩负着兴国、兴家的双重使命，使夏暹不能不离家远行。

夏暹肩宽体胖，这次到威海卫城就任百户官。安顿好家眷并就任后，夏暹即踱步至海边，面对波涛，他想到指挥使那句话："这里刚结束了一场战斗，守军在卫城严防死守，硬是挡住了倭寇的进攻。"这时，他仿佛闻到了硝烟的味道。他想，这里倭寇时常骚扰，不得安宁，不可松懈，小城虽有围墙之隔，那也难抵挡敌寇，失去了门户，后果不堪设想。我能够做到的，就是带好百户兵，稳固威海卫。此后，夏暹在百户官任上，带领百户兵苦练杀敌本领，赤胆忠心、保家卫国。

威海卫由于地理位置偏僻，又是海疆前哨，窃盗出没，匪贼来往频繁，社会极不安定。夏暹深感责任重大，决心在自己有限的范围内进行严加治理，并以此影响周边的人，他的成绩屡屡得到上级的肯定。

当年的威海卫城不乏花色柳巷，吸引那些富家子弟和农户前去赌博、嫖娼，以致于倾家荡产、负债累累。对此，夏暹深恶痛绝，几次不畏各方阻力，进言并带头坚决铲除污垢，受到广大百姓的拥护。

虽然夏暹在威海卫百户任上时间不长，但在任期间，他积极进言献策，身先士卒，为卫城防御和建设尽了自己应尽的责任。

明中后期，辽东一带战争频繁，各种势力角逐激烈。为建设更大的防御蒙古人体系，应对旷日持久的战争，朝廷在辽阳城建成了东北地区规模最大、最坚固的砖砌城池，并将辽东总兵设于辽阳城。在以骑射为主要武备的北方，马的数量与强壮是国家军力强大的关键。战事频繁、马匹奇缺，辽东战局中，马匹薄弱问题成为皇帝的心病。这时就有大臣禀奏皇上，欲推荐一忠勇奔赴辽东司马。

皇上问道："推荐何人，请讲。"

臣复："微臣推荐的是夏暹。"

"哦，朕知道，此人曾于南方辗转至北方，因中进士于威海卫成边皆有建树，廉声一片，曾上奏守土安边之策，早有耳闻。”遂委夏暹以重任，由原官六品升职从三品，去辽东履职。

接到旨命的夏暹遂告别亲人，随同山东布政使赴辽东。在戒备森严的辽阳城总兵部，身为苑马寺卿正卿的夏暹，从三品官职继任，掌所属辽东都司各牧监、各苑之马政，直属总兵部指挥使管辖。他置家眷于城内，遛至辽东城外马市，正赶上初一至初五开市，市场交易却很冷淡，且无序交易。他回城内军营养马场，草棚下若有千余匹军马，有 30 余名兵员看管。他查看马匹多数饥饿不堪，马况不佳。翌日复集议，对每监的监正道：“守攻益急，虽城兵守御甚固，但我兵马匹不能强，战时靠何取胜？”于是，他悉心研究策略，上奏：开放马市交易，强我明军马匹。不久，他陪指挥使视察马市后，指挥使命将市场内设置管理机构，立有市规市法，并设有马市官专司收买兀良哈和女真各卫马匹，马匹种类日益增多，使兵营就近选马。夏暹还上奏朝廷：兵马食未足，宜令军民广开垦。有事持兵器而战，无事则为农，以补偿军需之急。夏暹分每监守数量马匹，将马匹分上上马、中马、下马、驹四种。对马匹产出多者、马匹饲养质量上乘者以战功追奖，赐革金不等，遂遍及诸将兵，同时设宴以劳之。法定出台，统一了军心，调以所性。他身先士卒，带兵员改善马厩的通风不良问题，纷纷出城外播种施肥，收割草料，放牧于大自然，苦战数日，储备草料丰盈，马匹度过寒冬，几乎无损，春来个个膘肥体壮。马种改良也获成功，繁殖率提高，马驹速长。这些马被分到各卫所，投入兵营，或奔跑于训练场，或驰骋于疆场，使军力大增。几次守城战役，城内皆马匹充足、卫士神勇，使来犯之敌多缴械，受降而虏之。夏暹躬诣苑马寺，指挥使奉旨砺皆以有功嘉奖夏暹，赐金鼎一尊、狐裘一袭。

辽东守军的日渐强大，并未震慑住北方兀良哈三卫及女真诸部不断袭扰辽东的野心。广宁之战，分布周边各卫所的明军，如敌迎面来临，以炮还击，敌受挫益发援兵，并力一战。明军师围之急，轻骑倍道赴援，即突起乘之，奋勇陷阵，3000 余敌残余败走，流寇四散，纵得难以逃脱，获刀甲数千，兵数百人，获广宁大捷。但虏之来朝者肆无忌惮，在边者寇无虚日，悖逆不道，累次犯边，罪不容诛。指挥使恐言：“尔为敌兵，恇怯无斗志，俘虏留无用，一律砍头杀绝。”众官故不敢言。夏暹道：“敌兵因受命而创，责不怪己，若留性命给悔改，当赴汤蹈火。”言毕，俘兵交由夏暹改教。夏暹不拘选才，俘兵知恩图报，部分留其马场，夜以继日，归心于马；多数送归兵营，力御疆场。得其虏而用兵，孝宗帝于京城而喜，再命嘉奖夏暹有功。夏暹遇恩赐，授金顶帽及银器，夏暹不为所动：“吾不敢禄，尽献兵营，接济兵马之援。”令众将赞矣。夏暹出生入死之辽东战场，忠贞不渝地参加大小征战 20 多次，负过伤，流过血，仍然不下厮杀的战场，忠勇地捍卫着大明辽阔的东北大地，将一代名臣夏原吉的风范予以传承。

身为苑马寺正卿的夏暹，于辽东征战任职有功，口碑皆佳，皇上从中授爵任职，夏暹于湖广任职参藩，皆符“北人官南，南人官北”之策略，辅佐湖广布政使参政。接旨，弃武从政，夏暹始料未及，但不敢抗旨，只得从命。辽东一去，他无比思念亲人。在儿子夏庸写给夏暹的家信中几次提到，你的孙子长得可爱，他牙牙学语地喊着爷爷。夏暹无能抽身，只因战事吃紧呀。这次，他只把家书带在身边，一身清贫地先是辗转到达威海卫城，健步推开他那熟悉且陌生的家门，他与儿子夏庸、孙子和其他亲人见面，头发斑白、眼角皱纹的夏暹令儿子心痛，夏暹安抚着亲人，有生能有这次的团聚实现了他最大的愿望。

次日，夏暹告别家人，踏上赴任的漫漫旅途。武昌府内，夏暹虽荣宠，但不改其素。善修养性，白天忙于公务，习惯夜读书。步入新的仕途后，他深谙民间疾苦，即决心为民解难。首任即奉布政使委派，到湖广各地考察民情，时值饥荒，流民云集。夏暹竭力抑强豪，济灾民，救济数万百姓。时有桂林府西赵天东，受“叛蛮梗化”之影响，结徒成伙，心腹爪牙千余人，布满州、郡，成为地方一霸。地方吏员、殷实之家都要奉送部分收入，供其花费，方保无忧。赵天东还派人四处打探人家隐私，以敲诈勒索，甚至篡改租契，以增加赋税。还包揽词讼，上下其手，操纵生杀大权。州民苦不堪言，闻湖广派员夏暹，乃清正廉明，纷纷前来投诉。夏暹决心为民除害，命州司复审查此案。经过勘察，将奸人逮捕治罪。赵天东得知大怒，派手下散布流言，企图中伤办官。谏官受其欺蒙，也交章弹劾。夏暹尽力为办官辨明冤屈，并缉拿赵天东一伙，并没收非法的钱财和剥削的田地，为民除害，使其百姓安位。得知夏暹要异地考察，当地民众挽留不得，只好相送泣别。夏暹其所到之处，查实地方政情，惩治地方恶势力，深得百姓敬重。

六旬开外的夏暹，以战功卓著，廉声皆高，受皇上恩赐任职于广西右布政使，从二品官职，掌一省之政，呕心沥血，尽心尽职，推行仁义之德。多半时间于乡间，用脚去丈量，用心去感受，严格购盐照章办理，惩治奸商、猾吏相勾结走私漏税，兴利除弊，增加国库收入，用于水利建设，疏浚河道，不仅使屯田军、民悦服，还惠及众多百姓。不久，官职晋升至广西右布政使转左。夏暹弹精竭虑，终因积劳成疾卒于任。

夏暹崇高的风范，哺育了一代又一代威海卫夏氏子孙，后辈数代均有建树。据考证，确定夏庸为其子，居威海卫入国子监、制贡、诰授文林郎；第七代孙夏宗禹为大明岁贡、教育家，威海卫门下学子多数登科，河南新密任职皆有声誉。子夏比彦清康熙年间岁贡，以游走六郡为民请愿和威海卫城兴建文笔峰塔名响八方；次子夏士英入国子监进取副贡后考取州同。夏门之后不负祖望，均学有所成、告慰祖先。

威海卫守备李标

李标，浙江山阴（今绍兴）人。李标自幼家境贫寒，由于一家人只靠几亩薄地为生，遇到灾荒年月，生活更加艰苦，所以小时候的李标，经常吃不饱饭。

李标长到10多岁的时候，他的父亲带他去山阴县县城拜师习武。但是，因为家境的原因，李标必须一边习武，一边给一个染坊当学徒，以便赚得一日三餐。三年后，当李标从染坊辞职，掌柜极为不舍。他对李标说："如果你能留下来，我或许会把染坊的事务交给你去打理。"李标对他说："掌柜的好意，我李标领了。只是，不管多大的染坊，都藏不下我李标的志向。"掌柜的问他："那你的志向是什么？"李标说："考取武科甲第，报效朝廷，为民谋福。"

清康熙三年（1664），李标进京，果然考取了武科甲第。所谓"甲第"，即是第一。此消息传到家乡，家乡的百姓无一不为李标感到自豪，其父更是乐得每天闭不上嘴。李标回到家乡，父亲对他说：“从此你李标就可以享尽荣华富贵，并且可以光宗耀祖。”李标回道：“我考武科，既不是为了享尽荣华富贵，也不是为了光宗耀祖。”父亲问：“那你为了什么？”李标还是那句话：“报效朝廷，为民谋福。”父亲说：“咱家辈辈世世，都是农民，只求吃饱肚子，根本没什么再大的要求。你有如此志向，我支持你。”

李标画像

1674年，李标被调到威海卫任守备。那时的威海卫依然荒凉贫瘠，加之连续几年旱涝，又逢上瘟疫，百姓的生活苦不堪言。更严重的是，由于缺少最基本的生产资料，很多地不能耕种，在街上乞讨的饥民很多。李标看到情况如此严重，心顿时凉了一截。他甚至想过向朝廷请令，调离威海卫。可是后来，他又想，既然身为百姓的父母官，那么，不管条件有多艰苦，他都有责任把百姓从水深火热之中解救出来。

他开始招募逃散饥民。他对这些饥民们说，只要你们想种地，我就有办法让你们继续耕种，保证温饱。可是那些饥民似乎并不信任他，他们失去了耕牛和种子，任田地荒芜，他们想，一个守备怎会让他们回归土地呢？李标于是立下誓言：只要饥民愿意种地，来这里签下名字，摁下手印，便发给一头耕牛和一些种子。有了这样的保障，那些饥民就不怕了。他们领到耕牛和种子，将荒芜的土地重新变成了良田。当年就有很多饥民重新过上了好日子，他们一起做了一个很大的牌匾，又自酿了一大坛好酒，送给了李标。李标笑着收下牌匾，又将那坛酒打开，与众乡亲一起喝了。他说，只要大家心往一处想，劲往一处使，好日子还在后面。

但是，威海卫仍有不少灾民。一些灾民是从外地前来，另一些灾民则完全没有劳动能力。对这些人，绝非一头耕牛和一些种子就能够解决的。于是，李标开始在威海卫办起社仓储粮。储备的粮食大多用来赈济灾民，每月一次。逢放粮的日子，威海卫人山人海，外地的和本地的穷苦百姓全都过来领粮，几乎无一遗漏。也有人过来只是想看看这位一心为民的卫城守备到底是怎样的一个人。

由于之前威海卫一连多年闹饥荒，导致那几年的社会秩序并不是很好。加之卫城地处偏远，便吸引了很多地痞无赖前来。他们聚合了本地的一些地痞流氓，打架滋事。偷抢之事，时有发生。李标来后第二年，即开始了对社会秩序的治理。他先是制订了乡约，又将乡约贴到大道小巷。凡有违反乡约者，则严格按照乡约的规定来治罪。李标虽然治事严格，却仍然被大家认为是一位很有人情味的守备。

事实上，李标初来威海卫想要做的最重要的事情，就是要修补威海卫城墙。当时威海卫城墙已经年久未修，城墙老化，部分城墙已近倒塌。威海卫乃海上重镇，逢战事，假如卫城失守，就会对整个战局不利，李标深知这一点。于是，在考察了一段时间以后，李标决定征调军民，修补威海卫城墙。

他先是向上级请示，想依靠军队的力量修补城墙。可是那几年，兵力吃紧，他可以使用的士兵只有区区几百人。士兵人数不够，李标就想到了卫城百姓。但是，征民修墙，他怕百姓有太多想法。于是李标做出一个两全其美的决定：凡主动过来修城墙者，不仅会得到应有的工钱，并且按照出工的时间，可减轻甚至免除赋税。有了这些保障，卫城百姓自然拥护他。威海卫城墙的进展出奇的顺利，不仅城墙达到了坚不可摧的厚度和高度，并且工期大为缩短。朝廷知道此事以后，大为欣喜，便赏给李标一笔银两。这些银两，李标个人一分未动。他将银两部分分给了修筑城墙的百姓，以示对他们的嘉奖；另一部分分给穷苦的百姓，让他们买些生产和生活用品，真正过上好日子。

李标还在威海卫创办义学，让那些普通百姓的孩子也能够过来读书，费用全免。义学的先生是他从京城请来的，为此，他花了很大一笔钱。有了义学，穷苦百姓的孩子就能够读书认字，能够学习做人的道理，可以说，在那时，李标就深深知道知识的重要性。之后的20年间，威海的社会风气非常好，几乎可以说达到了“夜不闭户，路不拾遗”的境界，这与李标制定乡约

李标创办的义学

和创办义学是分不开的。

有了孩子们可以读书的学校，还得有让百姓们看病的诊所。李标来威海卫的第三年，开始采用一些富贵人家捐助、上面拨款和百姓募捐的方法，兴办药局。药局不仅卖药，还看病，看病的大夫自然也是李标从京城请来的名医。名医来威海卫这样的小地方为百姓看病，这件事情迅速在卫城传开，又传到别处，甚至传到京城。因了李标的做法，很多地方都开始纷纷效仿。药局的药材和看病的费用都很低，李标此举不为赚钱，只为帮助百姓。这之间又发生了一件值得一书的事情：很多外地人听说威海的药局看病和抓药都很便宜，甚至专程前来，以烟台和蓬莱的最多。他的一个手下将此事告诉李标，说："药局的开办，是不是为了威海百姓？"李标说："当然是这样。"手下说："可是现在很多外地人前来，这让药局几乎承受不住。"李标说："那你的意思呢？"手下说："既然是为威海百姓，那么，药局就不应该对那些外地人负责。否则的话，万一药局不堪压力而支撑不下去，就不是对威海百姓负责，而是对威海百姓不负责了。"李标说："那些人千里迢迢来到威海看病或者抓药，肯定都是万不得已的贫苦百姓，如果咱们再不帮他们一把，谁来帮他们呢？"手下说："可是天下这么多穷苦人们，你帮得过来吗？"李标长叹一声，说："帮多少是多少吧！现在，我李标好像也只能做这些了。”他又为药局拨了一些钱款，并告诉药局的先生，无论是谁，穷人或者富人，威海人还是外地人，都要一样对待。否则，这药局也就不是穷人的药局了。

后来，李标又将卫城的几处主要建筑重新修缮了一下。卫城在李标任职的这些年里，百姓安居乐业，民风淳朴。

1683 年，因为李标在威海的巨大贡献，他升任湖广都司。这对他的仕途来说，当然是好事情，可是他不忍离开威海，更不忍离开威海的百姓，他甚至有了放弃湖广都司的打算。然而毕竟朝廷的命令难违，加之别人劝他道："威海的百姓需要你，别处的百姓也需要你。你如果真有一颗爱民之心，就应该放弃威海，去真正需要你的地方去。”李标闻言，虽仍有不舍，也只能无奈地应了朝廷的命令。

李标离开威海那天，送他的百姓人山人海。很多人手捧美酒，一直送李标到很远。那天李标既没有坐车，也没有骑马，他一路步行，直到黄昏。他与威海百姓挥手作别，泪如泉涌。

李标离开威海卫以后，威海的百姓为他立了“去思碑”，以纪念他为卫城作出的巨大贡献。

卫城才子王士任

王士任，字咸一，号莘野，生于清康熙二十五年（1686），卒于乾隆九年（1744），威海曲家河村人，清朝雍正年间迁居威海卫城里。幼时聪颖好学，清康熙五十三年（1714）中举人，清雍正元年（1723）科进士，在京任景山教习。后调任新阳县知县，1725 年调福建，1727 年升任福建汀州知府，未过三月，又调任台湾司盐务。1736 年（清乾隆元年）升任福建巡抚，兼都察院右副都御史。1740 年因王德纯案受到牵连，被罢官。

王士任出生于书香门第，他的祖父、父亲皆为生员，他们继承先祖的遗风，刻苦读书，上孝下慈，得到邻里的赞许和称道。王士任成长在这样一个家庭环境里，老一辈的言传身教，自身的耳濡目染，为其后来的成才，起到了深远的影响。他幼年时代就发奋读书，吟诵诗文，昼夜不息，为后来的科举考试和入仕为官，打下了扎实的基础，应了那句“学而优则仕”的古训。康熙五十三年（1714），王士任考中举人，雍正元年（1723）又中进士，留北京任教习。后调江苏新阳县任知县三年，又调福建任知县，不足两年，升为汀州知州，几个月后，调往台湾，提升为盐驿道司盐务。乾隆元年，又连续提升为福建布政使和福建巡抚，兼都察院右副都御史。王士任考上进士后，不到8年就由一个七品县令升至从二品巡抚兼都察院右副都御史（平均每年升一级），这绝不是偶然的。纵观王士任为官的轨迹，可清楚地看到，他是一位德才兼备的清官。他内无显赫的门第，外无强硬的靠山，靠的是一身正气、赤心忧国。他在福建任职10余年，敢于承担责任，为民做主，刚正不阿，严厉制裁贪官污吏，使之“闻者皆惮之”。上行下效，大小官员“无不清廉自守”。

王士任擅长律诗，尤长于七律，朋友间交往，常常以诗词应答。他描写《威城八景》之美的8首七律，至今仍被当地人们所传诵。在福建巡抚任上，王士任非常重视地方史志和谱牒的编修。他认为地方史志及谱牒是国家正史的重要组成部分，很多人物和事件，正史残缺，常常可在地方史志或谱牒中查到。当时正值“康乾盛世”，从朝廷到民间都非常重视修志和谱牒。各州县送呈的志书，王士任都认真阅读，见省志未收录的有价值史料，便“加意搜罗，削繁补漏，汇为通志”，并刻印保存。他热爱家乡，在外任期间，常惦念着续修《威海卫志》。1742年，他的儿子王兆鹏（字程九）送去同乡人郭文大重修的《威海卫志》。阅后他称该志“纲举目张，洪纤毕举，可与毕懋第所作并垂不朽”。并感叹说：“余十年以来，欲修而未及修之志，亦可借此稍慰。”这时，正是他在京待罪等候处罚的第二年，他强忍着被罢官的痛苦，对《威海卫志》初稿日夜逐条校订并为其写序。

这一年（1742）十月，王士任被发配到塞外军台效力（军台：清代设在新疆、蒙古一带的邮驿，专管西北两路军报和文书传递）。由封疆大吏发配到荒凉的大西北，王士任“孤客一身千里外，未知何日是归年”，他极其悲愤，沿途触景生情，不由得吟起“伤心塞外客，不是故乡人”“瘦马恋秋草，征人思故乡”等边塞诗句。大西北的恶劣气候，加之“直道不容于时”“是非好恶随君口”而获罪的悲愤心情，使他忧愤成疾，于乾隆九年病死于塞外，是年59岁。其子王兆鹏，将其灵柩运回威海卫，葬于城南布谷夼。

有人要问，这样一个德才兼备的清官，何以获罪罢官，死于塞外？这得从王士任的为人说起。王士任任福建巡抚其间，对贪官污吏公开揭露，严加惩治，使其威信扫地，成“千人所指”，让“有善心之民，畏法自重”。然而“正不容邪，邪复妒正”，因此，王士任得罪了一批奸佞小人。

闽浙总督皇族德沛，知道乾隆最恨贪官，为取得乾隆的欢心，也为了争取民心，于是在闽浙掀起一个反纳贿贪赃的“运动”。一向善于“跑官行贿”的王德纯，首当其冲地被揭发出来。正在此时，当年被王士任整治过的污吏们，看准时机纠集在一起，对王士任群起而攻之。他们捏造假证，造谣惑众，向总督控告，硬是把王士任强扯进王德纯案中。这正中总督的下怀，于是几次向乾隆帝上“加急”奏折。乾隆大怒，多次不分青红皂白严斥王士任“大负朕望”，以“纳贿贪赃”罪，将王士任罢官，查封家产。闽地的污吏们仍不善罢甘休，继续向王士任身上泼污水，造谣说：王士任并无真才实学，是因为与乾隆帝“同年、同月、同日生”，皇帝偏爱他，才连连提升他。这事，一查便清：乾隆生于康熙五十年（1711），王士任生于康熙二十四年（1686），相差26岁，此谣不攻自破。另一个谣言是：说王士任由台湾到福建任巡抚前，把从台湾搜刮的金银财宝，藏在白糖里，每一个糖袋装一个元宝，装满一条三桅帆船，准备运回老家威海。家眷另租一船顺便回威省亲。起航后途中突遇大风，三桅大船失去控制，随风漂到天津塘沽。此时雇用的船工干粮已绝，带了几包糖下船换包子吃。船工走后，包子铺老板发现每个糖袋都有元宝，急忙凑了款到船上把糖全部买下。后船工系款潜逃，包子铺老板从此成为天津一带的大财主。此谣造得沸沸扬扬，经福建文人名士调查，纯系子虚乌有，天津一带根本就没有这么个因此发家的财主。奉旨抄家的官员，发现王士任身为封疆大吏，可家中房屋简陋，财产不过中人，“族中无富者”，均安贫乐道，被威海人所称颂。恰在此时，福建的老百姓纷纷起来为王士任鸣不平，士人名流吟诗著文，歌颂王士任“为人忠清亮直”，并汇编成册专程送到王士任家。其儿子王兆鹏接到文集感动得泪流满面，视如至宝。可惜这些珍贵文集，历经200多年沧桑，俱已散失。福建民众的呼声，抄家官员的陈情，终于使乾隆帝清醒，“上疑不实”，总督德沛也“自承失察”，后朝官朱某重审“德纯”案，查清王士任与王德纯案毫无关系，纯属冤案，“恩准”将其家产“赐还”。乾隆十二年，又下“核减追赔之文”。此文下达后，执行者却草草了事，让后人心悲而无奈。

王家从此元气大伤，一蹶不振。儿子王兆鹏此时正“优贡待选”，但他早已心灰意冷，厌恶仕途。之后，他告诫子孙：“濯清泉以自洁，永不为官。”

北洋海军提督丁汝昌

丁汝昌，道光十六年（1836）十一月十八日出生在安徽庐江县石头镇。安徽凤阳人。

祖先在明初投军入了卫所，后人成了卫籍，落户在庐江县北乡石嘴头地方，子孙繁衍，人口增多，后来该地改名为丁家坎村。

咸丰年间，丁汝昌家迁到巢县高林乡郎中村（今安徽巢湖市高林镇汪郎中村）。丁汝昌的父亲丁灿勋，以务农为生，生活贫苦。丁汝昌幼年曾入私塾读了三年书，因家境贫穷，自10岁起失学，出外帮人放牛、放鸭、摆渡船等，以补贴家用。在丁汝昌十四五岁时，被父亲送到同族伯父的豆腐店学徒。

咸丰元年（1851），庐江一带发生严重灾荒，丁汝昌父母先后病故。太平军占领庐江，丁汝昌参加太平军。

咸丰十一年（1861），安庆被湘军围困危急，身为太平军陈玉成部下的程学启，深夜率丁汝昌等300余人翻越城墙，向集贤关湘军训导曾贞干投降。湘军将领曾国荃对这批降军存有疑虑，每逢战斗，必令他们居于前列。七月十三日，程学启、丁汝昌作为前导，攻破安庆北大门外的太平军营垒3

座，断绝了安庆北面的交通，使守城的太平军处境更加艰难，八月一日，曾国荃指挥程学启、丁汝昌等攻占安庆，太平军守将叶芸莱以下1.6万人全部战死。战后，程学启升任游击，赏戴花翎，充当开字营营官，丁汝昌升任千总，充当开字营哨官。当时因上海士绅请求，曾国藩命令李鸿章组建淮军，支援上海，并将大都由安徽人组成，程学启的开字营拨归李鸿章指挥。同治元年（1862），程学启、丁汝昌等随李鸿章乘轮船前往上海。八月，配合刘铭传铭字营与太平军战于四江口。刘铭传见丁汝昌作战英勇，请李鸿章把丁汝昌调入铭字营，仍充哨官，统领亲兵100人。旋改统领马队，升任营官，授参将。

同治三年（1864），太平天国败亡。曾国藩北上督师剿捻，由李鸿章署理两江总督，办理后勤。丁汝昌升为副将，统先锋马队3营，随刘铭传北上，与捻军作战。同治七年（1868），东捻军被清廷剿灭，丁汝昌因功被授为总兵，加提督衔，赐协勇巴图鲁勇号。

同治十三年（1874），清政府决定裁军节饷，刘铭传拟裁去丁汝昌部马队3营。丁汝昌致书抗议，刘铭传怒其不执行命令，欲杀之。丁汝昌闻讯，驰归故乡巢县，得免杀身之祸。

丁汝昌

同年，发生日本侵略台湾事件。清政府展开海防大筹议，李鸿章力主购买铁甲舰，办理海军。光绪元年（1875），李鸿章奉命督办北洋海防事宜。

丁汝昌罢职归田，闷闷不乐。其妻魏氏，是湖北钟祥人，出身书香门第，是一位有见识的女子。她安慰丁汝昌："我们家有数亩薄田，足够吃饱肚子，大丈夫建功立业，自然会有机会是，暂且等待。"

家居数年，丁汝昌时常想到李鸿章身居直隶总督兼北洋通商大臣，姑前往天津投靠。李鸿章素知丁汝昌“才略武勇”，就对他说：“刘铭传与你有过节，如果我用你，就会与刘铭传发生不愉快。你应该和他分道扬镳！如今我打算创建海军，缺乏人才统率，你如果能赴英国学习海军，毕业归来，将把此任交付给你。”当时，陕甘总督左宗棠正在指挥清军收复新疆之战，因素知丁汝昌作战英勇，奏请发往甘肃差遣。李鸿章不愿丁汝昌西行，便以丁汝昌“伤病复发”为由，把他留在天津。

光绪五年（1879），清政府从英国订购的“镇东”“镇西”“镇南”“镇北”4艘军舰来华，北洋军舰日渐增多，李鸿章奏准将丁汝昌留北洋海防差遣，派充炮船督操。光绪六年（1880），李鸿章奏派丁汝昌率林泰曾、邓世昌等赴英接收订购的“超勇”“扬威号”巡洋舰。在英期间，丁汝昌觐见了英国维多利亚女王，拜访了英国海军司令和高级军官，并与当时一些著名的军舰设计师会面，留下了良好的印象。借赴英的机会，丁汝昌特意绕道德国，参观了建造中的“定远”舰。

光绪八年（1882）六月，朝鲜王朝京城爆发壬午兵变，国内局势大乱，日本政府决定借机出兵朝鲜。清政府派丁汝昌率“威远”“超勇”“扬威”等舰开赴朝鲜，用以观察局势和防止事态进一步恶化。丁汝昌与候选道马建忠离开烟台，率舰队抵达朝鲜仁川，日本海军舰队已先期到达。丁汝昌决定“以软禁祸首兴宣大院君李昰应为先着”，遂乘“威远”回天津请兵。七月七日，丁汝昌率“威远”“日新”“泰安”“镇东”“拱北”等船舰，载运淮军吴长庆部2000余人往朝鲜登陆。七月十三日，丁汝昌与吴长庆、马建忠等设计擒获朝鲜大院君李昰应，押往天津软禁，使日本干涉朝鲜的计划落空。八月二十九日，李鸿章上奏：“记名提督新授天津镇总兵西林巴图鲁丁汝昌，久历戎行，才明识定，前往英国督带快船回华，创练水师，讲求西法，能耐劳苦，此次扬威域外，足张国体。”以此，清政府赏丁汝昌穿黄马褂。

光绪十一年（1885），中国在德国订造的“定远号”“镇远号”和“济远号”战列舰回国，丁汝昌与津海关道周馥前往验收，举行升旗仪式。光绪十二年（1886）七月，李鸿章命丁汝昌与总查琅威理率北洋水师主力赴朝鲜釜山、元山、永兴湾等处操练，并巡查洋面。不久，李鸿章又派吴大澄等勘定吉林东部中朝国界，命丁汝昌率舰队至海参崴接应，然后折赴长崎进船坞保养。七月初十，“定远”等军舰到达日本长崎，引起日本民间的艳羡、妒恨心理。七月十六日，中国休假水兵上岸，和日本警察及民众发生争斗，北洋水师总查琅威理一度准备下令向日本开战，被丁汝昌制止。最终中日通过外交、法律途径平息了这场争端，日本向中国赔偿 5 万余元。

光绪十三年（1887），清政府命令各地督抚物色将才，分别保奏，以备任用。七月二十日，李鸿章递交《保举将才折》，丁汝昌名列其中。

光绪十四年（1888）八月，清政府规定北洋海军官制，在威海卫择地建造水师公所。九月九日，总理海军事务大臣醇亲王奕譞奏准颁布《北洋海军章程》，北洋海军正式建军。九月十三日，海军衙门根据李鸿章的提名，奏准以北洋水师记名提督直隶天津镇总兵丁汝昌为海军提督，不久赏加尚书衔。根据丁汝昌的建议，清廷在威海卫刘公岛设立水师学堂，培养驾驶、指挥军官；在大沽、旅顺设立水雷学堂，培育鱼雷军官；在山海关设立武备学堂，在威海卫设立枪炮学堂，培育各级专业军官。丁汝昌在任职期间对北洋海军和北洋海防的建设呕心沥血，严于律己，但整肃军纪不够严厉，并且对李鸿章言听计随，北洋海军在其领导下，俨然为李家军。

光绪十七年（1891），丁汝昌率舰队访问日本。鉴于日本海军的发展，回国后曾陈请清政府再购新舰，增强北洋海军实力，以防外患，未被采纳。

光绪二十年（1893），丁汝昌获尚书衔。光绪二十一年（1894），朝鲜爆发东学党起义，清政府应朝鲜国王请求，派兵帮助镇压。李鸿章以中国军力不充，准备不足，不建议过早开战，尽量拖延时间。日本政府援引《天津条约》，也派兵赴朝鲜，蓄意要挑起战争。六月二十日，日本海军联合舰队在朝鲜丰岛海域偷袭中国运兵船队；七月一日，中日两国政府同时向对方宣战，甲午战争正式开始。战争爆发后，光绪帝在清流党人的怂恿下，情绪激动。数日间，连发电报指责丁汝昌，质问为何没有战果，提出要将丁汝昌革职，送交刑部治罪。七月二十九日，李鸿章递交《复奏海军统将折》，为丁汝昌辩护。因为对丁汝昌的指责大都属于捕风捉影，根本没有任何证据，光绪帝降旨：“丁汝昌暂免处分。”由于入朝日军不断增多，清政府决定再度增调兵力赴朝作战。八月十八日，丁汝昌奉命率北洋舰队护送援军由大连湾

《天津条约》签订情景

东学党起义

驶往鸭绿江口登陆，并于次日上午返航。

11 时 30 分，北洋舰队发现日本联合舰队自西南方向驶来，一场海上恶战迫在眉睫。丁汝昌立即命令北洋舰队由返航时的犄角鱼贯小队阵（或称夹缝鱼贯小队阵）改为犄角雁行小队阵（或称夹缝雁行小队阵）。这个阵型也就是丁汝昌在报告中所说的“夹缝鱼贯阵”迎敌，同时他还向全舰队发出三条作战训令：一是舰型同一诸舰，须协同动作，互相援助。二是始终以舰艏

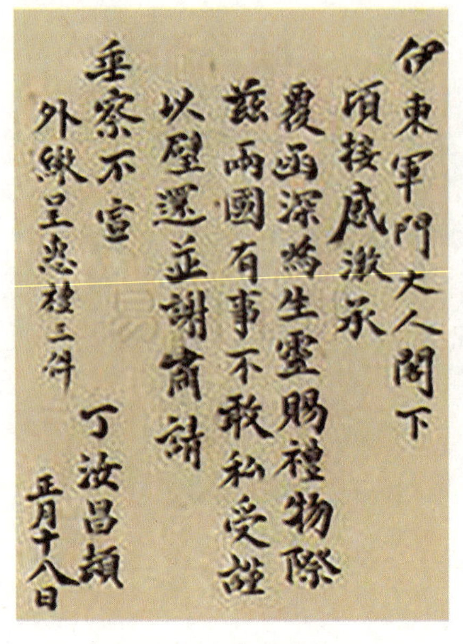

伊東軍門大人閣下
頃接感激承
覆函深為生靈賜禮物際
茲兩國有事不敢私受謹
以璧還並謝厚請
垂察不宣
外繳呈惠禮三件
丁汝昌頓
正月十八日

丁汝昌致伊东祐亨信件

向敌，即保持位置，而为基本战术。三是诸舰务于可能范围之内，随同旗舰运动。由于时间紧迫，北洋舰队迎战时的队形未能形成犄角雁行小队阵，实际接战时的队形类似于“燕翦阵”，至于后人所说的人字阵、后翼梯阵、突梯阵、楔形阵、V 形阵都不过是一种近似的形象说法。而日本联合舰队的 12 艘军舰则分列为两个战术分队：以航速较高的吉野号等四舰作为第一游击队，以单纵队在本队之前充作尖刀之用；其余 8 舰作为本队，以单纵队在第一游击队后方鱼贯跟进。此时，两支舰队所处的黄海大东沟海面风平浪静，死一般的沉寂令人毛骨悚然，唯有军舰烟囱里冒出的浓烟在向上升腾。在双方舰队相距 12 公里时，日本联合舰队向左稍稍变换航向，向北洋舰队的右翼扑去。12 时 50 分，双方相距 5330 米，北洋舰队旗舰定远号上 305 毫米口径的前主炮一声怒吼，其余各舰也相继开炮射击。

黄海海战开始，北洋舰队右翼总兵兼定远号管带（舰长）刘步蟾为总指挥。不久，日舰炮火击毁了“定远号”上的信旗装置，北洋舰队遂失去了统一的战场指挥。而日军第一游击队则高速扑向北洋舰队右翼的弱舰“超勇号”和“扬威号”，将该二舰击沉。日本联合舰队的两个战术分队分别向左后、右后方作转向，对北洋舰队实施穿插和包抄，使北洋舰队开始陷入腹背受敌的不利局势之中。17 时 40 分，日本联合舰队主动收队撤离战场，向东南方向驶去。历时 5 个小时之久的这场海上残酷大绞杀宣告结束。在这场战役规模的海战中，中日海军参战的军舰各是 12 艘，中方军舰整体老旧，吨位和火炮数量均不如日方，而且缺少速射炮。作为北洋舰队的提督和中方战场指挥官，丁汝昌的战场指挥有一定失误。并且在战前没有明令确定自己的代理人和代理旗舰，在交战过程中没有或已来不及采取任何补救措施，以致完全丧失了自己的指挥职能，使全舰队处于群龙无首而各自应战的被动局面。但不可否认的一点是，日本海军在整场海战中指挥也同样是一团糟，此次海战，日本联合舰队虽受一定打击，但未失一舰；而北洋舰队却损失了 5 艘军舰。对于北洋舰队在黄海海战中严重失利的结局，丁汝昌负有一定的责任。

光绪二十一年（1984）九月二十日，北洋舰队在旅顺完成修理返回威海，镇远舰入港时触礁受伤，使得本已元气大伤的北洋舰队雪上加霜。日军进攻旅顺时，丁汝昌被革去尚书衔，摘去顶戴。旅顺陷落后，丁汝昌又被革职，暂留本任。在威海布防上，丁汝昌对陆军的战力表示担心，建议做好炸毁陆路海岸炮台的准备，不料，被戴宗骞误会并举报又成为“通敌误国”的罪证，清廷下令将其交刑部治罪。在刘步蟾等将领的通电请愿，李鸿章的极力申辩下，清廷命令，待丁汝昌手头事务结束后，解送刑部。丁汝昌当时所处环境虽十分艰难，仍力图振作，召集诸将，筹商水陆战守事宜。1895 年 1 月 25 日，日军在山东荣成登陆，日本联合舰队司令长官伊东佑亨递送劝降书，丁汝昌不为所动，决心死战到底，当日，对家人说：“吾身已许国。”并将劝降书上交李鸿章，以明心迹。

1 月 30 日，日军进攻威海南帮炮台的制高点摩天岭。丁汝昌率舰队从海上用火力支援炮台守军，发射排炮，击毙日军旅团长大寺安纯（为甲午战争中日军阵亡的最高将领）。由于众寡悬殊，威海陆路南北帮炮台相继失守，刘公岛遭海陆合围，成为孤岛。凌晨，丁汝昌组织的敢死队分为两路，较多的一路负责佯攻，另一路则负责将 280 毫米口径的克虏伯炮炸毁，完成任务后，敢死队全部牺牲。

此后，日本海陆两军配合，并利用剩下的陆路炮台，连日攻击北洋舰队，均被击退。2 月 5 日，日本鱼雷艇夜间偷袭，定远舰遭重创，丁汝昌移督旗于镇远舰。2 月 7 日，日军舰艇 40 余艘排列威海南口外，势将冲入，日本陆军也用陆路炮台的火炮向港内猛轰。之后，鱼雷艇管带王平策划鱼雷艇队集体逃亡，刘公岛形势进一步恶化。2 月 9 日，丁汝昌登靖远舰迎战，击伤两艘日本军舰，靖远中陆路炮台发射的炮弹受伤，丁汝昌欲与船同沉，被部下誓死救上小船。2 月 12 日，丁汝昌毅然回绝日军劝降，只想以慷慨一死尽忠。当晚，服鸦片自杀，以谢国人。丁汝昌临死前，将北洋海军提督印截角

《威海降约》签订现场

作废。丁汝昌死后，手下军官牛昶昞盗用他的名义，与日方签订了《威海降约》。威海港里李鸿章经营多年的北洋海军，至此全军覆没。

此后，清政府内的清流党、顽固党人交相攻击，光绪帝下旨"籍没家产"，不许下葬。丁汝昌的子孙辈被迫流落异乡。直至宣统二年（1910），经载洵及萨镇冰等人力争，清廷为丁汝昌平反昭雪。萨镇冰、谭学衡倡议水师全体将士官佐捐出三日饷银，作为工程费用，建造丁公祠于刘公岛上前海军练兵营内。由于众人支持，祠堂很快落成，共三进十余间房子，巍峨宏丽，双门扉上画有门神像，皆披金甲持战斧，祠堂内供有丁汝昌牌位与画像。

一代名将刘步蟾

刘步蟾（1852—1895），字子香，福建侯官人。幼年丧父，与母亲相依为命，"事母至孝"。少时性格沉毅，好学善思，爱憎分明，敢与非礼不义之事相争。

同治六年，刘步蟾考入福州船政学堂，入后学堂，学习驾驶。十年，与同学 18 人上"建威号"练船实习，南至厦门、香港、新加坡、槟榔屿，北上渤海湾、辽东等地，途中测量日度、星度，操练驾驶，见识大为增进。

19 世纪 70 年代，中国向西方海军强国派出了第一批海军留学生。这批留学生后来成为了中国近代海军的栋梁之材。

经过中国首任驻英国公使郭嵩焘的协调安排，刘步蟾等 3 人直接被派往英国海军地中海舰队实习，并获准军官伙食和床位待遇。其余 9 人分别被派往格林尼茨皇家海军学院和大西洋舰队学习。在近 3 年的留学期间，刘步蟾曾担任地中海舰队旗舰“马纳多号”的见习大副，表现出众，深得英国海军方面的好评和李鸿章的褒奖。正是通过对留学生学业情况的了解，李鸿章才对刘步蟾有了很好的印象。这一点，对刘步蟾后来的海军生涯有着重大的影响。

1879 年，经英国海军部考核，刘步蟾获得优等文凭后回国。此时，操着满口标准英语的刘步蟾已成为一名见识丰富的海军军官。李鸿章见他颖达英俊而学有心得，是可充大用的海军人才，遂令其留职于北洋，擢升游击并赏戴花翎，充任“镇北号”炮舰管带。

回国之初的刘步蟾对国内海军海防的薄弱状况甚感忧虑。因此他和同学林泰曾一起将留学心得写成题为《西洋兵船炮台操法大略》的条陈，上呈给李鸿章。提出“非拥有铁甲等船自成数军决胜海上，不足臻以战守为妙”，建议实行积极的海上防御战略。1880 年，清政府向德国订购“定远号”“镇远号”铁甲战列舰和“济远号”穹甲巡洋舰；刘步蟾奉派赴德国驻厂监造，并研究枪炮、水雷技术。同年冬，他又被派为驻英国海军随员，接收向英国订购的“超勇号”和“扬威号”撞击巡洋舰。1885 年秋，刘步蟾将“定远号”战列舰等接驶回天津大沽，即被任命为“定远号”战列舰的管带，擢升参将，旋升为副将，获赏“强勇巴图鲁”勇号。此时，清廷吸取了中法战争失败的教训，大举兴办海军，组建了以光绪皇帝的父亲爱新觉罗·奕譞（醇亲王）为首的总理海

刘步蟾

军事务衙门（简称海军衙门）。

光绪十七年（1892），北洋舰队应邀前往日本访问，在对日本海军舰船细心考察后，刘步蟾认为日本海军实力已超过中国，并立即通过丁汝昌报告李鸿章，请求为海军添购船炮。考察期间，日本方面邀请丁汝昌、刘步蟾等北洋舰队高级将领上岸赴宴，唯独刘步蟾婉言谢绝上岸，他对丁汝昌说：“日人奸宄无信，胆敢妄为，深恐假宴会，乘我不备，偷袭我舰，我必留舰预防不测。”可见刘步蟾的细心与警觉。

1894 年 7 月 25 日，日本海军联合舰队在朝鲜西海岸中部的丰岛附近海面偷袭中国运兵船队。8 月 1 日，中日两国政府正式向对方宣战。其实，刘步蟾对来自日本的侵略，始终就有充分的警觉。早在跨出福州船政学堂大门后不久的 1874 年，年轻的刘步蟾就在发生了日本侵犯台湾事件之后，奉命驾舰赴台湾勘测港口及航道，圆满完成任务后就被任命为舰长。此后，刘步蟾始终对日本的军备扩张持有高度的戒备之心。

甲午海战中，丁汝昌因海战中受伤暂时离舰养伤，由刘步蟾代理。1895 年 1 月 20 日，日本陆军攻占了威海卫城和南北两帮炮台，海军严密封锁海面，形成了对集泊于港内的北洋舰队的水陆夹击态势，北洋舰队由此陷入困境。在险恶的形势下，刘步蟾辅佐丁汝昌，积极组织北洋舰队进行顽强的抵抗，打退了日本海军的多次进攻。2 月 5 日凌晨，刘步蟾和丁汝昌正在“定远”舰上商议作战事宜，日军派出鱼雷艇队进行偷袭，“定远”舰被鱼雷击中。刘步蟾一面组织堵漏，一面果断地下令砍断锚链，将“定远”舰驶至刘公岛附近的浅水处，以充当炮台使用。此后，刘步蟾指挥“定远”舰配合炮台，先后打退了日军的 8 次进攻。终因进水过于严重，丁汝昌下令放弃“定远”。当时刘公岛局势迅速恶化，因恐“定远”将来落入敌手，丁汝昌、刘步蟾下令，将“定远”舰炸散。当夜，刘步蟾追随自己的爱舰，自杀殉国。践行了生前 " 苟丧舰，必自裁 " 的誓言，时年 43 岁。

李鸿章获悉刘步蟾自杀的消息后，深感惋惜，并盛赞刘步蟾当年直陈御日之计是实言真心。清廷谕令：将刘步蟾照提督阵亡例从优赐恤，世袭骑都尉加一等云骑尉。一代海军名将，就这样与他所钟爱的战舰，一同消失在保家卫国的海疆战场。

邓世昌与北洋水师

邓世昌（1849—1894），广州番禺（今海珠区）人， 清末海军将领，民族英雄。1894 年 9 月 17 日中日黄海大战时，任“致远”舰管带。

邓世昌生于富裕人家。少时随父移居上海，从西方人学习算术、英语。少年时期，目睹清政府腐败，任帝国主义瓜分、掠夺中国的土地、财富，逐渐萌发了反侵略的爱国思想。在随父漂泊上海的日子里，又亲眼看到外国兵舰在黄埔江上横冲直撞，胡作非为，更使他感到国家要有强大的海军，才能不受外人欺凌。

1867 年，邓世昌入马尾船政学堂驾驶班第一期学习，1871 年，被派至“建威”舰练习航海。1874 年以优异成绩毕业，并被船政大臣沈葆桢奖以五品军功任命为“琛航”运船管带，次年任“海东云”炮舰管带，时值日军侵台，邓世昌奉命扼守澎湖、基隆等要塞，得补千总。又调任振威炮舰管带，代理“扬武”快船管驾，升守备，加都司衔。

1880 年，邓世昌调入北洋水师，先后担任“飞霆”“镇南”蚊炮船管带和扬威舰、致远舰管带。

1880 年，李鸿章为建设北洋水师而搜集人才，因邓世昌“熟悉管驾事宜，为水师中不易得之才”而将其调至北洋属下，先后担任“飞霆”“镇南”蚊炮船管带。同年冬天北洋在英国定购的“扬威”“超勇”两艘巡洋舰完工，丁汝昌水师官兵 200 余人赴英国接舰，邓世昌随往。1881 年 11 月安然抵达大沽口，这是中国海军首次完成北大西洋—地中海—苏伊士运河—印度洋—西太平洋航线，大大增强了中国的国际影响，邓世昌因驾舰有功被清廷授予“勃勇巴图鲁”勇名，并被任命为扬威舰管带。

1887 年春，邓世昌率队赴英国接收清政府向英、德订造的“致远”“靖远”“经远”“来远”四艘巡洋舰，是年底回国。归途中，邓世昌沿途安排舰队操演练习。因接舰有功，升副将，获加总兵衔，任致远舰管带。1888

邓世昌

年，邓世昌以总兵记名简放，并加提督衔。是年10月，北洋海军正式组建成军，邓世昌升至中军中营副将，1891年，李鸿章检阅北洋海军，邓世昌因训练有功，获“葛尔萨巴图鲁”勇名。

1894年9月17日在大东沟海战中，邓世昌指挥致远舰奋勇作战，后在日舰围攻下，“致远”多处受伤，全舰燃起大火，于是邓世昌决心放手一搏，指挥战舰全力撞向日舰“吉野号”之右舷。倭舰官兵见状大惊失色，集中炮火向“致远”射击，不幸一发炮弹击中致远舰的鱼雷发射管，管内鱼雷发生爆炸导致致远舰沉没。邓世昌坠落海中后，其随从以救生圈相救，被他拒绝，并说：“我立志杀敌报国，今死于海，义也，何求生为！”所养的爱犬“太阳”亦游至其旁，口衔其臂以救，邓世昌誓与军舰共存亡，毅然按犬首入水，自己亦同沉没于波涛之中，与全舰宪兵一同牺牲。

致远舰

致远舰官兵留影

修整中的北洋水师舰船

“邓世昌纪念馆”位于海珠区宝岗大道龙珠直街龙蜒里 2 号。其前身为“邓氏宗祠”，是邓世昌的出生地。清光绪二十一年（1895）邓氏家人用朝廷给予的抚恤银扩建宗祠，占地面积 4700 平方米。邓世昌壮烈殉国后，清廷追封其为“从一品”官，故宗祠正门按一品官员规格，建6级台阶，以清代中晚期南方大祠堂的形式重建。整座建筑以长条花岗石为基础，高出地面1米后再用水磨青砖砌墙，以进口坤甸木为柱和梁架，屋顶是灰塑瓦脊、碌筒瓦面。主体建有前后座，用两廊相连，并在四角各建1座阁楼。另有东院和后花园、东西门楼、前院和照壁等。正门门额上书“邓氏宗祠”字样，两侧挂有“云台功首”“甲午留名”的楹联。后花园有一棵紫荆树和一棵凤眼果树，据传邓世昌当年赴威海前所植。花园外东面原有车马场、清光绪，宣统年间，幕名前来瞻仰均在此下车，再步行前往祠堂拜。

位于环翠楼的邓世昌雕像

威海环翠楼，是与刘公岛隔海相望的一座古建筑。甲午战争以后，威海人民为了缅怀甲午战争中英勇殉国的英烈，在环翠楼广场前立有其塑像。

1934年5月，著名爱国将领冯玉祥将军凭吊设有丁汝昌、邓世昌牌位的威海环翠楼时，写下一副楹联：劲节励冰雪，对万顷碧涛，凭此丹心垂世教；登临余感慨，望中原戎马，擎将热血拜乡贤。

1986年9月16日，威海市政府在“环翠楼公园”前举行了民族英雄邓世昌铜像揭幕仪式。铜像重3.5吨，底座由大理石砌成，形似致远舰舰首。邓世昌身穿披风，紧握一把长鞘宝剑，深沉而凝重。

庄士敦与东方古国

庄士敦，英国苏格兰人，1874年出生于苏格兰爱丁堡。毕业于爱丁堡大学和牛津大学。1898年赴中国，先后在香港、威海卫的英殖民政府任职，是一位地道的“中国通”。

1919 年，庄士敦应邀至紫禁城担任溥仪的英语、数学、地理等西方学说老师，备受溥仪的敬重，师生情谊深厚。1930 年返回英国，在伦敦大学任教，著有《儒家与近代中国》《佛教中国》《紫禁城的黄昏》《狮龙共舞》等书。1938 年在家乡爱丁堡病逝，享年 63 岁。

1898 年，庄士敦经过激烈角逐考入英国殖民部，同年以东方见习生身份被派往英殖民地香港。由于其优秀的汉语水平，庄士敦在港英政府中不断升迁，先后出任辅政司助理、港督私人秘书。1904 年经骆克哈特力荐，庄士敦被殖民部派往租借地威海卫，先后任政府秘书、正华务司和南区行政长官等要职，获英国政府授予“高级英帝国勋爵士”勋章。

初到中国的庄士敦已具有相当深厚的东方学功底，很快迷恋上中国的文化、历史和风土人情，并积极致力于对儒、释、道、墨以及中国地理、唐诗宋词的研究，足迹遍及各省名山大川和名刹古迹。从此，庄士敦以官员兼学者身份在华工作生活了 30 余年。

庄士敦在中国生活的 30 余年里，他广猎经史子集、诗词歌赋，对中国的儒家文化和佛教哲学十分推崇。

1901 年，庄士敦以“林绍阳”的笔名在伦敦出版《一个中国人关于基督教传教活动向基督教世界的呼吁》一书，指责基督教会的传教士试图以宗教改变中国的做法，引起英国宗教界的猛烈抨击，称他为“一个愿意生活在野地里的怪人”“英国的叛徒”。

庄士敦崇尚儒家思想。来华后他不仅为自己起了汉名庄士敦，还按照传统为自己起字“志道”，该字取自《论语》“士志于道”。在庄士敦的著述中，绝少出现同时期西方人眼中对中国人的歧视意味和阴暗色调，更多是为中国的传统习俗进行辩护。在庄士敦眼里：“无论东方还是西方都处在各自社会发展的试验阶段，因此不管对哪个半球而言，把自己的意志和理想强加给另一方是不明智的。”为此，他不仅反对洋商们急欲把中国进行社会和经济西方化改革的企图，而且尖锐地抨击西方教会在华的变相传教行为。同时，庄士敦也反对中国自身的激进思潮——革命。他认为如果完全摧毁中国自己数千年的传统，就可能同时毁掉一切在中国人的生活和思想中起良好作用的

庄士敦在中国

事物。庄士敦这样描述："如果在漫长的改革过程中，中国逐渐轻视并放弃她几千年来所赖以依靠的所有支柱，如果她使自己所有的理想、生活哲学、道德观念和社会体制全盘西化，则她的确会变得富有、进步与强大，甚至会成为世界之霸，但她也会因此而丢掉更多优秀而伟大的品质、她的幸福来源，所有值得她自尊自强的东西都将一去不复返，代之而起的将是成千上万个村庄派出所！"这段话，现在读来亦是至理名言。

庄士敦十分热衷旅行，在游历的同时切身体会当地风土习俗，写出大量关于中国的著述，至今仍具有重要的史料和学术研究价值。庄士敦还被佛教哲学深深吸引，他大量阅读佛家经典，遍访名山宝刹，与众高僧法师探讨佛教理论，认为"佛教思想较《圣经》远为深奥"。1906年，他沿长江而上抵达四川、西藏。1908年，他到达了五台山、九华山、普陀山等地，沿途考察佛教圣地，为研究佛教理论搜集了第一手资料。1913年，他再次走上普陀山之行研究观音文化。在此期间，他沿途实地考察完成《从北京到瓦城》《佛教中国》等著作，提出，中国的儒家思想与佛教思想相结合，方能彰显中华文化之精髓，是拯救未来世界之良方。

1918年，清末帝溥仪的老师徐世昌因要出任民国大总统而辞去"帝师"之职。经李鸿章次子李经迈推荐，徐世昌代向英国使馆交涉，聘请融贯中西的庄士敦担任溥仪的新老师。1919年2月，庄士敦处理好威海事宜后赶赴京城，开启了自己的帝师生涯。这一年溥仪14岁，庄士敦45岁。庄士敦带着先进的西方思想与现代科学步入紫禁城，为这个古老皇宫带来了新气象。依据溥仪自传《我的前半生》的回忆，年少的皇帝对这位"苏格兰老夫子"以及其带来的西方事物充满好奇和崇敬。庄士敦则对这位特殊的学生竭诚尽忠，倾其所知相授。

在皇宫中，庄士敦教授溥仪英文，为他讲解西方的历史、生活和风俗，并为他起了个英文名“亨利”。日子久了，庄士敦与溥仪之间淡去隔阂，信任倍增。1922 年，溥仪在大婚之日赏赐庄士敦“一品顶戴”，这是清朝官员的极高荣誉。庄士敦兴奋异常，他恭敬地戴上官帽、身披大臣朝服（尽管此时清朝已终结多），在北京的居住地拍了张照片寄送给英国的众多亲友。此后的岁月里，庄士敦向溥仪传授西方的君主立宪思想，并提议溥仪到欧洲留学。他由衷期盼溥仪复辟后能成为优秀的国家元首，并拥有英国绅士般的非凡气度。

庄士敦的到来让自幼封闭宫中的溥仪大开眼界。在这位洋夫子的引导下，溥仪戴上了眼睛，剪掉了辫子，在宫里装上电话，骑起自行车。在庄士敦的介绍下，溥仪会见了一些外国使节，还和胡适通电话。很快又改革宫内的财务制度，把 1000 多人的宦官队伍裁汰到 100 余人。庄士敦开始成为宫廷内务大臣的眼中钉，但是溥仪喜欢他，还加封他为御书房行走、颐和园总管。就这样，庄士敦陪伴溥仪度过了紫禁城最后的黄昏，成为中国历史上最后一位帝师，也是帝国历史上极少数的外籍高级大臣。他曾当过当代文学大师钱锺书的老师。在他的教导下，禁锢于皇宫的末代小皇帝了解到真实的世界，接触到更为先进的思想。虽不可逆潮流建立君主立宪体制，但对溥仪个人而言，其影响是终身的，而溥仪则评价庄士敦是“我灵魂的重要部分”。

1924 年，溥仪被国民政府彻底赶出紫禁城，在庄士敦的帮助下借道英国

1905 年时任华务司的庄士敦

使馆逃往日本辖区。庄士敦就此去职帝师职位，返回英国租界地工作。

庄士敦是威海卫作为英国租借地的最后一任长官（末代总督），在威海卫先后任职长达16年，是威海卫近代殖民史上继骆克哈特后又一位举足轻重的人物。1904—1918年，庄士敦在威海卫工作期间比较公正廉洁，经常独自走村串户调查社情民意。他能用流利的威海方言与百姓交流，了解平民的思想和期盼。他还进行过一些行政管理方面的改革，比如老百姓告状，原来必须层层上递，改革后可以把状纸直接递交庄士敦，不再受村长社首的限制。

身为英殖民地管理者，庄士敦的出发点是维护英国在华利益，但他并没有像其他殖民者那样强行打破故有传统，扰乱当地的风俗习惯，在治理方式上则较过去压迫民众的封建官僚先进许多，因此庄士敦在当时威海卫的声望还是比较高的。对于威海人民的生活，庄士敦曾满怀深情地描述："如果不发生官司或家庭纠纷，他们的生活是非常宁静幸福的。他们有一个良好的气候环境。同时他们良好的体格和精神状态也证明他们的日常生活还是不错的，在收获的季节里，大人和孩子都在田里忙碌着。在长长的冬夜里，他们围坐炕上以便取暖，白天他们就出去捡柴火，或站在他们的界沟里看从爱德华港出来的奔跑在他们祖先土地上的英格兰马。每周三次他们用驴子驮着货物到威海市场上去卖，妇女们则在家缝补闲聊。"

庄士敦与孔子第75代孙孔令贻

1927年，再次被派往威海卫任行政长官的庄士敦负责主持将威海卫归还中国的事项。1930年10月1日，庄士敦代表英国政府参加威海卫归还仪式后卸任，结束了英国对威海32年的殖民统治。离开前，他在讲话中说道："我坚信你们将会得到一

1924 年，庄士敦在北京寓所内与泰戈尔、徐志摩、林徽因等人合影

位比我能力强的领导人，但绝不会遇到像我那样对威海卫有如此深厚感情的领导人。”

这短暂的话语，无不透露出他对威海卫未来的期望与对威海卫人民的深厚情谊。

归国后，庄士敦在伦敦大学任中文教授，兼外交部顾问。1934 年，庄士敦回到中国，把他写的《紫禁城的黄昏》送给溥仪，请溥仪为其作序。此时溥仪暂住天津，正为南下还是北上而犹疑，两人曾为此密谈数日。庄士敦回国不久，溥仪就以祭祖名义逃往满洲。1935 年，庄士敦再次来到中国，到长春觐见溥仪。溥仪设下家宴招待庄士敦，希望他能留下辅佐自己，但庄士敦婉拒了，这也是庄士敦最后一次来中国。从 1931 年到 1937 年，他在伦敦大学教授汉学，继续传播东方古国的传统文化。

从政治上讲，庄士敦是英国派遣到中国的殖民地管理者，并全力支持复

1927 年，庄士敦回威担任行政长官，以上为 4 月 5 日商学各界举行欢迎会的合影

辟帝制，反对共和革命，对中国近代的政治发展实无正面贡献。但就个人而言，庄士敦终其一生热爱中国，他在中国生活的 34 年间，足迹踏遍名山大川，在任威海卫行政长官的 10 余年间，善待百姓、守法奉公，亦没有扰乱或强行改变当地的固有风俗，在返回英国后仍积极致力于中华文化的传播。从这个层面讲，庄士敦是中国陷入苦难岁月时的西方友人。

庄士敦在担任清逊帝溥仪的老师后，终生以清朝大臣身份自居，出入行清朝礼节，并满心希望清政府能复辟成功。与此同时，他又极度反感西方的强盗侵略行为，认为应该以中国人自己的方式治理这片土地。

庄士敦在北京的故居位于油漆作胡同 1 号大院，是当年为了让帝师离溥仪近些，在此租借的一套四合院。庄士敦非常喜欢这套中式庭院，亲自动手把它布置得充满北京文化色调。宅院门洞里有四个红底黑漆字的“门封”，室内的家具同样全套中式桌椅案榻，条幅字画，相当中国式。在这里居住的岁月是庄士敦在中国最温暖的日子。后来由于“内务府”掏不起房租，加上溥仪被赶出紫禁城，庄士敦在油漆作胡同的居所也就至此画上句号。如今故居仅剩下寥寥数间瓦房和中庭一株大杨树，稍显凄凉，令人感慨。唯有门房藻井天花上若隐若现的油漆纹饰告诉我们：一个世纪以前，这里曾住过一位不平凡的外国学者，一位对东方古国深深仰慕的外国老人。让我们记住他对中国人民的善举与尊重。

庄士敦与溥仪（右一）、溥杰（左二）、润麟（婉容的弟弟）

庄士敦一生未婚，晚年用其著作版税在苏格兰买了个小岛，给其岛的居室分别起了松竹厅、威海卫厅和皇帝厅等名字，并升起满洲国的龙旗。还在其住所办了个陈列馆，陈列着溥仪赏赐给他的朝服、顶戴、饰物等物件。终其一生，庄士敦都热爱、眷恋着中国。在他看来，中国应该通过君主立宪过渡为现代国家，在皇室的继承中保存上溯千年的传统和文化。但这样的遐想在其有生之年面对溥仪俯首日本为傀儡而已开始瓦解，他最终拒绝了溥仪的挽留，离开了中国。

1938 年 3 月 6 日，庄士敦带着些许遗憾和对中国往事的无尽思念在家乡爱丁堡逝世。

人的一生，有几个三十几年？庄士敦在华的三十几年的时间里，他是英租殖民管理者、他是帝师，更是尊重东方古国的贤士。

庄士敦著作《紫禁城的黄昏》

庄士敦著作《狮龙共舞》

1905 年庄士敦在威海卫，背景是华勇营士兵

归还威海卫场景（上图右一为王家桢，右二为庄士敦；下图前排左起：王家桢、徐祖善、庄士敦）

徐祖善与民国时期威海卫

徐祖善

徐祖善（1890—1957），号燕谋，江苏无锡人。

1905年考入南洋海军学堂，先习驾驶，后学轮机。1909年以优等成绩毕业，在海琛舰见习半年，即调任海军梯度萨镇冰的侍从副官。1911年赴美国麻省理工学院，并在美海军兵工厂实习，学习潜艇制造。其间撰有《潜水艇》。该书虽然只是一本普及性读物，却是国人研究潜水艇的开山之作。

1915年底，徐祖善回国专业于外交，但仍与海军密切关联。他被北洋政府海军部派为第一次世界大战海军观察员，1917年又改任中国驻英使馆海军副武官。1918年春参加意大利海军在地中海作战，并兼任巴黎和会专门委员。

1930年，威海卫回归祖国怀抱。南京国民政府设威海卫行政区，直属中央政府政务院，徐祖善成为首任行政区管理公署专员。

除上述军事、外交背景之外，还有一个特别的因素，也促成了徐祖善来威之任。1927年南京国民政府成立，奉系军阀张作霖不久即易帜，面对日寇在东三省咄咄逼人之势，张学良麾下的东北海军移师胶州湾。1930年，经过漫长艰难的谈判，中国恢复行驶威海卫主权。对于这块肥肉（特别是威海卫海军基地），各路军阀虎视眈眈。南京政府海军部挟中央政府之力，东北海军得近水楼台之便，还有山东省的韩复榘、刘珍年等大小军阀各打算盘、暗中角力。最后是折中的结果，选了徐祖善。

徐祖善能被双方所认可，是因为 1915 年他被北京政府派为欧战海军观察员时，同在欧洲任此职的就有后来的海军部代理部长陈绍宽、东北军海军司令沈鸿烈。因缘际会，徐祖善遂于 1930 年 6 月 14 日被国民政府外交部任命为筹办接收威海卫事宜办事处特派员，1930 年 10 月 1 日至 1934 年 1 月，出任威海卫管理公署专员。

1931 年 4 月 1 日，威海卫禁止缠足女检查员合影

1936 年，威海卫禁止缠足劝导员合影

初踏上威海卫这块土地时，徐祖善意外地惊讶。清廷被推翻已经 19 年了，英国的米字旗也在威海卫飘扬了 32 年，这块弹丸之地上，不仅还到处晃荡着男人的辫子，尤其令人心惊的是，满街蹒跚着的还有女人的“三寸金莲”！可想当年，威海卫的“精神面貌”是多么的不堪！

这位饱受西方文明熏陶的专员，目睹这些封建社会的陋习和弊端，显然不可能只是一声苦笑了之的。

作为威海卫的最高首长，他首先对这些令人深恶痛绝的弊端开刀。推行了先割掉了男人的辫子，再打开妇女们的裹脚布等一系列新政。为了率先解放半数威海人的生产力，徐祖善夫人还数次在妇女会上公开演讲，呼吁妇女们放开自己的双脚，冲破封建思想的牢笼。

恢复了威海卫主权，国家扬眉，民族吐气。徐祖善在最初一年的过渡期中，意气风发、雄心万丈。面对百业待兴、河山重整，作为专员，要干的事情很多。教育事业的整顿兴办，修扩城乡公路，绿化植树，恤灾救困等。为清除鸦片烟馆，禁绝吸毒恶习，徐祖善甚至效仿林则徐，在大操场公开焚烧鸦片。这位“少游欧美”的徐专员，迅速把现代文明植入威海卫这块陈旧腐朽的土壤，以至于有人攻击他“管理一味地英国化”。

建设卫城、发展经济也是徐祖善上任后的理想抱负。当年为邀请上海工商业考察团，他费尽周折，在管理公署第 71 次行政会议上提出，要提前做好准备，抓住这次机会，争取“上海工商调查团来威”，并部署“各科股均预拟订一切情状及详情计划，以便投资人之观感”。考察团到青岛后，他便以官方名义邀请这些政商巨子到威参观考察，投资办实业。虽然邀请工作并不顺利，但最终还是在各方的帮助下，考察团王晓籁、林康侯、李祖绅、吴任之、陈蔗青五名成员，乘军舰达到威海卫。当年路透社报道说：“8 月 4 日和 5 日，他们由该地管理专员徐祖善引导，游览了名胜并参观工厂，商会款以午宴，午后赴公署开会，晚间行政长官设宴招待，席间致欢迎词谢其来游，并望其扶助威海卫之发展，王晓籁答词致谢。”沪上一行于 5 日晚 10 时，乘大名轮返沪。

由于徐祖善的精心准备，亲自陪同，短短两天的考察，给沪上来宾留下深刻印象。5 人中领头的上海商会主席委员王晓籁回沪对记者说：“威海卫

威海卫收回仪式

徐祖善与庄士敦合影

收回迄今，仅越二年，然地方事业，办理极佳……极有成绩，甚合于小本经营，故各有志于经商者，大可至该处投资。”后来，他们编写《上海工商团考察威海卫报告书》时，请徐祖善“为之序”。徐祖善在这个序言中说：“拜而读之，喜极欲狂，不禁为威海卫地方九顿首以谢焉。”要磕九个头来感谢，语涉夸张，但满意高兴之情溢于言表。因为，“考察团之大有造与威海卫者，讵有涯涘，来日方长，跂予望之矣”。可见徐祖善那时的“招商引资”之用心。

徐祖善在任威海卫期间，还修建了“收回威海卫纪念塔”，重修了“环翠楼”。

环翠楼自始就是威海卫的地标性建筑。但收回威海卫之初，世人眼前的环翠楼却是荒废失修之破败景象。

徐祖善主持新修的环翠楼“深广各三十七尺，高三十尺，别为两层，楼身全以钢筋混凝土为骨，而称以中国式之装修，飞檐耸阁，纯粹保存中华建

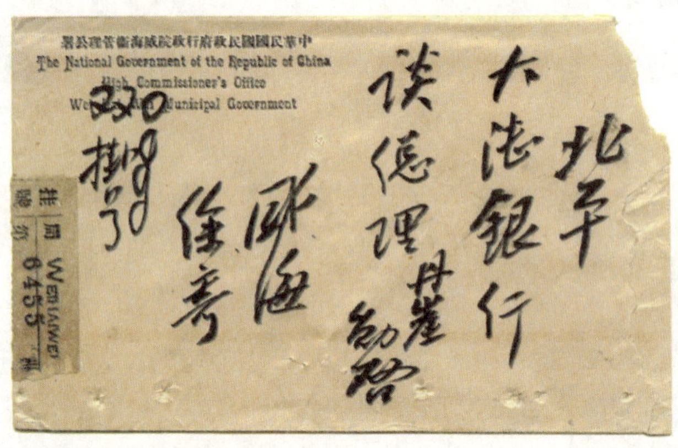

1931 年徐祖善从威海卫寄往北平的挂号信

徐祖善与国民会议选举事务所代表合影

筑物之美观。楼上下各为一广间，敷设椅座，可以休憩。”站在环翠楼上“远眺东海，近览全卫”，但见其“背枕群山，冈陵四合，凌虚倒垂，万家鳞次，浮空泛景，荡弱天外。对面刘公岛，孤风耸秀，砥柱中流，大海环其三面，刘公岛若屏障焉”。

环翠楼的重建，使威海卫胜境再现：“月出东海之上，微波荡漾，云横刘公岛外，军舰多只，横列港口，灯光闪烁，奇丽异常，真是天然一幅画图……”

1934 年 1 月，徐祖善离开了威海卫，为威海卫留下了重新修缮后的环翠楼和收回威海卫纪念塔，成为有着教育和警世意义的标志性景观。

徐祖善是个有理想、有着浓烈的家国情怀的人。其时威海卫虽曰收回，但刘公岛却依然被英国人霸占着。终日面对这英国的米字旗，目睹着威海湾里的英国巨型炮舰，徐祖善的心情是沉重的。他出身海军，历睹民族的磨难，对海防、海权的丧失，锥心痛恨。其将“收回威海卫纪念塔”设计成塔高 32 尺，意在“俾威人晨夕过此，于欢欣之余，更惕然而警惧”。而在重修之环翠楼内，徐祖善特别“增祀丁公汝昌、邓公世昌木主”，并为环翠楼亲撰了两篇“碑记”，即《重修环翠楼记》和《威海卫甲午海军蹉跌记》。在《重修环翠楼记》里，徐公怆怀往事：

光绪中叶，李公鸿章督畿辅，乃辟威海为军港，设海军提督驻扎刘公岛。甲午之役，日人出奇制我，一面由辽沈进攻，一面潜师由成山登陆，据我威海。海军遂退保无地，总兵邓世昌战败死，提督丁汝昌仰药殉。于是我东北之藩尽失，威海卫海湾几为日人所属地。清廷忍辱媾和，割与台湾，索还威海。不三年，英人又强迫租借为其驻华海军根据地。计自清光绪二十四年租借至民国十九年交还，威海卫沦为异域者凡三十有二年。

抚今追昔，徐祖善希望“后之来者”能够“责无旁贷有以御海盗而雪国耻”。他还郑重提醒人们：“若谓爱其林壑之美，仅供作游览之娱，又岂余重修斯楼之微意也哉。”

虽然徐祖善在《威海卫甲午海军蹉跌记》中苦口婆心地告诫世人：“试

徐祖善与上海来威海卫的工商考察团合影

20 世纪 30 年代徐祖善重修的环翠楼

一内省我现今海防上之设备，其得不蹈甲午之覆辙乎？如其然也，我威海卫得终归我所有乎？”但是，仅仅事过 7 个年头，1938 年 3 月，威海卫再次被日寇铁蹄践踏。1944 年 12 月，环翠楼失火被焚，由徐祖善撰文的《威海卫甲午海军蹉跌记》《重修环翠楼记》两块石碑也从奈古山消失。

近一个世纪过去了，应当说，徐祖善作为首任威海卫专员，为威海卫的各项社会发展和建设事业作出了里程碑式的成就，对卫城和区域管理奠定了很好的基础。

威海卫与成山角、文登营相关历史人物

李斯与天尽头

在地理学上，地球是椭圆形的。从理论上讲，可无限环绕地球，并跨越山水而重合。在古代一般人意识中，古人常以“天圆地方”作为地理上的认知，认为任何地方都有个尽头。

关于“天尽头”，当面对浩瀚的大海，以曾未迈出过国门的先人们来看，均认为这就是“尽头”了，大海以外再也不会有陆地存在，这就是最东端，就是终结。

据记载，秦始皇东巡时，是随行护驾的李斯在成山角留下了“天尽头”的东巡绝笔。同样，在欧洲大陆的最西端，葡萄牙的罗卡角有块石碑上，也刻着和我们“天尽头”意义类似的文字：“陆地在这里结束，海洋从这里开始。”看来这个地球上的先人们，在思维和认识上差异不大。如放在现在，说不准李斯会去拜会罗卡角这位题词者。

天尽头

威海历史故事中，往史名人并不算太多。说到李斯，唯“天尽头”是起因。战国时期，在人人争名逐利的大势下，李斯也想干出一番事业，为达到飞黄腾达

秦始皇东巡图

李斯画像

的目的，李斯辞去小吏，到齐国求学，进入孔子当年所办的稷下学宫，也就比似如今的大学，位于今淄博市境内。拜荀卿为师，接受荀子的思想，研究如何治理国家的学问，即所谓的“帝王之术”。李斯学成后，经过对各国情况的分析和比较，决定到秦国去。 秦朝建立以后，李斯升任丞相，辅佐秦始皇。在巩固秦朝政权，维护国家统一，促进经济和文化的发展等方面作出了卓越的贡献。他建议废除分封制，实行郡县制。又提出了统一文字的建议，之后又在统一法律、货币、度量衡和车轨等方面，功不可没。

毛泽东曾评价李斯：“孟夫子一派主张后法先王，厚古薄今，反对秦始皇。李斯是拥护秦始皇的，属于荀子一派，主张先法后王。”鲁迅曾称赞李斯：“秦之文章，李斯一人而已”“然子文字，则有殊勋。”他的书法“小篆入神，大篆入妙”，被称为书法鼻祖。在现在看来，李斯是个相当有文化的政客了。他的文学和书法造诣令后人追捧；他的文章论证严密、气势贯通，洋洋洒洒，如江河奔流。李斯和赵高等人写的《仓颉篇》《爰历篇》和《博学篇》等书法范本以及李斯书写的刻石有《泰山封山刻石》《琅琊石刻》《铎山刻石》等，均被后人临摹传诵。但苏轼对李斯的罪和过，也给出了总结：“李斯、赵高矫诏立胡亥，杀扶苏、蒙恬、蒙毅，卒以亡秦。”

历史总是如此，功与过，后人均盖棺定论。

李斯的一生，绝大部分时间都是在实践着法家思想。他重新受到秦王的重用后，以卓越的政治才能和远见，辅助秦王完成了统一六国的大业，开启了中国历史上第一个封建中央集权王朝。

同时，权力对于李斯这个河南上蔡汉子来说，具有超乎寻常的吸引力。为了出人头地，他义无反顾地抛开家乡，数十年不归；为了私利，他心甘情愿地背叛自己的国家楚国，跑到了秦国；为了荣华富贵，他奴颜婢膝地写出了《谏逐客书》，成为嬴政身边的红人；为了争权夺利，他心狠手辣地排挤老同学韩非，并将其毒死在狱中；为了讨好皇帝，他借题发挥，眼睛没有眨一下就把数百名儒生活埋在骊山脚下……无情、无耻、残忍、残酷，把李斯从一个上蔡的“郡小吏”，一步步推上了大秦帝国的第一任丞相，秦始皇的

秦始皇与李斯

位于河南省上蔡县的李斯墓

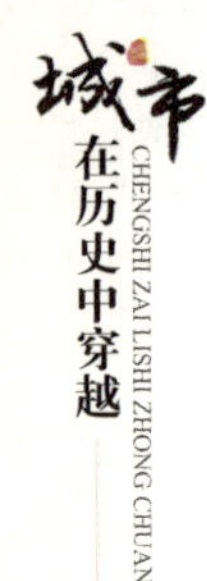

儿女亲家。这在中国历代丞相中之富贵，也莫过于此。

但在中国历代丞相中，若要论下场最可悲、死得最惨的人，恐怕也要首推秦相李斯了。《史记》中有一句关于李斯被杀的文字记载：“二世二年七月，具斯五刑论，腰斩咸阳市。” 李斯行刑时没有胡言乱语，所以没有被额外的割掉舌头。但“具”这个字，说明了李斯所遭受的那五种刑罚并处腰斩，一项也没有少。

李斯的故居有两处：一是故城东门里东西大道路北，在今河南省驻马店上蔡县一中附近，面积约 5000 平方米；二是上蔡县城西南 5 公里处的李斯楼。李斯楼，是李斯的乡下故居，李斯被害后，其幼子在亲朋的掩护下得以幸免，藏匿在李斯楼。直到现在，李斯楼村的居民都姓李，自说是李斯的后代。四周松柏掩映，花木丛生，墓西不远处有李斯跑马岗和李斯饮马涧。据传，李斯青年时期经常在此处纵马驰骋，马渴了就在此涧沟中饮马，后人便称此处为跑马岗和饮马涧。

李斯墓位于河南省驻马店市上蔡县蔡国故城的西南部，位于芦岗乡李斯楼村东南角，是一个高大的土冢。墓的四周砌有石阶，墓前竖有墓碑，上刻“秦丞相李斯之墓”。

戚继光与文登营

戚继光，嘉靖七年闰十月初一（1528 年 11 月 12 日）出生于山东微山西北的小镇鲁桥，第二天阳光灿烂，父亲戚景通于是给儿子取名继光，希望他继承祖上的光辉，并发扬光大。

嘉靖二十三年（1544），戚景通因病去世，17 岁的戚继光袭任父职，成为登州卫指挥佥事。嘉靖二十五年（1546），分工管理登州卫所的屯田事务。嘉靖二十七年（1548）至三十一年（1552），奉命率领卫所士兵远戍蓟门（今北京市东北方向），春去秋归，每年一次。嘉靖二十八年（1549）考中武举，次年进京会试，正逢蒙古俺答汗兵围北京城，戚继光临时守卫京城九门，并两次上书陈奏守御方略。嘉靖三十二年（1553），被提升为都指挥佥事，管理登州、文登、即墨 3 营 25 个卫所（含威海卫），防御山东沿海的倭寇。到任以后，戚继光整顿卫所，训练士卒，严肃纪律，使山东沿海的防务大大改观。

1555 年，戚继光调浙江抵抗倭寇，他招募编练新军，人称“戚家军”，为抗倭主力。1561 年在台州打败倭寇，次年捣破倭寇在横屿的老巢，解除了东南倭患。1567 年调往北方镇守。1548 年从浙江义乌募集矿工和农民，编练戚家军。自戚家军成立开始，他率军于浙、闽、粤沿海诸地抗击来犯倭寇，历 10 余年，大小 80 余战，终于扫平倭寇之患，被现代中国誉为民族英雄。1588 年 1 月 5 日在登州（今蓬莱）逝世。

戚继光雕像

日本在中国古代被称为倭，来自日本的海盗因此被称为倭寇。四出抢掠时，常分成几队、十几队甚至几十队，以当地奸民为向导，用海螺号互相联络。刀枪磨得雪亮，且大多用武士刀，杀伤力极强。擅长近身格斗、火枪射击，惯于设伏偷袭，常用川字或一字长蛇阵。由于当时明朝军队腐败，明军时常吃败仗。

文献记载，为防御倭寇，明廷在山东沿海地区设置卫所的基础上，宣德二年（1427）设文登营于文登城，驻马步兵1000余人，与各卫策应。文登营可以说是当时中国北方沿海最高军事机关所在地。文登营的军营建制设有“把总”“指挥”，大多是将军级，授“护国大将军”衔，个别官职至二品。文登营及各卫在抵御倭寇对中国东部沿海的入侵方面发挥着至关重要的作用。

文登营管辖成山、靖海、宁海，威海四卫，处于四卫的中心位置。明嘉靖版《宁海州志》记载：“文登营，在文登县东北十里，宣德间置。设把总、指挥各一员人，千户、百户今无定员。马、步、旗军一千二百人。官，取之诸卫所；军，取之宁海、威海、成山、靖海诸卫。”清光绪版《文登县志》记载：“宣德四年，建文登营，设把总一员，指挥一员，中军等官二十三员，旗军一千二百四十名。原额马四百一十四匹，正统间，调去京操马一百五匹，余存营，立为马步二十二队。万历二十一年改为守备府，设守备一员，中军一员，哨官二员。”民国时期《文登县志》记载：“明设三卫以备倭寇，三卫各处一隅，不相统属。宣德间建营，盖以地当三卫之中，南去靖海、东抵成山，北至威海，各相去百里，内外设把总为营，官多以指挥为之，盖以节制三卫，联络声援。”《筹海图编》：“文登县东北有文登营之设，所以控东海之险也，宁海、威海、成山、靖海四卫皆隶焉。其策应地方，语所则有宁峰、海阳、金山、百尺崖、寻山诸所；语寨则有清泉、赤山等寨；语巡司则有辛汪、温泉镇、赤山寨诸司。逶而北则应援乎登州，迤而南则应援乎即墨。三营鼎建，相为犄角，形胜调度，雄且密矣。”三营是指文登营和永乐年间设置的即墨营、登州营。

1998年版《文登市志》记载：1427年（宣德二年）“为应援沿海卫所，明廷于县城西门里建文登营，辖成山卫、靖海卫、威海卫和宁海卫。”1435年（宣德十年）“文登营迁往县城东五公里，建土城。”民国版《文登县志》又记载：“文登营，在城东十里。”均说明了1435年，文登营迁于城东5公里处修筑了营盘。城为土城，周围三里，高八尺，有东、西、南三门。“其南门横额内刻

‘齐东重镇’，外刻‘东方名藩’，刻石今尚存，为戚继光所题。”

从以上各朝代的记载，均说明了文登营在各个时期的情况。

1555 年，山东都指挥佥事戚继光调任浙江前，视察文登营，前面提到的“齐东重镇”和“东方名藩”均为戚继光题写。他在负责山东沿海防御海上倭寇时，统领登州、文登、即墨三营二十五卫所，驰骋海疆，抗击倭寇，立下了不朽的功勋。并在视察文登营时，留下《过文登营》的著名七律诗篇。

冉冉双幡度海涯，
晓烟低护野人家。
谁将春色来残堞，
独有天风送短笳。
水落尚存秦代石，
潮来不见汉时槎。
遥知百国微茫外，
未敢忘危负岁华。

（注：《止止堂集·横槊稿》上，《年谱》卷一所载此诗第四句作“独有悲风送晚笳”，第七句作“遥知夷岛浮天际”，小有出入。）

明嘉靖四十一年，在福建沿海，戚家军攻克横屿，胜利回师。戚将军和全军将士一同赏月，当时军中无酒，戚将军即席口述《凯歌》一首，教全军将士一起唱歌，以歌代酒鼓励官兵、激励士气。

万众一心兮，群山可撼。
惟忠与义兮，气冲斗牛。
主将亲我兮，胜如父母。
干犯军法兮，身不自由。
号令明兮，赏罚信。
赴水火兮，敢迟留！
上报天子兮，下救黔首。

杀尽倭奴兮，觅个封侯。

从戚继光的两首诗中，可以看出这位抗倭英雄的儒将风度和英雄气概，在防御倭寇视察沿海防线以及攻克横屿凯旋的时刻，体现出对祖国大好江山的眷恋与热爱，体现对国家安全与民族安慰的豪迈壮气。可谓“心有猛虎，细嗅蔷薇”的爱国情怀。

戚继光的一生，没有辜负父辈寄予的继承祖上的光辉并发扬光大的期望，无愧于祖国赋予的海防事业和卫国重任，为大明江山和民族大业鞠躬尽瘁、死而后已！

第八篇

卫城文化

诗赋文化中的威海

——从威海历史诗词看城市文化

文化是城市的灵魂，诗赋则是文化王冠上的明珠。

威海，有着与众不同的发展史，从东莱不夜城到秦皇汉武东巡，从文人墨客驻足咏叹到边疆卫戍羁旅情怀，从道家思想广泛播传到卫城文化灼灼翘然，从甲午殇思的悲凉到强梁租借之屈辱。这一幕幕历史变革和地域风情，在悠久的诗词歌赋中得到了有序承扬，并形成了特点鲜明的地域文化传承谱系。

威海历代诗词歌赋中，或浅唱低吟、或慷慨而歌、或怆然涕下，道不尽的青山悠悠，诉不完的大江东流，咏不清的沧海桑田，律绝平仄，渔歌唱晚。溯源而上，承上启下，这种文化谱系的移译和表达，诠释了威海各个时期的风云变幻、自然风貌和地域特色等多元文化。

一、秦皇东渡　汉武巡海

秦皇汉武扬鞭东指，穷成山，抚东土，宣威海滨，为后世留下了一笔宝贵的诗赋文化遗产。

成山头，乃秦始皇统一中国后的第五次出巡途经之地，留史“天尽头”“秦皇祠”“秦皇庙”“秦桥”等遗迹，并在文山召集文人墨客登山吟诗作赋、歌功颂德，留下“文人登山”的传说，“文登”也因此得名。汉代大儒郑玄曾在文登城西长学山阳开院讲课，邑人读书求学由此蔚然成风。文登怀古集中的《召文台》《文登学》便是其中的代表：“海上屠鲛漫费猜，秦皇遗迹半山隈。翠华云蔽丹曦影，御仗辉升湛露台。万里关河虚帝阙，千年瑶草隐蓬莱。召文难掩焚坑事，吞忍骂名尤可哀。”“劝学淳风到海陲，至今书院有遗基。穷经儒叟人尊仰， 晒字村夫世叹奇。朝见霞飞舒兴致，夜听潮起涌文思。东莱景物多怡目，水色山光尽入诗。”

1986 年，在成山头始皇庙前施工中，出土的一片石刻上，有“留题秦皇祠一首河朔王求上”字样，诗尾刻“宝元二年八月十三日”，宝元二年，即公元 1039 年，是我国历史上的北宋时期。王求的石刻《秦皇祠》曰：“迹古祠荒倚翠峰，海天空阔仰灵风。人祈人祷常年内，潮去潮来每日中。云触楼摧难泛蚁，石沉桥断隐垂虹。岗峦远属高高势，郁不齐驱更向东。”

明代尚书王思诚赋诗《文登怀古》一首：“昆嵛雄跨东海边，盘桓百里相属连。嵯峨不知几万仞，七十二峰青磨天。关西神师旧修炼，烟霞洞启犹宛然。古来麻姑亦隐此，三见沧海变桑田。渺茫有无果可信，父老至今相留传。秦皇汉武信方士，东游几度求神仙。世间哪有不死药，海中谁独长生年。翘首东望鸡鸣岛，石桥龙口横苍烟。”

清康熙（邑举人）于绍祖的《秦皇庙》：“野老吞声说始皇，平川一半拟咸阳。自从直使题诗后，古殿无人蔓草荒。”清宋绳先的《秦皇庙》：“阿房楼阁锁云鬟，华盖东驰海岱间。九鼎已期传万世，六龙犹欲到三山。碑沈蛟窟寒涛涌，庙对鲸波落照闲。凤目尚疑凝睇望，仙舟徐福几时还？”清顺治十二年（1655）文登人（进士）、明代工部尚书丛兰玄孙丛大为的《秦宫遗址》：“召士台连饮马池，苍茫云物古秦遗。阿房已逐青磷冷，行殿空余碧草滋。天外霞明徐市岛，滩头水没李斯碑。即今桥石参差见，雄略千秋笑虎痴。”清成山卫人、康熙二十五年（1686）拔贡李曰芳的《游秦桥》：“欲从海上觅神芝，沆瀣秋风八月时。断碣残螭怜古字，耸岩画级撰新诗。梳妆已罢秦妃阁，菱荻还青汉武池。为吊荒台摇落处，飞梁极目正迷离”“涛沸矶边煮酒声，螺卮吸尽石为铛。鲛绡帘下题新句，鸥鸟图中写旧枰。潮汐经年槎影逝，峰峦得意笔花生。长吟不觉归途晚，醉听砧敲急暮城。”清山西太平（今襄汾县）人李天骘的《秦桥遗迹》：“大海汪洋浪接天，长桥飞渡亦胡然。凌波漫掷罗公杖，采药曾开徐市船。鳌柱稳排帆影下，鲸涛立靖橹声联。期生那有长生诀？莫向蓬瀛去访仙。”清康熙五十五年（1716）文登知县王一夔的《秦桥古迹》：“鞭石曾闻海上游，浪传遗迹至今留。蓬莱有路通三岛，方士何缘到十洲？晓日山峰天欲尽，暮潮烟雨水空流。当年误学长生术，未解神仙不可求。”

多少荣光，多少梦想，多少凭吊，多少滋味，能道尽历史的轮回和威海大地的沉厚吗？诚然，笔墨亦未必尽然。

汉武帝一生曾七次东渡巡海，并于太始三年（公元前94年）二月第六次巡海时，至琅邪，然后渡海到成山、芝罘一带，并在不夜驻足。唐朝诗人独孤及的《海上怀华中旧游》记：“凉风台上三峰月，不夜城边万里沙。离别莫言关塞远，梦魂长在子真家。”描写了诗人由边关东莱不夜城，所体悟出关塞遥远的家国情怀。

二、道家思想　信仰情怀

威海境内的昆嵛山、圣经山、岠嵎山、铁槎山，山峰连绵，苍松翠柏，钟灵毓秀，林深谷幽，是道教全真派发祥地，也历来被道家视为天人合一的大化仙境，是文士心中的诗赋桃花源。

王重阳，道教全真派祖师，曾赋《踏莎行·别家眷》，词中：“昆仑山上乐逍遥，烟霞洞里成修炼。”王重阳一生致力道教，对山川洞府沉迷向往，来胶东昆嵛山之前，既没有到“昆仑山上乐逍遥”，也没能实现在他梦想中的“烟霞洞里成修炼”。然而当他来到昆嵛山后，却豁然开朗。烟霞山上的一个天然洞府烟雾袅袅，紫气腾腾，不禁令他心旷神怡，欣然命名为“烟霞洞”，并召集马丹阳、谭处丹、丘处机、王处一、郝大通五位弟子前往修炼。

丘处机对昆嵛山水情有独钟、极尽赞美，如在《望昆嵛》中写道：“旧隐昆嵛地，东南一望嘉。玉峰排海岳，云锦散天花。气郁钟三秀，神清迈九华。时当春雪霁，盈眼白朱砂。”又在《云峰》诗中写道：“九夏时炎赫，千山气郁蒸。翔空初漠漠，变态复层层。岌嵘真堪画，孤高不可升。何当仙去也，跨鹤上凭凌。”短小精悍，气势宏伟，笔起笔落间勾画了昆嵛山的雄姿神韵。

金代太守李仁仲，对昆嵛胜境心旷神怡、悠然自得，赋诗赞道：“游宦驱驰厌呕心，兴然乘暇访虚真。径行敢惮祈山鬼，河道何辞温水深。碧沼有为兴雨雾，青山无许见烟尘。风云肯假幽人力，更放清流济远民。”

元代按察司幕官张周卿，在朝拜昆嵛山后流连忘返，感慨万千，不禁吟咏成诗：“城廓山光翠欲流，人家疑与水相浮。直从西北天高处，行至东南地尽头。三面波涛连大海，一隅形势限中州。海风吹落无尘句，要向昆嵛顶上游。”

明南京工部尚书、文登人士丛兰也为故乡山水拨冗喝彩：“曲径葱芊鸟道分，一山引领万山群。鸿蒙个里长天色，襟带胸中大地文。数点苍峰秋月小，半杯寥海夕阳醺。烟霞把得堪成癖，直北长安有圣君。”

清乾隆海阳县令包桂的《岠嵎山》：“倒峡千寻山泽通，岠嵎名胜海门东。梨花历历秋容冷，环佩珊珊明月空。淡冶白云疑出岫，依稀素练岂追风。高山流水深人仰，不借胭脂一树枫。” 清康熙武进士、靖海卫守备曹贤的《昆嵛山》：“崑嵛山势削芙蓉，萝蔓崩崖倒挂松。一气灵钟三百里，半天云拥万千峰。仙人已去留余迹，古寺难寻但听钟。安得悠悠谢尘网，轩轩霞里驾苍龙。”清刑部尚书王士祯，对威海风光表达出深深的眷恋，曾题诗寄赠友人道：“闻卜昆嵛宅，栖迟岁几更。人烟分蜃影，海峤出秋晴。岛屋闲垂钓，山田晚罢耕。多君离乱日，白社独逃名。”清监察御使林钟岱，游罢昆嵛山后题《昆嵛层峦》：“层叠危峦起，巍然匝地横。乱峰迷向背，终日幻阴晴。海曲寒云暗，天空积雪明。麻姑仙洞在，遥望暮霞平。”清工部郎中于熙学作《松岚庵》诗一首：“松阴多处水泠泠，谷口幢高剥石径；从此姑余三百里，人传七十二峰青。”

这洋洋洒洒的锦言妙句，无不体现了先人们对威海胜境的赞美和向往。

而今，昆嵛山下，文气日炽，文化昭烨，作品郁蓊，是这方仙境滋润了诗赋呢，还是诗赋营养了这片土地？两者兼而有之吧。

三、卫城情结　戍边胸怀

卫城，因兵事而筑。威海卫、靖海卫、成山卫，始于明洪武三十一年（1398），终结于清雍正十三年（1735）的“裁并边卫，整顿封疆”海防大政。将威海卫、靖海卫归并文登县，成立文登县威海卫巡检司和靖海卫巡检司，成山卫改属荣城县，独立“卫”制的海防体系，宣告“寿终正寝”。其间，三百多年卫城历史中的尘封往事，从黄海沿岸的东夷渔村逐渐嬗变成黄海之滨的一颗璀璨明珠，各个时期的诗词歌赋，描绘出五彩缤纷的历史文廊，让一代卫城的烽火硝烟与万千繁华，在陈年诗书中久久吟唱。

明（邑人）王悦《威海赋》：“有客西来，息驾于此。览山海之无边，遂喟然而莞尔……”作者历数家珍般的表达，如同展示一席饕餮地域风情大餐（全文见本篇中王悦的《威海赋》）。明弘治四年（1491），山东按察司奉敕巡海副使（进士）赵鹤龄的《登环翠楼七言排律》诗中：“登临有兴襟怀阔，瞻望无边景物鲜。聊仗云霞开境界，不须阆苑觅神仙。银河皎皎天连海，绿水茫茫海接天。众派朝宗难画量，群山奔赴类擎拳……渔舟倚港垂纶钓，盐镬沿汀拾卤煎。山鸟徒劳填木石，麻姑浪说变桑田。城中烟火千家屋，城外膏腴万顷阡。松柏行台坚晚节，杏桃绕郭斗春妍。一带金汤严保障，三齐疆土乐安恬。旌旗影里排干羽，鼓角声中杂管弦。”作者概括描述了威海卫人文自然和军民守卫海疆的场景。

扬州通判（邑人）阮述芳的《忆环翠楼望刘公岛》：“东风吹我上危楼，隔槛苍茫一望收。瑶岛晴开云母幄，霞天淡染笔公头。应知尘世皆成幻，岂但鲛宫半是沤。忆得蓑翁归棹后，松声犹带晚潮流。”表达了作者身临环翠楼与刘公岛之间的遥望之境。

另有《威海卫志》中记载：“威海一卫，踞登郡极东。东接高丽，南通日本琉球，北达奉天天津……诚宁文之屏蔽，登郡之门户而帝都之咽喉也。”如此国门险要之地，让明君决意在万里海疆沿线布防，也让历朝将士们在守卫海防的同时，有了“心有猛虎，细嗅蔷薇”的心绪表达。

明兵巡道周之训的《巡威海留题》：“九折羊肠下旆旌，朔风猎猎暮云横。遥听鼍鼓刘公岛，遍历狼烽威海城。白雉不缘黄耇至，丹崖翻为黑山营。五年生聚还刁斗，极目荒原百感生。”简短的七字句，纵览威海卫城局势和诗人身为守卫边疆将士的卫国情怀。

戚继光的《过文登营》：“遥知百国微茫外，未敢忘危负岁华（全文见本书《人物传记》中有关戚继光的记载）。”刻画出诗人对大好河山的眷恋和热爱，心系边疆安危的情怀。

文登营守备刘正学的《题环翠楼》：“威海城东尽，登楼四望开。青山横地出，碧水卷天回。云树浮苍翠，鸢鱼任去来。风光真可爱，即此是蓬莱。”映照出作者对威海卫景色的赞美。

清滨州拔贡王兰生的《刘公岛》：“传说桃源洞，刘阮仙缘巧。相逢快一时，须臾百岁了。又闻说庐山，云烟深缭绕。仿佛梦中游，恍惚不可考。孰如东海上，孑孑刘公岛。十里绝尘埃，清远哗嚣少。”“万顷斥卤中，甘泉赛珍宝。汲来清且馨，烹茶酿酒好。晨起观晓日，灿灿红光燎。有时海市现，变化何窈窕。谁见神仙府，三岛十洲渺。此间即洞天，悠然惬怀抱。我于其中结小庐，长与刘公称二老。”刻画出作者如仙人般的意境，描绘了刘公岛的胜境，诗中亦有作者的清隐之意。

福建巡抚威海卫人王士任的《威城八景》，在本篇有专门篇幅，在此不多赘述。

教谕（邑举人）吕自岳的《威城八景》：“**日岛海市** 瑶岛春光灿水云，森森楼阁望中分。谁教出没浑无定，一片浮沤荡夕曛。**南溪聚浣** 潺湲碧水抱金堤，晓日春生濯锦溪。两岸莺声啼满树，却疑身在若耶西。**北郭秋砧** 萧萧秋色醉霜林，几处人家急暮砧。古陌峰头砧不断，西风吹杂海潮音。**奈古雪霁** 浮空雪散奈峰寒，树色微茫画里看。蜡屐浑忘山径滑，临风长啸白云端。**东浦渔灯** 百尺楼旁晚景幽，渔翁歌处数灯浮。光摇瀚海随星动，掩映蓬山十二楼。**新堤柳浪** 带水长堤接海天，菁葱杨柳远含烟。行人漫自吹羌笛，已见春风一倍妍。**巽阁野望** 层台极目海云闲，缭绕春云返照间。十里晴烟笼野树，一行归雁下秋山。**山楼初旭** 山楼晓日绛云生，万里晴光一镜明。欲问扶桑何处是，刘公古木霭青青。”在作者珠言妙语的意境下，勾画出如诗如画的威城八景。

如今，古城面目虽早已殆尽，卫城山水和文化精髓却永远留存。

四、甲午殇思　七子耻恨

威海，也是一座饱经屈辱的城市，清光绪二十年（1894）年，干支为甲午，北洋海军战败，威海卫遭日寇蹂躏。光绪二十四年（1898）英国强租威海卫。1930 年 10 月，威海卫收回，置威海卫行政区，直属中华民国行政院。

作为中国海军的发源地、甲午海战的发生地，被列强侵占并回归祖国的“七子”之一，诗赋在这片土地上嘶喊，血迹与伤痕在这片土地上裸露，绿水青山掩映不住沉痛的国耻和东西方文化交融的遗痕。

清光绪二年举人黄遵宪的《哭威海》：“台南北，若唇齿；口东西，若首尾；刘公岛，中间峙。嗟铁围，薄福龙，龙偃屈，盘之中。海与陆，不相容。敌未来，路已穷；敌之来，又夹攻；敌大来，先拊背。荣成摧，齐师溃。南门开，狗不吠。金作台，须臾废。万钧炮，弃则那！炮击船，我奈何！船资敌，力犹可；炮资敌，我杀我。危手危，北山嘴。距南台，不尺咫。十里墙，薄如纸。李公睡，戴公死。寇深矣！事急矣！麾海军，急上台。雷轰轰，化为灰。山号跳，海惊猜。击者谁？我实来。南复北，台乌有。船孑孑，东西口。天大雪，雷忽发。船藁裂，龙见血。鬼夜哭，船又覆。地日蹙，龙局缩。坏者撞，伤者斗；破者沉，逃者走。噫吁戏！海陆军，人力合，我力分。如蠖屈，不得伸；如斗鸡，不能群。毛中虫，自戕身。丝不治，丝愈棼；火不战，火自焚。遁无地，谋无人；天盖高，天不闻。四援绝，莫能救；即能救，谁死守？炮未毁，人之咎；船幸存，付谁某？十重甲，颜何厚！海漫漫，风浩浩，龙之旗，望杳杳。大小李，愁绝倒。巍然存，刘公岛！”这是一首描写甲午威海卫战役的三字句，音节急促，令人有悲泣之感。犹能体现作者作为外交家、政治家于痛失边疆要塞的悲愤之心，更表达了诗人对变革的呼唤。

从笑难的《登环翠楼》：“少时常登环翠楼，愁压危楼人更愁。怒海难平忆甲午，铁蹄重来说卢沟。大海日出君见否？小城秋高正宜游。抚今追昔多少话，说与少年知国忧。” 于观贞的《鲤堂怀古》：“城廓层荫碧藓繁，卯金地主杳何存。仙风久断槐花雨，涧水平流石落村。牧笛飘来伤寂寞，寒鸦啼后静黄昏。谁怜吊影鱼梁月，尚挂西峰奈古痕。”吕曰正《忆威海故地偶成一律》：“空说沧桑人不见，茫茫大地翠微中”“召石仙翁今在否，祖洲瑶草事全非”。闻一多《七子之歌 · 威海卫》：“再让我看守着中华最古的海，这边岸上原有圣人的丘陵在。母亲，莫忘了我是防海的健将，我有一座刘公岛作我的盾牌。快救我回来呀，时期已经到了。我背后葬的尽是圣人的遗骸！母亲！我要回来，母亲！”均表达了作者对强梁倭寇的强烈愤慨和对友好和平的向往。

民国外交部长王正廷的环翠楼联：“宇宙骋奇观，凭栏看，浩淼当前，万古长留瀛岛影；艅艎导先路，击楫叹，澄清未遂，一龛永绥国殇魂。”民国威海卫行政区管理公署专员徐祖善：“胜地喜重光，且来拾翠采芳，认取沧桑城郭；忠灵应不泯，相期同仇敌忾，还我锦绣河山。”体现出文武志士们对疆土的豪壮情怀和民族大义。

冯玉祥将军曾亲临环翠楼，留诗二首：“雄壮的威海卫，你与旅顺口控扼两个半岛的南北。横卧港外的刘公岛，为北洋海军天然险要。”“幽雅的环翠楼哟，你好似站立在云霄。这里有赵公鹤龄的祀位，这里有丁邓两先烈的史料。山河与先烈并立，明月伴先烈长眠，先烈的牺牲用不着我来称赞，我知道死文字赞不了不死的汉。如今三百五十万方里国土，不崇朝被敌人沦陷！边防要塞不防守，敌人来时先逃走，不抵抗主义者，不知可丑不可丑？！英帝国主义东来，强占我们的威海，实行炮舰政策，压得我们头不能抬，压得我们喘不出气来！应该吗？不应吗？” 通俗的话语，表达了将军的民族正义之魂和对国耻之愤慨。

1937 年 12 月 25 日，胶东特委领导了天福山起义，打响了胶东抗日第一枪。郭沫若曾题诗颂扬：“天福英雄是理琪，献身革命国忘私。当年猛打雷神庙，今日高标星宿旗。万代东风吹海陆，一方化雨仰宗师。文登多少佳儿女，接力还须步伐齐。”

张伯驹 81 岁时写下了《风入松· 登环翠楼赋 》：“ 回思甲午起风云，鏖战势纷纭，旌旗汉武功全失，悔铸成大错难分。本是一衣带水，千年同种同文。阋墙往事已成尘，樽酒话重温。外有强梁图吞并，应须知寒齿亡唇。今日和平友好，相传子子孙孙”。

赵朴初先生 1982 年访威海题诗：“新奂新轮涌万门，傍花随柳访渔村，不因入室观华富，哪识三年大有成。”“气象泱泱环翠楼，登山观海小神州，独余悲愤瞻图像，甲午风云日夜浮。”李予昂的《甲午百年祭》：“刘公岛对环翠楼，国耻民恨几度秋。甲午战垒足凭吊，卫国英雄念邓刘。气象峥嵘历史长，名城三次遭污伤。威海人民有志气，辛勤重建固金汤。”

这诸多充满“喜怒哀乐忧”的诗词作品，是威海历史发展进程中的代表，贯串了人文风情到家国安危，体现了历代作者对大好河山的热爱和忧国忧民的家国情怀。这些诗篇中，不但有赞美，有温情，有激励，有耻恨，更有警醒后人和励志报国之胸襟。

在华夏大地泱泱几千年的文化长河中，威海是一抹轻盈而又沉重的浪花。但在诗书清雅的声响里，威海有着山高水长和恪守边疆的铿锵吟咏。这夹杂着海腥气息谱就的一代代卫城诗心，在威海大地高扬。

茶烟通灵，文字暖心，记录一抹情结，续写一段历史，先贤们的诗心慧眼，在后人心田中弥漫，唤起了人们血脉深处的疆土意识和文化觉醒。他们笔下，俯仰天地，比兴垂赋，成就了史诗的蔚然大观。

高贵的诗魂，沉厚而清醒，一如历代诗词中蕴涵着五味杂陈和陈年往事的威海。

威城八景

当年威海卫，不仅是一座海防卫城，也是一座秀美之城。说到威海卫城之美，不能不提到“威城八景”。这八大美景分别是：日岛海市、南溪聚浣、北郭秋砧、奈古雪霁、东浦渔灯、新堤柳浪、巽阁野望、山楼初旭。

关于威城八景，威海人清雍正进士王士任曾写下《威城八景》的赞美诗篇。我想，这每一处景致都是诗人对自然和人文的理解与感受；这每首诗，也都表达了诗人对家乡的亲近与情怀。

让我们来细数这每一处美景：

日岛海市

东溟遥望白云封，幻出奇观千万重。
才见冠裳皆列象，俄惊楼阁已无踪。
桑田沧海浮仙岛，玉女金童笑祖龙。
应是蓬莱原不远，探幽何必到三峰。

日岛海市，在威海湾偏东 2000 米方向的海域中，岛上空时有浮云凝聚，阳光经过折射，把远处的景物显现在上面，成为一种幻景。日岛从前只是露出海面的一片礁石，远远望去，就像一堆衣服漂浮在海面上，因而被称为“衣岛”。而因从陆上晨起远眺，衣岛恰好处于东方日出方位，且方言“衣”与“日”两字同音，清朝初期便有了“日岛”之称。日岛面积不大，但其山势突兀，草木繁茂，海鸥翔集，风光宜人。春秋两季，岛上有时会出现海市蜃楼，这一景观被称为“日岛海市”。

南溪聚浣

潺潺流水出城南，红粉偕行到碧潭。
越女浣纱空有恨，宓妃解佩可曾谙。

波光似镜钗如坠，锦色如花蝶欲探。

自是太平风景好，溪头一笑采宜男。

所谓“南溪聚浣”，实际上就清代妇女在城南河中洗衣服的情景，文人骚客喜之爱之，赞为一妙。城南河源出威海城区西南部的佛顶山下，沿山北麓进入市区东流入海，全长约 4 公里。河流虽然不长，却是威海老城区的主要河流，与威海城区的发展有着密切的联系。

城南河旧称石头河，亦称石落河。据清乾隆《威海卫志》记载：“石头河在卫西南，绕城而环流入海，即古石落村之石落河也。水源自桃花岭来，涓涓长流。伏雨滂沱，则大石浮出，取之不尽。”

石落村旧址在今西门外一带。明代永乐年间修筑威海卫城后，因石头河处在卫城之南，城南河之名开始产生，并沿用至今。

城南河以前是妇女们结伴洗衣的好去处。史料记载，其时岸上杨柳婆娑，河中流水涓涓，捣衣声、水流声、欢笑声，夹杂着洗衣女的乡音俚语，构成一道独特的人文景观，人称“南溪聚浣”。

溪边聚浣。威海卫人在城南河洗衣的景象

北郭秋砧

篱边叶落报深秋，何处砧声入画楼。
晚景云迷东海外，闺情风送北山头。
雁鸣几阵如含恨，笛弄谁家欲解愁。
寒气渐侵频捣石，娟娟新月上帘钩。

北郭秋砧，同样是洗衣服，从南溪到了北郭，味道就变了。同城而不同区域，在舞文弄墨者的眼中就有了两样的思绪。也许是节气的不同吧，南溪聚浣应当在春夏之时，因而诗人抒发的是春思，而到了秋天则就难免让人产生些带有哀伤的思绪。

有人认为，“北郭秋砧”中的“北郭”是指古陌村一带，“秋砧”是指秋日里，家家妇女拿棒槌在砧石上捶衣服的声音，而被文人们听上去，就是借劲儿发泄心中的愁。

说起洗衣服这件家务事，在唐诗中是处处可闻：

李白的“长安一片月，万户捣衣声”；杜甫的“寒衣处处催刀尺，白帝城高急暮砧”；白居易的“江人授衣晚，十月始闻砧。一夕高楼月，万里故园心”等。

秋，在中国古典文化的意象中却常常是肃杀和哀愁的代称。而这一片噼里啪啦的捣衣声，声声飘入了思者的耳中，声声都敲到了思者的心上。因而秋天的这些捣衣声在历代文人墨客的眼里寄托的就是哀愁。

从《北郭秋砧》诗中看，诗人写的可能是一个富贵人家的妇人对远行丈夫的思念之情。

诗中的画楼指的应是富贵人家的房子。秋天的捣衣声飘到画楼之中，触发了女子的心中的哀愁，实际上就是女子对丈夫的深情思念。

落叶、秋晚、雁鸣、远笛等意象都成为女子心中愁绪的外化。女子的丈夫或许是从海上远行而去了，因为女子在画楼上远眺云迷的东海，可是直到月上新钩，离人尚迟迟未归，女子惆怅的心情可见一斑。

奈古雪霁

连朝积雪朔风寒，奈古新晴是大观。
鲛室霞开云母帐，翠楼日映水晶盘。
枝枝缀玉千层秀，点点飞花六出残。
韵事吾家披鹤氅，还思乘兴涉冈峦。

奈古雪霁，说的是雪后的奈古山上美景如画，蔚为大观。雪景如同大海中生活的鲛人打开了用云母作饰物的帐子，而环翠楼在太阳的映照下就像是一个水晶盘。山上的树木披挂着雪花堆积起来如同琼枝玉树，雪花被风吹得四处飘散宛如朵朵飞花，整个山川如同披上了一件用鸟羽织成的轻裘，这样的日子应当乘兴出门登山赏雪。

奈古山，无疑是不少威海市民纵览威海全城风貌的一个好去处。而雪后的奈古山更是美不胜收。

今人对于威海大雪的印象，莫过于 2005 年的那场大雪，尽管当时城市交通一度被迫中断，但是许多人也用镜头留下了雪后的美景。自此，许多细心的人们都会发现，每逢冬季雪飞时节，中央电视台的天气预报就会对威海地区格外垂青。

鲛室，鲛人水中居室。 鲛鱼即“鲨鱼”。鲛人是指神话传说中生活在海中的人，其泪珠能变成珍珠。《红楼梦》第七六回：“只见天上一轮皓月，池中一个月影，上下争辉，如置身于晶宫鲛室之内。”

云母帐，用云母作饰物的帐子。 唐李康成《玉华仙子歌》：“夕宿紫府云母帐，朝餐玄圃昆仑芝。” 唐朝戴叔伦《东阳顾明府罢归》：“祖帐临鲛室，黎人拥鹢舟。”

氅是用鸟类的羽毛缝制成的外衣，“鹤氅”在古代指一种像鹤的水鸟的羽毛，用以做衣服和仪仗中的旗幡。而有的解释为“鹤氅”又叫“神仙道士衣”，就是斗篷、披风之类的御寒长外衣。

“飞花六出残”的典故散见于一些诗句中，如“梅花三弄穿肠肚，雪花六出残手脚。”再如唐代高骈《对雪》：“六出飞花入户时，坐看青竹变琼枝。”

东浦渔灯

垂纶海上羡渔翁，百尺崖前灯火红。
象列疏星天倒景，光浮远浦岛横空。
临流小饮邀三老，鼓枻狂歌起大风。
闻道飞熊曾梦卜，从来屠钓有英雄。

东浦渔灯，说的是东望皂埠百尺崖前的渔火点点，风浪之中捕鱼归来，渔民聚集在海湾之中的景象。

捕鱼归来后，劳累的渔民大多休息了，但仍有一些渔船还挂着渔灯，三两渔翁在夜间垂钓，盏盏渔灯宛如天上稀疏的星星倒映在水中，让人分不清是“天上的星星还是地上的街灯”。灯光桨影之中，海上的岛屿宛如横在空中一样。

威海渔胜，古已有之。明代邑人王悦在其《威海赋》中写道：“当春夏之交，波静风休，居民渔户，棹楫乘舟，撒网索于水底，竞泛海以沉浮，橹声呕哑，渔众歌讴，鳞跳鱼跃，戏浪优游，时呼邪而齐力，掣巨罟于沙洲。但见暴腮折鬣，其积如丘，长大琐细，不可名求。姑粗言其梗概，斯百数而一收。”

据市民刘德煜先生讲，当时的皂埠附近有两个小海湾可以停泊渔船，而由于当时生产力水平所限，湾里的渔船也不会多，达到 20 条渔船就已经称得上是盛况了，因而夜晚的渔火也只能说是“象列疏星”。但是渔人之乐，还是感染了诗人，从垂钓的渔翁联想到了曾助西周开国的姜尚。

“飞熊入梦”是原指周文王梦飞熊而得太公望，后比喻圣主得贤臣的征兆。商朝末年，周文王姬昌急需一个能文能武的人来辅佐，他苦苦寻找。一天他做了一个梦，梦见一只生有双翅的熊飞进自己的怀中。第二天他叫人占卜预示即可找到这个人，于是带领人马到渭水边找到直钩钓鱼的姜尚，姜尚号飞熊，从此文王如虎添翼。而“屠钓”之说也指的是姜尚。他未发迹前曾屠牛于朝歌，垂钓于兹泉。

新堤柳浪

缓步城东到水滨，千丝杨柳拂芳尘。

堤开五里烟波阔，浪拥三春翠带新。

乍受微风翻碧涧，轻含细雨点青苹，

幽姿濯濯谁堪拟，想见灵和殿里人。

新堤柳浪，新堤柳浪依然与城南河有关，可以说是“一河出两景”。

清康熙十六年（1677），时任威海卫守备的李标，因嫌城南河的流水自西而来，直接冲东而去，无回环之形，有损威海的“风水”。为改变这种情形，便调集民工在卫城内开河筑堤，引城南河水入城，向东北环流入海。新开的河道，从卫城西南隅的火神庙前（原印刷机械厂的院内）入城，北流经魏家湾（俗称蛤蟆湾，今统一路小学院南）折东，经南街驷马桥（在今统一路与和平路交叉口的西南部，因邻近猪市，俗称猪桥）向东北斜流，经河沟巷（后名曰裕巷、裕堂巷、光荣巷，现已拆除，在今红光巷北部）转北，过东街（今和平路），经文庙（原城里中学）院内入卫城东北水门（约在今华联附近）出城，由东门外入海。在卫城东北水门至东门外入海处筑坝修堤，逐堤插柳，以固风气，兼防蚁穴，当时威海卫的人们将新筑堤坝称为“李公堤”。

新堤柳浪则是指东门外新修河堤上栽植的柳树。许许多多的妇女聚集在河边浣洗衣衫，新修的河堤上杨柳成林，这在其他城镇可能算不了什么，但在海防要塞之地却可以算作一大景观。

也许是由于自然规律的作用，城南河改道后，每遇洪水季节，河堤常常决口，清雍正七年（1729）秋天一场大雨，河水复从旧河道直流入海，新开河道前后仅仅维持了52年。

诗中的“灵和殿”为南朝齐武帝时所建殿名。五代时李存勖《歌头》词：“灵和殿，禁柳千行，斜金丝络。”近代顾炎武《赋得秋柳》中也提到了灵和殿。“昔日金枝间白花，只今摇落向天涯。条空不系长征马，叶少难藏觅宿鸦。老去桓公重出塞，罢官陶令乍归家。先皇玉座灵和殿，泪洒西风日又斜。”“青苹”出自楚国宋玉《风赋》“夫风生于地，起于青苹之末”一句，意为风在大地上生成，从青苹这种水草的末梢飘起。

巽阁野望

海壖百雉埒金汤，巽阁遥瞻道里长。

烟火万家连翠岫，鱼盐四国集梯航。

升平不废熊罴守，设险频烦锁钥防。

堤柳毵毵沙永护，千年遗爱召公堂。

巽阁野望，说的是处于海疆的威海卫城高大巍峨固若金汤，站在城东南的魁星阁上眺望，出郭的道路遥远悠长。卫城四周的风景非常迷人，傍晚时分的万家烟火与周围的苍翠群山相映成趣，而威海湾内聚集了世界各国趋鱼盐之利的船舶，海防关隘军事要塞也相继映入眼帘。

当年卫城东南建有魁星阁，具体位置大概在现在老汽车站的位置，今为振华奥特莱斯商场处。

巽阁又称文昌阁，有的地方又称“奎光阁”，《玉函山房辑佚书》辑《孝经纬援神契》云：“奎主文章。”宋均注：“奎星屈曲相钩，似文字之画。”而大多谓之“魁星楼”或“魁星阁”。

古时候，各地都有魁星阁。读书人在魁星楼拜魁星，祈求在科举中榜上有名。“巽”为八卦中的一卦，代表风，亦指东南方。魁星阁正殿塑着魁星造像。魁星面目狰狞，金身青面，赤发环眼，头上还有两只角，整个造型像鬼一样。魁星右手握一管大毛笔，称朱笔，意为用笔点定中试人的姓名，左手持一只墨斗，右脚金鸡独立，脚下踩着海中的一条大鳌（一种大龟）的头部，意为“独占鳌头”，左脚摆出扬起后踢的样子以求在造形上呼应“魁”字右下的一笔大弯勾，脚上是北斗七星。

“鱼盐四国集梯航”描述了当时威海卫海上商贾繁忙的景象。郭尧瞻重修《威海卫志》序中提道：“谨按威海卫，届文登北鄙，为天末荒徼，朝鲜、日本、琉球诸舶，时乘迅风突至。”

有资料同样记载，明代以后随着海运业的发展，“清泉夼”和刘公岛成为南来北往的商船重要的锚地，尤其来到春季渔市时，这里的海湾热闹非凡，成为重要的商港和渔港。

山楼初旭

环翠山前倚画楼，曈曈晓日望中收。
天边虬缦云霞映，海上苍茫岛屿浮。
曙色开时穿宝树，晴光遥处映沙鸥。
登临欲访刘公迹，芦荻萧萧碧水流。

山楼初旭，是站在环翠楼上看日出，向海上望去，绚烂的彩霞映照着天边，刘公岛等岛屿随着夜色的褪去，浮现在大海之中，阳光穿过树间洒下一片晨曦，也照映着远处的沙鸥。

环翠楼始建于 1489 年，画栋雕梁，飞檐栈门。它坐落在奈古山东麓，西负苍山，东眺碧海，南北分别与佛顶、古陌岭群峰相望。登楼可见“碧波浩淼于城东，绿翠掩映于四周，兼沧海山川之胜、水光山色之美”，遂以“环翠”名之。

建于明代的环翠楼历经 500 余年，多次重修。徐祖善在《重修环翠楼记》中写道：“考威海之设卫，在明洪武季年。所以防海寇也，永乐间始筑城。厥后，城池倒塌，巡察海道副使赵公鹤龄重治之。指挥王恺感赵公之德，捐廉奉建环翠楼以示永久。清顺治年间重修，康熙四十七年倾圮，乾隆元年复建。卫志之记斯楼始末者如此。”

这丰富的自然和人文八景，概括描绘了卫城地理风貌与人文美景，也表达了诗人对家乡的眷恋与热爱。

风景地标“环翠楼”

环翠楼，坐落于威海卫城的西北角，现在的中心城区奈古山东麓，因在群山环抱、翠绿环绕之中，故名环翠楼，是威海人心目中的风景“地标”建筑，距今已有 500 多年的历史。从最初的纪念塔亭，至今日的七层楼阁，经历了先后 6 次重建，承载了许多的威海历史过往。

1924 年的环翠楼

据《威海卫志》记载：明弘治二年（1489），山东按察司奉敕巡察海道副使赵鹤龄来威海卫视察，发现卫城城墙已经起不到抵御倭寇的需要，即上奏皇帝，从泰山香火钱中拨了几百两银进行重修。威海卫指挥佥事王恺及威海百姓非常感激赵鹤龄，便在城墙顶上最高处修建了一座塔楼以示纪念。赵鹤龄在此写道：“威城楼枕翠微巅，五翠名楼一扁悬。”

塔楼坐落在西城墙的最高点，西倚奈古山巅，东瞰苍茫大海，南望迤逦峰峦，北眺巍峨青山，楼置一片翠绿之中，因而得名环翠楼。由于当时的条件有限，今天的我们已经无法直观地看到早期环翠楼的面貌。

根据志书描写，那是一座做工非常精致的小楼，“画栋雕梁、金碧辉煌、飞檐斗拱、八窗洞达”。环翠楼也因此成为威海卫第一道风景。这便是如今环翠楼的原形。

坐落于奈古山麓的环翠楼兼承本土山海文化，处军事要塞之上，文武集于一楼，也随即提升了其极高的文化品位。

这座曾经秀甲一方的建筑，历经劫难。倏忽流载，时间的磨砺、风尘的侵袭使环翠楼不断受到损害，仅在顺治、康熙、乾陵年间就曾对环翠楼进行

收回威海卫后，威海卫行政区管理公署重建的环翠楼近景和远景

过三次维修和复建。

第一次和第二次重建于 1647—1654 年（顺治四年 — 十一年），由威海卫当时的守备于有光主持环翠楼重建。

第三次重建于 1757 年（乾隆二十二年），当时的生员王浩又一次重建。

日据时期，被日伪军烧毁的环翠楼

据档案资料记载，1930 年威海卫收回后，曾进行过大规模的城市改造。先是拆除了东城门与北城门，整修加宽城内路面，开通了直通城里的维新路、统一路。资料显示，1931 年 7 月，威海卫行政管理区管理公署下令兴建环翠楼公园，将颓废的环翠楼改建。砖墙瓦顶，由 12 根水泥方柱凌空托起，楼长、宽皆 11.27 米，高 7.01 米，坐于三丈高的城墙之上。楼系上下两层，玻璃隔壁，三面游廊，面向东海，下楼 72 级台阶。这便是第四次重建。

威海人为了缅怀甲午战争英烈，楼上中堂供奉丁汝昌、邓世昌等爱国将领木主和肖像，供游人凭吊。

环翠楼下边还设有午炮 1 门，每天正午 12 时连放 3 响用以报时。花坛路之正东顺坡向下修筑石子主路直达北街，路下半部进入居民区，称郭家巷。在花坛路下六七米中间建一六角亭，名“观海亭”，可极目东海。其南侧又建一亭，名“望月亭”，亭内东北方向有一圆形荷花池，池内养鱼、种莲藕，池畔栽植垂柳。环翠楼公园内，遍植树木花草，绿树成荫，花香阵阵，香飘满楼。

1934 年 5 月，爱国将领冯玉祥将军来到威海，他在丁汝昌和邓世昌的肖像前恭恭敬敬地三鞠躬后，提笔撰写了一副楹联：“劲节励冰霜，对万顷碧

1980 年重建的环翠楼

1981 年完工后环翠楼公园广场和民族英雄邓世昌铜像

2011 年重建的环翠楼

涛，凭此丹心垂世教；悲山河破碎，望中原戎马，擎将热泪拜乡贤。”倾诉了对英雄的满腔崇拜。然而冯玉祥将军的楹联里更多的是悲愤。他的悲愤凝于笔端，便有了一种力量。他要唤起和警示，在历史的书页里重重地画上一个惊叹号。

1938 年日本侵略者占领威海。据史料记载，1944 年 12 月的一个晚上，在奈古山上沿城墙巡逻的一小队日伪军，在环翠楼顶楼烤火取暖，结果木地板被点着，这些肇事的日伪军弃楼而逃。等第二天早晨周围的百姓发现时，环翠楼已经完全被烧毁，只剩下 12 根矗立的水泥柱。

精致的环翠楼因此变成了废墟。“望月亭”“观海亭”虽然幸存，但也日渐破损不堪。满山的荒草取代了原来的花雕和林圃，环翠楼公园也因此而颓废。

新中国建立后，荒芜的环翠楼公园建为威海市园艺场环翠楼分场，栽植果树，春天花开满园，秋季果实累累。根据城市建设的需要，1975 年以园艺分场为基础，成立园林管理部门，1976 年修复“观海”“望月”两亭，1977

48

威海市革命委员会生产部文件

（75）威革生字第139号

★

威海市革命委员会生产部
关于将我市园艺場环翠楼果园
移交给市城建局的请示

地革委生产部：

我市地处沿海，以“海滨城市”著称，各地游览人员较多，近几年来，工农业也有较大的发展，城市职工不断增加，为考虑广大职工的文化娱乐生活并有适当的休息場所，我们打算建立“威海市劳动公园”。地址经會有关部门勘察设计，着落在我市农林局所属的园艺場环翠楼果园所辖区。因此，特请示将环翠楼果园土地99.1亩（其中果树2356棵，方塘一座），建筑面积844.2平方米（其中办公、宿舍房122.2平方米，库房722平方米），以及所属干部、职工27人全部移交给市城建局。

当否，请批示。

（威海市革命委员会生产部）
一九七五年九月廿三日

抄报：市革委。
抄送：计委、农林局、城建局，存档。

1975 年威海市革命委员会关于将环翠楼果园移交市城建局的请示文件

年重建环翠楼，1980 年竣工。这已是第五次重建。

重建的环翠楼为三层，高 16.8 米，建筑面积 800 平方米，由亭、台、楼、廊组成。楼顶橘红色琉璃瓦覆盖，歇山式卷棚，屋檐飞起，具有民族建筑风格，三楼正中悬匾上的“环翠楼”三个金字，为当代书法家舒同手书。三楼无实壁，前后皆有敞亮的门窗，南北侧是雕花镂空的全花窗。二楼向前伸出一大阳台，在此可鸟瞰全城。后廊悬匾上有“翠阁凌空”四个金字，前廊左右两端各筑一角楼对称，与四周游廊相连。一楼底层是轩敞雅洁的厅堂。

1981 年 7 月 21 日，威海市政府将奈古山东麓、佛顶山以北、古陌岭往南的 300 亩地回归了环翠楼，批准环翠楼公园成立，并正式对外开放。

重建的环翠楼公园，修建了园内路径、石桌、石凳，栽植观赏树木花草，

威海市人民政府文件

威政发（81）第149号

★

关于成立威海市环翠楼公园的批复

城市建设局：

你局威城字（81）第31号请文悉。为了加强城市园林建设，发展游览场所，适应人民群众文化生活的需要，经研究，同意成立“威海市环翠楼公园”，隶属园林处领导。

此　复

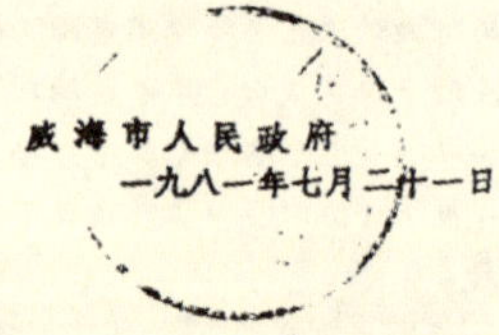

威海市人民政府

一九八一年七月二十一日

抄送：市委办公室、市人大办公室、市政协秘书处、组织部、计委、建委、财政局、劳动局、人事局、公安局、银行，存档。

（打印15份）

威海市人民政府办公室　　一九八一年七月二十一日印发

1981 年威海市政府关于成立环翠楼公园的批复文件

增建有凉亭、花房、动物笼舍、儿童游艺场，公园东大门前竖起一座牌坊，牌坊前面矗立甲午战将、民族英雄邓世昌的铜像。

2009 年年初，为适应城市发展，市委、市政府决定对环翠楼公园周边进行改造。并于 2009 年 5 月 7 日，旧的环翠楼开始拆除；2009 年 6 月 19 日，重建工程奠基；2011 年 5 月 1 日，新建的环翠楼，由中国古建设计泰斗郭黛姮教授主笔，开启了新环翠楼时代的新篇章。郭教授是梁思成先生的弟子，梁先生一生致力于古建筑保护，今环翠楼浴火重生，可慰先生。新建主楼楼高 7 层，其中地下两层，地上 5 层，高度为 57.7 米。每一层的梁、坊、瓦、斗、拱，柱以及门窗均为铜制。整个楼体一派庄严辉煌。这已是第六次重建的环翠楼。

威海市发展计划委员会文件

威计审字〔2004〕3号

威海市发展计划委员会关于建设环翠楼公园改造工程的批复

市建委：

威建字〔2003〕135 号文收悉。为将环翠楼公园建设成为生态健全、环境优美，集历史与现代、文化与娱乐、自然与人文为一体的高品位的综合性开放式公园，根据城市总体规划，经研究，同意威海市市政建设公用事业管理处建设环翠楼公园改造工程。

该项目建设规模为 58.75 公顷，主要包括环翠楼台主体建筑的改建，6 个主题景区的建设，建设雕塑小品、环卫、停车场等附属设施。工程分期建设，2004 年计划投资 1399 万元，主要实施周边道路建设和公园整体设计，建设奈古山路和寨南路，长宽分别为 855 米、12 米和 1485 米、8 米，道路总面积 33210 平方米。

请据此办理有关事宜并抓紧组织实施。

二〇〇四年一月六日

2004 年威海市发展计划委员会关于环翠楼公园改造的批复文件

如今，历经沧桑的环翠楼又一次焕发出新的更灿烂的光彩。已经成为集旅游观光、休闲晨练、读书学习、文体娱乐等为一体的服务综合体，是人们认识威海、了解威海的重要窗口，是当之无愧的地标风景之一。

历经 6 次重建的环翠楼，时隔当初已足有 522 年（1489—2011）。她的每一次演变，无不承托了每个时代的文化精神与历史写照。环翠楼，在半个多世纪历史的穿越中，从最初几米高的纪念塔亭，到如今几十米高的伟岸楼阁，这是威海人民节节攀登、一心向上的气节，承载了威海人每一次的夙愿与梦想。

新建环翠楼记

明弘治二年　大学士　刘珝

威海西城之冈，有楼曰环翠，以沧海山川之胜甲天下，山光水色峥嵘于前。而我朝来，恃此为边陲，太宗皇帝永乐间，益修守御，倭寇不敢伺觊，有此备也。历世百余年，城池倒塌，兵政废弛，因循弗理。适钦差巡察海道副使赵公鹤龄至，四顾叹曰："城池倒塌如是，不重治之，后必有大患。"乃惩饬之以宪度，振肃之以纲纪，起附近州县人夫数千名，支给泰山香钱数百两，多方设法，将威海等卫、雄崖等所三十二处，赤山等巡司二十处，凤凰山等墩、龙虎山等堡四百余处，甲胄干戈之属，政令乖戾之类，一旦焕然一新。东海之人，倾心向化；倭寇之辈，闻风远遁，军民安堵，皆公余泽所及。文登营把总指挥王恺等，感公之德，捐俸建楼，以示永久，因禀命差遣总督备倭都阃姚公升。公曰："事贵适宜，奚为不可？"于是不远千里，谒文于余，欲刻石用图不朽。吁！近海之郡凡几，滨海之郡凡几，自唐宋以来，民之至，而土著者日益繁。元末苦于功战，过者萧条兴慨。今圣天子深仁厚德，被乎东裔，若易而不难也，大抵系乎人而已。且时之不可为者，春秋书新延厩是也；制之不当为者，春秋书新建南门是也。今修造既得其时，又出政之所阙，是岂可没而不书耶？遂书其概如此，使后来有所考云。

重修环翠楼记

中华民国二十年七月　徐祖善

余治威海之明年春，植树于城内奈古山之麓。遂登所谓环翠楼者，见其背枕群山，冈陵四合，凌虚倒垂，万家鳞次，浮空泛景，荡若无外。对面为

刘公岛，孤峰耸秀，砥柱中流，大海环其三面，刘公岛若屏障焉。固天然之胜境，实海疆之奥区也。而回顾斯楼，则栋楹榱桷之腐黑，复瓦级砖之破病，画墁不鲜，赤白漫漶，盖荒废失修者多历年所矣。凭栏眺望，怅然伤之。考威海之设卫，在明洪武季年。所以海防寇也，永乐间始筑城。厥后，城池倒塌，巡察海道副使赵公鹤龄重治之。指挥王恺感赵公之德，捐廉俸建环翠楼以示永久。大学士刘公珝为之记。清顺治间重修，康熙四十七年倾圮，乾隆元年复建。卫志之记斯楼始末者如此。夫自明初设卫防日，日知东北有备，遂变其侵略之策，扰我闽越边鄙。迨光绪中叶，李公鸿章督畿辅，乃辟威海为军港，设海军提督驻扎刘公岛。甲午之役，日人出奇制我，一面辽沈进攻，一面潜师由荣成登陆，据我威海，海军遂退保无地，总兵邓世昌战败死，提督丁汝昌仰药殉。于是我东北之藩篱尽失，威海卫海湾几为日人所属地。清廷忍辱媾和，割与台湾。索还威海不三年，英人又强租借为其驻华海军根据地。计自前清光绪二十四年租借，至民国十九年交还，威海卫沦为异域者凡三十有二年。余奉中央简命，来守此邦。溯自明初迄今，威海有专城专官垂六百年。而环翠楼之高居山巅，为威海卫名胜地者，亦几五百年矣。今则鼓隊不修挠折，就把浸假，崩榛塞路，荒葛罥涂，有似乎鲍明远之赋芜城者，将使一方胜迹，埋设于荒烟蔓草中，固为斯楼之不幸，抑亦守土者之不职欤！爰于今岁七月，饬材鸠工，梓坊并举，三阅月而落成。楼之中堂，旧祀赵公鹤龄，兹增祀丁公汝昌、邓公世昌木主焉。工将蒇事，适旅韩侨胞，惨造屠戮，其逃难乘轮回威海者数千人，举国悲愤，敌忾同深。余夙隶海军，近奉专寄，俯仰今昔，哀感尤切。念自海禁大开，列强环伺，沿江沿海逐渐侵入，不独威海一隅然也。即以威海论，为防日而适为日所据，终复被英所租。今虽脱离他族，光复故土，而东望旅大、三韩，怆怀甲午已事，我海军先烈在天之灵，仍难瞑目。兹者重加修治，增祀丁、邓二公，用未表彰前徽，崇拜忠烈。后之来者，其亦责无旁贷，有以御海盗而雪国耻乎！海天无极，跂予望之，若谓爱其林壑之美，仅供作游览之娱，又岂余重修斯楼之微意也哉！是为记。

威海赋

明·王悦

有客西来，息驾于此。览山海之无边，遂喟然而莞尔。乃招威海主人，目而语曰："我实中州人物，少好徜徉，凡奇踪胜迹，大郡名邦，山则恒、嵩、华、泰，水则江、汉、湖、湘，无不历俯其处，而尽揽其芳。独念大海，远在东方，足未及以历其地，目未得以望其洋。载促我仆，载秣我马，道齐鲁而北逝，越登莱以东下，行期尽已及乎阅月，而道里之逶迤，邈不知其几千里也。马瘏穿蹄，仆痡破踝。顾吾所以劳筋苦骨，而来游于此者，不过欲扩所未见，使夙憾为倾泻，今既至此，观乎山川，但见山高兮日蔽，海阔兮天连，阴阴兮飘雾，霭霭兮飞烟。郊原痹窄，草木凄然，城仅数仞，逼仄拘挛，半侵海岸，半垒岭上，四面山围，三边水荡。顾盼之际，反不能豁我之心目，徒足以使人感怆而怅惘。彼或人鄙之以为陋，其言诚是而无爽。信则斯地也，真禹贡所谓嵎夷，而极于大东之壤者乎？"客既毕词，嫣然而笑。

主人俯听，不胜其悼，乃愀然变色，而顾客曰："吾闻之君子一言以为智，一言以为不智，言不可不慎也。是何子发言之易也？夫威海为卫，部掌戎兵，防奸御侮，保障居氓，实东藩之屏蔽，为朝廷之所重而匪轻也。顾其地，抵京师，仅千余里，密迩登莱，称为腹里，岂若外国异邦。梯山航海，况其山海之雄，风物之美，有不可殚述而揣拟。今子徒以目前所见，遽以荒远为耻，是正坐井而观天，搦管以窥豹，其所见者小耳；诚犹蚁缘丘垤，而不知泰山之为高；蛙藏坎穴，而不知江河之为大，乃真所谓以蠡而测海者乎！故吾多见其非此地之鄙，而实子所见者自鄙焉。"

客乃逡巡蹴踖，揖而言曰："鄙人无似，不知忌讳，适以一时所见，轻言获罪，君其含洪，毋庸介意。若其威海之景物，山海之奇异，君其为我略陈一二，将洗心涤虑，鞠躬以俟。"

主人犹忿前言，意尚未息，闻客所询，似有难色。有间，乃曰："子诚量之狭也，何其神志之不定乎；何前鄙我之深也，而后乃责己之甚乎？今我欲自禁而不言，是又因一噎而废食也。今为子少陈大概，子其启盲以视，倾耳一听。肇惟我太祖高皇帝，龙飞海甸，迅扫腥风，救兆民于汤火，合万国于提封，遐迩大小，罔不来同。惟兹滨海，实隶山东，地遥窎以旷僻，民庐处而生丛。顾蕞尔之倭丑，窃出没于波中，蜂屯蚁聚，黎庶恍恍。于是我太宗文皇帝，发一视同仁之念，悯群生被扰之情，爰命大臣，土功是营，役数万州县之众，筑十三卫所之成，墉崇池峻，堞壮楼峥。若乃中立卫治，指挥位焉；旁列三所，官属寄焉；经历有厅，簿书萃焉；镇抚有司，刑狱治焉；六房之设，案牍陈焉；儒学之建，贤才肄焉；城门四达而闳辟，闾阎万室以连绵。若夫外台掌法，奸宄斯革；公馆寅宾，需用不阙，崇楼杰阁之飞扬，庙宇神祠之烜赫，虽后来之创造，实壮观而奇绝。至于春秋演武于海之堧，旌旗灼灼，伐鼓鼘鼘，军行骑列，执锐披坚，如貔如虎，如隼如鸢，莫不各怀敌忾之志，而期安靖于兹边也。操练若是，犹恐未至，复命帅臣，坐镇督视。此盖朝廷不重内而轻外，不务迩而忘远之深意也；所以百余年来，波平燧息，寇遁倭除，军韬兵甲，民事犁锄，有田食井饮之乐，无鸡警犬吠之虞，此非我朝列圣爱民用武之所致欤？此则有卫之始也。

若其方舆形胜，远则西连齐鲁，东极扶桑，南海桴而达乎江汉，北舟楫而至于辽阳；近则巨海浸乎左，周行冲乎右，峰峦如屏映其前，叠峰如几倚其后。载观斯地也，物夥人强，泉冽田穰，擅鱼盐之利，便樵牧之场。军民富庶，海阔山长。故言夫山也，一方作镇，万载巍峨，巉崇崄巇，延邪陂陀，岩岫幽窈，虽晴霁亦吞吐乎云雾，巅崖盘曲，虽樵子亦困顿于逶迤，根蟠百里，势压沧波，泰岳之东，诚莫有大于兹山者也。言夫海也，为沧为瀚，淼淼茫茫，浮天载地，吞淮纳江，百川注之；亘古今何曾增夫杯勺，尾闾泄之；历年岁曾不减夫毫芒，弥漫无际，浩荡难量，天地之间，诚莫有巨于此者也。

然而山不徒大也，其中则有琳宫梵宇，茂树修林。獐狍麋鹿，呦尔其音；雉鹑鸽鸨，异鸟珍禽；豺狼肆毒，狐貉嗥阴；以至野豕狡兔，则又伏隐而藏深也。当秋冬之际，草木凋零，武夫猎士，或步或乘，牵韩卢，臂鹰鹘，尽搜索于山陵，呼声雷震，石裂谷瘖，犬奔兔毙，网举兽横，鹰才释其绦索，禽就落于云层。但见奔者僵足，飞者委翎，获多且广，其乐何胜。

至若凌云之树，合抱之木，亘岭连山，遮崖蔽谷。斧斤丁丁，求者陆续，或架高堂，或构小屋，栋梁榱桷，胥此焉出，居人所赖，器用俱足。

若乃黄金之重，贵莫能逾，或在冈阪，或在河渠，居人淘汰，日走宵趋，人人有得，名状各殊，或块若砂砾，或片若皮麸，多则不论乎斤两，少亦不减乎锱铢。用之无尽，取之莫拘，又何羡夫丽水之所产，与夫荆扬之所输哉？尔其白金之产，旧亦不录，粤自近年，发于山麓，军民川会，畚锸云簇，纷纷攘攘，昼凿夜斸，煎矿销铅，金色炯目，贫富长少，俱得所欲。岂非地不爱宝，而珍奇自尔显暴耶？

且夫海不徒巨而已也，其下则有宝货之窟，珠宫贝阙，蛟龙所都，螭鼋所宅，鲸鲲所游，鳌鳅所穴，怒则舟吞，戏则浪拍，以至殊鳞异族，则又浮沉而自适也。当春夏之交，波静风休，居民渔户，棹楫乘舟，撒网索于水底，竞泛海以沉浮，橹声呕哑，渔众歌讴，鳞跳鱼跃，戏浪优游，时呼邪而齐力，掣巨罟于沙洲。但见暴腮折鬣，其积如邱，长大琐细，不可名求。姑粗言其梗概，斯百数而一收。其鳞介也，则有嘉鱼、海鲭、鳓鲞、鳙鲲、鲭鲐、鲅、鲫、鲍、鳖、鲨、鲳、鲂、鳝、鲻、鳜、乌鲗、鲟鳇、燕儿、青菜、黑婆、红娘。他如虾、蟹、蛤蜊之种类，错杂而难详。又有海驴、海豹、海狗、海羊，深居岛屿，出没沧浪，渔人捕获，以剥以戕，取皮弃肉，毛泽以光，或为鞍韂，或为囊箱，雨不能润，器用最良。其海蔬也，则有龙须、鹿角、牛尾、谷穗、海枣、沙芹、青虫、紫苣，居人采掇以为食计。盐之所产，于海之洼，潮波既退，男女如麻，区分畦列，刮土爬沙，漉水煎卤，烓灶参差，凝霜叠雪，积屯盈家，饮食贸易，资用无涯。呜呼，噫嘻！此特山海之常，发固利于无穷也。

若夫秋深冬及，烟飘雾塞，雪密风狂，同云如墨，变动须臾，天昏地黑。千山兮何形，万顷兮何声，颠崖兮石坠，怒浪兮雷轰，峰参差而玉立，涛湍漭而银生。山中狼虎，少内鲛鲸，磨牙摇毒，水涌山崩。斯时也，山晦如夜，海势滔天，鱼龙猛兽，尽执杀生之权，又孰敢蹈危亡之地，临不测之渊，图难获之利，操一叶之船，冲蛟窟，探虎穴，而轻生寄命于其间。

论其集市，则在阛阓，外客他商，宝货珍贝，服食之需，水陆之类，或驴马之驮载，或老壮之负背，如蚁之归垤，如川之东沛，百辙千涂，于焉是会。

故吾卫之人，无小无大，皆能谋利。是以一日之间，一霎之内，虽货积丘山，皆旋来旋去，而举不知其所在。又有海运之船，巨舸大舶，吴越制造，江湖发迹，转水道以浮泗，竞扬波而北逝，樯橹如林，联绵络绎，便道刘公，落篷住楫。凡百珍奇，载裒载集。故吾卫之人，不求不劳，而坐收坐获，其视彼疲身劳力，走千里而负荷者，奚啻倍蓰而什伯也。

观其郊原，则四达平平，春生土沃，时雨初晴，南郊俶载，东作方兴，千村勤事，百耦而耕，时薅时耨，苗达苗青，入夏而黄云发，徂秋而百谷咸成。迨夫玉露始降，金风渐高，促妇子以刈获，或车载而人操。我场既涤，我乐何嚣，于是宰黄鸡，杀肥豣，酿白米为香醪。民不知扰，兵不知劳，喜丰年之大有，歌圣化而喧哓。此则山海之胜，物产之饶也。

若其名园嘉地，游玩之乡，或居下湿，或在高冈，山园水绕，树茂花芳，沼深莲盛，泉广鱼魴，流渠荡碧，蔬圃生香。春夏也，则惠风和畅，景明物熙。桃腮似火，杏脸如脂，李梨喷雪，杨柳垂丝，奇葩异卉，锦绣纷披，莺啼燕舞，蝶聚蜂嚣，堪游堪赏，可乐可嬉。夏秋则百果渐熟，万树俱悬，有李如瓶，有杏如拳，有瓜如斗，有藕如椽，火榴如珠，霜柿如丹，兔头之梨，蜂房之莲，莺含荐蜡，马乳堆盘，鸡心珠缀，鸭脚星攒。桃则方朔之种，栗则韩国所传。他如寒菱、暖芡，羊枣、胡桃，则又贱视而不论钱也。

若夫刘岛，实海内之山，孤峰屹峙，万顷萦环，蛟龙之所穴处，鹤鹿之所盘桓，林峦秀丽，迥异尘寰，似银盘之堆螺黛，宛水镜之绾云鬟，更如屏而如画，但可望而不可攀。又如蜃之为物，深居沆漭，气吐五采，倏来倏往，成楼台之形，现人物之相，变化恍惚，千态万状，彷佛晦冥，杳难模仿。何异乎登州之海市，恨不使东坡之游赏也。

至若墩台之建，突起峰顶，卓立如锥，摩参刺井，烽火红销，燧烟绿静，刁斗昼闲，铁衣宵冷，日映朝霞，月横秋影。叹骊山之戏然，陋关塞之报警。由是吾卫之中，才人文士，当良辰与美景，尽乐事而赏心，携朋偕友，探胜寻幽，芳园佳圃，石渠清流，进一觞而一咏，互更唱而迭酬，泉声爽而调丝竹，鸟音哢而杂歌喉，轻风送暑，林树垂庥，其于右军兰亭之宴集何如耶？！若乃酒酣意翕，欢情莫逆，连袂牵裳，跻崖跨石，虽无阮籍穷途之车，亦有灵运登山之屐，览峰峦而郁青，望云霞以凝碧，俯看旁观，目明心释，其于谢公之登眺何如耶？！至夫海静风波，烟晴岛屿，肴酒相从，朋侪共侣，或泛艇于中流，或垂纶于涧渚，看鱼跃与禽飞，众徬徨而容与，意会心闲，悠然乐止，此又景迹之奇，游观之乐也。

客曰："山海之胜，物产之富，予既得而闻名矣。若夫风化之良，习俗之微，亦请得而言其故。"主人曰："吾闻之，入国问禁，入门问俗，既承下询，敢不拜辱。惟兹为卫，肇自洪武，披荆斩棘，建城立坞，内防草寇，外备倭侮，调发官军，团聚卫所，风气不同，五方杂处，争功利，喜夸诩，盖有齐之遗风焉。爰从正统建学立师，陶养既久，俗易风移。迨夫今日，教条重施，开科贡之路，溥雨露之滋，由是教化行，礼义明，人知训子，士解通经，游庠序者总髦俊，登仕路者骋佳名。是以闾阎之间，弓马之伍，革浇还淳，遵规蹈矩，化强梗为良善，变青齐为邹鲁也。"

言未既，客忽抵掌而笑，振衣而起曰："善哉！君之言也，何其洪博而极至乎？余今得闻所未闻也，敢不再拜而受赐乎？"主人曰："嘻然！犹未也，此特提纲撮领，漏万挂一，诚泰山之微尘，沧海之涓滴。若欲丝绎毫抽，将与子谈累日而不止，岂一时口舌之所能尽哀哉！今子徒以数句之言，遽惊心而沮气，正古人所谓荷旃被毳者，难与道纯绵之丽密；羹藜含糗者，难与语太牢之滋味，岂非犹鼷鼠之入太仓，而所食之易饱；蚊蚋之投醯酒，而所嗜之易醉乎！"于是，客闻之而喜，正色而为之歌曰："云山兮宠岌，烟海兮沖瀜，山海兮之胜，孰得兮而同。有海兮可航，有山兮可登，山海兮之乐，孰得兮而并。"歌毕，主人乃瞿然改容，而对客曰："山海之胜，吾卫故有之矣。然海不扬波，山不崩溺者，果孰致而孰使？此盖由我祖宗之所开肇，今上之所奠安，故河海为之长晏，山岳为之长盘。凡吾土之士，得优游而乐于安养之天者，可不诵康衢之谣，歌击壤之章，祈皇图于亿载，祝圣寿于无疆。"乃谨拜手稽首而赓歌曰："南山兮苍苍，东海兮泱泱，维我兮圣代，山海兮同长；千年兮海清，万载兮山秀，维我兮尧君，山海兮齐寿。"由是宾主相欢，情辞交协，握手分襟，再拜而别。

作者简介

王悦（1456—1510）字恭轩，威海卫城人。

明朝的王悦，科举入仕，出任知县。九年未获晋升，遂辞官还乡，欣然吟唱获得自由。他的著作有《南游路》和《威海赋》。

他热爱乡土，悉心调查民俗，收集佚文传说，首纂《威海卫志》一编，惜失于战乱。王悦以威海地域的山海奇貌胜景，仿《京都赋》创作《威海赋》，对威海赞美有加。

威海赋

颜其麟

吾游威海，怀兴而归，众友相聚一堂，或谓吾曰："先生欲赋威海，可得而闻乎？吾子之笔，千里驰骋。所为之赋，文锦句珍。安徽有黄山之韵，江西有庐山之吟。香港赋评论拥群儒，三峡赋清藻迷众人。虽然，洛阳有牡丹之颂，乃因其美甲天下；桂林有山水之歌，盖由其秀冠乾坤。或者乐水，水有一规月漾；或者乐山，山有千叠云横。至于嵎夷之威海，尝谓'一条马路两盏灯，一个喇叭全城听'，周王之马迹而不至，谢公之屐齿而无痕；霞客之游踪何曾涉，李白之豪咏未见称。区区斯邑也，岂可以言赋哉？"

吾对曰：威海背枕群山，峰碧峦翠；面临沧海，浪骇涛惊。山海之奇，人称双绝；风物之佳，国无二尊。变幻不可方物者，波光山色也；晦明不可名状者，暮霭朝暾也。若夫来龙郁郁，古陌苍苍。龙盘虎踞，凤翥鸾翔。海湾月似，名岛虬如；石帆孤出，砥柱分流。笔架跨砚，蟹钳簸珠。山外无山，神女愧嵯峨之难配；海外有海，河伯知大小之不侔。古陌顶而北，盈盈一水，朝鲜可望而瞩焉；刘公岛而东，盈盈一水，日本可望而眸焉；成山头而南，盈盈一水，台湾可望而瞻焉；斜山墩而西，盈盈一水，天津可望而收焉。是以人间天府，乃称其地势之奇特；东隅屏藩，是称其山川之胜殊。尤其群峰绵邈，高山陡立于波际；众壑委输，大海环绕于域周。由来防倭御侮之峻堡，安能虑患；自古拱燕卫蓟之重地，远可怀柔。虽孤悬之僻邑，亦冯翼之雄陬！

史称齐东之重镇，良有以也；世谓京都之金瓯，不无由焉。西北上旸谷，羲仲之宾日兮，一何幽古；东北成山头，秦嬴之鞭石兮，一何壮猷。秦祖龙设台于斯，召士子百万而颂德；汉康成筑坛于斯，教弟子三千而传经。独孤及述愁，万里沙滩不夜城；苏东坡抒慨，十万人家读书声。尤其金元以降，科甲连绵。父子榜同，兄弟镳联。甲午鏖战，英雄血喋；抗英强租，豪杰躯捐。以至起义昆嵛岭，揭竿天福山，无愧扫荡日寇之劲旅；成为缔造共和之中坚。况且威人开放兴威，以港兴威，科教兴威，已迈往强市之路；现又踏上既超常规、又跳跃式、且大发展之征途。君不见："红瓦绿树，碧海蓝天"，乃威海市貌之写照；"扬威奋进，前景广阔"乃威人壮怀之举酬。江泽民之赞誉，无以复加；威海人之感悟，亦何能休。先生之言尚且非也。吾子之论乃昔时之陈词也。所谓"洞中方七日，世上已千年"，如今之威海，今非昔比矣！先生何以出此言也？吾子之识岂不谬乎？

或曰："鄙人之于威海，足未尝相过也，言未尝相访也，信口雌黄，横无忌讳，不过人云亦云耳！孰若先生寓威海，入文登，访乳山，造荣成，风物之见亲且的，典籍之查赡且深。先生曷不将为赋之旨，略陈一二，以涤其虑而洗其心哉？"

吾视其诚，于是侃侃而谈，滔滔不绝，有似瓶溢而壶倾：威海方舆之奇，世仰人钦。地邻扶桑，域毗东溟。顾兔曜灵兮，始别东海；金乌辉暾兮，早随三更。羊胛半熟兮，遥天被曙；羲驭骤升兮，大地凌晨。日边之圣地兮，由来首暖；人间之天府兮，当然先春。闾阎烘云蒸霞，开拓世界；草木凝碧滴翠，洋溢芬馨。暖薰烟外岛，岛浴乎涛，涛浴乎岛；香扑水边城，城拥于人，人拥于城。花园路绿蒙茸而青茬苒；昆明路花织锦而草成茵。新威路莫不纹阶镂瓦，皓垣碧地；海滨路尤其画栋雕梁，紫陌红尘。海风骀荡，翠叠百花之艳；嫩阳普照，红分万卉之痕。大街小巷，皆有清芬吮啜；杰阁崇楼，咸多嘉木翳荫。岚岫高低，皆藻棁文榱之丽饰；海湾上下，尽桂栋兰橑之芳芬。宾馆饭店，鳞次栉比；大厦高楹，摘斗摩星。春夏秋冬，尽是南归北往之客；亚澳欧美，不乏东至西来之宾。于是欣然吟诗，诗曰："胜日寻芳威海城，眼迷心醉如游春。才惊彩缎铺衢路，俄讶绣裙缀海滨。丛树青枝封碧牖，高楼红瓦烘彤云。花团锦簇塞阡陌，万紫千红壅纵横。"

若夫沿海公园之数，恰是招凉松处士，消暑竹林贤；送酒评孙皓，烹茶忆玉川。星光何以闪乎？因舞奇特之剑；月影何以沈哉？缘拨绿绮之弦。拂翎之意为何？子需鸠哺；刷羽之举为何？桥要鹊填。海为月，园为星，星呈拱月之势；云作绢，树作翰，翰撰染绢之斑。纵观群园也，远近楼阴合；迳入群园也，高低树影参。由西向东兮，海朝园边绕；从北向南兮，园随海岸环。叠来银屋立，齐处玉峰连，海景之远眺也；银花飞蜃窟，练影接虹桥，海滩之遥看也。乱烟拖百练，落日浴群帆，海源之翘览也；画舸飞如鹢，银峦驾似不得鳌，海港之高瞻也。雪浪吞吴楚，金波贯斗牛，海滨之悦目也；虎啸波浪阔，龙盘气象豪，海上之怡颜也。或游览之规模，名居北方之最；或娱乐之设施，独擅威海之先。或夺优秀公园之冠；或拔生态环境之尖。或极园林雕塑之美；或穷园艺种植之华。或堪珍禽宝兽之赞，或获中西合璧之夸。无论休闲度假，观海听涛，莫不神怡心动、有感而发也矣。

譬如威海公园也，气势何等恢宏。内涵丰富，设计精工。山岚青峰抱，矗立市之背；海水白练横，偎依城之胸。花开园圃，草围甬路。刘公前瞻，仙姑回顾。蓝天高盖，碧海低护。迢遥无际，焉量其长；广袤无涯，难计其宽。坦道轴如；花圃翼然。东侧乔木之高仰，承天若柱；西侧灌木之低俯，覆地若蓬。百草葳蕤而斗绿；万花灿烂而裁红。园有海伢，雕塑极工。或朝或夕，翁携孩从。耄矣皤然之辈，或夸总角之天悟；绿鬓朱颜之人，或谈垂髫之神聪。永寿大康之公，或赞尧天之国瑞；难老长生之妪，或称舜日之圣童。黄眉儿齿，皆浊镜冻梨之色；白发华颠，尽方瞳玉面之容。园有海恋，倜傥成群。本属离合之地，尤多儿女之情。或数行日而问回期，觉山牵别恨，水带离声；或诗数首而酒一樽，叹半生之蹉跎，诉千里之酸辛。或绸缪义切，跳一双之燕舞；或伉俪情深，订终生之山盟。或妙咏新妆，钗凤镜鸾之句；或代哦白烛，香兰醉草之吟。或敬业互励，誓夺无双之誉；或笃学相敦，荣获第一之称。堪谓山水相依同心结，德才兼备连理姻者也。文化广场之塑雕，豪迈而磊落；槎枒参差之化石，萧森而古拙。看海慧而崇前贤之智，知科技富民而强国；睹海颂而动自励之怀，更闻鸡起舞而枕戈。尤其画中画，昂然擎碧空。虚能捐物象，明不受尘蒙。当山能割翠，对霞可裁红。或青女临妆，欣看欲语；或素娥照面，着笑想容。笼城闉而画屏相似；框沧海而明镜攸同。

清明象水而映水，韬之无际；广大配天而辉天，讨之不穷。碧海蓝天，随视角而变幻；红瓦绿树，循游踪而浑融。回忆而沉思兮，海垠无比浩淼；沉思而联想兮，远景何等宽宏！

至若国际海水浴场，天蓝海碧，风清沙白；树溢青翠，花泛芳魄。海上游乐之规模，居北方之最，沙滩休闲之设施，称威海之伯。更有海上公园，位于皇冠小区之东侧。北植奇花异草，一派田园春色。中立创业门楹，象征进取精神。南设江南水乡，最宜陶性冶情。小径迂回，能见群鹿之戏逐；湖波荡漾，可试独自之垂纶。吁嗟呼！威海之滨园甚多，花鲜林茂灿星河。园中美景全嵌海，道上游人不见坡。面水一词常运用，环山二字频啰唆。只缘斯邑普天少，百次来游亦啸歌。

夜开下榻门牖，则见海岸华灯。俨然天河倒泻；宛如银瀑斜倾。桥渡于清浅，牛郎销迢迢之恨；槎浮于纵横，织女吐脉脉之情。昭昭之光也，远耀山眼白；耿耿之影焉，深映海心明。辉连璧月兮，北斗亦随千珠络；影灿银汉兮，南箕亦附一秤称。斯时而睹斯景也，应是万家盈手，千里同心。醒醒也，只数珠万斛；醉醉焉，何计月三更。阴晴圆缺不变，何况三五夜；春夏秋冬依然，咸为一重春。岂见操舟兮，架鹊桥而无远岸；不闻濡轨兮，观蟾魄何止孤轮。偌多牵牛之辈，弗留潺潺之响；无数弄杼之群，难闻轧轧之声。依稀长春国，恍惚不夜城。抑且山海通明，水陆互映，岸有斯城，海亦有斯城也矣。

时或朔风飕飕，白雪纷纷。千山兮何形，万顷兮何声。峰参差而玉立，涛湍涛而银生。无论嘉禾秀木，一律枝枝缀玉；抑或干撼枝抖，总得点点飞英。气呵即雪，犹练雪人之技；水滴旋冰，不觉寒气之侵。虽是六出花残；依然千层秀凝。忽而鲛室霰开，透若云母；忽而翠楼日映，粲如水晶。

披襟十里芳堤，抒慨黄海之滨。诧吞天之水而能止；惊拍岸之波而可平。防浪之功，有似三千汉垒；护岸之力，宛如百二秦城。涛雪瀑雷兮，无以亏其范；水啮潮吞兮，不能损其型。侣河伯而友浪婆；嵌海镜而镶岚屏。微风吹岸花之芽蘖，亦拂潮水之雪萼；细雨吻堤树之叶根，亦润沧海之縠纹。或早或晚，男女澄心坐；或昼或夜，夫妇抵掌谈。

朝读于其上，筑才峰而掀学浪；晚唱于其上，成文阵而近艺林。信步长堤，心怀陆海潘江之韵；促膝石凳，口诵宋风谢月之文。雨卧风餐，颇有枕流漱石之慨；烟栖霞宿，不无耕云钓月之吟。

遥瞩千里海岸，万盏渔灯。光浮远浦，象列疏星。海湾海港，星罗棋布；海舶海轮，云集蜂萦。海水资源之富，循环不绝；海产出口之量，逐年累增。百尺崖前篝火，千艘船畔跃鳞。岂止临流小饮，网罟兴康乐之慨；常是鼓枻狂啸，海湾饶富裕之村。有似击壤而歌，尧帝黎民之自得；宛若让畔而耕，文王百姓之相亲。

凝眸海澨百雉，红顶白墙。梯山结庐，填海建房。村郭无界，廛阛有疆。重兵护守，固若金汤。遥瞻远望，海阔山长。烟火万家，比连翠岫；边邻四国，集聚梯航。多巨贾之徘徊，饶豪商之徉徜。掀发展之大潮，奔全面之小康。

欣往西冈信步，人倚翠楼。或夕阳西下；或皓魄东浮。或山阁初旭，或晓日乱眸。海面天边，望中尽收。冈峦四合，山水双幽。万家鳞次，百物清修。不惟遥看鸥鸢之腾翥，抑且近聆工贾之歌讴。于是慨而吟诗，诗曰："信步西冈环翠楼，山川美景豁双眸。闾阎红顶浴红日，沧海碧波荡碧洲。"

至若威海沦英，卅又二年。回归建塔，几经变迁。初为三角，铭文三篇。一则友英，次则遵训；三则悼贤，借以励军。塔高含沦英之痛史，塔铭示国华之骄矜。岂思华章涂鸦于日寇；雄文磨灭于卫兵！现今修葺，美奂美轮。庄严肃飒，披霞薄云。扬爱国之志气，昭景贤之后昆。

若乃刘公岛也，疏峰拱秀。东隅屏藩，砥柱中流。云飞鸥翔于天末，松覆槐盖于峰头。日岛入其南望，黄岛系其西陬。向为屏障燕都之关隘，由来管钥渤海之咽喉。山势峻险，易生眺瞩之欲；尘埃绝无，最宜逍遥之游。甲午群英鏖战，轮番拼斗；东汉刘氏别业，几度圮修。于是徘徊踟蹰，中外来逗留之客；登临凭吊，古今有叹惋之讴。不羡刘阮逢仙出洞，缘了须臾百岁；惟崇丁邓御日殉国，功彪万古千秋。每当若华黯淡，烛龙匿庋。碧汉之素影如扫；白榆之清光无投。煜煜之彩虹，界天若炷；穆穆之铁鹞，浮海如虬。阳谷虞渊，何足定其躔次；高春连石，何足限其去留。火箭离地，金鹰腾鞲。岂李白之长绳可系；何魏宫之红线能求。鲁阳惊顾而反戈不应；夸父追日而弃杖乏谋。一任光浮溟渤之万顷；长使晴薰昆嵛之三邱。分明不夜之城址移徙威海；恰似民族之锐气腾越九州。于是慨而咏诗，诗曰："色苍形莽一蓬邱，砥柱中流翠黛浮。夜舞彩虹光灿灿，日迎铁鹢水悠悠。惊涛骇浪卧如虎，骤雨狂风潜若虬。莫叹当年穷甲午，且看今日富春秋。”

若夫莱子筑城，留芳躅于埠柳；秦嬴造桥，鞭顽石于海湄。薛萝渗涛，惊俚岛之物奇；龙窝喷雾，诧牢山之洞深。澄泓不改，马道之神井通海底；玉液常融，伟德之宝瓮涵地垠。百丈盘崖，蜿蜒陡峭于河畔；花斑彩石，瞩目破颜于烟墩。尤其秦桥之为状也，斗杓罗列，碁布纵横。立如石帆，峭若坚兵。远连岛屿，近接崚嶒。嶙峋而嶕峣兮，如鲲鬐之暴碣名；络绎而连绵兮，若雉堞之排崎嵚。任他翻天之浪，有六鳌奠中流而势欲赴斗；猝尔覆地之涛，有万马整壁垒而力能克军。风雨晦冥，疑天吴之腾落；溟涛湍濑，俨龙王之升沈。洪涟卷磊砢以簸扬，似流风之回风雪；嵂嵲随湍瀺而出没，恍浪花之浴鲲鲸。杜甫叹沉牛如马，滟滪之感诗再咏；孔子见悬水流沫，吕梁之观慨重温。至若丰隆遁迹，罔两潜形；云根耸翠，石骨标青。风平鸟篆，日射沙星。珠宫鲛室，鸥堵莺汀。投竿撒网，凭钓垂纶。始皇殿边，渔歌欸乃；冬花岛畔，异蕊娉婷。艟艨幽逝于辽海；舳舻远驶于东瀛。方今盛世，御乾转坤。尧天舜日，海晏河清。于是随游客，慨古今。思汉武之礼日；论秦皇之东巡。谈民众之丰裕，颂国力之复兴。亦复慨而咏诗，诗曰：“秦皇汉武嗜东游，寻药祈仙天尽头。浩瀚海吞罗氏杖，鸿蒙雾杳徐公舟。帝王将相总愚闇，工贾士农终壮猷。能使皓天舒白日，堪教灵景耀神州。”

若夫圣水观，系五虎圈阳之地焉。原属文登，今隶荣成。又缘道家之祖根置于昆嵛，枝蔓于浔山；以致言文而及荣，言荣而系文也矣。是故圣经山腰，有圣泉一泓；浔山山腹，亦有圣水一泉。吕洞宾书泉于昆嵛，事有必至；王玉阳建观于浔山，理有固然。山有苍龙腾骧于其东；岭有赤凤展翅于其南。崖有虎头昂首而西护；顶有玉龟倾身而北环。丹嶂翠壑，无不具林泉之胜；洞天福地，是以驻碧落之仙。前有龙凤银杏薄云，游客顶礼膜拜而怀祈祷之念；后有将军碑廊矗巅，观众吊忠景贤而破惊诧之颜。疗病健身，圣水胜回春之药；邦桢国栋，碑廊多不世之篇。

若夫铁槎山，乃大东之胜迹，世称东黄山焉。云雾缭绕，九顶连绵。烟笼霞罩，浮泛如船。奇松怪石，雄伟壮观。九龙池兮，深莫能测，澄泓于清凉之顶；千真洞兮，奇则堪夸，镌刻于钵痕之垣。神龟攀缘于绝壁，势欲占岭；雄鹰匍匐于青岚，形若霸山。风吹勿动，有擎天之石指；天旱不涸，有浴日之天潭。求灵许愿，熊猫屈膝于塔侧；招仙濡沫，螃蟹张螯于山巅。狗眼狰狞，一无吠日之意；蟒身逶迤，似有伤人之嫌。登天梯兮，勿用插羽而上霄汉；蹲月亭兮，亦可折桂而友玉蟾。猩熊论天，神态何其俨若；道祖诵道，道貌何其岸然。鳄鱼之嘴，煞有吞咽之势；蜜蜂之窝，颇具骤集之繁。富贵石旁偎依，易萌飞黄之想；成仙台上栖息，常发腾达之言。是以山对鳌头，水环螺髻，常康有泛槎之诗咏；天地运会，人生遭逢，启元有游槎之情牵。悬榻低云树，开窗近斗星，咏洞之联推董樵；峰影与云连，乘槎直上天，颂槎之句数何涟。叩像应铜鸣，荡珠验风吼，观之记闻业已巧矣；行路直争鹰，扪萝翻羡猿，锺岱之感慨尤其玄焉！于是慨而咏诗，诗曰："巍峨铁槎耸海涯，仙乡圣境遍山阿。古今骚客多吟颂，远近游人皆叹嗟。怪石嶙峋蒙雾霭，奇峰峻拔参烟霞。云光虽出云光集，怎及清凉景更佳。"

若夫赤山法华院，乃威海佛教之一典型也。张保皋之故里，唐称赤山浦；法华院之肇基，今曰石岛湾。或曰飞泉界道兮，百里烟霞秀；或曰古树侵云兮，三时雨雹寒。或曰梵闻三界兮；香霭彻九天。或曰天花昼下兮；法雨逢晴旋。或曰地多灵草兮，室亦有定泉。或曰金河证果兮，石屋能安禅。重冈纷纠兮，有风云之吐纳；叠嶂参差兮，有拜卜之往还。飞花阁之白日，有松萝挂云之视；交露台之午夜，有桂花侵月之瞻。虽然，保皋其人也：初任小将，继任大使，除盗禁婢功赫赫；一为光宗，二为耀祖，修院饲僧德煊煊。经商通三国，海上丝绸之路得以开辟；参禅驻斯邑，佛中法华之经始可承传。至于三次客居该院者，乃日本法师圆仁也。其入唐求法得助于斯邑，方朝觐克成于华夏；其归国着书报德于斯民，则禅院又建于东瀛。于是中日，两院互应。同事一瓶一钵，共悟无我无人。崖岸千寻，焉碍妙谛之妙；波澜万顷，终通灵机之灵。三千世界望海月，十二因缘迷洞云。对清莲而喻法；仰白月而传心。岂料武宗灭佛兴道，致使该院墙圮垣倾。上人长老，而弃齿轮发字；福田香国，而罢讲律诵经。堪谓多年之鼎盛而毁于一日之沉沦者矣。

迨之八八年，威人择其址而稽其典，复其貌而还其型，时逾两春，则开院迎宾矣。于是韩日信徒，来访来拜者，大有人在；中外名流，题字题词者，不乏其人。南山功德碑，有神书写而无字，犹多捐赠之士；北山红门石，有僧急奔而化石，仍有好奇之人。于是塔矗莲花顶，崔珉子捐资而解囊；功彪张保皋，金泳三搦管而题名。

慕西霞口之名而访龙眼港，方知其为国家一类开放口岸也。东海之滨兮，吨位泊位数以万计；成山之隈兮，汽吊浮吊列成队排。日本，新加坡，多外贸之侣友；韩国，东南亚，尽商界之朋侪。海运业，国际贸易，五洲推进；旅游业，船舶修造，四海拓开。养殖业既有动物，又有植物；加工业既有水产，又有石材。彼别墅兮，大厦高堂而交巷；彼住地兮，虹梁鸳瓦而成街。鸣琴拖练兮，有泉绕路；仙博帝棋兮，有石绕阶。从幼教到小教，免费勿疑；读中学进大学，补贴焉猜。粮水电医兮，不用钱购买；鳏寡孤独兮，总有人关怀。

灼见成山卫镇，有一月湖；湖亦浩瀚，岛亦嶕峣。鸢飞鸥翥，雁逐鹏翱。天鹅来仪，湖卷银涛。踏浪如浴，态若咸池妃，舞素翎而撑绛掌；掠水若射，头如风流箭，搧玉羽而抖霜毛。动则凌波起；闲则逐浪漂。鸣则高啸压天籁；飞则傲气冲碧霄。似鹤非鹤，时或身栖雪溟；如雕非雕，犹爱翅摇霜皋。旁贱渺小，眼中惟含万顷烟波；前贵崇高，足下何牵一丝沙藻。不速之客初冬来，皑皑翩翻捷；未辞之宾阳春别，皓皓顾盼遥。随潮泛渚，对八方游客献媚；水宿沙眠，望万亩松林怯巢。

若夫昆嵛，由来仙土。《齐乘》称群山之冠，《春秋》誉诸山之祖。山化为海，岛兀如竖；人行于雾，试探如瞽。平眼望之，龙柱虬柱；纵目瞰焉，晨浦春浦。《苦菜花》片，曾启摄像之机；《迎春花》剧，亦开取景之杼。以致文坛巨匠，频易五声之韵；粉绘高手，笔乱七彩之谱。张果老之驴蹄印，悬之于高崖；王母娘娘洗脚盆，浮之于太古。北岱之顶，老聃抖一脸长髯于峰巅；南岳之麓，麻姑留三瓣莲花于山圃。观风亭可以南眺北观；风凉洞可以纳凉涤暑。古拙苍润，道德经招认于月芽；峻拔高昂，好汉坡撩攀于云端。求雨祈福，丰歉有龙王司水；致祥消灾，治乱有山神管山。洞天福地，齐聚于朝阳；三清三官，共会于混元。偷经反遭化石，律惩老小；面海笃信飘洋，坟埋众仙。聃像伫山头，聃言偏镌石上；仙人居天府，仙境却在人间。索性入天门，跨天沟，登索道，下峰峦。仰圣经于月芽，称紫金之皇冠。于是慨而咏诗，诗曰：“一索飞悬锁两峰，圣经便与紫金通。皇冠正逊月芽巧；美塑尤输眴貌工。全真派令千家仰，道德经教万国崇。仙境依稀惟此地，何须翘首慕天宫。”

若夫文山，文墨博该。祖龙驻跸，召文设台。论功颂德，盈庭满阶。玉砌丹墀，自成宝地；土珍木贵，岂等俗埃！官宦有令，伐木不赦采樵之叟；妇孺有诫，取土不宥弄泥之孩。于是文第继启；卿云逮开。科技不乏豪杰之士；廊庙渐多栋梁之材。立朝固孕鸿鹄之志；居野亦怀龙凤之胎。亭台楼阁，林木茂盛；园圃畦苑，花草朋侪。前贤先哲，虽玉折而兰摧；丰功伟绩，岂土掩而沙埋！文登学育贤而钟秀；召文台继往而开来。于是入室而充腹笥，咏诗以寄感慨，诗曰：“乘车登上召文台，水色山光面面开。郊野烟霞充眼底，市廛瑞气满庭隈。歌功虽谙悦龙意；颂德难逢吐凤才。自愧诗文逊李相，漫将星石摟愚怀。”

若夫乳山，地形如盆。周高中低，岭长谷深。马石呈蜿蜒之势，垛山吐叆叇之云。玉皇传祈雨之应，尼姑赓昆嵛之称。锯齿显峰刃之锐；三佛呈佛像之尊。无极躬脊若馒头，堕崮扬臂伸海滨。丘陵平原盘亘，大河小溪纵横。然而斯邑也，夏属东夷，汉置育黎。时属青州观阳，时属莱州文登。随牟平之易属，任海宁之均分。纵有西汉之县史，亦无育黎之沿称。四九之后，亦多立撤改属之举；改革之秋，终定撤县建市之名。镇镇绿峰抱，山则滴翠送青；村村白练横，水则泽国波臣。新墙红瓦，如虹霓之遍山阿；华堂丽阁，似玉宇之落凡尘。潭碧溪清，若瑶池之在田野；树翠花艳，若桃源之在武陵。大乳山之丰乳，唯天上之白云可吮；睡美人之长发，独海边之碧浪堪亲。飞来石临阁于岭端，摇摇欲坠；骆驼峰负宝于峰顶，踽踽而行。将军岩形似将军，袒胸露腹；八仙洞寓驻八仙，吟诗着文。玉帝搭天棚而养马；张仙登天梯而凌云。仙人桥之架构，乃天地之造设；千古猿之容貌，系元化之陶钧。鹁鸽塘之鹁鸽，栖身而有洞；骆驼岭之骆驼，问路而迷津。滴水潭也，滴水如雨；岠嵎瀑也，泻注如银。入火龙洞顿觉凉风习习；登玉皇峰辄感群山冥冥。凤凰何以来仪，八仙对歌而饮酒；姊妹何以化石，二女投河为抗婚。更有圆柏龄耋，花甲八百载；古槐岁耄，年月五百春。千年银杏，老少拜卜如佛；稀世古藤，男女祈祷若神。

若夫银滩别墅，游目为之一新，东南有虹梁鸳瓦，西北有大厦高楹。貌似小筑幽栖，实则华堂丽亭。若樊重之雕栊百里；似王根之青锁千门。危栏杰栋，嵌畴而望海；百轩千牖，出尘而涤星。拓开风雨，西山雨卷之莫匹；压断海云，南浦云飞之何伦。春则栖霞偎翠；夏则骑树卧荫。秋则凌风得月，冬则叠雪堆冰。昼则翠黛识面；夜则皓月留人。眼观海涛之湍渤；耳听鸥鸢之唳鸣。或望海而挥翰；或启牖而披襟。有似十二晓妆，窗观须眉阵阵；宛若三千红粉，门窥倜傥群群。原来黄扉紫省，朱户赤城；蓬莱咫尺，楼阁缤纷。碧渚绿畴，胜栽芸而贮菌；清音爽气，胜张幔而悬铃。松筛月碎，竹亚檐平。篁修暑退，荷净凉生。可竹留月，崇兰来薰。风枕醒醉梦，月怀夹诗魂。进驻之人，若大旱之望云而得雨；游览之众，犹蛰龙之游海而舒鳞。正快哉于斯，忽喜乎海滨。旅思方醉，银滩又迷。沙白水洁，海碧滩曲。岸罗红宝阁，滩延白铜堤。叹新宇之连绵，歌沙滩之逶迤。于是慨而咏诗，诗曰：“旅思方醉银滩媚，游目又迷别墅奇。新宇连绵红宝阁，素沙逶迤白铜堤。卧滩不觉乾坤大，浴海才知河汉低。胜境长宽四十里，万千人聚犹嫌稀。”

或曰：“山海之胜，风光之美，吾虽见所未见，而今既得而闻矣。玩尔清藻，如仰天府之画；味尔芳风，若置玉宇之宫。憾往昔之迂拙，喜如今之情锺。嵎彝之见既除，向往之意已浓。虽然，山海之胜，岂无物产之富？风光之美，岂无企业之隆？窃闻山东之苹果扬名中外，不知可得而闻乎？”

吾答曰：“扬名中外者，不惟苹果；飞声欧美者，岂止花生。巴梨高垒于丘垄；吉梨丰穰于羊亭。对虾玲珑剔透，如珊瑚之雕就；鹰爪龙须金钩，若陶冶之铸成。扇贝刖而能游，不时出于幽谷，迁于乔木；海参肥而不腻，百年称为佳肴，序为八珍。海蛎子名为贡品，曾充帝王之御膳；青鱼籽号称钻石，最得宾客之倾心。泥蚶之滋补，辉今而耀古；海带之繁茂，迈众而超群。蠓子虾酱，国内邦外受宠；文登蚕丝，天涯海角蒙荣。山花海马地毯，皇宫相府蜚声；三角成山轮胎，四海五洲噪名。北洋电器，深得顾客喜爱；宏安电缆，颇受用户欢迎。文山平绣，美艳无比；拼镶大套，精湛绝伦。勾针系列，居山东首位；花岗石材，达国际水平。金猴皮鞋，客争购而抢嘴；环威渔具，外宾赏玩而垂青。中鲁果汁多元素之醇，威海啤酒穷营养之精。若乃地方名吃，无乃煎炒炸蒸。俚岛之油炸糕，外酥而内嫩；石岛之鸡蛋丸，色白而味醇。菊花平顶包，早有美誉；育黎刀切面，久负盛名。乳山千层饼，柔而不韧；白沙滩糕饺，素而无荤。至于冯家羊肉锅，更是播芳于远近，扬名于古今也矣。若乃海味之烹制，扒蒸炸炒亦妙，煎熘煮烤亦巧。红烧海参，中外为之艳羡；手扒对虾，宾朋为之倾倒。芙蓉干贝，如国色露媚；红烧海螺，若天香夸姣。姜汁螃蟹，张峥嵘之红螯；威海清汤，浮汗漫之霜枣。清蒸加吉鱼，贵之以红鳞；油炸万寿菜，许之以本草。是又土特名产、美味佳肴也矣。

“若夫岩岫幽窈之中，巅崖盘曲之区，则有苍松翠竹，碧树秀林。崇山峻岭，松杉葳蕤而斗长；云岫烟岚，杏柏蓬勃而争伸。悬崖峭壁，槐梧郁郁而错盖，岗陬丘隈，榆樟磊磊而交根。乌柏之果兮，粒粒黑黑；杜鹃之花兮，瓣瓣殷殷。参天者也，不尽乔木之枝蔓；匝地者也，无限灌木之藤萦。鸡冠花、金银花、野菊花、月季花、尚有玫瑰花……药花漫山遍野；夏枯草、车前草、益母草、马鞭草、犹有鸭跖草……药草环乡绕村。菟丝子、莱服子、蔓荆子、青葙子、尚有苍耳子……药子何其纷杂；柏子仁、郁李仁、瓜蒌仁、杏子仁、犹有桃子仁……药仁亦多冗呈。加之以药叶，兼之以药根。入本草者岂止苍术白芍；载药经者何止枸杞黄芩。至若凌云之树间，常见异鸟飞翥；合抱之木上，不乏珍禽啼鸣。山鸡于崖壑呼类；布谷于云表催耕。狡兔惊顾于田角；灵狐凝眸于山阴。禁捕戒猎，鸟兽无弹射之患；育林封山，林木绝斧斤之痕。惟见高山流水，乐山乐水之以为雅；仁里德邻，亲里亲邻之以为荣也矣。

“若乃矿产资源之开采，纵系少而益精。土则黏土高岭；石则石墨石英。大理石与汉白玉媲美，花岗石同泰山青抗衡。膨润土兮，分透镜串珠之类；水晶石兮，辨烟水紫水之型。加之以铜铁，兼之以银磷，饶之以海砂，富之以黄金。或号银滩，或称金岭。或陶冶于冈坂；或淘汰于泫沄。非昔日之锱铢可比，惟当今之镒钧是营，又岂羡乎美澳之所产，与夫热辽之所蕴哉！

“若夫企业之隆，洵哉百类千种，言不堪喻，词何能穷？金矿之开发，出类拔萃；魏桥之壮大，造极登峰。真丝之出口，誉许海外；三星之创汇，名擅山东。集贸市场，人流如沸；门牌商号，气势若虹。观都容之日新月异，知市民之年饶岁丰。是以人居环境最佳之改善，威海垂全球之范；卫生城市第一之获得，威海率举国之先。豪商纷至沓来，爱着流光曜藻之服；巨贾旋迹追踪，喜穿曳紫悬华之衫。所以然者何？不徒有物产之富，企业之隆，抑且有登眺之趣，游赏之乐焉。岂夫周王之马迹、谢公之屐痕所能比；霞客之游踪、李白之豪咏所能同乎哉！”

言未既，吾友喜形于色，兴溢于面，曰：“盛矣哉！威海之辉煌也。洪博也！先生之言词也。今愚之所得，洵哉丰且赡矣。纵无躬游之以为憾，亦有读赋之以为乐。”

吾曰：“然犹未也！微尘涓滴之言，不足以道威海之盛；浮光掠影之语，不足以状威海之荣。何况威海与时俱进，开拓创新，日日新而又月月新哉！彼环海路也，右镶山麓，左嵌海边。树荫覆盖，日如长龙之俯卧；路灯辉照，夜如虹虬之蹁跹。蜿蜿蜒蜒，随山岚而腾落；逶逶迤迤，穿林木而颠连。绕海湾而逆转，湾有九湾；围公园而盘桓，园有七园。沿途尽是疃疥之富；迎面皆为花草之妍。一山一貌，数不尽绿坡翠崖；一湾一景，看不完碧海金滩。首一端焉，有国际海水浴场驻颜保健；尾一端焉，有环翠疗养医院益寿延年。

“彼环山路也，南北起讫，东西回旋。似城垣包络畿甸。向威海环抱团栾。奇花异卉，缤纷于路侧；兽塑禽雕，奔翥乎岚巅。往昔之因循守旧，今日已破觚为圜。往昔之积石流沙，今日已兰畹蕙田；往昔之石鳞沙背，今日已漫道雄关。往昔之水啮潮吞，今日已蟹渚鱼潭。往昔之浪撼沙磨，今日已水抱峰攒。往昔之蚌浦鼍矶；今日已鳌石龟山。既有梅岭竹溪；又有莎阪菊泉。既有岚屏海镜；又有砚沼笔峦。逍遥谷中，山恋山韵易生据梧之梦；旖旎山上，美化文化难入闭阁之眠。

“彼世昌大道也，东起海滨路，西至影视城。怀古荣今两美，市容廛貌一新。遵大路兮街行玛瑙，骋康衢兮途蹈琳珉。桑麻不生，而有浓荫遮道；桃李纵言，亦无步伍成蹊。大道若砺如砥；两侧骈红拥翠。树交花，禽对语，岂独春媚；叶可幄，枝堪帷，何止夏憩。峥嵘千仞，豪商面道而开轩；迢递百寻，巨贾依林而结宇。花兼四方，香扑德门贤里；鸟喧百族，声逗易窗诗壁。煌煌夜景，恰似龙入东海；夷夷坦道，宛若人造天衢。尤其羊年深秋，正雁横塞而添新思，人倚楼而念旧游。闻威海获联合国人居奖，一时教人喜上眉梢，乐在心头。同时颁奖十一国，中国威海乃重筹。或者表彰集体，讲究卫生而腾实；或者嘉许个人，投身事业而飞声。唯独中国人居奖，是以威海市扬名。山衬水托之城，邻国何其艳羡；碧海蓝天之景，万邦何其葵倾。曾几何时，两度荣获国际人居环境最佳称号；今于巴西，复又荣膺联合国人居奖殊荣。知名度之高，中天为之日耀；影响力之深，寰宇为之雷鸣。有思及此，岂不潘锦探怀烂，江花入梦馨也哉！”于是满堂喧然，嗓大声宏。动翰墨之思；起唱和之风。夸威人前瞻眼界之大；赞威海发展势头之雄。”

吾友唱曰：“河清海晏古难遇，舜日尧天今始逢。心织笔耕春复夏，砚城墨甲秋还冬。摛文为赋江山美，搦管缘书社稷雄。盛世撩人倾玉韵，神州任我吐芳风。”吾和曰：“每观威海豁心胸，往事皆忘百虑空。碧海蓝天风物美，银滩金岭资源丰。绛脸葵花咸向日，龙颜皇帝亦来东。阖家恨不移斯邑，金谷园中友石崇。”

作者简介

颜其麟（1935—），又名颜麒麟，男，汉族，祖籍湖北，大学文化。诗人、著名辞赋家、书画家。现为中国诗书画研究院研究员，香港中华辞赋研究院院士、院长。著作有《颜其麟赋集》《颜其麟骈文集》《古诗新魂》《三峡诗汇》等。

威海卫游记

王正廷

八月四日，余由平来津，将作威海之游。先期电告管理专员徐君燕谋，遂于五日乘“盛京”轮船南驶。船出大沽口，威海商会会长孙君心田来见，渠亦由津附舟返威海也。去岁四月，首都召集国民大会，时余方长外部，孙君以威海当选代表与会，是为予识孙君之始。相见之下，就询威海收回后状况。孙君乃缕述徐专员治威二年政绩，深幸守土之得人。六日下午六时，船抵威海口外，摩刘公岛背入口。见帆樯骛列，云水上下，炊烟起沙汭间。近岸水浅，舟不能进，即于中流下碇。徐专员率同僚属，乘轮渡来迓。欣然握手，各道胜常。遂登“威平”轮渡。上岸，则见兵卫森严，冠裳整肃，旗帜澄鲜，笙乐竞作，乃公安局局长率其警士，海军陆战队队长率其部卒，各中小学校校长率其学生，以及法院、海关、商会各机关职员，同来迓余者也。而篙师、估客、途行岸处之氓，骈肩来观者，不下数千人。余以闲散之身，作汗漫之游，偶然莅止，乃承各界人士联袂欢迎，接见之际，洵受宠若惊矣。既一一颔首，鞠躬珍重而过，即偕徐专员乘车，至其官舍而下榻矣。

纪威海商埠风景

威海三面环海，一面负山，依岸修筑马路，傍山建置屋宇。时方盛夏，万绿葱茏，东接刘公岛，隐隐然；北拱古陌山，巍巍然；南望滚牛山，悠悠然。明邑人王悦《威海赋》云：山高今日蔽，海阔兮天连，阴阴兮飘雾，蔼蔼兮飞烟。威海风景，数语尽之矣。时已薄暮，曜灵既匿，继以华灯，茗话未终，琼宴遂张。拌虀斫脍，制臛调羹，宾主尽欢，衔杯互劝，颓然欲醉，已届月阑。七日上午，徐专员约游刘公岛。浮海迳渡，瞬达彼岸。岛上英国海军军士，十十五五，蹀躞街衢，茶寮酒肆，所在多有。而我国昔日海军提督旧署，仍若坐镇于海涯，崇闳高戟，鸱蹲兽环，犹可想见当年枑梐牙错气象。东望炮台遗址，残砖败瓦，半湮没于荒烟蔓棘中。读徐专员所著《甲午海军蹉跌记》，萧然神伤矣。

纪刘公岛与青年会

岛距商埠十里而遥，孤峙中流，旧传为海上刘公别业，史乘失载，名字无稽。前清海军督署照壁逼海而立，下则洪涛巨浪，激荡不休。门左右旧设钟鼓之楼，门上旧绘神荼郁垒像，依然无恙。而门内之建置，则已改作英海军俱乐部。流连凭吊，欲寻昔日丁公汝昌殉节之所，犹有人能指其故处。沧桑眼底，傀垒胸中矣。岛上居民数百家，东北海军办公处、法院、监狱、公安第四分局，悉驻其中。

午后赴青年会之约，董事长贺懋庆等十余人迓于阶下。绿荫满院，花木扶疏，藏书阅报之室，敲棋击弹之房，以及会食之厅、寄宿之舍，应有尽有。主人鞠跽肃客，行酒稽留，杯盘狼藉，履舄交错。迨夫筵终人散，已斗转参横矣。八日赴乡间各处视察，麦畦绿缛，飞黄偃翠，微风远起，荡若縠纹。村农就山间开塍，云树错落，花源果林之观，连阡被畛。车傍老鸦山、挂榜山而过，崖层岫衍，川灵谷灵。飚轮倏忽，游踪回皇，其峭也若斜行升天；其邃也若再转入谷。凿石开径，架木成桥，高峰入云，清流见底。横柯上蔽，在昼犹昏。疏条交映，有时露日。六朝人语，不啻为今日写照。更遶荷花池、魏家湾，折而东向，泉声幽幽然，其鸣乍大乍细，曲行纡徐，清鲜环周。川陆之胜，寓目八九，岩壑之美，罗胸万千。遂抵卫城东南四十里之温泉。

纪温泉

温泉地方河宽沙平，泉行沙底。水浅处以手探入，初不觉温，及下掘入沙，沙渐深水亦渐热。约三尺许及泉，便几达沸度矣。人家因高建屋，三五成聚，遂为村落，公安第三分局驻焉。环卫城诸山，其在东北、西南两处者，若佛儿顶、雕窝山、松顶山，类皆穹隆突兀，各有争长竞竣之势。至东南各小山，其脉势将尽处，乃缩而为细长形，东驶入海。半道耸起，忽又成峰，是为金线顶。再东下走而陡断，再突起而以岛终焉，是为竹岛。探海家置灯塔其上，轮船入口者见塔灯迎面来，则威海全境尽在目前矣。金线顶之麓，建有红楼数座，是为威海第一中学，乃偕徐专员参观焉。

纪威海中学及鲸园

威海之有中学，自民国十四年始，假后营官房一所为校舍。十六年，移坞口。迨十七年始定校址于金线顶。越年落成，共建楼房七十余间，各室俱备。现充校长张君宝山，上海复旦大学毕业生也。学生三百余，见予至，均肃立致敬。旋向该校学生暨威海各校学生约千五百人，致以奖勉之词。讲演毕，偕徐专员赴各机关公宴。

余自六日抵此，排日游宴，忽忽遂已四日。九日早起，偕徐专员缓步出门，至中山路鲸园。园为三角形，随其地而构造焉，园之左右皆为市廛。架鲸骨为门，植短松为壁。门右骨上嵌有铜牌，镌字于上云：该鱼于一千九百十六年元月十号，即乙卯年十二月初六日，潮至皂埠嘴海边靠灯楼处。共三十六字，中英文分行合刻。记者伊谁？觉词不达意也。盖当时潮水既退，鲸鱼涸死，即取颏下两骨，并立为门，厚几及尺，高可逾丈，则鲸大可知，殆如昌黎所谓“盖非常鳞凡介之品汇匹俦也”。柳氏又云，其得水变化风雨，上下于天不难也；其不得水，盖寻常尺寸之间耳。因思倜傥魁杰雄伟之士，负其奇才异能，固有厄塞鞔尯忧伤病沮，终其身不为世用者，不几与此穷涸之鲸等乎。是园创自英管是（时）代，原名坞口花园。接收后，徐专员为易今名曰鲸园，亦有意哉。园内细草如茵，杂花竞秀，露坐离立，供人休憩。有收回威海卫纪念塔屹峙其中，塔记系徐专员自撰，宝瑞臣先生书之，淬刃精镌，钩勒上石。而大书标题者乃猥以贱名滥厕其间焉。盖缘自与英使磋商收回事，及后与定议交还正式签约者，余实始终躬任其事。惟既为国民之一分子，自当尽国民之责。收回国家之失地，亦国民应尽之天职而已。出园后，参观各小学校、图书馆、公立医院各处。至日晡赴商会会饮之约，会长孙君心田等款接殷勤，酬酢周挚，醇醪甘洌，肴馔丰腴，豪饮大嚼，醉饱而归。

纪学校医院图书馆

沿途参观敬业、九华、淑德、海星以及第一小学、速成师范等校，类皆彬彬秩秩，蔚然可观。询之徐专员，计威海行政区内自十九年十月至廿一年五月，二十阅月之间，次第成立公私各级小学一百九十八所。管理专员提倡之功，亦伟矣哉。余因戏语燕谋：君以留美学生毕业归国，任海军部、航空署、关监督、铁路局各务，固未尝为地方行政长官也；今一典方州，所以为地方造福者首以启迪新知开通民智为基，洵为第一切要之图，岂才人固无所不能，能者固无施不可乎？遂不觉相视一笑。图书馆成立未久，规模粗具，应置书籍尚感缺乏，然来馆阅借者，已络绎于途，足徵人心好学，是可嘉也。公立医院清洁异常，诊疗所、养病室无不设备适宜。院长把君唯一，对于普通卫生尤为特别注意。

十日晨，管理公署开全体欢迎会，要余登台演讲。乃为略陈新国家主义、新社会主义，并详述先总理革命真诠。满堂肃然，面有喜色。讲毕返官舍，徐专员又开中外茶话会。无非竭诚表示其欢迎鄙人之意，自审何以堪此。会场设于舍旁隙地，略具园圃之形。四围浓翠，中著朱亭，棐几胡床，随地杂设。初筵冰酪，芳饵云娴，茶香散馥于芝兰，酒醴凝光于琥珀。一时鞮译警轮之辈，汪波昂骥之伦，看餔醊之风流，听钩辀亦有致，笑语杂沓，中外胪欢。是晚，浙江同乡之旅威者联名订饮东海饭店，乃于散会后往赴之。主人十余，一一相见。或当官而远至，或服贾而勾留。倾盖相逢，共话桑梓。茶余酒罢，乘兴登楼，觉当前之黛色波光，恍如置身桐庐、雁荡间矣。缱绻数刻而别。

纪中威胶皮工厂

十一日参观中威胶皮工厂，该厂于民国十八年开办，经理人孟昭乾氏。出胶皮鞋一种，男女工人三百余名，日出鞋二千双，行销华北一带，为威海各厂组织较备者。惟鞋样不及市上所售陈嘉庚厂出品之灵巧，未能大受各界欢迎，是宜急求改良者也。查胶树一种，产于南洋群岛新嘉坡一带，新岛树胶厂最多，华侨张永福、陈嘉庚、林义顺三家尤著。余昔年出使，道出新岛，皆尝参观。而以陈厂规模为最大，男女工一千三四百人，所制以鞋为大宗，帽与玩具次之，近更添制汽车、人力车及自行车轮带。而行销内地各品，以胶皮鞋最广，各省市镇地方，每雨天几无人不着其鞋也。至绣花工作，为威海出品特色，商埠之业此者如同丰、义丰、万安、同盛各厂，有八九家。所产花边台布种种，行销各大商埠，尤以贩运外洋者为多，惜均未参观。自中威工厂沿南大桥而西，北望大操场，广漠数十亩，短绿蒙茵如铺罽，青年数辈球戏其中。过维新路更驶而西，维新路口，即旧日城东门也。障碍既去，矢直砥平，颇具周室涂容九轨之观。再折而北至统一路，中道下车，步至奈古山麓，而登环翠楼焉。缘是日为公安局长汪君克予、公署秘书贺君善馀、总务科长贺君勉吾、工务科长曹君剑侯、公立医院院长把君唯一，设宴楼上以款予也。

登环翠楼

楼之经始，明人刘玥有记；兹之重修，徐专员有记，不再赘述。惟考前人记载，游人之登楼者，必由真武庙，以楼踞山巅，而庙压山麓也。余今日之来，已不见所谓真武庙。询之工科曹君，谓真武之祀不经，故去其庙，即就其址别建一亭，以资游人中途憩息。更就亭之四围，辟为小小园圃，作为植物试验场矣。记载又云，深夜登楼，坐待日出，其初出时半边衔海，金轮大如磨盘，红光飞射，海水吐焰。顷刻间金轮出水，而水与天连，断续离即之间，若有羲驭自海底扶之上升者，洵奇观也。而余之登楼，适为日中，不得一睹斯景为帐耳。然见其背枕群山，冈陵四合，对面刘公岛孤峰耸秀砥柱中流，大海环卫城三面，刘公岛若屏障焉，实为天然之胜景矣。既罢宴，偕诸君联翩而下。至新修之小亭，环顾苗圃中，弱枝纤叶，欣欣向荣，俱含生意。日之既夕，景色益奇，绀烟纷横，岚阴迥複。复具茗椀，藉草清谈，偃仰低回，叹息不能留也。乃出北门，返乎官舍。徐专员则已预邀裙屐，更设羹匏。酒炙既行，觞咏斯畅，南皮之浮瓜沈李，同此清游；东坡之花猪黄鸡，逊兹豪举。更阑酒阑，正高兴之未已；今夕何夕，知复会之谁赓。盖余将于明日去威，此番官舍之开筵已作东门帐饮观矣。十二日早起，各机关职官及公署僚佐知余将归，均先后集于官舍。日午供膳，加未遂行。承海军司令沈君成章厚谊殷拳，特派“江利”军舰送余赴津。汽笛再鸣，启椗已发，遥望送行诸君犹鹄立码头未去。桃花潭水，不及深情，燕棘齐烟，徒萦离绪而已。归舟两日，海窗无事，乃将寓威六日之游，就追忆所及拉杂写出，既以识诸君之云天高谊，并以记一时之雪泥爪迹云。民国二十一年七月十五日。

威海卫游记书后

威海之游，予既为文记。惟仅流连乎风景，多征逐于酒食，至地方行政建设，则尚有可述者。慨自吾国国体改革以来，政出多门，军阀横暴，争地夺城，此兴彼蹶，兵连祸结。……威海旧为英国租借地，独得免于兵祸者垂二十年，于是外人均以小桃源目之。前岁十月收回，一时外人佥谓威海一归中国接管，恐将立呈政务废弛秩序纷乱之象。余每闻此语，未尝不悁然以悲，以为我国何被外人轻视至于此极也。及余此次游威，见夫地方安宁建设美备，较之英租时代骤增进步。而路政一端，尤见整顿，旧有马路益形平坦，新辟马路力事开拓，而推广乡道几及千里，以此交通进展，便利运输，与地方之繁荣实有息息相关之处。威海接收后成绩如是，则以后对于收回其他租借地，我国便可援引威海治状为证，而可以箝外人之口矣。是则更足记也。七月二十日儒堂识于北平寄庐。

作者简介

王正廷，原名正庭，字儒堂，号子白。

1882 年 9 月 8 日出生于浙江奉化，1889 年进入宁波三一书院读书，1893 年就读于上海中英学校，1896 年考入北洋大学堂二等学堂，1900 年升入北洋大学堂头等学堂法科。王正廷是我国著名的外交家，曾任中华民国外交总长兼财政总长、外交部长，是参加巴黎和会拒签不平等条约的中国特使之一，是民国政府收回威海卫的主要政要之一，并题写了“收回威海卫纪念塔”碑文。他曾经出任中国第一任红十字会会长、国际奥委会第一位中国委员。他是近代中国著名的体育事业领导人，并两次率中国体育代表团出席第 11、14 届奥运会。因他对中国体育事业的卓越贡献，被誉为“中国奥运之父”。

Dr. C. T. Wang
王正廷字儒堂
(Wang Cheng-t'ing)

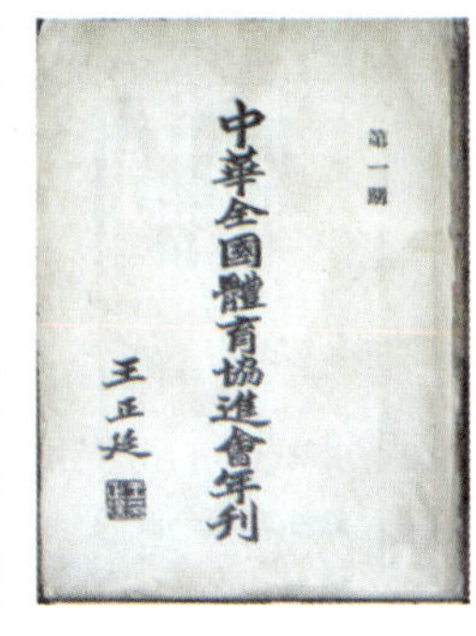

威海卫一瞥

漪　漪

威海卫为文登县属，山东半岛北侧之一良港也。光绪二十四年强为英人所租借，今已三十二年。查威埠于未开关时，直一荒凉小岛，村民多渔人。港湾形势，虽极优良，乃国人多未注意。迨至德租胶州，俄租旅顺，英人遂亦借口势力均等，而强我租借威埠。时光绪二十四年事也，租期十五年。当英人取得威埠时，该地已有城垣，盖明洪武间曾为防倭之侵扰，而筑有城堡，名曰威海卫。与天津卫之兴筑，为时相差无几。迨清光绪年间，兴办海军，乃利用之为军港，北洋海军操练于此。英人租借后，乃大加修葺，兴筑码头，广拓交通，举凡电报电话邮政，无不具备。惟负山面海，发展不易。租期既满，英人倡言交还，而附以严刻条件，如保留刘公岛等件。时北京政府派梁如浩当交涉之冲，以国人反对，遂暂搁置。兹外部复与英使数度交涉，订定专约已于十月一日实行交收。威埠民众，固以脱离外人势力范围为快，即全国民众亦无不以克复领土为荣幸也。

威海卫租借地之沿革　外人强租威埠，非自英人始。甲午中日之战，曾为日军占领。后赔款付清，即由中国收回。一八九七年前，英国原以其在华全力，经营长江沿岸。德俄诸国既先后于华北取得军港，乃思染指。卒以中国容纳俄国一八九八年三月二十七日之要求，批准租借旅大条约，英人乃于三月二十八日要求中国租借威海卫为英国东洋舰队北方贮煤所，并以兵舰赴烟台示威，大有非租不可之势。时威埠尚在日人之手，日人虽已允交还，但未有实际交收。英人乃直接向日方交涉，日人无异议。我国处于列强宰割之下，遂于光绪二十四年四月三日表示允意。而于七月一日，正式成立租借威埠条约，租期原为二十五年。而中国之丧失威埠领土，实已三十有二年矣。

威海卫之地势　威海卫距烟台百八十里，距文登县约百里，而与旅顺相隔九十海里。其租界区域，面积约一千余华里。三面环水，风景绝佳，气候宜人。而英国所设行政区域，居沿海山腰，山脉环抱丛木笼罩，幽静异常。港口居全岛东北，而为威埠屏障之刘公岛，屹然孤立于港口之中央。岛周约三十华里，与威埠相去约十里。岛前水静而深，可停最大军舰。其南口甚广，惟有暗礁，不适船只出入。北口则穴道较狭，然行船颇宜。港口南北约五海里，东西约四海里，山脉环立西南东北二部。正东临海港内海岸线约达七十二里。西南多山，尤多峻藏，高度有达一千五百尺以上者。山内产石甚彩，英人辟之，以供建屋之用。故威海一埠，陆有列山，海有大岛，既为无风之港，水道亦复良好，诚天然之良港也，无怪外人窥伺也。

威海卫之市街及人口 威埠市街，共分三区，即城内、码头及刘公岛。威埠城内为文登县属，城墙系明洪武三年三月为防倭寇而建者，周围约六里。城内亦分四街，为一自治区域，设公安局。威海办事处由文登县特派专员负行政责任，不受英国支配。城内居民四五千人。每周集市两次，为附近物产购销之区。当地治安，虽甚绥靖，然市政各项，较之城外前英国租借区域，未免相形见绌。市街甚污浊，各商贩多设肆街市中心。路政既不讲求，而卫生状况尤坏。惟营业尚繁荣。城内也设邮局、电报局及中西药店等。码头街为威埠最繁盛整洁之市街，为英人所经营。内有码头、邮政、电报、电话、商店、银号、旅馆、学校、病院等。现除商店银号等私人营业机构外，英前行政公署、联队本部及英水兵驻所，均已移交中国政府。

刘公岛为华北英国居民及海军避暑之所。树木苍蔚，景色宜人，尚未脱荒凉气概。岛上商店，凡三十余所，均设铁码头附近。英人经营旅馆一处，旅馆设小岛山巅。每值旭日东升，或则夕阳西下，凭栏远眺，碧海波涛，无不令人心旷神怡。岛上马路平整。乘洋车登山西行，路经西人海浴之所。择海滨平坦之处，设棚更衣，入海沐浴，曝于沙中，洵暑期中之快乐生活。车夫言且如此，盖也不止我观也。循经前行，则英人球场在焉。地面广可数亩，甚平坦。旁设休息之所。场之四周，均张铁网。西人于游戏一项，讲求若此。本地人士，屡屡称道不置。再前行，路较崎岖，似有导而下山之意。未几，抵海岸，而英军所涉打靶之场在焉。海面浮标，载浮载沉，而凉风习习。岛上已无复英人踪迹，盖秋意渐深，英人亦联袂去矣。嗣后一般英人是否再来此岛避暑，询之则皆茫然。将来土著将何以治生，是为极大问题。当地居民之时现忧色者，亦以此。

威海卫之交通 威埠交通，可分水路、旱路及邮电等项，分论之。威海水路交通，则有太古怡和之定期开赴香港、上海、烟台、天津各地之轮船。至日本轮船，则多开往大连、旅顺、青岛等地。远地客货运输，一唯轮船是赖。至陆路交通，则南至南阳，西至鹿道口，均有平坦马路，共长九十余里。全埠多马车，人力车则甚鲜见，而汽车亦有二三十辆。惟车费较昂，汽车每小时需洋三元。马车则登车之后无论途程远近，于圈内至少须付给车费二角，至圈外则需洋五角。其生活程度，盖可想见。至人力车则须加倍付价。现长途汽车营业亦甚发达，汽车干路，亦已扩充。如烟台至威海，文登至威海，及威海至石岛之汽车路，均已兴筑成功。而票价较为便宜，平均每十里为二角，间亦有暗跌票价者，是亦营业竞争之必然趋势也。市内马路三条，名东圈、西圈及海滩地之坞口，三马路均连贯而成一大街。街道虽较为狭隘，然颇清洁平整。至电信交通则有电报、电话及邮局之设，与他埠无异。

威海卫之商业 英人租借威埠，以取得华北之海军根据地为最大目标。故于繁荣埠内商业，不甚注意。然英居民及水兵（俗称红兵）在此，亦需相当商业，维持日常生活，故取放任主义。威埠殆为一完全之自由港，除于出入口各货，征以些微捐税，以充地方行政及教育公费外，一切捐税均无，即城内商业亦然。故由津沪各地之运货赴烟台各地者，均先运往威埠，然后转赴各埠销售，故商业尚称发达。商业区由东山起向西，再由坞口转南，直至金线顶，连成一条大街，长约八里。是为全埠商业繁盛之中心，中外大商，均汇集于此。其营业多系承办出入口货物，以鱼盐、花生、棉纱、布定、糖、杂货等为大宗。现将开关征税，此后商业如何，正在闷葫芦中。即当地富有经验之商人，亦不敢预卜。惟该地有一特殊情形，即各商家苟能以妥实担保物品，交呈商会，请求发行商号纸币，无不通行。故当地各商纸币，由银元以致角票，不下数十种。其纸张既不甚鲜明，印刷亦不甚讲求，然信用甚佳。间有倒闭之商号，所发钞票亦必限期兑现。而商人复能吃苦，晨间鸡鸣即起，六时即开始营业，直至晚间十时始休息。吃苦耐劳，恐无复过于中国商人者。

威海卫之实业 以鱼盐为大宗，农产则以花生产量最宏，其他农产品，则足供本地居民食用而已。查威海为黄海最大渔港之一，水量深浅适宜，海内既无巨浪，而渔船复可自由靠码头。故居民以渔为业者，约千户以上，而依渔业为生者五千人以上，直接从事捕鱼者，约三千人。英人于渔业，稍征些微捐税，收入颇丰，以供本地教育费用。至渔产则以黄花、加级、梭鱼、刀鱼、海参为最多。销路则以鲜鱼运往烟津等地，咸鱼运往上海宁波香港等处。

盐业亦为威埠实业主要项目。沿岸百里之内，到处均有盐滩。以英人不征盐税，较他处盐滩获利较丰。除供本地居民食用之外，多运往烟台上海等地，亦出口之大宗。此外则有中威橡皮工厂，制作橡皮靴鞋。及鸿佐蜂场等小规模之工业而已。

威海卫之教育　教育多为英人主办，泰半设于租借区域。城内虽亦有学校组织，然多因陋就简，全城只有一二小学而已。要之威海教育，多受英人影响。百户以上之村庄，即设初小一所，小学总数计二十七八处。而赴外埠求学者极少，是以风气不开，民多守旧。即威埠之收回，乡民尚有未知其事者。惟全埠识字者，固不甚少，苦无相当读物。本埠现有《威海日报》一份，成立未及半年，载广告地位甚影，而新闻则不见佳。近复扩充篇幅，增辟游艺新闻，尚称努力。此外只有坊间之唱本小说供民间之消遣而已。

威埠游艺场所　威埠之游艺场所，亦以暑期为最繁华。如茶社、戏院、电影院等，均为英国避暑人士及海军必游之地，现营业颇冷落。惟此地娼寮颇具特色，与华北各埠迥异。据威埠负责人士谈，此地多私娼，不可胜数。即有夫之妇，生子育女之后，亦得在家招待游客。而饮茶吸烟，概不取资，诚一特俗。私娼多兼营歌女生涯。当地茶社凡二，盖即落子馆之流亚也。暑期时每日下午一时即开始营业，夜深始散。现则晚六时开始，而游客寥寥，营业大有不支之像。戏院、电影院之情形亦然。而取费颇昂，故游人裹足。至将来零落至如何程度，颇难臆测。然本地土著尚称简朴，威埠城内及乡村居民，颇多只图温饱，再无他求，茶楼酒馆多不涉足其间。惟租借区域内之生活程度甚高，盖亦受外人影响所致也。

文注

1. 此文载 1930 年 10 月《旅行杂志》第四卷第十号第 23–36 页。

2. 文中“外次王树人氏”，是 1930 年代表中国接收威海卫的国民政府外交部次长王家桢，树人是其字。

记威海

峻　青

是旭日东升的时候。

东方的天空，泛着一片艳红的早霞。

正在涨着满潮的大海，仿佛燃烧起来了。一片辽阔无际的火焰在霍霍地抖动着。……

我站在城西山巅的环翠楼前，俯瞰威海卫。

啊，威海卫，这个响亮的名字，早在我童年的时候，就已经深深地印在记忆中了。记得，那时候，我的村塾老师——一位身材高大、嘴上长着一部又长又密的苍白胡须的老先生，每次讲到列强瓜分中国的诸种不平等条约时，总是声泪俱下地提到了威海：

“……孩子们，别忘了，这样的耻辱，就近在我们的面前哪。你们看，”他一手捋着长须，一手向着东北一指，“喏，就在这东北面，离咱这庄还不到三百里路，有一个威海卫。孩子们，那是一个好地方啊，山明水秀之地，土肥民壮之乡，可是，英国鬼子却把它强租了去，在那儿作威作福，要粮要草。这……”老人哽咽着，说不下去了。

从那时候，威海卫这名字，就和国耻联系在一起，深深地印在了我的脑海里。然而，我却从来还没到过威海呢。总是常在心里想：希望有那么一天，能够到那儿去看看才好。

现在，我终于来到了威海。

近几天，我不断地漫步在这海滨小城的各个地方，从繁华的市中心，走到果树蓊郁的市郊，从早在明朝时候修建的用以操练防倭士兵的练武场，走到怒涛澎湃桅樯林立的海边。现在我又登上了城西山巅的环翠楼，这是明代弘治年间修建的古楼，威海著名的八大景之一“山楼初旭”就是这儿。人常在这楼前观看日出于东海之上的奇丽景象。清朝福建巡抚曾作过一首描绘这环翠楼上观看日出的七言律诗：

环翠山前倚画楼，
曈曈晓日望中收。
天边红缦云霞映，
海上苍茫岛屿浮。
曙色开时穿宝树，
晴光遥处映沙鸥。
登临欲访刘公迹，
芦荻萧萧碧水流。

现在太阳还没出来，那火红的霞光，却把宇宙山川照耀得通明，黎明时分的威海城，静静地躺在山与港湾的怀抱中。这是一座三万多人口的小城，朴素而整齐的房屋，沿着海滩，从北面的奈古山麓一直伸展到南面的金线顶山坡，逶迤十余里，形如一钩新月。论建筑，它没有上海那样一些高楼大厦，也没有青岛那样一些风格各不相同的花园小楼；论风景，它不像杭州那样妩媚娇艳，也不像苏州那样小巧玲珑：然而它却有与众不同的独特风貌。它，大部分是灰色的中国式的平房，并不太宽的黄土街道，一切都很平凡，然而在这平凡中，却流露出一种独特的英雄气概。它质朴、刚毅、深沉、含蓄，更多的富有我们民族的风貌。不信你瞧，这早在元朝就已是海上运输的重要枢纽地，清代光绪年间的北洋海军基地的威海卫，不说别的，光那负山临海的天然形势就已经够雄伟的了。那树木葱茏连绵不断的山岭，像一道天然的屏障，由南至北地屹立在城市的背后，两条狭长而峻峭的山岭，像两条臂膀似的，环绕过城市的两端深深地插入南北两边的大海里，这就是那有名的南帮炮台和北帮炮台的所在地。城市的正面，就是有名的成海港。刘公岛，恰像一个坚强的哨兵，屹立在港湾前面的老洋里，成为海上的天然屏障。

昨天，我乘坐海军的交通艇，游览了刘公岛。

这是一座并不太大的岛屿，岛上树木青葱，岩石陡峭，雄伟高大的提督署，高踞于山崖之上，倚山临海，非常壮观。这就是清王朝将威海卫辟为北洋海军基地后，为海军提督丁汝昌修建的提督署。

我站在提督署大门前面的石阶上，向南眺望。南面，摩天岭主峰的余脉，径直地伸入碧蓝色的大海里，这就是有名的赵北嘴——南帮炮台的所在地。人们告诉我：中日甲午之战中，日本侵略军从龙须岛登陆之后，首先进攻的就是这南帮炮台。当时驻扎在那里的守军仅有新兵一个营，但是他们在营官周家恩的率领下，浴血奋战，击毙了日酋大寺安纯少将和大量的侵略军。最后，这一营新兵终因众寡悬殊、孤立无援而大部壮烈牺牲，营官周家恩也身中数弹壮烈殉国。剩下的少数士兵，则在日军攻上炮台之前，在炮台下面理下了地雷。当日军攻上炮台正要升上膏药旗的时候，轰然一声，这少数的清兵连同炮台的大炮，就和侵略者一起同归于尽了。

这是甲午之战的大悲剧中的一支悲壮的插曲。

同样悲壮的事情，也发生在刘公岛上。

日寇攻陷了南北两帮炮台之后，就以全力水陆夹击刘公岛，日岛和港内的北洋海军。海军提督丁汝昌亲登靖远舰指挥作战。这位富于民族气节的爱国勇士，早在丰岛战役时，就预见到日本要何机发动侵略战争，曾上书清廷请求率海军主力出海，但却遭到了卖国贼李鸿章的压制，结果中国操江船被日海军俘获，士兵死伤一千多人。当旅顺危急时，丁汝昌又亲到天津，向李鸿章请求率领海军主力与日本决战，却又挨了李鸿章一顿臭骂，命他不许稍动。结果旅顺失陷，日军得以专力进攻威海；当日军在荣成龙须岛登陆时，丁汝昌看破了日寇进攻威海的苗头，又主张尽快出战，打乱敌人的登陆计划，但又遭到李鸿章的压制："如违令出战，虽胜犹罪。"

就这样，在清政府和李鸿章的误国害民的不抵抗政策下，造成了甲午之战的不可收拾的惨败局面。刘公岛被围以后，丁汝昌亲登靖远舰，站在甲板上奋勇督战，虽然身受重伤，仍然不下火线。但是，这种带着枷锁的挣扎又有多少用处呢？结果是舰艇接二连三地被敌人击沉了，惨败的局面是已经无法挽回了。二月十一日，当丁汝昌得知山东巡抚李秉衡已经逃莱州，陆路援军已经绝望时，就在这提督署内，召集了各将领和洋员们的紧急会议，命令各舰，拼命突围，以免水师的全军覆没。但却又遭到了英、美洋员以及一些投降主义的下属官员的反抗，命令无法执行。丁汝昌又下令炸毁镇远舰，以免资敌，仍然没有结果。这群别有用心的洋员和少数投降派，竟然明目张胆地哄散会场，并持刀威胁丁汝昌，迫其求降。在这种情况下，这位空有爱国热情的丁提督，悲愤达于极点，就在第二天早上，服毒自杀了。这一天，洋员和投降派向敌人递了降书，日本军队开进了刘公岛，清王朝的北洋海军，也就全军覆没了。事后，这位奋勇抗敌的爱国提督，不仅没得到国家的褒扬，却反而棺木被绳捆钉封，押往天津待罪。

这是多么令人痛心的悲剧啊！

我站在提督署的院子里，听罢了人们告诉我这些往事，抬起头来，望着丁提督服毒自杀的耳房，久久地沉默着，一阵阵悲愤的情绪，涌上了我的心头。我情不自禁地想起了后人凭吊这位海军提督的一首七绝来：

故垒萧条大树凋，
高衙依旧俯寒潮。
英明左邓同千古，
白骨沉沙恨未消。

是呢，在那黑暗的时代里，原本就是一个悲剧的时代，多少空有抗敌救国伟大抱负的忠勇之士，壮志不能得酬，而不得不衔恨以终。

但是人民却是永远不会屈服的，人们告诉我：在战争当中，威海的人民，始终是和爱国的士兵一起，向侵略者和投降派进行着顽强不屈的斗争的。就在这提督署的门前，他们曾经包围了设置投降阴谋的英、美洋员，甚至在投降派签订了投降条约以后，他们仍旧不断地发炮，表示他们对侵略者和投降派的抗议。而在甲午战役之后不久，当英国殖民者强租威海卫时，威海人民一次又一次地掀起了规模巨大的反英斗争。现在还有一些当时参加过反英斗争的老人，他们告诉我，在他们听到英国人要来划界的消息以后，用鸡毛信的方式，一夜之间，就在张村寺集合起六七千人，举行了反英示威大会。之前，马井泊还爆发了“三山起义”，和英国殖民者派下去埋界石的人员以及武装部队展开了搏斗，并把他们包围在太平顶上。后来，起义虽然被残酷地镇压下去了，起义领袖之一的刘荆山，虽然被英国人打死了，并把他的尸体倒上煤油焚烧，但是，英勇的斗争，却没有停止。他们以各种各样的方式和百折不挠的精神，反对英国人的埋界石，英国人在前面埋了，他们就在后头拔掉，英国人在白天埋了，他们就在夜间拔掉。市郊的有些村庄，就以这样顽强的斗争，终于脱离了英国殖民者的统治。

啊，威海，腐败的清王朝和帝国主义虽然给它套上了屈辱的枷锁，但是，它并没有屈服，那巍峨雄伟的高山，那怒涛澎湃的海洋，就是它英勇反抗的标志，它的每一个角落里，都有着抗击异族侵略的遗迹，每一寸土地上，都洒过爱国人民的热血。

威海，不愧为一个英雄的城市！

但是，它的英雄行为的发扬光大，还是在全民抗日战争和解放战争的年月里。

日本侵略者第二次的侵入威海，是在一九三八年的春天。和清王朝同样腐败的蒋介石政府，奉行着与慈禧太后异曲同工的不抵抗主义，鼓励了日本军国主义的侵路野心。一九三八年春，刘公岛的港湾里，又出现了大批挂着膏药旗的海盗兵舰，舰队的黑烟，染污了那明净碧蓝的天空。国民党的政府官员，早已望风奔逃，海军教导队也撤出了市区。头戴绿色钢盔的日本陆战队，从海军码头上踏进了威海城。立刻，那干净的大街上，在侵略者的践踏下扬起了弥天的尘土。那情景，真有点像四十年前甲午之战的重演呢。可是这时的威海，却再也不是四十年前的威海了。威海人民在中国共产党的领导下，拾起了国民党军队仓皇逃跑时丢下的枪炮，举行了抗日武装起义，建立了自己的部队和政权，树起了抗日救国的大旗。民兵、武工队到处活跃，积极打击侵略者，使得侵入威海的敌人，朝夕不安，惊慌万状，最后，终于把他们逐出了这块神圣的土地。这一次，威海人民是彻底的胜利了，扬眉吐气了。但是不久，在抗战中执行着蒋介石不抵抗政策逃到大后方去的国民党军队，又在美帝国主义的支持下，向解放区展开了大规模的进攻。一九四七年，烽火连天的胶东半岛上，解放战争打得异常激烈。蒋介石动用了二十万人马，向这块三面环海面积不大的半岛进攻。敌人从西向东一直打到了威海卫，于是，英勇的威海保卫战开始了。敌人在军舰、飞机的掩护下，从海陆空三方面夹击这座小城。记得，在那紧张的日子里，我们在西线战场上，天天关心着从威海发来的消息。我们希望着威海能够把敌人的兵力牵制在东海边上，以便我们西线部队在胶河地区完成一个全歼六十四师扭转胶东战局的计划。但是我们又担心：怕威海经受不起敌人打击的重量，支持不长久。可是，英雄的威海，不仅牵制了并大量歼灭了敌人，而且自始至终控制了市区的南部，使得敌人不能越雷池一步。那时候，威海全市人民，都投入了战争的洪流里，配合主力部队，向敌人展开了激烈的斗争，民兵、武工队、地下武装小组到处活跃。尽管敌人不断地组织力量向南猛扑，尽管中央社天天自相矛盾地报道“国军收复威海”的消息，但是，他们却始终被阻挡在成海的北山和市区的北部，而不能前进一步。甚至就在敌人盘踞的市区北部，一到夜晚，也都变成了我们的天下。英勇的保卫战，一直坚持了五个月，一九四八年三月，终于把敌人全部赶出了威海。这是胶东半岛解放战争史上有有名的一页，成海卫，真不愧是座英雄的城市。

在这英雄的城市里，我常常感到心情的激动，夜里，我久久地不能入睡，在那沿海的林荫大堤上，在细浪拍击着沙滩的海边上，我长时间地漫步着，漫步着。也有时，在那海风轻拂花香浓郁的黄昏，或是曙光熹微露珠闪烁的清晨，我爬上城西的高山，在古老的环翠楼前，在当年抗击倭寇的烽火台下，长久地眺望着这朴质而平凡的城市，在这种时候，我总是情不自禁地回想起它那充满着苦难和英勇斗争的历史。这部灿烂的史书，它的每一页，都有着强烈的激动人心的力量。是呢，于今，我们在这英雄的海滨小城所看到的，不正是我们英雄的中国人民所共同经历过的战斗路程吗?

东方的云霞越来越红了。我站在环翠楼前，纵目远眺，只见整个的大海和天空，都仿佛烧起了大火似的，血红一片，那水与天仿佛都被大火熔化到一起了，分不清它们的界限。就在这水天一片的艳红深处，一轮比火更红更亮的太阳，冉冉地升了起来，立刻，这高山、大海、城市和田野，到处都罩上了金色的光芒。在那泛着红光的港湾里，人民海军的舰艇在乘着晨风迎着阳光飞快地前进，那高高地悬挂在桅杆上的五星红旗，在旭日的映照下，仿佛是一团团抖动着的火焰。山下，在练武场上，一队队战士正在操练。不知在哪里的一只扩音器，正以高亢的声音，播出了激动人心的歌——《东方红》：

东方红
太阳升，
中国出了个毛泽东，
……

我的心强烈地激动起来，望着这沐浴在清晨阳光下的威海卫，一种民族的骄傲感、自豪感洋溢在我的全身。

1962 年 5 月写于威海

秋色赋

峻　青

时序刚刚过了秋分，就觉得突然增加了一些凉意。早晨到海边去散步，仿佛觉得那蔚蓝的大海，比以前更加蓝了一些；天，也比以前更加高远了一些。

回头向古陌岭上望去，哦，秋色更浓了。多么可爱的秋色啊！我真不明白，为什么欧阳修作《秋声赋》时，把秋天描写得那么肃杀可怕，凄凉阴沉？在我看来，花木灿烂的春天固然可爱，然而，瓜果遍地的秋色却更加使人欣喜。

秋天，比春天更富有欣欣向荣的景象。

秋天，比春天更富有灿烂绚丽的色彩。

你瞧，西面山洼里那一片柿树，红得是多么好看。简直像一片火似的，红得耀眼。古今多少诗人画家都称道枫叶的颜色，然而，比起柿树来，那枫叶却不知要逊色多少呢。

还有苹果，那驰名中外的红香蕉苹果，也是那么红，那么鲜艳，那么逗人喜爱；大金帅苹果则金光闪闪，闪烁着一片黄澄澄的颜色；山楂树上缀满了一颗颗红玛瑙似的红果；葡萄呢，就更加绚丽多彩，那种叫“水晶”的，长得长长的，绿绿的，晶莹透明，真像是用水晶和玉石雕刻出来似的；而那种叫做红玫瑰的，则紫中带亮，圆润可爱，活像一串串紫色的珍珠……

哦！好一派迷人的秋色啊！

我喜欢这绚丽灿烂的秋色，因为它表示着成熟、昌盛和繁荣，也意味着愉快、欢乐和富强。啊，多么使人心醉的绚丽灿烂的秋色，多么令人兴奋的欣欣向荣的景象啊！

在这里，我们根本看不到欧阳修所描写的那种“其色惨淡，烟霏云敛……其意萧条，山川寂寥”的凄凉景色，更看不到那种 “渥然丹者为槁木，黟然黑者为星星”的悲秋情绪。看到的只是万紫千红的丰收景色和奋发蓬勃的繁荣气象。因为在这里，秋天不是人生易老的象征，而是繁荣昌盛的标志。写到这里，我忽然明白了为什么欧阳修把秋天描写得那么肃杀悲伤，因为他写得不只是时令上的秋天，而是那个时代，那个社会在作者思想上的反映。我可以大胆地说，如果欧阳修生活在今天的话，那他的《秋声赋》一定会是另外一种内容，另外一种色泽。

我爱秋天。

我爱我们这个时代的秋天。

我愿这大好秋色永驻人间。

作者简介

峻青，原名孙俊卿，1922 年 3 月生，山东省海阳县人。1940 年参加抗日军队，1948 年随军南下，转战中原，先后担任中原新华社记者、《中原日报》编辑组长。1949 年调任中南人民广播电台宣传科长、编委。1950 年起在《人民文学》《新观察》等刊物上发表小说。1953 年任上海文联和中国作协上海分会领导工作。1954 年创作的优秀短篇小说《黎明的河边》，引起强烈反响，从此进入创作高峰期。1968 年春至 1973 年 8 月，被关押到北京。1977 年重新工作并开始发表作品，许多旧作也得以重版。后任中国作家协会上海分会副主席。

1962 年，峻青先生来到威海，在参观游览了威海后，写下了散文《记威海》，记述了威海走过的坎坷、经历的屈辱，表达了对威海绿水青山的赞美之情。

20 世纪 60 年代，国家正处在困难时期，百姓还很贫困。但是，当峻青先生走进位于威海市郊结合部的陶家夼村时，却被眼前的景象迷住了。他不但看到了秋色中丰收的葡萄和柿子挂满了村落，更看到了在严重的困难面前，陶家夼人不畏困苦的高昂斗志和精神情操。峻青瞬间激情澎湃，他怀着深深的感情，写下了《秋色赋》这篇脍炙人口的散文。

地方志中的威海

地方志是官方就发生的重大事件以时间先后顺序进行记述的官方档案资料。本文所列的事件记载，是从威海卫、文登、荣成和宁海地方志中择取而来的。这类事件的记述，是后人了解本地区自然生态现象最好的参照，也是留给科学家们研究气象空间和地理的最好线索。

让我们看看部分地理志和地方志中，是怎样记载威海卫地区从汉朝到清末、特别是明清两朝发生的人与自然的系列事件。

汉朝

公元前 40 年，牟平山野蚕丝大丰产，蚕丝业极为发达。

晋朝

353 年（约一月，金星横穿火星轨道（？），西去。（这似乎莫名其妙。）

386 年，约七月，白天在西方见到木星。

唐朝

841 年，秋，雹灾毁房屋、庄稼。

宋朝

990 年，大饥荒。

元朝

1295–1296 年，洪灾。1297 年，七月，大饥荒。1330 年，大饥荒。1355 年，蝗灾毁掉庄稼。

明朝

1408 年，地震，声响若雷。

1506 年，七月初六，暴雨，海啸，引发洪灾。庄稼被毁，盐侵田地。

1511 年，窜匪入境，闻炮声，逃逸。

1512 年，三月十七日，成山上秦始皇帝庙内钟鼓自鸣。片刻之后，庙遭火焚，但塑像完好无损。同日，一股流寇入文登城。

1513 年，飞蝗蔽日。

1516 年，旱灾、洪灾。颗粒无收。

1518 年，饥馑，饿死人。

1546 年，洪灾。九月初二，雹灾、地震，声响若雷。

1548 年，大地震，毁民房难以计数。

1556 年，十二月二十九日（1556 年初）早五六点钟，出现四个幻日，光芒夺目，北边的幻日更甚。[四个幻日的出现被认为是需要特别提及的不寻常事件，但威海卫当地老人说在日出时经常能看见两个“日耳”（日耳是他们的叫法）。在当地民间传说中，只出现左边个“耳”预示着狂风，只出现右边的“耳”预示着下雨。如果左右都出现耳，那就是农民期盼的好天气。]

1570 年，洪灾。民房遭毁，庄稼被淹。

1576 年，三月二十七日，狂风暴雨大作，毁幼苗。

1580 年，山崩。

1585 年，大饥荒。

1597 年，地震，隆隆作响。自此至 1609 年，皆无好收成。

1613 年，七月七日，午，有黑气自东北来；狂风大作，暴雨倾盆。秋，旱。

1615 年，蝗灾，庄稼尽毁。

1616 年，春，大饥荒，人相食。文登知县张九经与威海卫指挥陶继祖免费施粥，数千人得救。

1620 年，七月初八，风雨大作，拔树毁屋，砸压致死者众多。岸边损失舢板 96 艘，溺亡百余人。

1621 年，四月十八日，谣传海盗在岸边登陆，人多惊逃，狂奔 800 里，相互践踏。纯系误传。秋，地震。

1622 年，蝗灾。

1623–1625 年，连续三年大丰收。

1626 年，五月，降雹如鸡蛋大。闰六月，洪灾毁庄稼。七月，狂风暴雨，树木连根拔起。

1639 年，飞蝗遮天。饥。

1640 年，大旱。饥。

1641 年，大饥荒，民死大半，人相食。宁海官府拨银 600 两赈济当地灾民。

1642–1643 年，颗粒无收，盗贼抢掠。

清朝

1650 年，春夏连旱。秋，洪水淹没农田。

1656 年，大丰收。

1659 年，彗星入北斗（大熊星座的七颗星）。

1662 年，威海卫涨潮，抛出五丈高（58 英尺多）、几十丈长（至少 360 英尺）巨鱼，皮黑肉白。当地人历时约两月，未能切碎巨鱼。当地人有些搞笑地剔出鱼的骨头堆成一堆；这些巨大的骨头周长约 12 英尺，小的也有 6 英尺。小骨头是鱼的尾骨。（关于巨鱼的故事并不局限于山东沿海，故事情节有一定程度的夸张，但却是以事实为依据的。当年威海卫城的关帝庙，还能见到一个鱼骨装饰的戏台顶棚。包括用鲸鱼骨搭起来的鲸园）

1664 年，旱灾。七月，彗星，尾长 12 英尺。

1665 年，地震。大旱。免本年租赋。彗星。

1668 年，正月，出现四个幻日。二十五日，白气自西南来。六月十七日，地大震者三，声如雷。成山卫、文登部分城墙、房屋倒塌。烈风三日，庄稼受害严重。

1670 年，暴雪，深 12 英尺，严寒。路途乃至家中，人有冻死者。

1671 年，山塌方严重。六月，大雨三日，冲毁庄稼，豁免部分土地税。

1679 年，正月，太阳周围出现四个日晕。六月初一、七月二十八，地震。

1682 年，五月初六，地震毁文登县衙门两处。八月初一，日见彗星（或许是哈雷彗星），至十一日始离。同月，同地暴风，损毁庄稼。

1685 年，三月十二日，狂风。

1686 年，地震。六月二十八日，有彗星自东南来，大似一配克，明亮如日。越过南斗六星，入银河，消失。闻“天鼓”声，凡四五次。

1688 年，十二月七日，地震。

1689 年，六月初一，地震。

1691 年，七月初十，蝗灾。

1696 年，洪灾，饥。冬，官府免费施粥。

1697 年，发放官粮，救百姓于饥馑。仍有人饿死。

1703 年，洪灾，旱灾、大饥荒；继之 1704 年大瘟疫流行，人死过半。存者可怜，食屋上草，人相食。免三年租赋。

1706 年，大丰收。

1709 年，雨淹庄稼。饥。

1717 年，正月二十六日，强暴风雪袭威海卫。民有冻死者。八月，雨；冰雹。

1719 年，七月，洪水，毁房屋，淹庄稼；官府免费施粥，提供种苗。

1723 年，大丰收。

1724 年，三年减免地税三成。冬，大雪。

1725 年，二月，日月合璧，五星连珠。（这与日蚀月蚀无关。据说这是一种幸福、繁荣、丰收之吉兆。在特殊的大气条件下，日月明显同时升起时才会有这种现象。人们认为有些行星也经历了类似的过程。）

1730 年，十二月二十八日，夜里九点，北边出现一些美丽的彩云，色彩斑斓，光辉夺目，数小时后消失。人人都认为这一现象预示着史无前例的繁盛。

1736 年，乾隆元年，免租赋三成。十一月二十四、二十六，地震。

1739 年，旱灾，洪灾。

1740 年，免租赋，开官仓。

1741 年，七月，彗星自西来，至十二月消失。大丰收。

1743 年，九月初九节，威海卫附近有怪鱼靠岸。头似犬，腹似海龟，尾长六尺（7 英尺），尾末分三叉。背上有小鱼，约十英寸长，仿佛只是由骨、刺组成。无人知其名。据推测，或为小鱼扎到大鱼上，大鱼无法承受尖刺之痛，冲上海岸。

1747 年，七月十五日。狂风暴雨，庄稼被毁。

1748 年，飞蝗蔽日，食害庄稼。

1749 年，十月二十二日，狂风暴雨，众多百姓溺水毙命。

1751–1752 年，洪灾。大水冰雹，损毁庄稼，多人饿死。官府自东北调粮赈济。

1753 年，大丰收。

1761 年，大雪。大雁、水鸭多有冻毙者。

1765 年，二月十一日，地震。六月，大水，田地受淹，民房被毁，伤人甚多。

1766 年，大旱。

1767 年，三月二十一日：狂风暴雨，树木连根拔起，房屋被毁。六月二十日，地震。

1769 年，秋，彗星。

1770 年，七月二十九日，夜，北边四分之一天空红似火。

1771 年，六月初二至初九，霪雨不断。庄稼被毁，饥荒。

1774 年，六月初二，飓风暴烈，飞沙走石，毁屋拔树，天昏地暗。八月，蝗灾。

1775 年，夏，大旱。八月十七日，地震。

1783 年，正月至六月，无雨；食物价格极其昂贵。

1785 年，八月初十，地震。

1790 年，十月初六，地震。

1791 年，十月初九，地震。

1796 年，正月初二。有声似雷，自东北来，奔西南去。

1797 年，十一月初二，闻“天鼓”声。

1801 年，四月，北方见星，火红色；西去，似龙。夏秋，大旱，苗木干枯。冬，饥。

1802 年，十月，蝗食麦苗。

1803 年，大雪。

1807 年，七月，西方见彗星，十月殁。大丰收。

1810 年，洪灾。春，狼群致荒。

1811 年，八月，彗星，长逾四十英尺。大饥。是年地震凡十七次，第一次在四月初九，最后一次在九月十六日。

1812 年，春，饥。民以柳叶、树皮为食，多有病死。官府开官仓赈济。饥荒延至麦熟。

1813—1818 年，野狼致荒，1816 年为甚，官府组织猎户偕犬捕杀。

1815 年，西方见彗星。

1817 年，四月初八，地震，响声阵阵。

1818 年，六月，洪灾，民有溺亡者，官府组织临时救生船营救。

1821 年，饥。蝗灾。秋，瘟疫。四月，再现 1725 年天象。

1823 年，地震。

1835 年，六至七月，降雨达四十余天。官府赈济平民。

1836 年，饥。官府发放食物、种子。是年，异常大潮。

1838 年，四月，蝗灾。官府召集百姓在其为害之前灭蝗，数日后蝗虫完全消失。其后，大丰收。

1839 年，四月至七月，大雨毁庄稼。十月十二日，闻地震声响。同月十六日至二十三日，霪雨不止。

1840 年，日蚀。

1842 年，六月初一，日蚀，日蚀时可见星辰。

1844 年，八月二十五日，午夜，地大震。

1846 年，六月十三日，夜，地大震。

1847 年，七月，白天见金星。

1848 年，旱灾。蝗灾。

1850 年，新年第一天，日蚀。

1852 年，十一月初一，日蚀。

1856 年，七月，蝗灾。大瘟疫。九月初一，日蚀。

1861 年，八月初一，与 1725、1821 年同样的现象再次发生。

1862 年，七至八月，大瘟疫。

这些从地理志和地方志中摘录的信息，反映了威海地区在各朝代发生的种种自然和人为事件，也反映和体现了人们在与大自然相处和斗争中的过程与壮举，更体现出各朝代官方对记录人文历史的传承精神。

朝阳下的守望者（甲午海战馆）

重建威海卫儒学记

明嘉靖六年　副使　赵文耀

威海卫在文登县境，山厉土斥，实濒海堧，隐然为东陲一厄塞，洪武中爰立为卫，屯兵戍守，弹压倭寇。永乐初制，边海咸建学，选徒立师，得视内郡，而威海卫学昉于此矣。学占卫城艮隅，迩来百余年，陂阤陵圮，日就毁颓。礼殿仅存，风日穿漏，丹青不主，堂庑斋垣，攲倾压覆。揭虔亡称，孙业亡肆，师儒猥籍，委顿失次，公私窭贫，武帅块守，亡敢离局，擅兴作荒，啬素颛朴，世厌见武，事犷豐倥。蒙尚藉文化，稍左右辅翼之，犹蔑足胜结习，况重之以湮没化本，俾观法晻昧哉？救弊莫急，有识兴嗟，乃嘉靖二年，交河冯公以侍御擢山东按察副使，奉勅巡察海道，总登莱之军民。有司始至，即以沿海卫所，承平日久，兵戈不试，将卒骄惰，军政渐蠹。于是，申号令，大震耀，合文武吏，罔不祗肃，以其岁巡行所辖，越若来次威海，乃谒先师，历生徒，具得庙学废状，大惧儒术寖微，则乱是用，长即储思计费，务期振宪极。越明年，乃下所措白金百两，选于众，得是卫武举指挥李仁，委之董役。仁受命勤恁竱力，规恢旧址，大彻其坏，而又为之县水槷以正位，按图记以攻位，有工之人献功效力，匪急匪徐。又明年讫工，凡殿庑、堂斋、廨舍、门库、垣阶之属，咸严正如法要，在标示轨，仪垂大观，毋取奢丽。既事，仁乃诣愚，属愚记之。愚幸受知于冯公最深，公善政多矣，兹又其大者，愚何敢以不佞辞。窃以古之学，匪惟祭祀、乡射、养老、考艺云尔；而凡出兵受成，论狱献馘之事，亦咸即焉。以故，其人业亡异身，动由礼教，风俗长厚。今国家设学闾间，兵民诚得古意，而遐陬武卫，苟文具仍敝陋者岂少哉？公独兴废起顿，矫激颓靡，震声日景，觉大寐，耀沉冥，垂裕深长，后世赖之伟乎！休哉。允可歌已，其辞曰：

东海西堧，不夜之墟，横冲设卫，武族爰居。维武之区，维文济之，兴学教海，百年于兹。尔来守陋，罔或申陈，礼殿讲堂，积渐崩沦。宪宪冯公，来莅东服，虎视鹰扬，风纪振肃。爰以行部，至于威海，嗟此废宫，我其修改。经费使能，是廓是极，新庙诞成，有严有翼。暨暨介士，瞻仰咨嗟，曾是而不知义。举举学子，升堂鼓箧，孰或佻达，而在城阙。弦诵蜚声，震惊海外，文教旁敷，边烽眇昧。克顺长道，式昭恒文，惟德无陋，惟公之仁。惟公之仁，殿我海邦，匪今赖之，百世之庆。斐然作诗，不侈不假，颂兹成美，以诏来者。

第九篇

城市随想

城市随想

城市，是多数人赖以生存的空间。不同的城市，有不同的风貌、风情、文化和民俗。每一个居住在城市里的人，对城市都有着自己的体悟和感受，并赋予许多美好的随想和憧憬。

一

我进入威海城建系统工作至今，一晃蹉跎了半个甲子。当年的青头小伙，如今已能感知天命。几十年的时间，这里的一砖一瓦、一草一木，都早已深植于心髓。几十年与这座城市相处，已听惯了熟悉的乡音、习惯了这片充满海洋气息的乐土。这期间，见证了威海由小变大、从粗粝到精致、从秀美到典范的嬗变过程。

早在新石器时代，威海境内就有人类活动。二十四节气中的“春分”，自上古尧帝命曦仲定于此。秦始皇东巡至成山东端海崖祭天，留史“天尽头”，并在文登召集文人雅士登山，奠定“文登学”基因，从而使威海在中国上古历史中的地位达到了顶峰。至明朝设卫、戚继光抗倭、甲午海战和英国租借成为“七子”之城等历史事件，一次次让威海成为国内外关注的焦点。

只有生活在这里，你才能感受到她的好。威海恰好处在四季分明的北纬37度，这是一个被史学家、地理学家奉为“神奇纬度”的地方。在地球上，大约90%的古文明发源地，70%的古建筑遗迹以及绝大部分特异神奇的自然现象都集中在这一纬度。比如法国的波尔多、古希腊的雅典、意大利的西西里、葡萄牙的里斯本、西班牙的塞维利亚、美国的旧金山等。北纬37度，这个魔力无穷的数字，仿佛尽得大自然的灵气与厚爱，穿行于人类文明荟萃和遗迹胜境长廊。

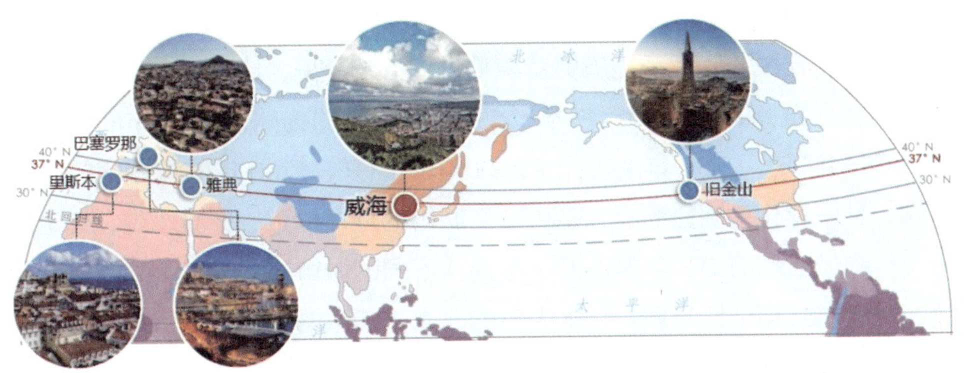

世界文明发源地，全球生态与居住的最佳纬度

威海，俊山秀水，人杰地灵，四季分明，气候宜人，集海湾、沙滩、岛礁、温泉和山林于一体，星罗棋布于千公里海岸线。英国人对威海觊觎已久，并于 1898 年强租后，辟为皇家海军疗养和休养地。仅从气候和宜居的角度，亦是很好的佐证。

二

在城建系统工作，对城市历史过往和城市建筑，往往会多了些关注、体悟和思考。世界著名建筑大师艾里尔·沙里宁说过："让我看着你的城市，我就能说出这个城市的人民在文化上追求什么。"可见一个城市的建设之重要。

改革开放以来，威海多次摘取全国中小城市各奖项桂冠，尤其是在国内获得的第一个"国家卫生城市"、第一个发展中国家"人居城市环境奖""全国文明城市"以及"联合国人居奖"等多项殊荣，让这座小城不断进取、砥砺前行。作为生活在这样一个城市中的人，岂能不为之自豪与骄傲！

在一个城市居久了，人与城便有了情结。无论每次多么强烈的旅行欲望，几日下来便归心似箭、魂牵梦绕。碧海蓝天、红瓦绿树，亦或海腥扑鼻、乡音入耳……即刻，便心旷神怡，这是回家的感觉。更应了威海那句朴素而又现实的宣传语：走遍四海，还是威海。

三

城市间存在差异。一是历史发源和进程上的差异，比如西安、洛阳、开封、南京、杭州、北京六大古都，以及3000年的扬州、2800年的广州、2600年的江陵、2500年的苏州、2400年的绍兴、1700年的景德镇等历史古城，其差异化是明显的；二是由每个城市的地理位置、环境风貌、建筑风格、传统风俗和历史文化等不同所塑造。不同的城市和人，有不同的人文风情、生活方式和个性气质。正如大气的北京、精致的苏州、神秘的拉萨、古朴的西安、温馨的厦门、悠闲的成都、奢华的上海、直爽的武汉、活力的广州、欲望的深圳以及风情哈尔滨、山水桂林等，无一不体现着个性，传递着情怀。

这就是城市间的差异。这种差异，说到底，也就是文化上的差异。什么是文化？文化就是人类生存和发展中形成的方式。说得简单直白一点，就是“活法”。不同的人有不同的活法，不同的城市有不同的风俗。这些“活法和风俗”，就构成了文化。

城市不仅有棱有角、有温度，更会给人带来愉悦、激情与冲动。比如北京，它的历史定义在于皇城和红墙讲述的朝代兴衰，也在于皇城根下布衣生活气息。一杯大碗茶直入心脾，只有身处老北京那种胡同大院，才能感受真切。同样，在水乡乌镇，小桥与流水，呈现出的是平静与祥和；在顺德古城，细腻中传递着城南旧事与文化灵性，飘香中传承着顺德人对粤菜的用心；在山西，石板路和大青砖回荡着昔日马帮商人的飞奔声。诸如此类生息的延续，便形成了一个城市和地域的特色与文化，正是这种历史建筑和民俗风情的呼应与共鸣、承载与传承，让人们更深切地去感受历史、参悟变迁。这让我想起2010年上海世博会的宣传语“城市让生活更美好”，这正是最好的诠释。

有句口号叫作“居者有其屋”。城市，最离不开的就是建筑，建筑是活着的历史，更是可以触摸的时代记忆。城市地貌特色是先天的，各个时期的建筑便是每个时期文化的写照。写到这里，不仅又让我想起韩国人买砖的故事：记得2014年左右，沈阳拆迁旧房子的大青砖，被韩国人以每块20多元的价格买下，前后总共买下几千块，再海运到韩国。这是何等的情怀？让许多人咋舌的同时，更值得我们深思。同样，我常在空闲之余，偶尔闲逛于石场旧市，对喜欢的老石磨、石碾子等旧物情有独钟，但这些旧物的价格却是不断攀升。有一次石场老板告诉我，这些老石头物件基本被“老外们”不打折扣地买走了，所以价格上勿须多说了。我默然，也感慨，却无能为力。

是的，有些老物件和老建筑，它们记录着城市变迁，代表着地域特征，蕴含着文化特色，充盈着人类智慧。留住这些物件及其构成的建筑，就等于保护了城市的神经，就等于保存住了一个鲜活的城市历史博物馆，让人们在当今全球一体化生活节奏下，能够找到一条辨析历史的脉络，进入一个能安放怀古的家园。同样，一个家庭，如果缺少了老人和孩子，就会缺乏温暖度和亲切感，甚至少了许多家族的传承和延续感。我想，上了些年纪的人都会有这样的体会。建筑也一样，它不仅能挡风遮雨，还是许多人心中的精神领地，更是传承历史的物证。

四

说到城市历史与古建遗迹，我们不能忘记我国建筑先师梁思成和林徽因夫妇，他们对古建保护可谓成就卓著。抗战爆发前，他们组织调查了中国十几个省，近两百个县，测量、摄影、绘制了两千余处古建与文物，积累了大量的相关资料，于 1944 年完成了著名的《中国建筑史》全部初稿，这部作品中，把中国 3000 多年有记载的历史分为 6 个时代，对每个时代的建筑遗迹和遗存进行了详细的介绍和论证。遗憾的是，由于当时的条件有限以及战乱，直到梁思成夫妇去世时，也未能看到凝聚着他们一生心血的著作正式出版。1944 年，梁思成被任命为战区文物保护委员会副主任，在对国内乃至日本京都和奈良的文物遗迹保护中，做出了巨大的贡献。梁思成夫妇组织当时的营造学社同仁，编写了一套沦陷区重要的文物目录，并一一标注在军用地图上。1945 年，美军对日本实施轰炸，盟军把标注遗迹建筑的地图发放给当时执行轰炸任务的美国飞行员，日本古都京都和奈良都得到了很好的保护。

关于城市建筑，梁思成先生说过：“一个东方老国的城市，在建筑上，如果完全失去了自己的艺术特性，在文化表现和观瞻方面都是大可痛心的。”

关于古迹，梁思成曾痛苦地说过：“拆掉一座老城楼，就像割掉我身上的肉；扒掉一段老城墙，就像剥掉我身上的皮。”当年，在论证北京的规划问题时，自知无力保护老北京城，梁思成沉痛地说道：“50 年后，你们会后悔的！”

是的，大家已经看到，先师的预言早已得到了验证。我想，当年“拆城”的决策者们，应当欠先师一个深深的道歉。

五

在威海，在我所经历过和上代人的记忆描述中，那些已经拆除的老房、老街、老戏台、老城楼，那些英租时期的老洋房，无时无刻不浸润着人们对城市过去的记忆。我来威海三十几年的亲身感受，同样如此。

在威海，至今有很多人甚至连一部分本地人都不曾知道被英国租借这一历史事件，所以对“英国租借”的感受也基本上限定在某个群体。当年列强在中国殖民的城市中，英国租界和租借的只有香港和威海。应该说，英国人租借威海卫的 32 年里（刘公岛 42 年），其发展远不如香港。但英租时期留下的许多典型的英伦建筑和文化渗透，现在看来，这就是我们值得回望的见证。比如天津，一片欧陆风情的小洋楼建筑群，如今已荟萃成这座历史文化名城的靓丽风景。流连观赏，追根溯源，百年来中国近代史的风云变幻与城市的文明发展史一起在这里浓缩。

天津是全国唯一开设过九国租界的城市，天津人对租界地有着一言难尽的认知和情感。当年清政府把城市的边缘，到处荒野水坑洼地的地方，陆续划分给 9 个国家。这些列强运用各种或合理、或传统、或文明、或野蛮等手段，将这些租界地有规范地建设起来，并演变成了现在天津大都市的繁华中心区。

“五大道”，是以英租界内有五条大道的地方演变过来的名称。今天，当我们徜徉在五大道小洋楼的街巷时，不仅要看到各种风格和千奇百态的房屋样式，还应该理性地认识到，五大道是一笔宝贵的物质文化遗产，它具备丰富的内涵和重要的价值，是现代城市化建设和人类适宜居住的典范，是中国社会在文明进程中开放的一株散发着异香的花朵。

毛泽东当年说过：“北京的四合院，天津的小洋楼。”这体现着一种地域特色，也是历史过往和不同民俗风情在建筑上的表达。租界和租借地，过去常常和“国耻”联系在一起，就像一粒黄连药片，多年来带给很多国人以心酸和苦涩。要知道，黄连虽苦，却也治病。发奋让自己的国家更加强盛起来，让中华民族更加文明，更加强大，这正是我们继承五大道和国内所有的异域文化、建筑遗产时的感怀。

在我们民族屈辱的那段时期，这些不齿的历史，既已发生，现在看来，就当面对。好的文化和理念就应该学习，可以借鉴的东西就要传承。无论曾经是属于帝王将相统治专用，还是异域他人所筑，这些古建遗迹都包含了先人们创造的智慧，都应属于当今的人民大众，并成为记录历史的鲜活物证。

在城市快速发展的今天，我们对遗迹建筑的保护和城市建设的认识还任重道远。

六

威海，在祖国大陆板块的北方沿海城市，应当算是奠定了早期的崇学文化，即“文登学”；后来的戍边文化，即设卫和戚继光抗倭后的“海权文化”；英租时期的“殖民文化”等。这每个时期的经历，便汇集成为本地区或城市的文化元素和符号特征。这也正符合了文化就是认识历史、承认过去、继往开来的传承规律。

那么，一个城市的己任就是要保存过去、建设现在、规划未来。我们已经看到并验证，在日新月异快速发展的今天，小康社会和青山绿水应同步发展，不能顾此失彼而得不偿失。城市的主体是“人”，一切社会属性的创新与发展、科技与创造、规划与建设，都应遵循“人”的自然需求和规律，这就是我们一贯倡导的“以人为本”理念。

如今，环境、交通、建设、停车、食品安全、产品质量等，这些快速膨胀的问题和一些野蛮成长起来的繁荣，值得我们理性地反省与思考。

“绿水青山，就是金山银山”，这就是正确前进方向和最明晰的诠释。只有坚持正确的追求理念和发展方向，天才能更蓝、林才能更绿、水才能更甜，我们居住在这个城市才能更幸福。

人生有期，生命终暮，但时代的车轮却总在历史中滚滚穿行。站在人类的舞台，保护历史和发展城市，不能被眼前的利益和狭隘的历史观、民粹观遮挡住视角。为子孙后代延续福祉，这应当是城市决策者们永恒的主题，更需要全社会在认识和素质上的提升。

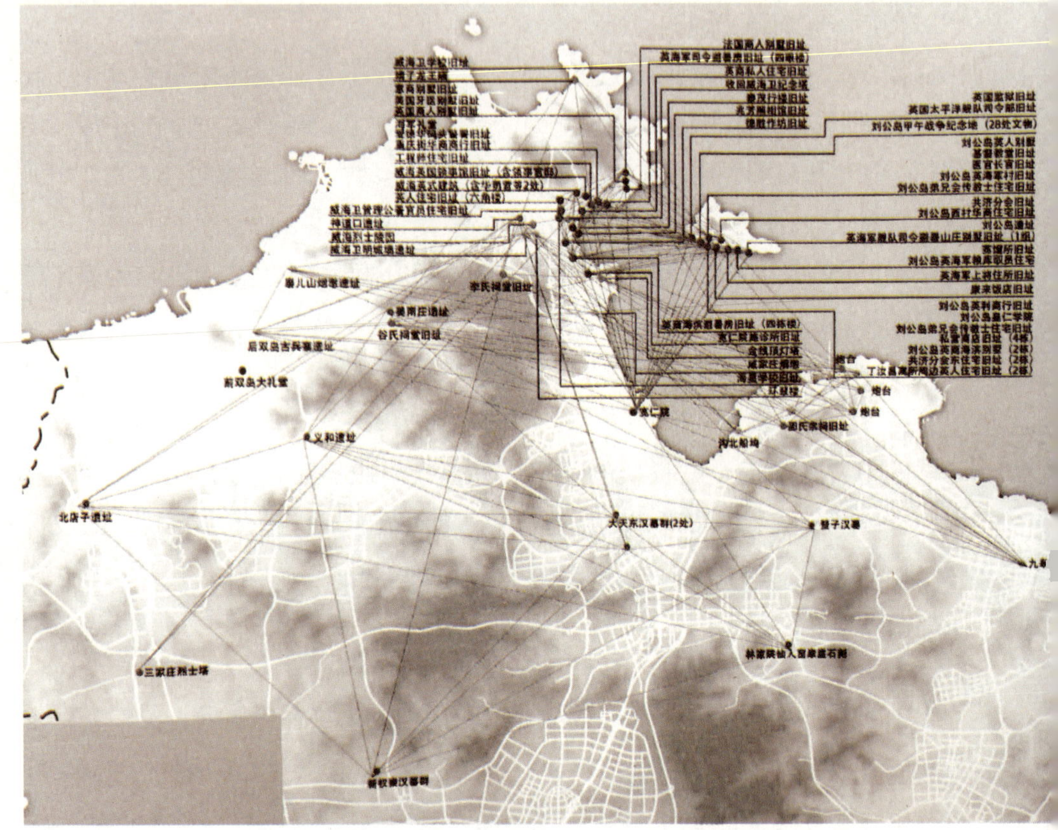

历史遗迹分布示意图

结语 威海历史发展节点

纵观威海设“卫”以来，600 多年的发展史，其中有几个重要的历史发展节点。

一、设卫筑城（1398 年）

1398 年，明廷为防御倭寇，设立威海卫，并于 1403 年开始筑城，这是威海历史上的发展雏形。

魏国公徐辉祖记：“征调文登县、宁海州（州治在今牟平县）数万人筑威海卫城。”从当时明朝政府的军事设置看，“卫”并不是防倭的较大军事组织，在“卫”之上设“营”，威海卫与当时的宁海卫、成山卫和靖海卫同属“文登营”管辖，但当时的宁海其他三“卫”，并没有建起威海卫那样较大规模的“城”，独有威海卫引起魏国公徐辉祖的重视，征调数万人筑城，威海卫这个当年的“石落村”，一下子提升到国防重镇的地位，从此在中图版图上，画上了一个永久的地理名称和符号。

这一时期的陶钺值得传颂。在明廷没有安排主要卫城官员（威海卫指挥使）的情况下，他作为首任威海卫指挥佥事，不忘最根本的教育事业，让威海卫这个军事上的重镇有了最基本的“城市”人文色彩。这其实就等于抓住了一个城市发展的脉搏。因为军事上的重要性，国家往往要投入大量人力物力建“卫”筑“城”，但一旦军事功能“退位”，“城堡”便就此衰退。于是为避免此种“穷途”，陶钺力建“文庙”，建“卫学”，办“药局”，办“九容社学”，让城市有了人文和肌理，有了进一步发展延伸的根基，有了“存续”的理由。

这是陶钺的功绩。

二、县、卫分治（1659 年）

清朝早期，威海卫又迎来了她发展中的第二个重要节点：原属文登县管理的行政事务，移归威海卫守备署管理，实行县、卫分治，时为 1659 年。县、卫分治的 76 年间，威海卫 14 任守备官员在卫城各项事业建设发展上，业绩斐然。特别在儒学建设和科考制方面，做出了很好的成就和贡献，威海学子不断“相继中举，金榜题名”，科考上取得了骄人成绩。

同时，自明朝至清初，倭寇已经被“戚家军”基本消灭，卫城的“军事任务”基本告一段落，加上明、清两朝换“季”，内外形势已变，在大清王朝的眼中，倭寇早已无了踪影，海防基本平安无事。因此，威海卫的存在失去了主要支撑理由。于 1735 年“裁威海卫，并入文登县，屯军 18 区分别归并宁海州、文登县及海阳县，威海卫仅设巡检司。卫学并入荣成县学，两年后归文登县”。

当朝廷趋于“闭关锁国”和“关门自守”时，威海卫这样的城域，便成了边缘发展区域，单靠自身的“内需”拉动，以当时的生产力和流通手段，这个城市基本是无法存活和发展下去的。

所以，裁卫后的威海卫“巡检司”们也没有多少事情可做，基本处于守城度日状态。史料上曾有记载“巡检潘兆瑞撰文保护森林，刻碑于奈古山”，大概巡检司看到滥伐树木情况太严重了，便不得不出面干预一下。

这便是威海卫从县、卫分治的大好发展节点，又回到“裁卫并县”的现实写照。

三、北洋水师成军（1888 年）

其实我们自己主张“关门自守”是一回事，外国势力让不让你“闭关锁国”则是另一回事。就说后来强租威海卫的英国吧，早在 1816 年英国战舰“阿里斯特号”就进入中国领海，驶抵威海湾；又过了 16 年，即 1832 年英国东印度公司“阿美士德号”也侵入威海湾，甚至“普鲁士人郭士立随船抵威进行传教活动，遭当地人士拒绝，离威”。再后来，在英图人的强势威逼下租借威海卫，说明英图人对他们眼中的威海卫觊觎已久，当他们一有机会在中国的北方沿海下手时，首先想到的就是威海卫。

这时的清政府大约也是考虑到旅顺和威海卫是把守京畿渤海湾的两扇“大门”，威海的“国防”地位又一次提到最高统治者面前，威海的发展又迎来新的节点：1881 年选址威海卫建设海军基地，1888 年北洋水师在刘公岛成军，一个当时号称东亚海军装备第一的规模，其辐射到驻军所在地的地方经济、建设和服务等行业是可想而知的，有着很大的需求和拉动作用，从而能够推动威海卫地方的发展。

期间，1886 年，清政府总理衙门事务大臣、醇亲王奕谖（慈禧太后的妹夫）等来威海巡查北洋水陆防；是年，直隶总督兼北洋通商大臣、总理海军衙门会办李鸿章，奏请清廷在威海湾沿岸及岛屿修建炮台；1891 年，李鸿章来威海卫检阅北洋舰队。威海卫发展的“军事支撑”又找回来了，可惜的是，恪守“祖制”的光绪朝却没有改变雍正王朝“裁并边卫”的决定，仅是大力提升了刘公岛的地位，将中国海军“提督署”设在岛上，办起岛上的“水师学堂”，根本没有想到驻军地域发展的重要性，这种孤注一掷和相对孤立的海防军事布局，也为后来的甲午战争失败埋下了隐患。在隆隆海战、陆战中，陆、海军互不相助，致使北洋舰队灰飞烟灭，威海卫落入日军之手，卫城发展一落千丈，并最终惨遭破坏。

四、英国租借（1898 年）

甲午战争三年后，英国于 1898 年租借威海卫。抛开其他因素，单从发展城市的角度，应当说这是威海卫借势发展的一个新节点。

具有现代城市管理眼光的英国人，对威海卫所做的第一件事，就是威海卫由英国陆军部管辖改由英国殖民部管辖，正式成立殖民统治机构——威海卫行政长官署，等于改变了清雍正王期的那一次“裁卫”的决定，再次将威海卫作为一个城市来发展，提升了威海卫的地位。根据英国政府颁布的《1901 年枢密院威海卫法令》，英国威海卫行政长官署将威海辟为自由港，免收关税等，这些举措，直接将威海推入世界贸易的大潮中。简单地说，路灯、电话、汽车等现代化设施第一次与威海交融，威海自此才真正感受和认识到什么是工业发展、什么是现代化。也以此，才陪衬出她的山海之美，为世人所关注。

回首建“卫”之初，胶东的海防布局何止一个威海卫？与威海卫同时设“卫”的还有安东卫、灵山卫、鳌山卫、大嵩卫、成山卫和靖海卫。只因“威海一卫，距登郡东，东接高丽，南通日本，琉球，北达奉天、天津，岛屿联络，刘公岛最险，为江浙七省通商要路，货船停泊，海寇劫掠，每从此发”，更兼“市境前临景色秀丽的威海湾，背依纵横盘亘的群山，丘陵岗阜绵延起伏，黄海之水环绕岬湾。威海湾南北两岸，山势雄伟，蜿蜒而东。素有‘东隅屏藩’之称的刘公岛，横列于威海湾口，形成形势险要的军港重地”。也由此，人们初识的不仅是一座军事要塞，还是一座山水风貌俱佳的海滨之城。

五、收回威海卫（1930 年）

英租 32 年后，南京国民政府于 1930 年收回威海卫。至日本 1938 年重新占领威海卫的七年间，这又是威海卫一个发展的大好节点，设立了南京国民政府直辖市，成立了威海卫管理公署，这在当时国内城市中，是一个很高的地位。这七年间，威海卫在管理机制和政策上得到了重新的理顺，卫城面貌和各项事业均得到了很大的改观。但随着日本侵华战争的爆发，威海又一次陷入困境和低谷。

可惜历史不能假设，假设没有后来日本的全面侵华战争，威海继续沿着“自由港”的道路和模式发展下去，估计不知要创造出多少个“东方明珠”的效应来。

但现实毕竟是现实，历史不能彩排与重演。

回望威海历史，其机遇和发展节点与国际形势和地缘劣势是并存的。到1945年日本投降，1949年中华人民共和国成立，威海迎来了完全自主发展的大好时期。但在错误地估计了世界大战即将爆发、“备战、备荒”的紧张气氛下，威海长时期处于“海防”前哨，城市人口规模也一直控制在四五万人之间。

直到改革开放的20世纪80年代，伟人邓小平重新估计了世界大势，认为“和平与发展”将是未来世界发展的主流，威海应势走向改革、迈向开放。特别是争取了首批沿海开放城市，这是自已主动跻身于国内城市发展的前沿，跻身于世界经济的桥头堡，开始了近40年的长足发展，在她一切潜质不断崭露的同时，逐渐成为“历史底蕴足、城市起点高、开合前途广”的生态化、现代化卓越海滨城市。

我们已经看到，中国的改革开放之路，将成为立国之本，并会坚定不移地长久坚持下去。威海，这座充满着自然与生态、生机与活力的海滨城市，在历史文化与现代文明的交融下，将走向世界，挺进深蓝。

后记 初束与感受

这本书酝酿了很久，最初的构思框架是相对单一的，内容大致围绕威海历史建筑，主要是明朝设卫筑城、英租时期建筑，并以建筑绘画和城市图片等形式，记录和表达对城市历史发展的理解、认识和情怀。后来却在漫长的撰稿和不断的学习理解中，逐渐丰富和充实起来。

威海旧时是个小城，其实如今也不算太大。但在既往历史进程中，这座卫城经历过许多跌宕与曲折、磨难与屈辱。它的经历，在国内城市中，具有代表性和独特性。

书中除了以历史发展沿革为脉络，分阶段进行了大致的记述外，还汇集了部分具有历史代表性的事件和故事以及城市变迁、历史代表人物介绍和旧城轶事等。这些历史过往，被一代代的文化传承者和城市建设者记录在史书中、镌刻于城市的“脊梁”，成为不断延续的城市历史和城市印记。

城市是主流历史的载体，建筑是城市的主题元素，更是历史的写照。由此，说“城市在历史中穿越”便顺理成章，本书由此得名。

居住在一座城市，如果不了解她的渊源与过去，不熟悉她的“宽度”“厚度”和“深度”，无疑是个遗憾。构思和编写这本书，对我来说，既是情怀，又是兴趣，更是磨炼。但最终想，历史是定格的，史料是可查的，城市是现实的，认识是有别的，故成此拙笔之囧途。

当真正进入其中，便体会到作书人的辛苦与折磨，就别说我等非专业之辈的艰难了。这正如："才下笔，便感到万般困难。" 编写此书的过程，也是不断回望历史的过程，更是学习和积累的过程。本书在编写过程中，查阅了大量史志、文献和记述文章等资料，这些海量的史料信息给了我极大的启发和引导。同时，也慰藉着很多朋友的帮助和忠告，他们对本书的定稿起到了举足轻重的作用。

有时想想，编写历史题材的书挺具有风险性的。因为在解读历史和查阅资料的过程中，经常会发现有很多同样的历史事件在记载上的差异，而对于这些差异的考证，往往又会担心出现挂一漏万或以偏概全。所以，一个城市的历史，随意浏览倒是简单，但要做到真正写明白、搞清楚，可是要颇费心思的。

由于本人对历史的理解水平和了解深度的欠缺，本书一定存在许多问题和不足。因此，真诚恭请每一位读者的批评与指正，这是对我的鼓励与鞭策。在当今"轻阅读、碎片化阅读"盛行的时代，我敬仰您的安静与耐心，并向您的包涵致敬。

参考文献记

辈人续写威海卫

关于威海历史，几百年来，学界、业界以及社会各界先贤已出版和撰写了一大批资料和著作，一一读来，如饥似渴，醍醐灌顶，这些丰富的学术和史料，使我对初探威海历史发展充满情怀与信心。

本书许多篇章中都提到，明朝设卫前，威海从无州、县之治，所以古威海时期并没有多少深厚的历史过往与积淀。到明朝，为防御倭寇，于1398年设立威海卫，1403年开始修筑卫城，自此才真正开启了威海历史发展的篇章。

威海卫，从大明帝国到大清王朝，500多年的历史中，一直在海防防御的主体己任下，在保障官兵值守、家眷生存中轮回、更迭。清早中期，倭寇渐息，海疆防御渐渐趋于松懈，反而在农业生产方面得到了加强，教育和科举制度等方面得到了制度上的保障和成功的飞跃。

但真正让威海卫有“质”的提升，要从1898年英国人强租威海卫开始，直到1930年收回。在这段威海卫租借史中，折射出当时的世界政局、英人管理体制以及从对威海卫租借的社会事务到经济、文化、教育、治安、军事等方面，从中看出中西方对比之下的差距。英国人租借的威海卫，可谓“国中之国”“麻雀虽小，五脏俱全”。

在诸多关于威海卫历史和英租时期的资料文献中，既有当时的历史记载、报刊介绍、时人评论，也有英国人在殖民时期形成的大量文字材料、历史图片等，对后人续写威海卫历史提供了很好的史料和借鉴。

重要的是，1998—2002 年，经威海市委、市政府多次与英国相关部门沟通协调，派出相关人员赴英国国家档案馆，将部分英租威海卫时期各门类档案、图片等资料拷贝回国，极大丰富了英租威海卫时期的历史资料，为各界人士续写威海历史提供了极为丰富的参考依据。

庄士敦编写的《狮龙共舞》，是英租时期关于英租威海卫总体研究的最早成果，它包含了中国历史、世界关系和中日关系渊源等。庄士敦曾先后担任英国威海卫行政公署政府秘书、正华务司、行政长官，在威海卫居住、生活长达 16 年。他精通中文，书中详细描述了威海卫的历史地理、风土人情，记录了英国的统治并预测了威海卫及中国的未来发展等。

朱世全编著的《威海问题》，是关于英租威海卫的资料性著作，也是第一本关于英租威海卫的中文专著。

朱世全，时任南京国民政府筹办接收威海卫事宜办事处调查主任，后任威海卫管理公署秘书科长，因此有接触相关资料的便利条件。该书分为“租借及收回之经过”“英国管理时期之地方情形”上下两编，上编介绍了英租过程、收回理由及过程等，下编包括政府组织、人口风土、财政金融、商业物产、教育、交通港务、公安、司法、卫生与建设等内容，是一部极其完整的史料著作。

威海政协文史资料委员会编著的《威海文史资料》（《英国租占威海卫三十二年》专辑）中收录有关于英租时期威海卫的文章，内容涉及威海卫的租占归还、英人统治、民众反映和社会生活等。

威海市档案局根据英租时期的相关资料，编撰了许多以历史资料和图片为主题的书刊，有《岁月威海》《英租威海卫与归还始末》，还有邓向阳编著的《米字旗下的威海卫》等，通过大量档案史料与历史照片真实再现了英租时期威海卫若干重大历史事件的始末原委，直观呈现出该时期威海卫政治、经济、军事、文化和社会等方面的发展变迁。

民国时期，国民政府首任威海卫行政管理专员徐祖善编有《威海收回周年纪念·敬告地方父老书》与《威海卫筹收、接管、行政工作报告书》两书，系统介绍了威海卫收回后一年的经济、实业、财政、民政、社会风气情况与对威海卫租借和收回的经过、英管时代地方情形之调查、筹备收回情节及礼节等相关介绍。

威海卫接收专使王家桢在《收回威海卫英租地历见记》一文中，介绍了自己接收威海卫的见闻。

这些史料都系统或片断式地梳理了威海卫相关历史、英租威海卫的来龙去脉以及英租时期统治情况，脉络与史实清晰，后人完全可“按图索骥”，寻梦当年威海卫。

中国台湾学者李恩涵的《中英收交威海卫租借地的交涉（1921–1930）》中，依照英国外交档案，从英租威海卫到 1921 年前英国在威海卫的统治、1921–1924 年中英交收威海卫谈判、1929–1930 年中英交收谈判三个方面论述了中英间交收威海卫的概况，认为这是中英间的一项“政治性决定”，通过对日本赔款和收回威海卫事件，透射出中英两国当时的内政关系是密切的，应当说，李鸿章功不可没。

宋协生、刘德煜的《英国租借威海卫始末》，从英国强租、威海人民反抗、英人统治、中国收回四个方面叙述了这一时期威海卫的历史。另外，刘德煜撰写的明、清时期威海卫的相关史料文章，记录了威海卫在明清时期的大致历史过程，对了解威海历史，有很好的参考价值。

董进一的《英国强租威海卫始末》、牛淑萍的《艰难的回归之路：中国收回威海卫始末》，对威海卫的租借、收回过程及收回背景作了叙述和分析；李月华的《中英收交威海卫租借地交涉之探析》，分析了从北京政府到南京国民政府中英收交威海卫的谈判，认为威海卫是在中国作出妥协的基础上收回的。这几篇文章，脉络也大致相同，记录了当时的市政局势和具体情况，并通过不同的笔法，续写英租威海卫的具体细节和过程。

山东大学威海校区王强撰写的《英租威海卫法律制度研究札记》，介绍了英租威海卫法律制度的有关问题以及英租威海卫历史档案的分布情况。他还通过解读庄士敦临别演说词，了解英租威海卫法律制度存在的法治文化环境，认为英租威海卫治理方式的核心是“儒家化”，这是英国统治者获得认同的一个重要因素。

关于英租时期威海卫的乡村秩序与社会文化研究，章再彬撰写的《英租威海卫乡村治理的制度演进》，将英租时期威海卫的乡村治理制度分为传统的宗族治理阶段、村董和乡绅的联合治理及总董制治理阶段，地方自治及村董选举改革等，对理解英租时期威海卫社会结构的变化具有史料和研究意义。李君的《英租威海卫时期乡村治理模式研究》则对英租威海卫时期乡村治理模式的形成和特色进行了分析。

在鸦片问题方面，张瑞符的《威海卫的烟毒泛滥和禁烟措施》介绍了英租时期威海卫人们吸食鸦片的情况及收回后的禁烟措施。

英租时期的体育方面，张键主编的《走过百年的威海体育》，对英租时期的球类运动、休闲健身运动和俱乐部等，作了较为详细的介绍。

威海市城市历史遗产保护工作委员会办公室主办的《威海记忆》期刊，是社会各界文贤续写威海历史的好平台，通过记述历史事件、社会发展、风土人情、人物记评、当地民俗等门类的文章资料，为广大读者提供了认识威海、了解威海的很好的资料平台。

关于中国军团和中国华工，英国人卡门·威廉的《威海卫华勇营（中国第一军团）》，对中国军团的成立等概况进行介绍。

张建国、张军勇的《八国联军中的“华人雇佣军”》《八国联军原有1300名中国兵》，记述“一战”期间，英法曾利用威海卫为输出基地，在山东招募赴法华工。《万里赴戎机——第一次世界大战参战华工纪实》，讲述了“一战”华工从招收、赴欧做工到回国或留在法国的完整经历。

威海民间人士梁月昌等，曾历时多年，收集了大量威海卫历史和英租威海卫时期的口述史料。谭龙飞的《威海旧城八大景观》对八大景观作了介绍。张军勇花了八年时间，通过搜集、采访，所著的《香港威海卫警察纪事》一书，记录了香港警队走向世界一流警队的道路上，那些当年远离家乡，奔赴香港的威海卫籍警察所付出的辛苦和努力。各类网站相关题材资料和图片等，对于研究和续写威海历史，都具有重要的历史资料意义和参考价值。

这些各种门类的史料、文章和著作，无论从中国历史、威海历史、中外关系史、租界租借史，还是从经济史、军事史、文化史和教育史等方面，都是一种贡献。尤其是对于系统了解威海历史，是读者不可或缺的文献资料。

山樓旭日
千里蒼穹
碧海攬翠
錦綉濱城
泱泱江河
奔流不息
銘記歷史
砥礪前行

王忠強詩并書

威海湾全貌（拍摄于20世纪30年代）

茫茫海疆
御倭卫城
鏖战硝烟
旌旗染红
列强侵淫
倭寇践踏
几度耻恨
岁月峥嵘

图书在版编目（CIP）数据

城市在历史中穿越：回望威海卫／王忠强编著．
—南昌：江西人民出版社，2017.12
ISBN 978-7-210-10149-9

Ⅰ．①城…　Ⅱ．①王…　Ⅲ．①威海－地方史
Ⅳ．①K295.23

中国版本图书馆 CIP 数据核字（2017）第 330242 号

城市在历史中穿越：回望威海卫

编著者：王忠强
责任编辑：徐明德　饶　芬
出版发行：江西人民出版社
地址：江西省南昌市三经路 47 号附 1 号
总编室电话：0791－86898965
发行部电话：0791－86898815
邮编：330006
网址：www.jxpph.com
E－mail：xpph@tom.com　web@xpph.com
2018 年 1 月第 1 版　2018 年 1 月第 1 次印刷
开本：710 毫米 ×1000 毫米　1/16
印张：32.25
字数：480 千字
ISBN：ISBN 978-7-210-10149-9
赣版权登字－01－2017－1131
定价：128.00 元

承印厂：三河市明华印务有限公司
赣人版图书凡属印刷、装订错误，请随时向承印厂调换